金庸傳奇
深刻的浪漫主義
覃賢茂——著

目錄

金庸傳奇

第二章　家學淵源：耕讀傳書的文化底蘊

第三章　英雄少年：癡兒自小非等閒

第四章　命運轉折：投身報業脫穎而出

第五章　武俠人生：構築瑰麗雄偉的武俠世界

金庸傳奇

第六章 政治情結：報國心事當拿雲

金庸傳奇

第七章　情感生活：散聚離合亦復如斯

第八章　挑戰大師：金庸是文學大師嗎？

第九章　功成身退：七十老翁想回家

金庸傳奇

第十章　老有所為：花間補讀未完書

推薦序

傳奇的人寫傳奇人物
——金庸百年　欣見傳奇三書

著名武俠文學研究者
師大中文系教授
林保淳

繼《古龍三書》之後，平生致力於武俠文學、文化研究的覃賢茂，又即將出版他耗費十數年精力撰寫的《金庸三書》，這不但對金庸的研究有其意義，就是對武俠學術研究圈而言，無疑也是一件大事。

古龍、金庸是中國武俠小說創作的高峰，不但可以睥睨其他舊派、新派的武俠創作，就是放諸於中國文學的層面，也是絕對足以佔一席重要地位的。放眼目前華人地區的武俠研究，以金庸為論題的，無疑是車載斗量，而古龍次之，其他作家則明顯瞠乎其後，這現象充分證明了古龍與金庸小說超越時代的卓越成就。

然而，如果不懷成見的平心以論，投入到金庸、古龍小說研究的學者、專家雖多，相關論著也已到了可以說是汗牛充棟的地步，但是，率心任意、枝枝節節，以抒發其個人主觀的閱讀心得，或者是致敬於金庸、古龍兩大家，以表示其由衷肯定、仰慕之意者為多。前者雖是意到筆隨，偶有新見，有如春花初放，蓓蕾新綻，足以驚人耳目，卻嫌其枝葉紛雜，未能綜窺其繁花怒放、觸目成春的全景，更遑論枝連脈結、從根本至於末梢的條暢，失之於散漫；而後者則心存定見，化敬崇之意為琳瑯之文字，引據理論、附會穿鑿，雖侃侃而論、鑿鑿而言，終不免陷於「歌德」之窠臼。真正能鉤稽爬梳，以這兩位大家的不同時期文本詳批細閱為經，而以其生平經歷、發表言論及當時社會情狀為緯，汲深鉤沉、條徹理貫，彰顯出其作品的言內、言外之意，並就此展現個人精闢見解的論著，嚴格說來，畢竟還是有限的。

覃賢茂前此的《古龍三書》，以深厚的國學根柢、詳盡的考索、縝密的閱讀、精沉的思路，發而為論，既強調其無可替代的經典性，又追溯其武學的承繼與創發性，更縱觀其生平，為其作了精采的評傳，平正公允、見解精到，雖未必能說是出類拔萃、矯矯獨勝之作，但其成就之斐然，卻是有目共睹的。

時隔七年，覃賢茂再接再厲，「七年來復」，再度以金庸為主題，出版其長達百萬言的巨著——《金庸三書》：《金庸傳奇》、《金庸人物》、《金庸武學》，雖云三書，卻是渾然為一書，個別來看，都自有其精妙動人、微言而中的精湛解讀，而窺其全體，則是從文本內容、時代走向、平生經歷，到金庸的人格與風格，皆宛然全都呈現於讀者眼前，無論從哪個角度來說，都足以稱得上是武俠史上的一個傳奇。

金庸是個傳奇人物，金庸的小說是武俠史上的傳奇，傳奇的人物、傳奇的創作，如果配著傳奇的人來寫來論，則更是一個傳奇。

大家都知道，金庸左手寫小說，右手寫社論，旁及劇本寫作、影評、翻譯，創作是其當行本色，而以武俠知名於世。我想，百年以後，恐怕他有關新聞媒體上的成就會讓人遺忘掉，但他的小說創作，無疑將會是歷久彌新，在中國文學史上耀眼長存的。但金庸對他所最出色當行的武俠小說，卻是未必如一般讀者所想像般的如此重視，他甚少對其他作家有中肯的評論，也對武俠小說的未來發展未置一辭。他是武俠小說的創作者，但也是武俠小說的旁觀者，武俠小說成就了金庸，而金庸卻吝於成就武俠小說的前景，這是不免仍讓人若有憾焉的。

覃賢茂當然也可說是傳奇的人。他是在八〇年代趕上武俠小說班車的，雖說讀的是物理系，卻有點不務正業，反而對中國的傳統國學甚感興趣，在廣泛的閱讀下，奠定了深厚的基礎，尤其是對《易經》情有獨鍾，在內地尚對古代經典隔膜的時節即出版了《周易解謎》一書，令易學專家刮目相看，還施絳帳、課生徒，巍然易學名家。在受到金庸的《射鵰英雄傳》啟蒙下，先是以「閑夢樓主」的筆名，撰寫武俠小說，更進一步對古龍、金庸等名家的作品，以及武俠小說史撰寫了評論。

他的所長，也在創作，但卻集中於武俠的相關評論。傳奇通常是流傳於民間的，在墨守成規的學院派裡，通常是不會有傳奇的，反正循規蹈矩，弄個不至於違反學術常規的論著出來，儘管極可能只看幾本書、幾篇論文，就能援據理論，說得天花亂墜，玩個票、過個場，就算盡了研究的能事。說實話，有關武俠小說的研究，反而是民間的愛好者，成就大於學院派的學者，尤其是散佈於民間龐大的相關資料，是學院派的學者既無時間、精力，也缺乏經費去蒐集的。此所以我向來認為武俠小說既是通俗文學的一類，而真正能將傳奇人物定位成傳奇的，也正在於民間。以武俠小說的歷史建構來說，最先為武俠史定出標竿的葉洪生，也就是非學院派的。覃賢茂的論著，也走向了我所認定的傳奇路徑上，來自民間、出於民間，也必將流傳於民間。

中國的歷史，向來有正史、野史的區別，在許多人的觀念中，正史較為可信，而野史卻多屬於街談巷議、道聽途說之流所造，荒誕悠謬，難以置信者為多。但是，正史所受到的政治立場、道德觀念的拘束甚多，晚近以來的史學觀點，早已將其揭露無遺，反而未必可信者居多。民間流傳的光怪陸離的說法，雖一眼即可窺知其虛構的，所在多有，但「雖小道，亦必有可觀者焉」，個中亦有不少是真實而可參照，足以破正史之妄的。覃賢茂的武俠評論，在諸多非學院派的評論群中，倒是頗不會涉入不經，反而能舉證歷歷，據之成理、言之有物，既有民間天馬行空、自由無羈絆的發揮，又儼然不失學院派規行矩步的繩墨，可謂是兼兩者之美，相信也必然會是武俠小說評論史上的傳奇。

在《金庸三書》中，有關金庸武學、金庸人物的評論，可能較為讀者所熟悉，畢竟坊間已出版過為數不少的相關評論，覃賢茂當然也別闢蹊徑，有與眾不同的新解，然而我認為真正能展現出其根深柢厚功力的，還是《金庸傳奇》。《金庸傳奇》書分十章，從金庸的天賦與性情開始抒論，援據其生平大要，點點滴滴，將金庸一生的經歷，羅縷而述而論，有其悲、有其喜、有其平順、有其挫折，更有其榮耀、有其理想、有其寂寞，是及至目前我看過的資料最齊整、申論最公允，也最詳盡的評傳之書。光看本書的小標題，就足以令人心悅神馳，而瀏覽之餘，其能使人悠然神往，與金庸同行、同其悲喜，自是也不在話下了。

傳奇之人，寫傳奇人物，相信這就是一個傳奇。

金庸三書總序

劍飛白雪，笑書丹青，韶光入蘆花

上個世紀八十年代，我在四川大學物理系念書時，迷戀上了武俠小說。記得大概是大三，在路邊的租書攤，偶然發現一本雜誌（應該是《武林》雜誌）上面，選載了金庸的《射鵰英雄傳》中幾千字的一個章節，內容是郭靖初逢梅超風的九陰白骨爪那一小段，驚為天書！自是不忍釋卷。此後數日，縈繫於心，遍尋大學旁邊的租書店，終於找到香港版的金庸武俠小說。租書店的老闆還是偷偷摸摸拿出來的，再三叮囑我不要聲張。

難忘在大學宿舍最初讀到金庸武俠小說的情景。那時租一冊金庸的武俠小說，租金是三角錢，是我們學校食堂中午供應的一份回鍋肉的價格。《射鵰英雄傳》四冊，就是一元二角錢。不管那時作為窮學生的囊中羞澀，這租書的錢，花得一點不心痛。當然還必須要保證一天看完一冊，否則租金還是吃不消的。

此後數年的時間，陸陸續續，基本上把港台主要的武俠小說名家的作品都看了。把劍細品，當然還是唯獨傾心於金庸和古龍兩位大俠。

一九八五年大學畢業，我離開了故鄉四川新都新繁鎮，遠赴千里之外的江蘇南京工作。自小就有著文學夢的我，九十年代初，終於不覺技癢，也嘗試開始寫作武俠小說。後來因緣聚會，得到當時花山文藝出版社編輯張志春先生的賞識，一九九四年我以閑夢樓主的筆名，在花山文藝出版社出版了約六十萬字的長篇武俠小說《海棠夫人》（上、中、下三冊），聊以慰藉我年輕時候的武俠情結。取名閑夢樓主，一是因為在大學寫詩時用的筆名是閑夢（我的名字覃賢茂，四川話讀音就是閑夢），二是致敬於天才武俠小說作家還珠樓主。大學時我熱愛詩歌，有《回答》一詩收入《中國當代校園詩人詩選》。

九十年代開始，大陸市場上武俠小說的出版情況急劇衰退，我的武俠小說寫作生涯也難以為繼。手上還有一部約六十萬字的武俠小說《粉豹桃花》書稿，幾經波折，終於還是沒有能夠面世。考慮到當時出版市場的需要，於是我轉而進行武俠小說研究的寫作。一九九五年在四川人民出版社出版了《古龍傳》，這應該是華人世界第一本全面研究古龍的傳記書籍。一九九六年繼續在四川人民出版社出版了《金庸智慧》。二〇〇一年又在四川人民出版社推出了約一百萬字的《金庸武俠小說鑒賞寶典》一部厚書。

和古龍、金庸的因緣

二〇一八年因為古龍生前好友、當代知名作家、資深媒體主筆陳曉林先生的厚愛，在風雲時代出版公司出版古龍三書：《評傳古龍：這麼精彩的一個人》、《武學古龍：古龍武學與武藝地圖》、《經典古龍：古龍十大經典排行點評》。這一套書也是約一百萬字。

隨便說一句，金庸年輕時曾想著手翻譯湯恩比的巨著《歷史研究》，後來因為見到了陳曉林先生的中譯本，盛讚其譯筆流暢，有了一種「眼前有景道不得，崔顥題詩在上頭」的喟嘆，所以金庸從此放棄了當初想要翻譯此書的念想，並在後來和日本文豪池田大作的對話錄中述及他對陳氏譯筆的推許。

陳曉林先生是古龍身前的好友，他也是金庸先生的朋友。在一次有陳曉林、古龍、陳怡真、羅龍治等文化人參加的與金庸的對話採訪中，陳曉林先生做了一段對金庸的武俠小說精闢深刻的論述：

「金庸先生的武俠小說固然描寫了人的貪婪，人的進取，人在衝突之下的爭鬥，但我更發覺到在這之中不經意地流露出我們中國農業社會中普遍地存在著的寬容的德性，這也是我十分激賞的一點。在現實生活上的許多方面，它都給我帶來了極大的啟示。我個人認為，這些年來在國內成功的作品之所以能吸引大家注意，大多是因為它在文學創作上的成功。之所以成功，必然是具有永恆不變的因素，也具有環境上的因素，尤其是前者。永恆的價值是不可磨滅的，金庸先生對真理的追尋，對正義的堅持，是讓人深為敬佩的。這也就是金庸之所以為金庸之處。」

著名學者龔鵬程先生在為我的古龍三書寫的序中說：「我由北投回到淡水時，道逢陳曉林兄。這麼些年，他是最懷念古龍，也最能不負故友，為之檢點身後遺事的人。他示我甫出版之程維鈞《本色古龍》，並說將再出版覃賢茂《評傳古龍：這麼精彩的一個人》、《武學古龍：古龍武學與武藝地圖》、《經典古龍：古龍十大經典名著點評》，把稿子交我攜回北京細看。我對諸君能花那麼大的氣力來評述古龍，曉林又能如此仗義地出版，實是不勝欽仰，故歸來都詳細拜讀了。」

著名武俠小說研究專家，師範大學中文系教授林保淳先生也為我寫序說：「《古龍評傳》是覃賢茂一九九五年《古龍傳》的擴增修訂版，非文史出身，而熱衷於國學，鍾情於古龍的覃兄，勤力搜剔，在古龍仙逝十年後出版，據我所知是引起廣泛矚目與讚賞的第一本古龍傳記。」

林保淳先生說我「非文史出身，而熱衷於國學」，誠哉斯言！我在四川大學物理系畢業後，就職於南京一家電子工廠，任技術品質科長。因未曾放棄文學夢，一直努力，業餘時間寫了數十部書。二〇〇九年，因緣聚會，特聘於四川大學錦江學院文學傳媒學院。

因為非科班文史出身，尷尬的是，我的職稱一直停留在「講師」。二〇一一年七月湖南衛視《零點鋒雲》節目邀請我作為學者嘉賓，講評當時檔期大片電影《武俠》，就鬧了笑話。節目播出，片頭介紹我是「教授」，我趕緊給製片人打電話去糾正。製片人驚嘆，你寫了那麼多書，還是「講師」？那時接連三期的《零點鋒雲》都有我的節目，第二期我講評瓊瑤《新還珠格格》，片頭介紹我，才改過來是「國學講師」。

當大學老師，教學相長，能夠全力投入文史的研究和寫作，所以這數十年，我也還算是著述頗多。

金庸三書的宿願

二〇一八年金庸先生過世，我心有戚戚，當天就寫了一首詩作為紀念，引錄於下：

《送金庸》　覃賢茂

甚矣！誰為此長有飛雪般的戚戚？連天杳杳
白鹿走向西風縹緲之何處？潛龍已經長潛
沉睡，永遠都不止只是千年！而祝願
不過如陰陽轉移的疾射：離別如此，放棄亦如此

在那些笑傲的神俠和無可不可的書寫中
我看到，分別心，即是生者的驕傲之心
相看白刃，三尺之下，那是逝者劍鋒上閃耀的黃昏
渴望永恆，得到的難道只會是虛妄的無明？

只有不可以講述的愛情的癡和痛，才是真正的痛
所有的警惕和懷疑，都是生命被抑止的眼淚
所有的生命都是被講述的故事，如依依在水的碧鴛
紙花一樣開放，悄無聲息，呈現卑微的美

（注：詩中嵌入「飛雪連天射白鹿，笑書神俠倚碧鴛」金庸十四部小說名集聯）

二〇二四年，正是金庸先生誕辰一百周年，再承陳曉林先生盛情，將在風雲時代出版公司推出我多年來研究金庸完成的《金庸傳奇》、《金庸人物》、《金庸武學》三本專著。

《金庸傳奇》，是一部傳神寫照視角獨到的金庸人生的評述傳記。作者研究金庸已有三十多年的時間，正所謂觀千劍而識器，作者對金庸的認知和理解，自是不敢妄自菲薄。《金庸傳奇》是一本最新的金庸先生的評述傳記，完整呈現金庸先生的俠路人生，梳理素材，披沙瀝金，勾勒描畫，寫照傳神，雖然不敢說是完滿或權威，但作者竭盡誠意，用力甚勤，其中獨見的評述，也能成一家之言，其特別的用心，盼讀者不要錯過。

《金庸人物》，作者通過對金庸小說中所有人物的詳細分析，將金庸的十五部武俠小說中近三百個人物按照不同的分類標準，由標準的程度高低進行排行，並對每一個上榜人物進行評價和分析，指出各人物上榜原因、排名前後的依據。全書能令讀者更好、更多地瞭解金庸武俠小說中的人物。作者曾深入地研究過評點《水滸傳》的大文學家金聖嘆，在一九九八年出版過《金聖嘆評傳》一書，學習金聖嘆的評點手法，對金庸先生十五部小說的人物進行全面詳細分析和評價，增刪數載，可謂是得失自知。

《金庸武學》，是對金庸小說每本書中主要武學進行評述和講解，是作者多年來閱讀金庸小說的讀書筆記和備忘，是閱讀金庸小說的輔助工具。其中包括對金庸小說的武功備忘、琴棋書畫、美食美酒、奇物奇技等諸多典故出處的勾陳析介，實是金庸迷們可以一讀，可以收藏的。

需要說明一下的是，《金庸傳奇》、《金庸人物》、《金庸武學》這三本專著，評述金庸的武俠小說，依據的都是金庸小說的三聯版本。

行筆至此，回想當初在大學讀到金庸先生小說的情景，不禁感慨良多。

浮生恰似冰底水，日夜東流人不知。

韶光流逝，白駒過隙，如飛入蘆花中的白雪，了無痕跡，化成雪泥鴻影的追憶。惟有現在已經結集完成的金庸三書的書稿，是我對金庸先生的致敬和紀念，是我的青春無悔。

弁言

金庸的儒家浪漫主義

四十年前閱讀金庸，三十年前研究金庸，對金庸的理解和認識，漸而更為清晰圓融。十五年前從工廠轉而到大學任教，主要的課程講授《易經》和《國學基礎》。年輕時最愛黃老、莊禪，現在不覺之間，轉而敬佩原始儒家。

多年的讀書、思考、寫作，我有了一個奇特的比喻：儒家是浪漫主義；道家是理想主義；佛家是現實主義。

何謂也？

儒家，當然我說的是原始儒家，不是後來的「君要臣死，臣不得不死」的腐儒。原始儒家，胸懷仁義，善養正氣，浩然博大，天真浪漫，只做當下正當行為方式的選擇，不論成敗，所以才會有「知其不可為而為之」這樣的可欽，才會有「威武不能屈」這樣的可敬。儒家的浪漫，是不合時宜，是特立獨行，有時候會表現得是傻傻的可愛。

道家，以返為動，以弱為用，以有為利，以無為用，想以無為而做到無不為，心很大，想用任何自然的方式得到整個世界，想得美，所以是理想主義。

儒家的浪漫主義更多的是基於價值觀，而道家的理想主義更多的是基於審美觀。

佛家是現實主義，這還不是我說的。九十年代中後期，我有好幾本書在四川人民出版社出版，所以和那裡的編輯老師比較熟。通過張問漁老師，認識了汪彌老師，汪彌老師編了很多鈴木大拙的禪學著作（在學術界頗有影響），送了我一套。我在書中讀到，鈴木大拙說，與基督教相比，佛教更是現實主義（大意）。佛家的現實主義，是關注當下衰老、疾病、死亡等的「苦」，而以「空」的覺悟得到解脫。

金庸當然兼有道家和佛家的思想，如道家的退隱，佛家的悟空，但他更多的精神氣質是儒家，是原始儒家的浪漫主義。

金庸的人生，其性情處世，表面上看多有矛盾，如面相的剛柔相濟和法判陰陽，應了《明報》的「明」字「一日一月，一陰一陽」這個讖。但是細論平生，卻又有一以貫之的和諧，待人處事，均是只做當下正當行為方式的選擇，只求問心無愧。

金庸的名字取一「庸」字，雖然是無心將他的本名查良鏞之「鏞」開拆，但巧合之下卻有「中庸」的深意。

金庸的儒家浪漫主義，是執兩用中，是中庸之道的君子而時中。

孟子極力推崇孔子，說孔子是聖之時者也。

什麼是「時中」？我用在上課講給學生聽的比喻，就是：在正確是時間，正確的位置，做正確的選擇。

西方哲人有一個比喻：狐狸知道很多的事，刺蝟只知道一件大事。

金庸的行事，是刺蝟的只知道一件大事，那就是唯義所在。

早年我在論寫金庸時，也曾用了些可能會帶來歧義的詞語，但那只是一種語境下的方便說法，不能理解為金庸變來變去。此處讀者要注意。

不少人詬病金庸善變，其實他們錯了。

金庸外圓內方，外柔內剛，外化而內不化，變化的「變」中，其實有內在價值判斷的不變。

在《正直精神，永為激勵——悼巴金先生》一文中，金庸寫道：

「得到巴金先生逝世的噩耗時，我正在劍橋。剛上完麥大維教授的讀書課，碩士班的同學共五人，讀的是拓本的《李邕墓誌銘》，銘文頭兩句是：『物寒獨勝，高不必全。』麥教授讓大家討論，我舉了毛澤東愛寫的兩句話：『木秀於林，風必摧之；堆出於岸，流必湍之』為例解釋，這是中國人傳統的處世哲學，俗語所謂『人怕出名豬怕壯』、『槍打出頭鳥』，教人以養晦為上。」

「《李邕墓誌銘》中所說：『犀象齒革，賢達鑒戒，而公是之，君子以為恨。』君子以為恨，古今同悲。」

其實這是金庸的夫子自道。

金庸說：「創作、發表言論，要注意天氣。天氣冷的時候要多穿一件毛衣，天氣熱的時候就把毛衣脫掉。」

金庸又說：「我的立場，就像一雙筆直的筷子，從來沒有改變。改變的，只是桌上擺放食物的圓盤。圓盤轉來轉去，食物調來調去，人們便以為我的立場變了。其實我沒有，變了的是圓盤，是食物。」

我不是說金庸做的所有選擇和行事都是完全正確的，但金庸的行事起碼是誠於中的。誠者，天之道；誠之者，人之道。

金庸曾寫過一幅字：「待人以誠，治事則謹，知足常樂，不取非分，謙而受益，滿必招損，盡心竭力，為國為民。」這是金庸的夫子自道。

有的金庸傳記，將金庸描述為吝嗇、寡情、世故種種，晚年為名為利，不甘寂寞。這是作者境界低了，把握不住金庸的「時中」的精神內核。

孟子稱讚孔子是：可以速而速，可以久而久，可以處而處，可以仕而仕。

金庸的儒家浪漫主義，正是這樣的：無可無不可，不期然而然，唯義所在。

「偏多熱血偏多骨，不悔情真不悔癡。」

這是金庸的朋友百劍堂主所撰之聯，金庸很喜歡這句話，因為這是他人生的概括，熱血傲骨，情癡不悔。

百劍堂主將這幅對聯送給金庸，金庸將其裱起，掛在自己的書房。

有人問過金庸的座右銘，金庸回答八個字：全力以赴，努力不懈。

仁以為己任，不亦重乎？死而後已，不亦遠乎？

金庸的儒家浪漫主義，有些天真，有些童心，有些頑皮，有些任性，有些執拗，有些癡情，讓人看到，會生出歡喜心。他對人生的最終期盼是：「大鬧一場，悄然離去」，他做到了。

第一章　天才異象

神奇的天賦和性情

氣象萬千的金庸有無窮的可能

金庸（一九二四年三月十日—二〇一八年十月三十日），本名查良鏞，小名「宜孫」，還有個小名叫「宜官」（「宜官」的發音按海寧本地話發音與「二官」相同，金庸排行第二）。父親查樞卿，母親徐祿，出生在浙江省嘉興市海寧縣袁花鎮，一九四八年移居香港。

現代漢語小說家中恐怕沒有人的名氣能與金庸相比，金庸的名氣已經真正做到家喻戶曉，婦孺皆知。

一個流行的說法是：「凡是有華人的地方，就一定有金庸的武俠小說。」

這句話是從一個典故套用來的。

北宋的詞人柳永，稍有點文學常識的人都耳熟能詳他的名句「楊柳岸，曉風殘月」。柳永的詞在當時風行天下，於是便留下了「凡是有井水飲處，即能歌柳詞」的千古美談。

金庸的武俠小說給他帶來了令所有操筆為生的文人驚豔羨絕的巨大聲譽，憑他那十五部氣象萬千的武俠小說，他無可爭議地成為武俠小說的一代宗師，並且把武俠小說這門藝術發展到一個前所未有幾乎是不能超越的絕頂奇峰，製造了漢語文化中又一個不可戰勝的神話。

已經有人這樣說：中國文學史上只有曹雪芹的《紅樓夢》和金庸的武俠小說才真正做到了家喻戶曉，真正做到了寫盡中國的人生。

我們卻不能不承認這樣的事實：金庸的武俠小說讓人入迷的程度已經到了聳人聽聞的地步。

金庸是一個神話，一個奇蹟，也是一個異數。

金庸這兩個字已經不單單是一個名字，而變成了一種現象。

金庸現象是中國文化史上最富有傳奇色彩和最富有神秘魅力的華章。

金庸的成功雖然首先是他的武俠小說帶來的，但金庸與其他成功的武俠小說作家最大的區別是，金庸的「奇蹟」並不僅僅是武俠小說。

這是中國文化史上相當罕見的情況，一個作家居然在他本分的寫作才情之外還兼有數種天才。

對金庸的武俠小說公認的評價是博大精深，氣象萬千，他的如椽大筆縱橫塗抹，大開大合，胸羅萬象，雄渾恣肆。

這樣的評論完全可以一字不改用到形容金庸這個人身上。金庸最大的神奇之處就在於他個人的萬千氣象，他的身上似乎蘊含著一種神秘的力量，使他在人生的道路上具有無窮的可能性。

金庸不僅是一個武俠小說作家，他同時又是一個企業家，一個政治家，一個政論家，一個書生，一個大俠，一個隱士，他的無窮可能還表現在他曾經是一個編劇和導演。

金庸似乎是千面觀音或是多臂如來，在他人生道路上，他居然在各個幾乎是不能相容的領域中都能揮灑自如，得心應手，勝場獨擅。

作為一個武俠小說作家，他成為武林盟主，一代宗師。

作為一個企業家，他成為海內華人作家的首富、報業鉅子。據一九九一年香港《資本》雜誌的統計資料，金庸以十二億資產列為香港九十年代華人億萬富豪榜的第六十四位。

作為一個政治家，金庸參政議政，參加香港基本法草委，並親自草擬新政制協調方案，中共高層如鄧小平、胡耀邦、江澤民都曾會見他並與之長談，中國臺北和中華臺北之爭也是在金庸家裡解決的。金庸作為一個富有現實精神和寬容態度的政治家，正體現了他氣象萬千中悲憫人世的博大。

作為一個編劇和導演，金庸有數十部劇本被拍成電影並由當時紅星夏夢、陳思思等主演，金庸親自執導的電影《王老虎搶親》，賣座頗佳，大陸觀眾多知道這部電影，只是沒想到居然是金庸執導。

作為一個政論家，金庸寫的《明報》社論被公認為「香港第一健筆」，連國共兩黨政要，美國國務院，也剪輯他的社評作為研究資料。中越戰爭期間，金庸連下一個月預測，無不中的，對時勢、政局發展的分析、預測，無人不對金庸政論的高明傾服。

金庸還以「黃愛華」筆名開「自由談」專欄，以「徐慧之」筆名撰寫「明窗小札」系列，大陸文革期間，開「北望神州」專版。據統計，三十三年撰稿期間，金庸執筆的社評至少有七千多篇。

作為一個「大俠」，金庸從小就具有琴心劍膽俠骨柔腸，重然諾，深感情。金庸昇華了大俠的內涵，並且一生身體力行，修煉大俠人格。

作為一個書生，金庸又是傳統意義上最純粹的書生，他每天都堅持看書六個小時以上，他的私人藏書在香港名列前茅，六十年代他還刻苦自修英文，耄耋之年還去劍橋讀博，他完全是過著純粹書生的生活。

作為一個隱士，金庸真正做到了急流勇退，淡出江湖，一九七二年金庸宣布封筆，不再寫武俠小說，一九八九年他辭去所擔任的政界職務，一九九二年又出售了《明報》。這些重大的選擇只有像范蠡、張良這樣真正的大隱才能做到。晚年的金庸，過著平平淡淡、自自由由、無牽無掛的逍遙生活，過著行所願行，止所願止的隱士生活。

百年一金庸，金庸說不完。

對金庸的研究和評價已經不僅僅局限在武俠小說的範圍了，更多的行家和有識之士把金庸作為一種文化現象來研究，這樣的研究已經形成了一門新的學問：「金學」。

縱觀中國文化發展史，因研究文學作品而稱上「學」的，真正蔚然成風的只有「紅學」，即研究《紅樓夢》的專門學問。「紅學」不過是以作品命名，而現在發展壯大起來的「金學」卻以金庸之名來命名，又是絕無僅有，成為文學史上一大奇觀。

在海外，早已有了「金庸學會」，而早在一九八四年遠景出版公司出版的一套十冊《「金學」研究叢書》，更掀起了「金學」研究的高潮。

此後，學風北漸，大陸的「金學」研究也同時起步，聲勢不凡，將「金學」研究推向一個新的高潮。

金庸剛柔相濟、法判陰陽的異相

金庸博大精深，氣象萬千。他人生的俠路中蘊含無窮的可能性，他的成就也是非常人可比，甚至也不是那些優異的「才子」可比，金庸有一種王者風範。

金庸在人生俠路中成功地扮演了許多不同的角色，有如神龍百變，讓人不得全視。他向人世顯露的一麒片甲，就已經足可以看花所有人的眼睛，讓人不可逼視。

金庸的相貌具有天賦異稟，準確地象徵了他神龍百變的人生俠跡。

金庸個子中等，大約一百七十五公分左右，年輕時很瘦，後來發胖，中年時體重約七十公斤。

金庸的臉型是標準的國字型，尊貴、飽滿、豐富、象口獅鼻，寶相莊嚴，隱隱然有大器之相，王者之風，一雙眼睛雖小，卻神光內斂，善於韜光養晦，象徵了他達觀的智慧，內省的人生。

偶爾，他眼睛又會神光外射，像一個內功精湛，修行已達到爐火純青的武林高手，眼睛像鷹一樣銳利森嚴，似乎這人世中任何的風雲變幻都在他的眼底盡收。

他的前額寬闊，豐潤，稍許的白髮，更顯現出他超人的智慧，好像其中貯藏的寶藏永遠也開發不完。淺淺的幾道皺紋，記載了他人生俠路中無數的滄桑，還有我們世間的凡人永遠都不能讀懂的現代啟示。

他的身材健碩、魁梧，似乎有足夠的廣度來容納世間的風風雨雨、恩怨情仇。

金庸的相貌中最奇特的地方就是有著氣象萬千，神妙莫測，往往一身兩相，一相兩面，將完全不可能在一個人身上出現的儀容奇特而驚人地融洽糅合起來。

金庸相貌中剛的一面：

「平時，他不苟言笑，不怒自威，神情威風凜凜，散溢著一股強大的震撼力。站著時，如亂雲中的勁松；坐著時，腰直胸挺，威力逼人，像一個一呼百應，號令天下的武林盟主。」

金庸相貌中柔的一面：

「偶爾，他亦會張口大笑，笑得前傾後仰，眼睛瞇成一線，笑聲揮灑出孩童的純真無邪，而臉上也隱隱約約地散發出一種佛光……」

金庸的相就是這樣的奇特，剛的一面與柔的一面迴然不同，判若兩人。據熟悉金庸的人介紹，金庸確有百變之相，比如他笑的時候與不笑的時候，完全像變了一個人似的。

有人甚至指出，金庸的這種一陰一陽之相，正如應了《明報》的「明」這個讖。「明」，正是一日一月，正合一陰一陽之相。

金庸剛柔相濟的相貌，使很多認識他的人都感到驚訝。

金庸和古龍一樣，也是大頭。

倪匡說：「金庸的頭極大，筆者有三個大頭的朋友：金庸、張徹、古龍。這三個大頭朋友，頭都大得異乎常人，事業上也各有成就，和這三個大頭朋友在一起，常有一種極度安全感！就算天塌下來，也有他們頂著！」

張徹也是金庸的朋友，是拍攝金庸電影最多的香港導演。

異人必有異相，這句話對金庸來說是完全貼切和適當的。

金庸的相貌中體現了他自身無窮可能的氣象萬千，他一身兼有水和火的特質，他可以複雜得是那樣的簡單，也可以簡單得是那樣的複雜，他可以從一個層次自然地跳到另一個層次去。

金庸相貌的這種特質，從神秘和玄妙的角度來說，不能不讓人感到這是他在人生俠路中左右逢源，神行百變的最內在的因素。

所以金庸身處文學、新聞、商界、政治各個江湖都能應付自如。

所以金庸既能和公司普通職員談家常，又能與鄧小平、江澤民共商國事。

所以金庸既能西裝革履氣度莊嚴，又能一身便裝，散髮弄扁舟。

所以金庸既能「論政對酒常憂國」，又能「語笑布棋偶偷閒」。

所以金庸對情既能「直教生死相許」，又能知道「一切恩愛會，無常最難久」。

所以金庸既能為國為民「竭愚誠」，又能功成身退，淡出江湖。

金庸的名字取一「庸」字，雖然是無心將他的本名查良鏞之「鏞」開拆，但巧合之下卻有深意。

中庸之道是金庸的本色，也是金庸能容下萬千氣象的根本。

郭靖的鈍訥只是金庸的一個小小寓言

金庸從外在的相貌到內在的性情都如出一轍，具有水和火的品質，是多種矛盾奇妙而天衣無縫的交融；所以金庸的世界絕不是單一的世界，而是具有千巖萬壑的廣闊、深遠、不可窮盡的豐富景觀。

金庸的性情一般說來好靜，寶相莊嚴，平常一般不太多話。

一般人的印象是，金庸言語木訥，武俠小說雖然寫得流暢、瀟灑，但口才看上去卻好像不怎麼樣。

金庸辦《明報》，作為報業公司的老總，對下屬佈置工作，下達任務進行調遣是不可避免的，但金庸的管理方式是獨一無二的，恐怕沒有哪個公司的老總能像金庸那樣辦事的：金庸不用口說，而是寫條子。

從金庸一九五九年辦《明報》起，到金庸一九九三年徹底退出《明報》辭去企業董事局主席之職止，金庸寫過上千張條子來安排工作。

金庸的這種獨特的工作方式，倒是讓許多下屬喜出望外，因為他們這樣就可以輕而易舉地得到大俠金庸的墨寶了，到後來金庸名望如日中天時，這些墨寶已經有人開始收藏，作長遠打算了。

金庸是不是真的口才欠佳呢？

大概確實有點。金庸有點輕微的結巴。

說來歷史上好幾位重量級的大才子都有點結巴。

《史記》記載韓非：「非為人口吃，不能道說，而善著書。」而司馬相如則是：「口吃而善著書」；《漢書》說揚雄，是「口吃不能劇談……默而好深湛之思」。

《論語》中說，巧言令色鮮矣仁，剛毅木訥近於仁。金庸不會巧言令色，金庸是剛毅木訥。金庸和好朋友在一處，話還是很多，他也很喜歡和朋友閒談聊天。金庸周遊列國，外出講學、講演，也還是說得頭頭是道，深入淺出。金庸多次接受採訪，比如在台北《中國時報》「人間副刊」主辦的「金庸先生面對新生代研討會」上，金庸面對兩百多名記者和名流從容而談，給人留下很深的印象，記者們認為金庸在公開場合的言行十分有魅力。

這說明金庸並不是不善言辭。但為什麼平時金庸又會給人言語木訥的印象呢？金庸的身上有很多謎，從外貌到內在都有許多令人不解的謎，這只是小小的一個謎而已。其實，這正是金庸氣象萬千的特異之處。

金庸智力極高，因此口才不可能差到哪裡去。在金庸的小說中，口若懸河的人物比比皆是，這些人的口才簡直好得沒幾個人敢去比！比如韋小寶，那口才真是絕了，可以說得天花亂墜，生死人肉白骨。韋小寶指天畫地滔滔不絕，把陳圓圓都要說得落淚，長平公主都要露出笑臉。

雖然寫作和說話有很大不同，但是一般說來只要作家沒有心理障礙，那麼絕對是只要有興趣就可以說得滔滔不絕的。

金庸平時少言寡語（許多大作家都有這樣的情況），是因為一方面他多思慮，另一方面是他有意如此。

多思慮是不用懷疑的。金庸每日操心之多，工作量之大是常人所無法想像的。

每天金庸要讀六個小時的書，辦《明報》時還要為報紙的連載寫一段武俠小說，最後到了晚上十一點鐘左右，他還要去《明報》關起門來寫社評。

天天如此的大腦力勞動，造成了金庸的多思慮，心中有事情，又要想武俠小說，又要關心時局政治寫社論，還要消化大量的書本，試試看這樣下來誰還有心思多說話。

這只是一個方面。

另一方面是金庸有意的修養，這種修養與《曾國藩家書》有關。

現在大陸的文化市場已經很多曾國藩的有關書籍了，都知道毛澤東和蔣介石都很愛看《曾國藩家書》。

金庸無書不窺。

《曾國藩家書》中，有一封曾國藩教導他那後來成為清代傑出的外交家的兒子曾紀澤的信。曾國藩告誡兒子，你其他方面都還過得去，只是言語欠頓訥。意思是，你現在還是太能說也太愛說了，不能韜光養晦。

金庸熟讀《曾國藩家書》，雖然晚年他曾經說年輕時視曾國藩為漢奸，但曾國藩關於「言語頓訥」的一段論述，他不可能不信服。

所以金庸「言語頓訥」，有時是有意識去做。

有些認識金庸的人把金庸比做是郭靖，其實這是盲人摸象的誤解。

表面上看，金庸確是有與郭靖相像的地方，而且金庸自己也很喜歡郭靖這個人物，在小說中為之下了大筆墨，一部《射鵰英雄傳》寫郭靖還不過癮，又一部《神鵰俠侶》再把郭靖寫得淋漓盡致。

郭靖是個天生的笨小子，智力比常人還偏低，說話遲鈍，反應也慢，小時候經常詞不達意，使他的授業恩師江南七怪傷透腦筋，氣破肚子，甚至認為他不是學武功的料。黃藥師見了郭靖也是大大的不喜歡，心下厭煩郭靖的蠢笨，根本不認這個女婿。連癡心愛著郭靖的黃蓉在背地裡也要暗自嘆息郭靖的不可理喻。

在話不多，以靜為先這一點上，金庸與郭靖相似，但金庸的智力卻不是郭靖能比的，金庸從小聰明，從小學到大學永遠成績第一，絕不像郭靖那麼笨。

我們只能這樣來說：郭靖只不過是金大俠內心小小的一面投影。

金庸胸羅萬象，非常人能以常理去揣度，金庸可以把郭靖寫得木訥到極致，也可以把令狐冲寫得瀟灑到絕頂，還可以把韋小寶寫得油滑到極限。

郭靖的鈍訥只是金大俠的一個小小的寓言，正因為說得不行，才會更多的行動、思考；正因為笨，才會付出比常人更多的血淚和汗水，堅韌不拔和執著的，數倍於常人的努力，最終會帶來成功的榮譽。

正如西方大賢所言：

「流淚播種的，必歡笑收割。」

曾國藩諄諄教導兒子要學會言語的「鈍訥」，是極高明之見。

金庸有意無意地去追求言語鈍訥，自然是大智慧之人，深明其理。

能言善辯，最多不過是謀士格局。

言語鈍訥，卻有王者之相。

金庸的神秘和不可思議之處，正在於此，他的胸中其實已經包羅了能言善辯和言語鈍訥這兩種完全不同的氣象，並且融會貫通，收發於心，該鈍訥之處即鈍訥，該善言之處即善言。有所為，有所不為。

芭蕾和音樂的金庸有與生俱來的激情

漢語文化中最理想的境界便是中庸的境界，絕對是排斥非此即彼的單向思維，陰陽調和可以說是中國傳統文化一切世界觀和方法論的核心。

比如靜是一種美，一種陰柔之美；而動也是一種美，一種陽剛之美。最理想的靜如處子，動如脫兔，是靜和動的協調、平衡、融洽，而不單是靜或動。在漢語中，靜如處子和動如脫兔這兩組詞都是聯在一起使用的。氣象萬千的金庸，正是這樣陰柔和陽剛奇妙的調適和互濟。

金庸站如松，坐如鐘，有一種大器的靜態之美感，但是讀者可能想不到，金庸其實在運動上也很有一套，並不是只坐辦公室的文人。

金庸有一種與生俱來的生命激情，生命意志力旺盛，精力過人。

他健壯的體魄，來自於運動和鍛煉。

金庸年輕的時候非常愛好體育活動，特別喜歡打排球。雖然他身材並不是很高，一米七五，屬於中等個子，打排球還是嫌矮了，但金庸真是靜如處子，動若脫兔，以他的彈跳力挽救了他身高上的弊病。據金庸的朋友介紹說，金庸的排球技術很不錯。

金庸並不是手無縛雞之力的文弱書生，他的運動細胞頗為發達。

倪匡在《倪匡論金庸》中說：

「金庸喜歡駕跑車。最早，用過凱旋牌小跑車，後來，改駕積架E型。他駕積架E型之際，經常的速度是二十六哩。

「後來，又換了保時捷。保時捷跑車性能之佳，世界知名，到了金庸手中，平均駕駛時速，略為提高，大約是三十哩。曾有人問金庸：『你駕跑車超不超車？』金庸答：『當然超車，逢電車，必超車！』其性格中的『穩』字，由此可見。」

三十哩速度是什麼概念？一哩就是一英里，合一六〇九米。三十哩還不到五十公里，這就有點難以想像了。估計是在香港市區，速度跑不起來，倪匡是在調侃金庸。

最讓人意想不到的是，金庸居然很愛跳芭蕾舞，這恐怕只有以金庸內在的豐富性來解釋了吧！

金庸對於芭蕾舞有一種秘密的喜愛，不僅愛看芭蕾舞，還親自嘗試去學習。五十年代金庸在《大公報》任職時，有一段時間他每日不間斷地去學習芭蕾舞。在一次報館舉行的文藝演出中，金庸甚至還穿上工人服，化了妝，為觀眾表演了一段芭蕾獨舞。

這就是與金庸沉靜的性情相對的一面：金庸也有熱情外露的一面。舞蹈是一種最激烈的表達方式，金庸敢在大眾場合用最激烈的表演來表達他內心的激情，這真讓人想不到！

金大俠真是一個不能以常理來測度的異人和奇才！

《大公報》下屬《新晚報》負責人羅孚後來回憶說：

「（金庸表演芭蕾舞）儘管在藝術上那是不合格的，卻是使人能夠留下印象的。」身材碩壯的金庸跳芭蕾舞當然在體形上就不太合格，但卻敢於跳，敢於認真去跳，他確實給人們留下了非常深刻的印象。

對於舞蹈，金庸真的是超級的發燒友，其實真的非常內行，非常的有感覺。

金庸曾有一篇文章專門談舞蹈，從這篇文章中，我們可以看到舞蹈之於金庸的日常生活有著我們沒有想到的那種密切關係。

金庸在《舞蹈雜談》中很投入和深入的談論他熱愛的舞蹈。

金庸引用一句習語，唱京戲的人常說：「唱戲的是瘋子，看戲的是呆子。」，說明真正入戲的演員，他的喜怒哀樂就會完全和戲中人結合在一起，就會演得淋漓盡致，而熱心看戲的人，也會因此而受到極大的感動。這就是戲劇大師斯坦尼斯拉夫斯基所說的「進入角色之中」。金庸認為這樣的理論，適用於任何藝術，比如舞蹈。

在影片《歡樂的歌舞》中，金庸被跳《十大姐》的那十位大姐的歡樂，溫柔而感動。十位大姐跳得像雲南的茶花那樣燦爛，看到十分精彩的舞蹈的時候，金庸說自己會非常的興奮，會手心裡和背上出很多很多的汗，會聽見自己心跳的聲音。總之，會很高興但又很難過，會緊張得坐立不安。

一些電影中的舞蹈，是金庸終身難忘的美好經歷。比如：《羅密歐與茱麗葉》中烏蘭諾娃在新婚翌晨的分別那一場舞，《天鵝舞曲》中普萊列茲謝雅的一場雙人舞，《魔宮豔舞》中羅拔·海普曼在把燭淚變成寶石時那幾個瀟灑的轉身，《人海情潮》中摩娜絲拉臨死之前的那場舞蹈，再加上中國民間藝術團在這裡演出的《採茶撲蝶》、《歡樂的歌舞》中的《十大姐》……看了這些，都是使人終身難忘的美好經歷。

金庸評論說：「我國自漢唐以後，直到今日才真正再有泱泱大國之風（宋明都是太弱、氣派太小）。從歷史記載上看來，唐代以後，舞蹈藝術就逐漸衰退，也直到今日才開始再度發展。舞蹈雖然不是有關國計民生的大事，但似乎竟也與國運有關。」

對舞蹈的專業和權威，使金庸甚至成為了讀者心目中的最佳顧問。許多讀者甚至直接寫信給金庸，要金庸回答有關舞蹈學習方面的問題，而金庸也總是知無不言，言無不盡。

那時，報館的編輯常常會轉一些讀者們的來信給金庸，要他代答。

其中一封信中問的是這個問題：香港哪一所芭蕾舞學校最好？

金庸總是把一些地址告訴他們，但無法介紹哪一所，因為他不知道提出問題的人心裡存著什麼目的。

金庸仔細說明：

如果是要讓他們的女兒姿勢美妙一些，學一點舞蹈的基本常識，或者先學一些芭蕾舞的基礎，再送到倫敦或北京去繼續深造，那麼我想任何一所學校都能達成他們的願望；如果要訓練成為一位傑出的舞蹈家，那麼這裡缺乏這種環境。

金庸認為，一個舞蹈家的培養，絕非僅僅只是學習技術。何況，就算只學習技術，當地所有的學校規模都太小，教到相當時期，就受到了限制。

金庸舉了一個例子，一位學舞蹈的學生，轉學去另一處學校，感到不適應。她覺得從前的老師雖然藝術家脾氣很重，常使人無所適從，但儘量鼓勵學生們自由創造，現在的教師就常常說：「喂，請你別發明自己的步子好不好？」

金庸的見解非常專業：

「嚴格的訓練在藝術中是必要的，創造力當然更加重要，這兩者如何好好的適應，那需要一位極有才能、極有修養的教師方能解決。」

「梅蘭芳先生在一篇文章中談到最近在日本與吳清源先生的會見，他說他從前也曾想學圍棋，後來有人勸他，說這會影響到對戲劇的鑽研，這才放棄。學舞蹈，也得這樣專心和刻苦。藝術的道路上鋪滿了玫瑰花，又香又美，但向前走的時候，得踏平許多刺痛你雙足的刺。」

「另一項困難是較小的，但決不是不重要，那就是這裡的舞蹈學校中極少（甚至是沒有）男生，這樣，需要男人配合的一切舞蹈全不能跳。當沒有男舞蹈者在腰裡向上一舉的時候，就算是烏蘭諾娃或瑪哥芳婷吧，也不能在空中優雅而緩慢地做許多姿勢。」

金庸的這些評論，都是來自他自己學習舞蹈的經驗。

金庸不僅愛好芭蕾，他還學過鋼琴，學了一年多，據說那時他的鋼琴彈得很好。之所以後來不再彈鋼琴，是因為他年輕時踢足球，當守門員，不小心傷了手指，所以不得已後來放棄了彈鋼琴的愛好。

金庸後來回憶，他足球「踢得不好，後來我踢足球守門的，一守門，這個足球來，把這個手指碰了，把門守住了，但這手就碰起，他對方踢的力氣很大的，本來在學鋼琴，後來鋼琴就不能學了。」（陳魯豫採訪金庸）

金庸右手的無名指受傷了，當時根本不能獨立彎曲。

金庸寫小說、寫文章都是習慣手寫，他說他手寫能跟得上大腦思維的速度。所以傷了手指，影響彈鋼琴，不影響寫字。

金庸對古典音樂的造詣極高，據說隨便放一段古典音樂，金庸聽了一會，就能說出音樂的曲名。

孫穎在《金庸喜愛用「天方夜譚」伴跳芭蕾舞》一文中，寫了她採訪金庸，和金庸深入談論音樂的情景。

金庸說：「（笑）我就是喜歡音樂，一個簡單的音樂愛好者。我學過好幾年芭蕾舞，也學過兩年鋼琴。我最喜歡俄國作曲家的作品，如柴可夫斯基、穆索爾斯基等等，最喜歡老柴的交響曲《悲愴》、《第一鋼琴協奏曲》、《天鵝湖》、《羅密歐和茱麗葉》等，還有很多我都喜歡。」

金庸說，俄國「強力五人集團」成員之一的里姆斯基．柯薩科夫，他的《天方夜譚》管弦樂曲的後半部，節奏感極強、很好聽，金庸那時經常用它做背景音樂跳芭蕾舞。

採訪中，金庸隨即準確無誤地哼起《天方夜譚》的旋律。

金庸說：「樂曲後半部之所以那麼動人心魄，就是因為它形容船在聳立著青銅騎士的岩石旁邊遇難，然後就結束了。

「他這個意境，令人想到船在浩瀚、無盡頭的大海中航行。其實俄國作曲家的作品多數都帶著深層次的憂鬱、傷感，所以它最打動人心。你聽老柴的《第六交響曲》，最後的末樂章真讓人想流淚。

「還有後期的拉赫曼尼諾夫，他的第二、第三《鋼琴協奏曲》我都喜歡，可能是因為旋律比較通俗、易懂。第三的鋼琴技巧是很難彈的。」

金庸對古典音樂的深入理解和鑒賞水準，令我們望塵莫及。

討價還價的金庸有大氣魄的慷慨和胸懷

金庸的異相預示了他人生俠路有無數可能的發展，但金庸作了他自己合理的選擇，他處理好了他身上的那些豐富的矛盾性，而金庸身上的這些豐富的矛盾性，恰恰正是金庸神秘和富有奇妙的魅力的一面。

很多認識金庸，可以說是很熟悉金庸的人，都常有感到難以把握金庸的驚訝感，因為金庸雖然看上去是這樣，但偏偏又經常會做出不是這樣的事來。

這是因為天賦異稟的金庸有一種天生的包羅萬象的博大，經常能把看上去矛盾的東西奇妙而又毫不做作地融合一體，法身千變。

這讓人想起佛的寓意來。

佛法有八萬四千法門，門門可以明心見性，立地成佛。佛也有千萬億的化身，佛總是隨合因緣，因地制宜，因材施教，方便說法。佛每一不同的示象，不過是方便比喻而已。

金庸深通佛法，是不是他的性情中又矛盾又統一之處，正是這樣的方便說法呢？下面的例子可以說明金庸的這種表面的矛盾之處，其實正是他的神秘魅力之處。

金庸給人的印象是小心謹慎，精於算度，所以在對待錢的態度上也是謹慎的，有時甚至有吝嗇之嫌。

在商言商，作為一個企業的最高負責人，他當然要仔細算計，要把公司搞好，要讓公司產生最大限度的利潤，對公司負責。

不管其他還有多少冠冕堂皇的理由，辦公司就是要賺錢，致富的目的是無論如何都不可能否認的。所以金庸支付工薪、稿費時，他不能也不可能感情用事，千金散盡，他的算計也是合情合理的。

金庸也為自己辯解過，他說：

「我辦報辦了幾十年，對於一磅白報紙的價格、一平方英吋廣告的收費、一位職工的薪金和退休金、一篇文章的字數和稿費等，長期來小心計算，決不隨便放鬆，為了使企業成功，非這樣不可。」

深知創業不易，節儉是致富的美德。金庸敏於行，訥於言，慧於心，勤於思，有事指示下屬，不喜歡口頭傳達，喜歡寫字條。而寫字條用的卻大多是舊信箋，或舊桌曆的背面，從不作浪費之舉。

對待錢的謹慎態度，金庸在父親身上學到反面的教訓。

金庸的父親畢業於上海震旦大學，回鄉後開辦過錢莊、絲廠、繭廠，但是都不大成功。

金庸很小的時候就跟隨父親出門做生意、收帳，耳濡目染。

那時他小小年紀，已察覺到父親辦理企業太不精明，對人過分客氣而隨便。他說自己十三四歲時，就覺得父親沒用，感情用事，借錢出去卻收不回來。

金庸回憶說：「我父親曾在上海震旦大學求學，似乎讀書沒有什麼成績，後來在鄉下辦理錢莊、繭廠、絲廠，也沒有成功。我常常見到他為了業務而煩惱。我雖小小年紀，也已察覺到他辦理企業太不精明、對人過分客氣而隨便，他似乎覺得交朋友比業務成功更重要。」

明報專欄作者林燕妮說：「查良鏞談吐溫文，但性格可說剛多於柔，強多於弱。明報系列是他的王國，他的作風有點像帝王，永遠禮數周到，但休想影響他的決定一分一毫。」

在《明報》王國，金庸確實有王者氣度。

南方人物周刊曾經採訪金庸：聽說您對待工作、對待《明報》，也是一個非常全權的、類似帝王的統治，是這樣的嗎？

金庸：我不大喜歡跟人家討論，我自己很有自信。

南方人物周刊：有下屬跟您頂牛嗎？

金庸：頂牛有啊。

南方人物周刊：那您會給他們穿小鞋嗎？

金庸：不會，因為頂牛就把他開除。

金庸的回答聰明睿智且不乏幽默，讀者當然不能老老實實就聽信。朋友們都說，金庸對人寬厚仁慈，絕無冷酷刻薄。

倪匡是金庸的朋友，金庸創辦《明報》之始，倪匡就很支持金庸，為《明報》寫稿。倪匡是香港很有才華很有名氣的作家，他的筆下路子很野，也寫武俠小說，也寫散文，也寫偵探小說，也寫科幻小說，有「天下第一快筆」之稱，後來倪匡寫金庸武俠小說評論，被評論界譽為寫得「與金庸的武俠小說一樣的好看。」

有這些人才來幫助，金庸當然是很高興，求之不得。

金庸對倪匡也很欣賞，所以當一九六五年他遠赴歐洲，以《明報》社長的身分到英國倫敦參加國際新聞協會主辦的會議期間，他能放心將代寫《天龍八部》的重任交給倪匡，以使報紙的連載不至於中斷。

所以倪匡可以說能算上是《明報》的有功之臣了。

一天，金庸、倪匡、名導演張徹、名作家董千里幾人聚在一起飲酒閒聊，他們幾人關係都很好，經常這樣在一起宴樂歡聚，酒至半酣，倪匡忽然對金庸說：「金庸兄，《明報》可真是越辦越好啊！」

金庸沒有多想，微微一笑，以一種略帶自豪感的謙遜說道：「還是靠大家的支持！」

倪匡卻是有所針對而來，所以緊緊抓住話題，接著問：「聽說《明報》業績不錯，賺了不少錢，是不是？」

金庸是何等心思細密之人，此時一聽就知道倪匡話中有話，醉翁之意不在酒。金庸有所警惕了，不正面回答，故意不太在意地隨口說：「不多，賺一點點，賺一點點。」

倪匡知道金庸在防守了，但話已至此，箭在弦上，不得不發。倪匡單刀直入，切入正題道：「金庸兄，《明報》賺了那麼多錢，我的稿費也該加一加了吧？」

金庸又是一笑，心想自己一不留神差點中了倪匡的「圈套」，但倪匡招已發出，金庸不能不接招，雖然是一句玩笑話，但這卻是當真的事，所以金庸恢復了他信誠君子的態度，回答道：「倪匡兄，這件事這裡先不談，不過我一定會放在心上，我回去後回信答覆你。」

金庸是信誠君子，正像他武俠小說中的大俠們一樣，最重然諾，金庸說過要答覆，一定會答覆，果不其然，過了兩天，倪匡收到了金庸的親筆信，信中詳細列出十大理由，歸納起來卻只有一句話：稿酬不能加。

倪匡捧著來信，只能興嘆：「金大俠啊金大俠，真是拿你沒有辦法。」

這一件事的表面，是金庸太過心思縝密，工於計算，吝嗇小氣，連倪匡自己當時心裡都要犯點嘀咕。

金庸是不是就是這樣的性情？不，絕不是，這只是金庸的一面法相。

金庸很瞭解倪匡，他知道倪匡大有古龍的浪子習氣，花錢如流水，千金一擲，有了錢總是不花掉不舒服。

金庸並不是小氣吝嗇，一方面他必須在商言商，公事公辦，另一方面他是看得更深更遠，不願倪匡去做任性和不負責的浪子行徑。

事實上，倪匡在真正瞭解金庸的萬千氣象的博大之後，不僅不認為金庸小氣吝嗇，反而常常稱讚金庸大方夠朋友。倪匡真正等錢用辦正事時，金庸都會二話不說地預付他的小說版稅給他，每次給的數目都不小。

每次預付版稅給倪匡時，金庸總要語重心長地叮囑倪匡一句：「倪匡，錢不要亂花呀！」

金庸智商很高，極為聰明，和朋友打牌往往是贏多輸少。

倪匡回憶說：「金庸嗜玩『沙蟹』，『蟹技』段數甚高，查府之中，朋輩齊聚，通宵達旦，籌碼大都集中在他面前。筆者賭品甚差，有一次輸急了，拍桌而去，回家之後，兀自生氣，金庸立時打電話來，當哄小孩一樣哄，令筆者為之汗顏。又有一次也是輸急了，說輸了的錢本來是準備買相機的，金庸立時以名牌相機一具見贈。其對朋友大抵類此，堪稱是第一流朋友。」

倪匡有八字評價金庸：「一流朋友，九流老闆。」

做朋友，金庸是一流：「因為金庸非常遷就朋友！」

知道倪匡愛吃魚，每次飯局，金庸都先夾起魚頭給他。

做老闆斤斤計較，對於員工來說就是九流了，「叫他加兩元稿費，會與你爭執半天。」

《明報月刊》總編輯潘耀明說：「對金錢來說，金庸作為生意人，他用的非常謹慎，私人的財富他有時候又很豪爽。」

對於倪匡的說法，金庸反駁：「倪匡這個事情是誇張的，實際上他們不大敢跟我提要加稿費的，因為在《明報》登一篇稿子很難，《明報》當時在香港是最有地位的報紙。」

當然，讀者聽聽而已，也不要太當真。

金庸的慷慨並不只是對於朋友，金庸一生中幫助過很多人。

有一個故事無可爭議地表明了金庸的正直愛心和慷慨的內心，儘管在商言商，儘管金庸作為企業家要追求利潤，金庸真正卻並不把金錢放在心上，他絕對不是一個吝嗇愛財自私的守財奴。

有一次金庸應邀去香港中文大學講演，講演完了後，校方不失時機地向金庸委婉提出讓金庸捐贈一事，金庸早有準備，拿出支票，當場就簽了一張四百萬元的支票。

這一筆捐贈不少了，校方已是喜出望外，當時校長在喜悅的氣氛中，不禁異想天開地開了個玩笑說：「如果再多一個零頭就太好了！」

金庸看了看對方，二話不說，居然又提筆在四百萬之後添了個零。

金庸捐贈了四千萬元。

所有的人都驚呆了，這樣巨大的數額可是他們想也沒有想過的。

金庸雖然有錢，但畢竟還是個文人，富得也是有限，與李嘉誠、霍英東這樣的商業鉅子相比，還是不能相提並論的，但是金庸的慷慨竟有如此的大氣魄！這樣巨大的捐贈就絕不是用沽名釣譽的事可以解釋得通。

君子愛財，取之有道。只要真正是金庸認為值得的事，對人民大眾對社會有益的事，金庸是慷慨的！

有研究者進行了不完全統計，金庸社會公益的捐贈善款超過了五千萬：

金庸給香港中文大學捐款一千萬港幣，折合人民幣一千二百萬；

捐贈三百一十萬人民幣給嘉興高等專科學校修建「金庸圖書館」；

杭州建造「雲松書舍」花費一千四百萬人民幣，捐給政府；

一九九二年，以明報董事會的名義，向「希望工程」捐款兩千萬港幣，按照金庸當時所占股份，金庸捐贈一千萬港幣；

一九九三年，金庸捐贈一百萬元人民幣，作為「北大國學研究院」的啟動資金，二〇〇七年八月，又向北京大學一次性捐款一千零四萬元人民幣；

一九九五年，金庸出資一百二十萬在浙大設立「金庸獎學金」和「浙大金庸人文基金」。

（資料見劉國重《談傅國湧談金庸之二：金庸的慷慨與吝嗇》）

在香港，金庸、倪匡、黃霑、蔡瀾合稱為「四大才子」，倪匡認為莫名其妙：「四人中只有金庸學貫中西、博古通今。他是一個有器量的人，有些人得罪他，行為很下流，對他人身攻擊，不只口出惡言，還發文攻擊，金庸非但一笑置之，還很看中那個人，我很佩服，器量那麼大，是做大事的人！」

倪匡讚嘆：「金庸的胸襟寬到我們都看不過眼！」

蔡瀾也說，他反對人家叫他們「四大才子」，認為金庸和另外三人不在同一水準：「金庸先生不應該跟我們三個調皮搗蛋的人放在一起，他是一代宗師，我很尊重他。」

嚴肅的金庸本性活潑

很多見過金庸的人都要驚異於金大俠的異相，甚至對金庸作出完全相反的評價。不喜歡他的人甚至說他是「笑面虎」。

金庸身上蘊含的萬千氣象，卻絕對不是做作出來的，而是自然而然，與生俱有的。評論家公推金庸的武俠小說境界廣大，深遠而又精細，包羅萬象，也許這正與金庸神龍百變的法相一樣，也是天賦，與生俱來。

金庸對我們凡人來說是一個謎，一個神話，也是一則帶啟示的寓言。金庸太神奇太博大了，也許我們所談論的，只是金庸千萬法相中的一面。

比如，金庸的本性是沉靜的吧？

在公開場合，或者是在他的辦公室，金庸給人的印象是一臉嚴肅，不苟言笑，有不怒之威。甚至許多的人都對金庸敬而遠之，心懷畏懼，和對一種神秘力量不能把握的不安。

給《明報》寫專欄的作家李文庸說：「金庸表面上不苟言笑，冷漠肅穆，再加上他有一副不怒自威的尊容，使屬下見到他的時候，噤若寒蟬，《明報》機構上下百餘個職員，在背後都以

『主上』稱呼他。」

但是金庸從來不會呼喝斥罵下屬，連語氣重一點的話都沒有。

在工作以外，金庸又總是一副笑瞇瞇的表情，見到自己的粉絲、讀者沒有任何架子。

金庸極少生氣，顯示出極高的個人涵養。

真正熟悉金庸的人是怎麼評價金庸的性格的呢？

以寫《我看金庸小說》到《五看金庸小說》而在廣大的金庸迷心目中受到極大歡迎的倪匡，是金庸的朋友，無疑他對金庸最為瞭解，他對金庸的評價也應該是最為權威的。

倪匡卻這樣說：

「金庸本性活潑！」

倪匡的這一斷語，對公眾印象真是石破天驚般震撼，金庸原來是這樣！

倪匡說：「他屬下的職員，每以為金庸嚴肅，不苟言笑。但事實上，金庸本性極活潑，是老幼咸宜的朋友，可以容忍朋友的胡鬧，甚至委屈自己，縱容壞脾氣的朋友，為了不使朋友敗興，可以唱時代曲『你不要走』來挽留朋友。」

我完全相信倪匡評價的準確性。金庸連化了妝穿工人褲在大眾面前獨跳芭蕾舞都可以，當然也會唱流行歌曲助興，當然可以裝鬼臉、扮小丑，逗朋友和親人開心。

內心修為已爐火純青的金庸，當然不會是一個人見人怕的暴君或權閥！金庸當然也不會有意做出一副威嚴樣子讓別人來敬而遠之，讓別人臣服。

那麼，這裡面有什麼地方錯了呢？

不，沒有錯。

金庸的那些不威自怒、嚴肅的公眾印象是真實的，而倪匡斷言金庸的本性活潑也是事實。

這就是金庸的神秘和金庸之謎。

金庸的獨特也就在這種「神龍百相」的博大之中。

金庸的內在和外在都有萬千氣象。

而這些表面的矛盾處，其實並不矛盾，只是金庸喻世說法的方便法門。

金庸是本真的金庸，是明心見性的金庸，他表面天賦的那些不同的法相，其實是統一於內心，因為他只聽從內心良知和佛性的召喚，他不為外界所動。他的不怒自威是真實的，因為不是造作的，他也不屑於關注外部的法則。他的活潑和明朗也是發自內心的，是他內心的陽光的照耀。

生命生來就是這樣，金庸既承受了那不能擔負之重，也承受了不能承受之輕。

金庸的左右手互搏術：一手寫小說，一手寫評論

金庸深得易經太極智慧真髓，負陰抱陽，沖氣以為和。

《明報》是金庸一生事業的根基和寄託。

靠著金庸「一手寫小說，一手寫評論」，《明報》得以支撐和發展，金庸猶如周伯通一樣，

善於左右手互搏術。

很長一段時間，金庸一人上陣，分身有術。他曾以「姚馥蘭」等筆名撰寫影評，以「林歡」筆名撰寫文藝批評文章，以「金庸」筆名撰寫武俠小說和翻譯外國小說。

創辦《明報》後，除了撰寫《明報》社評不署名外，他繼續用「金庸」筆名寫武俠小說，翻譯嚴肅的學術性文章和著作，例如英國大哲學家羅素的《人類的前途》等，分別連載在《明報》上。

他在《自由談》上，則以「黃愛華」筆名撰寫了《祖國的問題》，在報紙上連載，之後結集成書。

此外即以「徐慧之」筆名來撰寫《明窗小札》的專欄文章。

金庸的秘書李以建在接受《江南週末》的採訪上說：

「他有意識地將文藝創作、評論、政論和翻譯加以區別，即通過撰寫不同類型的文章來扮演不同的角色，也不斷提醒自己必須從不同的角度來審視周圍的世界。

「嚴格來說，金庸的這種寫作策略，無論是雙重身分的互換，還是三種身分的重疊，或是四重身分的交錯，其中最清晰的是他作為新聞工作者和文學作者的涇渭分明。即小說就是小說，新聞就是新聞，二者不容產生混淆。」

《明窗小札》是金庸在《明報》以「徐慧之」筆名撰寫的專欄。從一九六二年十二月到一九六八年十月，前後大約六年。

金庸寫《明窗小札》，一九六七年曾經中斷幾個月，其餘的幾乎是每天寫一篇，寫完次日在《明報》上發表，大都是對當時的國際形勢和重大新聞所作的分析和評述，也有對政壇人物的介紹。當年的電信和通訊遠沒有今天的發達，除了參考每天的電訊稿外，更多是借助翻閱大量的外來期刊和報紙，從中選擇重大新聞和事件，摘譯之後加以綜合，儘量說出事件的真相，也表達了自己的分析和看法。這些事件和人物已經成為歷史，在當時卻是全世界都關注的新聞和重要人物。（金庸《明窗小札》後記）

金庸不僅是要一手寫小說，一手寫評論，一手寫影評，一手寫翻譯，還要一手寫專欄……

金庸是在表演千手觀音嗎？

「從一九六〇年代初的《明報》撰稿來看，他既是報紙的主筆，也是報紙的作者。金庸經常每天在《明報》上甚至扮演了四個不同的角色。其一，撰寫社評，這是一張報紙主筆的工作，需要面對的是全球和香港本地最新的時事動態和新聞，撰寫代表《明報》立場和觀點的文章。其二，他必須完成每天連載的武俠小說。其三，撰寫《明窗小札》的專欄文章，以分析國際形勢為主。其四，發表連載的翻譯文章。多重身分的展現和不同角色的扮演，這是現實的必要，無可厚非，卻也是金庸驚人的天賦和能力展示。從某種意義上說，迄今為止，金庸堪稱報界的第一人，因為這不是偶爾的幾天突擊，也不是幾個月的特殊情況的應變，而是長達數年持續不斷的每天寫作擔當。」（李以建《明窗小札一九六三》編輯手記）

靠一枝如椽大筆寫就《明報》大業，《明報》之外，金庸還創辦《明報月刊》（一九六六）、

《明報周刊》（一九六八）和《明報晚報》（一九六九），在新加坡創辦《東南亞周刊》（一九六三）和《新明日報》（一九六七）。

金庸的創業奇蹟，前無古人，後無來者。

曾經是金庸的秘書，後來還做過李嘉誠的秘書，楊興安從歷史文化的角度評論說，金庸是五百年一遇的高人。

金庸收發自如，張弛有度。楊興安說，要論作家對中國人的影響力，金庸是第一位。

金庸有兩枝筆，一枝是為《明報》寫社論，一枝是寫武俠小說。

楊興安把金庸的社論比作「九陽真經」，武俠小說比作「九陰真經」。

金庸在《明報》的社論寫了三十多年，可以說是中國當代歷史的一份見證，充滿著政治和歷史的智慧。

楊興安說，金庸為人處世也已經到了「化境」，他高興不高興你不太知道。對人對事的態度是：「不外如是」。

金庸成功的秘密：運氣和超凡記憶力

一次，《金庸茶館》網站「店小二」採訪金庸：

店小二問：「回顧自己這一生，您有何感想？」

金庸回答：「我想我這一生運氣很好，在關鍵時刻剛好都遇到對的人、做了對的選擇。其中最大的好運，就是二十二歲到上海《大公報》當編譯，二十三歲因緣際會，被派到香港《大公報》工作，自此開啟新人生。要是當年留在大陸沒出來，我想我早就死了。」（金庸指的應是像他這樣讀國民黨系軍校的背景，難逃文化大革命的清算鬥爭。）

這就是我在序文《金庸的儒家浪漫主義》中說的：在正確的時間，正確的位置，做正確的選擇。

運氣很好，關鍵還是要能夠做出正確的選擇。

店小二接著問：「運氣之外，也必有一些個人特質，才能成就這一番事業吧？您小時候的志願是什麼？料到變成大作家嗎？」

金庸回答：「哈哈，我自小記憶力很強，對感興趣的文史哲書籍，可謂『過目不忘』。」

金庸家裡有三百多箱藏書，都是他親手整理擺上書架，哪本書放在哪本書旁邊，他一清二楚，從不曾出錯。

「另外，我從小好強、不服輸，有叛逆性，又很好奇，總想與眾不同，就是有這種個性吧！個性影響人的命運，我小說裡每個人物的命運，都和他的個性深深牽連。我只是愛讀武俠小說，卻從沒想過要寫武俠小說。」

金庸有著超凡的記憶力，也許這是他人生成功的另一種重要特質。

讀中學時，一位同學讚嘆學校看門的一位員工，只要見過別人一面，聽過一次別人的姓名，就再也不會忘記。金庸卻不屑地說：「這有何難，我也做得到。」

許戈輝在採訪金庸的過程當中，問了金庸一個這樣的問題：「你認為你一生當中最大的得和最大的失是什麼？」

金庸是這樣回答：「我這輩子最大的得就是我的記性比較好，我看過的書基本上是不會忘的，甚至是十幾年前看過的書也不會忘，而且我從小就喜歡念書，我感覺念書是我最大的樂趣。而我最大的失則是性格比較衝動，做事不能規規矩矩，對於自己的家庭問題和愛情問題處理的都不是特別恰當。」

看上去儒雅溫潤如玉的金庸，居然自言性格衝動，不是妄語，是金庸的法相百變。

金庸很自信，說自己記性很好，這個天賦，不是自己的好處，是父母親遺傳占的便宜。

金庸從小喜歡念書，正所謂知之者不如好之者，好之者不如樂之者。喜好學習，所以記得住。

金庸年輕時，在中央政治學校外交系上課，從來不記筆記，考試卻是全班第一。

為什麼這樣？當然是因為金庸有著超凡的記憶力。

金庸的同學余兆文回憶說，抗日戰爭時期，內地運輸不便，物資緊缺，紙頭緊張，大學裡缺少課本，尤其是文史哲政法等一類人文方面的學科，一般大學老師大都自編一份教材，上課時昂然拿到教室裡去對著學生照本宣讀，老師讀一句，學生記一句。老師讀完一課時打烊，學生閉上筆記本收攤。

金庸上課，從來不記筆記，連筆記本都沒有。在課堂上他袖手聆聽，不過是全神貫注。

臨近考試，別人死記硬背上課的筆記，金庸無筆記可背，他會去圖書館閱讀老師推薦的有關參考書。

最後，不記筆記的金庸，考試回回頭名。

金庸的記憶力非常好，所以當記者的時候，金庸採訪時從來不用答錄機，也不用筆記，都記在腦子裡。

後來金庸採訪鄧小平，談幾個鐘頭，金庸都不拿筆做記錄，都是回去以後再整理。

金庸回憶說：「我們坐在那裡，老朋友一樣的談話，可以談出很多東西。比如說，把要裁軍多少多少萬這些數字都告訴我了。如果我拿個答錄機放在他面前，他說的時候肯定就不會說到這些東西。現在記者採訪我，如果在我旁邊擺一個答錄機，我就不說了。」（陳魯豫採訪金庸）

金庸在浙江大學的朋友徐岱教授，認為金庸極其博學，對歷史和人情世故有著深刻洞見，有獨到的人文學術素養和底蘊。

「金庸先生對中國歷史和世界文明史有著淵博的積累和深刻的洞察，且記憶力驚人，可以隨口說出一些重大事件的時間地點。」

第二章　家學淵源

耕讀傳書的文化底蘊

故鄉人文地理，輸給金庸非凡底氣

金庸是當代所有純文學作家和通俗小說家之中，真正能打動人內心真摯情感的大師，這一點幾乎是無庸置疑——只要看一看金庸深入人心的程度，看一看金庸在華人世界中最普通的一個角落，一個家庭，一個個體中享有的口碑，就是再自以為是的人，也不能不承認金庸特異的魅力。

儘管很多的「學者」、「行家」、「通人」，以一種無可理喻的自信看低作為「武俠小說作家」的金庸，但金庸的傳奇色彩，不同凡響的聲譽，始終獨佔鰲頭地是一位深受華人世界（乃至於全世界）歡迎的漢語作家。

在今天，幾乎沒有一個接觸現代文明的華人不知道有郭靖、黃蓉、令狐冲，岳不群這一些栩栩如生的人物。

儘管依然在純文學界中存在許多對金庸的異議，但金庸的深入人心，的確是說明了文學中的一種複雜性，說明了古往今來一直存在著的一種奇異而不可忽視的文學現象。

金庸的小說，被評論家稱作為真正把握了中國漢語文化的動脈，真正表現了漢語文化獨特的現實主義與理想主義相結合的品質。

金庸為什麼會得到這樣的成功，無疑是他的成長史，也就是他的成功史中，隱藏了許許多多尚未讓人知曉的秘密。

解剖這些秘密，就是解剖一個天才的形成的秘密。幾乎所有關注金庸的人們，無不希望瞭解金庸是怎樣獲得和培養出這些天才來的。

這是一般的情況，一個成功的作家在他成功之前的經歷，總是讓人感到饒有興趣，總是讓人好奇和有窺視的欲望。

像金庸這樣的天才，這樣的「百變神龍」，這樣的氣象萬千，我們當然想瞭解他是怎樣形成他那些天才和神異，怎樣成為既出類拔萃，又廣受歡迎的大宗師和名家的。

一個成功的作家所形成的那種既富於浪漫色彩而又細緻切實合拍於人民大眾的節奏的那種細微感覺，必然與他成功前的童年，青少年的經歷有很大的關係。

因此，金庸的童年、少年、青年的俠路歷程理所當然地受到廣大讀者的矚目。

然而，也許是金庸「百變神龍」的神秘，事實上，在傳媒中我們很難看到更多更詳細的金大俠的這段少年俠路的經歷。

金庸先生的淡泊平和大澈大悟，使他不想過多的言談自己。而有關金庸的傳記作家們，一方面苦於資料的貧乏，一方面因為對金庸似有矛盾的行跡難以理解，所以總是不經心地一筆帶過，不去詳述金大俠的這一段少年俠跡。

在本章資料的實記中，讀者將看到金大俠是以怎樣的經驗和人生經歷來裝備自己的文學生涯，怎樣地深入社會的良知，怎樣廣泛深入地瞭解普通人的愁苦和歡樂，以無意地醞釀大手筆的氣派來作抒寫大千世界的準備。

日後金庸的萬千氣象——他的英雄的大俠人格，他的作為企業家的經濟之才，他雄心千里的政治抱負，細究起來，無不一一可以在金庸的家學淵源、少年漂泊中看出蛛絲馬跡來！

自古英雄出少年，金庸的少年，當然有不同常人的獨特經驗。

一九二四年三月十日，金庸出生於浙江省海寧縣袁花鎮。

金庸的出生日期，存在有爭議。按照一些研究者現在查到的原始檔案資料，金庸早年自己填寫的出生日期是一九二三年二月。

海寧查家續修家譜，使金庸對自己的出生年月作了這樣的確認：「查良鏞出生於民國十三年（一九二四）二月六日。」

這個日期是西曆還是農曆，有些爭議。

農曆一九二四年二月六日，換算成西曆就是一九二四年三月十日。

現在查家新修的家譜上記金庸生日為一九二四年西曆二月六日。

另外還有一種說法，說金庸生於一九二〇年。

還有人說金庸生於一九二三年三月廿二日。

金庸好友、著名導演張紀中接受封面新聞記者採訪說道：「金庸先生的年齡應該更正一下。金庸實際真實年齡，今年確實是九十五歲了，而不是許多媒體報導的享年九十四歲。在金庸年齡這個問題上，金庸生前幾次和我喝茶時，他曾親口對我說，他是豬年出生的，是一九二三年生，希望媒體朋友再報導金庸先生時，能及時更正過來。」

張紀中言之鑿鑿，且與早年金庸檔案相合，似乎可信度很高。

金庸出生日期，爭議一時難明，本書還是以官方資料，以金庸出生日期是一九二四年三月十日為準。

海寧縣位於富饒的杭嘉湖平原，地處杭州與嘉州的中間（金庸曾經多次返回杭州與嘉州，聊慰大半生的思鄉之情），杭州的北部灣。

這裡物產豐富，商業和文化都比較發達，並有著悠久的歷史。漢置海鹽縣，三國時為吳國的鹽官縣，元時稱海寧州，此後在明清時一直為浙江沿海的重鎮，民國時，海寧縣治在硤石鎮。

金庸先生的家鄉袁花鎮，比鄰海寧的鹽官鎮，而鹽官鎮正以聞名天下的錢塘江口大潮見稱。

一九七五年金庸在談及他的武俠小說處女作《書劍恩仇錄》時說：

「《書劍恩仇錄》是我所寫的第一部武俠小說，從一九五五年到現在整整二十年了。我是浙江海寧人，乾隆皇帝的傳說，從小就在故鄉聽到了的。小時候做童子軍，曾在海寧乾隆皇帝所造的石塘邊露營，半夜裡瞧著滾滾怒潮洶湧而來，因此第一部小說寫了我印象最深刻的故事，那是很自然的。」

海寧潮給金庸極深的印象，可以說金庸的那種氣勢磅礴的氣勢，其實正是金庸先生童年時得來的底氣。

一些研究金庸的評論家，常常把金庸本人氣吞山河的王者風範，與他的童年時這種對「萬馬突圍」、「大鼇翻身」雄偉奇異的自然景觀的印象聯繫在一起。

山水養人，金庸先生奪天地之造化，正是人傑地靈，得風水滋潤的神奇因緣。而這錢塘潮，不僅是氣勢和魅力感染幼年的金庸，同時也以其獨特的文化背景滲透了金庸。

江上鷗先生說金庸小說是循正史寫野史，金庸的小說在虛幻的傳奇故事中，虛寫了歷史，重新解讀了歷史。而這種對歷史的天然的親近和不可缺的聯繫，追溯到金庸的幼年童年，其實正是這錢江潮的歷史人文背景的「潤物無聲」。

錢江潮的意象在這裡成為了金庸先生氣象萬千的俠路歷程中的一種隱喻和象徵，而這種象徵其實還有更為深刻內在的本土文化背景。

金庸談到自己的故鄉時說：

「海寧在清朝時屬杭州府，是個海濱小縣，只以海潮出名，近代的著名人物有王國維、蔣百里、徐志摩等，他們的性格中都有一些憂鬱色調和悲劇意味，也都帶著幾分不合時宜的執拗。」

金庸在談這些時，主要是針對他的武俠小說處女作《書劍恩仇錄》而說的，他談王國維、徐志摩，只是想要說明他的小說中的男主角，紅花會總舵主陳家洛的文化底氣：「陳家洛身上，或許也有一點這幾人的影子，但海寧不出武人，即使是軍事學家蔣百里，也只會講武，不大會動武。」

海寧歷代人才輩出，單是在金庸出生時的二〇年代，至少已有兩個海寧人享有全國性的聲譽了，老的是以治學精深著稱的學者王國維，年輕的便是浪漫詩人徐志摩。

這裡說的是海寧近代的才子學者，而海寧的悠久歷史沉澱下的文化底氣，更是不勝言說的了。

百年的大才必有其不尋常的神秘，金庸先生是百年一遇的人物，要追究他成功的俠跡，我們不能不費這些心思來談到他的這些文化背景。

也許一種奇異獨到的文化背景並不足以一定產生一個文化的巨人，但是一個文化巨人的出現必然會與一種深刻連續的文化底氣的滋養有關。

這就是筆者在這小節文字中真正要表達的意思。

名門的驕傲，影響金庸的人生俠路

如果說海寧的人文地理是浸潤出了金庸這樣大才的外部形式，那麼金庸家世血緣的文章風流傳統，則更直接地灌注了金庸內在的底氣。

金庸真名是查良鏞，海寧的查家則是當地數一數二的世家望族。

在查家的宗祠，有一副清朝康熙皇帝親筆所題的對聯：

> 唐宋以來巨族，
> 江南有數人家。

康熙皇帝對查家青眼有加，而金庸的武俠小說中，唯一有所稱許的皇帝，也只有一個康熙。

這當然不只是因為金庸個人的私心，有評論家指出，在金庸筆下的國家當權者往往是昏聵無能的，或是昏庸貪婪的，或是陰險，殘忍，狡詐，無恥，縱觀金庸的十五部武俠小說中反映的歷史，幾乎全是如此。

而金庸小說中也並不是一片黑暗，也給出了光明的一面正面形象，這就是康熙皇帝，康熙代表了政治光明的一面形象。

也許是一個巧合，康熙皇帝與海寧查家頗有淵源，金庸在封筆之作的小說《鹿鼎記》中，均有較詳細的記述。

事實上，海寧查家的興旺並不僅僅只是因為在清朝與康熙皇帝有一段瓜葛，查家本身也是名人大家輩出。

在查家祠堂內牌匾上所記錄的族中功名人士，竟有幾十個之多。

按典籍所載，查氏源出於羋姓，春秋時楚國有公族大夫封邑在查，後代稱查氏。查氏家族的名人，五代時南唐有工部尚書查文徽，宋代有殿中侍御查元方，明末有史學家查伊璜，清代有畫家查士標等。而清代的康熙帝文字侍從之臣，書法家查昇，康熙年間的詩人，翰林院編修查慎行，和雍正帝時的禮部侍郎查嗣庭，就出自海寧查家。

海寧查家名士輩出，而其中留給金庸印象最深，對金庸的才學人品影響最大的有四人。這四個人就是明末史學家查伊璜，清朝雍正、康熙年間的查慎行、查嗣庭兄弟，還有金庸的祖父、光緒丙戌年進士查文清。

金庸受這四人的影響之深，以至於金庸寫的武俠小說中，都或明或暗地印下了他們的影子。

祖先蒙清朝文字獄之冤，刺痛少年金庸的內心

查嗣庭是以清朝文字獄「維止」案而著名於世的，這場冤獄讓金庸幼小的內心深深地感到不平，從小就種下了對公正自由的企求和對開明政治的渴望。日後金庸有從政的舉止，其實正可以從金庸小時候對文字獄的慘傷憤懣之情來追溯。

查嗣庭官至禮部侍郎，於清雍正四年以禮部侍郎被派去做江西省正考官，出的試題是「維民所止」。

這句話出於《詩經．商頌．玄鳥》：「邦畿千里，維民所止。」意思是說，國家廣大的土地，都是百姓所居住的，含有愛護人民之意。

這本來是一個很尋常的題目，但有人向雍正皇帝告發，就「維止」兩字是「雍正」兩字去了頭，出這試題，用意是要殺皇帝的頭。

雍正那時初即位，皇位經過激烈鬥爭而得來，自己又砍了不少人的頭，不免心虛，居然憑了「拆字」的方法，將查嗣庭全家逮捕嚴辦。

查嗣庭大受拷掠，死在獄中，雍正還下令戮屍，兒子也死在獄中，家屬流放，浙江全省士人不准參加舉人與進士的考試六年。查慎行後來得以放歸，不久即去世。

另有一種說法是，查嗣庭作了一部書，書名《維止錄》。

有一名太監向雍正說「維止」兩字是去「雍正」兩字之頭。

又據說《維止錄》中有一則筆記：「康熙六十一年某月日，天大雷電以風，予適乞假在寓，忽聞上大行，皇四子已即位，奇哉。」「大行」是皇帝逝世，皇四子就是雍正，書中用「奇哉」兩字，顯然是諷刺雍正以不正當手段篡位。

《維止錄》中又記載，杭州附近的諸橋鎮，有一座關帝廟，廟聯是：「荒村古廟猶留漢，野店浮橋獨姓諸。」諸、朱兩字同音，雍正認為是漢人懷念前明。

至於查嗣庭在江西出的試題，其實首題是《論語》：「君子不以言舉人，不以人廢言」，第三題是《孟子》：「山徑之蹊間，介然用之而成路，為間不用，則茅塞之矣。今茅塞子之心矣。」這時候正在行保舉，廷旨說他有意訕謗，三題茅塞於心，廷旨謂其「不知何指，居心殊不可問」。

雍正的上諭中說：

「查嗣庭……朕令在內庭行走，後授內閣學士，見其語言虛詐，兼有狼顧之相，料其心術不端。今閱江西試錄所出題目，顯係心懷怨望，諷刺時事之意。料其居心乖張，平日必有記載，遣人查其寓所行李中，有日記二本，悖亂荒唐，怨誹捏造之語甚多。又於聖祖之用人行政，大肆訕謗……熱河偶發水，則書淹死官員八百餘人，又書雨中飛蝗蔽天；此一派荒唐之言，皆未有之事。……著即拿問，交三法司嚴審定擬。」

雍正所公開的罪名是：看其相而料其心術不端；諷刺時事；日記中記錄天災。

大陸文化大革命之時，動亂中頗有奇冤的文字獄，這刺激了金庸少年就接觸到的自己的先人查嗣庭的文字獄慘案的痛苦記憶。

為了解放自己的痛苦情結，對自己的良心的思考作一交代，金庸以文字獄為契機，開始寫作了長篇武俠歷史小說《鹿鼎記》。

在金庸的武俠小說中，《鹿鼎記》絕對是完全不同的一種，可以說是「武俠」的成分少些了，而歷史政治的成分多多了。

有人認為《鹿鼎記》不能代表金庸的武俠小說，其實這是一種誤解。事實上金庸本人對於《鹿鼎記》所寄託甚多。

於《鹿鼎記》中，金庸作痛語、快語、驚人語，其要害之處，還是金庸從小內心所種下的政治文化的情結。

詩是吾家事，金庸引以爲豪

《鹿鼎記》於一九六九年十月廿三日起，開始在《明報》上連載，第一回稱為「楔子」，回目是查慎行的一句詩「如此冰霜如此路」。

查慎行本名嗣璉，是嗣庭的親哥哥，他和二弟嗣瑮，三弟嗣庭都是翰林。

此外堂兄嗣韓是榜眼，侄兒查昇是侍講，也都是翰林，查慎行的大兒子克建，堂弟嗣珣都是進士，當時被稱為「一門七進士，叔侄五翰林」，門戶科第甚盛。查慎行和嗣珣因受胞弟查嗣庭文字獄之累，都於嚴冬奉旨全家自故鄉赴京投獄，當時受到牽連的還有不少名士。

查慎行在投獄途中寫詩贈給一位同科中進士的難友，有兩句是：「如此冰霜如此路，七旬以外兩同年。」

查慎行在清朝算得上是一流詩人，置之唐人宋人間大概只能算第二流了。清人王士禛、趙翼、紀曉嵐等都評他的詩與陸游並駕齊驅，互有長短，恐怕有點過譽。

康熙皇帝很喜歡他的詩，他中舉後三次考不中進士，康熙召他進宮，在南書房並值，進宮之後再考，才中二甲第二名進士，這時他的堂兄、二弟、侄兒、兒子都已中了進士。和查慎行癸未年（康熙二十四年）同科中進士的有他的堂弟嗣珣，以及同鄉陳世倌（即《書劍恩仇錄》中陳家洛的父親）。

查慎行和二弟嗣瑮都是黃宗羲的弟子，查慎行有《敬業堂詩集》五十卷，續集六卷，他在北京獄中之時，仍不斷做詩，今錄其獄中詩數首，以見其詩風一斑。

《哭三弟潤木》（潤木即查嗣庭，其子早一日死）

家難同時聚，多來送汝終，
吞聲自兄弟，泣血到孩童。
地出陰寒洞，天號慘澹風。

莫嗟泉路遠，父子獲相逢。

《閏三月作》

年光何與哀翁事，也復時時喚奈何。
為百草憂春雨少，替千花情曉風多。

詩中的「春雨少」是暗指朝廷少恩，「曉風多」是指政事嚴苛。

五言絕句：

南所對北監，傳是錦衣獄。
剩有國外人，追思覺禍酷。
（覺禍是指明末魏忠賢等太監陷害無辜）

蟲以臭得名，橫行罪難掩，
均為血肉害，蟣虱當未滅。

人間有桃杏，悵望春維暮。
風捲飛花來，誰家庭下樹。

（原注：清明前一日大風，杏花數斤，吹入牆內。）

《敗群鵲》

朝喳喳，暮嚄嚄，鵲聲喜，烏聲惡。
兒童打烏不打鵲，道是紇干生處樂維南。（按：紇干，山名，積雪極寒）
兩鵲鷙不仁，占巢高樹旁無鄰；
有如鷹化為鳩眼未化，以猛濟貪四顧圖併吞，
每當下食群退避，六國何敢爭強秦？
我欲驅使去，舉火兼巢焚，一回一嘆還逡巡。
天生萬物何物無敗群？
吁嗟乎！天生萬物何物無敗群？

《春已盡矣，孤柳尚未舒深，閒步其下偶成》

圍外新葉樹，出牆高亭亭。
畫地乃為牢，獨來伴拘圖。
我哀何足道，日夜望汝榮。
已經三月餘，眾眼終未青。
將毋學病叟，爾作支離形？

並生天地間，草木非無情。
寄語後栽者，勿依問囚廳。

查慎行的詩篇中極多同情平民疾苦之作，甚至對禽獸草木也寄以同情心。海寧查家先輩中，恐怕查慎行要算第一才子，查慎行的文采風流，對金庸影響最深，以至於金庸《鹿鼎記》五十回的回目，都是集查慎行詩中的對句，從這一點上可以看出金庸文采上獨服查慎行了。

金庸說：「《敬業堂詩集》篇什雖富，要選五十聯七言句來標題每一回故事內容，倒也不太容易。這裡所用的方法，不是像一般集句那樣從不同詩篇中選錄單句，甚至是從不同作者的詩中選集單句，而是選用一個人詩作的整個聯句。有時上一句對了，下一句無關，或者下一句很合用，上一句都用不著，只好全部放棄。因此有些回目難免不很貼切，所以要集查慎行的詩，因為這些詩大都是康熙曾經看過的（獄中詩自是例外），康熙又曾為查慎行題過『敬業堂』三字的匾額。當然，也有替自己祖先的詩句宣揚一下的私意。當代讀書人知道查慎行是清代一位重要詩人，但他的詩作到底怎樣，恐怕很少人讀到過，畢竟，他不能和真正的大詩人相比。」

金庸謙謙君子的風度，不願對自己的祖先多加吹噓，其實查慎行在詩壇的地位絕不是不足道，而是在清詩史中佔有舉足輕重的地位（當然不能和唐詩比，那是歷史與氣數的原因）。

如果讀者真的相信了金庸說的查慎行「不能和真正的大詩人相比」的說法，那就有點上當了。為了說明查慎行在清詩中的重要地位，我們且看詩評家是如何評價他的。

清朝以「神韻說」長期主宰詩壇的大文人王世禎對查慎行讚譽有加，他說：

「以巨體論，劍南奇創之才，夏重（慎行字）或遜其雄；夏重綿至之思，劍南亦未之過，當與古人爭勝毫釐。若五七言古體，劍南不甚留意，而夏重麗藻絡繹，宮商抗墜，往往有陳後山、元遺山風。後山凌厲峭直，力追絕險；遺山矜麗頓挫，雅極波瀾。吾未敢謂夏重所指，便駕前賢，然使起放翁、後山、遺山諸公於今日，夏重操蝥弧以陪敦盤，亦未肯自安魯，鄭之賦也。」

王世禎對人如此頌揚，這是不多見的。

此外，《四庫全書》總編紀昀本是宗唐貶宋的詩評家，卻也一反常態，在《四庫全書總目提要》中為他大唱讚歌，說查慎行之詩「得宋人之長而不染其敝，數十年來，因當為慎行屈一指也。」實則查慎行之為宋派詩人，在北宋宗蘇軾，在南宋宗陸游，就不能用「江湖」，「九靈」那些宋派末流去衡量他了。

但真正是查慎行的知己且為他奠下崇高地位的，卻是清代詩人兼詩論家趙翼。

趙翼所著的《甌北詩話》，是清代的詩論中的權威之作，它一共有九卷論古今詩人的專章，除了唐宋六位大家李白、杜甫、韓愈、白居易、蘇軾、陸游之外，金代的元好問和明代的高啟只能併起來作為一卷，清代的詩人，只有吳偉業和查慎行各占一卷，而王世禎、朱彝尊這樣大家則名落孫山，不曾列入。

趙翼和查慎行不是並存於世的人，一個方去世，一個才出世，是以不曾有什麼黨附之見。

趙翼評論清初詩人的優劣時說：

「清初詩人，施愚山以儒雅自命，稍嫌腐氣，寧茘裳全學晚唐，無深厚之力，吳漢槎有高調，列餘味，王漁洋專以神韻為主，醞藉含蓄，實是千古絕調，然專以神韻勝，但可作絕句，宋竹垞則不專以詩傳，究非風雅正宗。」

「惟查初白才氣開展，工力純熟，鄙意欲以繼諸賢之後。」

這是獨排眾議的評論，為當時一般人所未能接受，但是趙翼別具慧眼，堅持推崇查慎行的立場，闡述他傾倒查詩的理由：

「不知詩有真本領，未可以榮古虐今之見，輕為訾議也……角逐名場，奔走衣食，閱歷益久，鍛煉益深，氣足則調自振，意深則味有餘，得心應手，幾乎無一字不穩快。其他摹寫景物，脫口渾成，猶其餘技也……要其功力之深，則香山、放翁後一人而已。」

英雄膽色，原是相沿血脈

查慎行以風流文采「煙波一釣徒」影響了金庸，而查伊璜對金庸的影響，則在於他的俠義傳奇色彩。

查伊璜與吳六奇的傳奇故事，流傳最廣，對古典文學較有修養的人，都應該知道這一傳奇故事。所以金庸對這一故事幾乎是還在不會看書的童年，就聽大人茶餘飯後擺龍門陣擺得耳熟能詳了。

康熙年間成書的《虞初新志》，曾經是我青年時最喜愛的書籍。記得八十年代中期，大學畢業到了南京工作，隨身攜帶，就是此書。後來我寫作武俠小說《海棠夫人》，其中「愛花老人」、「愛鐵道人」等等人物，俱是源於此書。所以我看到《鹿鼎記》中查伊璜與吳六奇的文字，立即就知道其出處。

《虞初新志》收有鈕琇的《記吳六奇將軍事》傳奇，講述了這一幾乎是原汁原味的武俠故事，轉引如下：

海寧查孝廉培繼，字伊璜，才華豐艷，而風情瀟灑，常謂「滿眼悠悠，不堪酬對，海內奇傑，非從塵埃中物色，未可得也。」

家居歲暮，命酒獨酌。頃之，愁雲四合，雪大如掌，因緩步至門，冀有乘興佳客，相與賞翫。見一丐者，避雪廡下，強直而立。孝廉熟視良久，心竊異之，因呼之入，坐而問曰：「我聞街市中，有手不曳杖，口若街杖，敝衣枵腹，而無饑寒之色，人皆稱為『鐵丐』者，是汝耶？」曰：「是也。」問：「能飲乎？」曰：「能。」因令侍童，以壺中餘酒，傾甌與飲。丐者舉甌立盡。孝廉大喜，復熾炭發醅，與之約曰：「汝以甌飲，我以卮酬，竭此醅乃止。」丐盡三十餘甌，無醉容。而孝廉頹臥胡床矣。侍童扶掖入內，丐逡巡出，仍宿廡下。達旦雪霽，孝廉酒醒，謂其家人曰：「我昨與鐵丐對飲甚歡，觀其衣極襤褸，何以禦此嚴寒？亟以我絮袍與之！」丐披袍而去，亦不求見致謝。

明年，孝廉寄寓杭之長明寺。暮春之初，偕侶攜觴，薄遊湖上。忽遇前丐於放鶴亭側，露肘跣足，昂首獨行。復挈之歸寺，詢以舊袍何在？曰：「時當春杪，安用此為？已質錢付酒家矣！」孝廉奇其言，因問：「曾讀書識字否？」丐曰：「不讀書識字，不至為丐也。」孝廉悚然心動，薰沐而衣履之。徐諗其姓氏里居。丐曰：「僕系出延陵，心儀曲逆，家居粵海，名曰六奇。只以早失父兄，性好搏奕，遂致落拓江湖，流轉至此。因念扣門乞食，昔賢不免；僕何人斯，敢以為汙？不謂獲遘明公，賞於風塵之外，加以推解之恩。僕雖非淮陰少年，然一飯之惠，其敢忘乎？」孝廉亟起捉其臂曰：「吳生固海內奇傑也！我以酒友目吳生，失吳生矣！」仍命寺僧沽梨花春一石，相與日夕痛飲。盤桓累月，贈以扉履之資，遣歸粵東。

六奇世居潮州，為吳觀察道夫之後，略涉詩書，耽遊盧雉，失業蕩身，寄身郵卒，故於關河孔道，險阻形勝，無不諳熟。

維時天下初定，王師由浙入廣，舳舫相銜，旗旌鉦鼓，喧耀數百里不絕。凡所過都邑，人民避匿村谷間，路無行者，六奇獨貿貿然來。邏兵執送麾下，因請見主帥，備陳「粵中形勢，傳檄可定。奇有義結兄弟三十人，素號雄武，只以四海無主，擁眾據土，弄兵潢池。方今九五當陽，天旅南下，正蒸庶徯蘇之會，豪傑效用之秋。苟假奇以遊札三十道，先往馳諭，散給群豪，近者迎降，遠者回應，不逾月而破竹之形成矣。」如其言行之，粵地悉平。由是六奇運籌之謀，所投必合，拉鼎之勇，無堅不破，征國討蜀，屢立奇功。數年之間，位至通省水陸提督。

當六奇流落不得時，自分以汙賤終。一遇查孝廉，解袍衡門，贈金蕭寺，且有海內奇傑之譽，遂心喜自負，獲以奮跡行伍，進秩元戎，嘗言「天下有一人知己，無若查孝廉者。」

康熙初，開府循州，即遣牙將持三千金存其家，另奉書幣，邀致孝廉來粵，供帳舟輿，俱極腆備。將度梅嶺，吳公子已迎候道左，執禮甚恭。樓船簫鼓，由胥江順流而南，凡轄下文武僚屬，無不願見查先生，爭先饋贈，篋綺囊珠，不可勝記。去州城二十裡，吳躬自出迎，八騶前馳，千兵後擁，導從儀衛，上擬侯王。郡迎孝廉至府，則蒲伏泥首，自稱：「昔年賤丐，非遇先生，何有今日？幸先生辱臨，糜丐之身，未足酬德！」居一載，軍事旁午，凡得查先生一言，無不立應。義取之資，幾至巨萬。其歸也，復以三千金贈行，曰：「非敢云報，聊以志淮陰少年之感耳。」

先是巷中有富人莊廷鉞者，購得朱相國《史概》，博求三吳名士，增益修飾。刊行於世。前列參閱姓氏十餘人，以孝廉夙負重名，亦借列焉。未幾，私史禍發，凡有事於是書者，論置極典。吳力孝廉奏辯得免。孝廉嗣後益放情詩酒，盡出共囊中裝，買美鬟十二，教之歌舞。每於良宵開宴，垂簾張燈，珠聲花貌，豔徹簾外，觀者醉心。孝廉夫人亦解音律，親為家伎拍板，正其曲誤。以此查氏女樂，遂為浙江中名部。

昔孝廉之在幕府也，園林極勝，中有「英石峰」一座，高可二丈許，嵌空珍瓏，若出鬼製。孝廉極所心賞，題目「縐雲」。閱旬往視，忽失此石，則已命載巨艦，送至孝廉家矣。涉江逾嶺，費亦千緡。今孝廉既沒，青娥老去，林荒石涸，而「英石峰」巍然尚存。

這一則傳奇故事讀來驚心動魄，可圈可點。無書不窺的金庸，當然在很小的時候就已經把這個故事爛熟於胸。

金庸氣象萬千的英雄膽色，武林豪氣，正是因這從小浸潤的深厚神異底蘊。所以金庸在寫《鹿鼎記》之時，將這個故事略作改動，查伊璜、吳六奇都原封不動地到小說中去扮演角色去了。

在《鹿鼎記》中，查伊璜的故事主要是用側面敘述的方式交代的，查伊璜的膽識和奇氣，主要是通過對吳六奇的出力刻畫而映襯的，而吳六奇作為小說人物的需要，當然與史料的記載不同了許多。

但不管怎樣，金庸《鹿鼎記》中的天地會香主吳六奇，其英雄氣概和「鐵丐」豪氣，則完完全全與上面引述的史料如出一轍。

金庸的小說，「循正史寫野史」，真真假假，奇奇幻幻，自然境界高人一籌。

祖父教會金庸：外國人欺負中國人

以上，海寧查家的祖先查伊璜、查慎行、查嗣庭這三人對金庸的影響，主要是觀念和精神上的，而金庸的祖父查文清，因為時間上距金庸最近，所以給金庸的印象和影響更為直接。

金庸寫《連城訣》，就是與他的祖父查文清有直接的關係，這一點本書的後面還要談到。

金庸回憶他的祖父時說：「我祖父文清公，字滄珊，故鄉的父老們稱他為『滄珊先生』，他於光緒乙酉年中舉，丙戌年中進士，隨即派去丹陽做知縣，做知縣有成績，加了同知銜。不久就發生了著名的『丹陽教案』。」

金庸的祖父查文清被參革之前，曾有一番交涉，上司叫他將為首燒教堂的兩個人斬首示眾，以便向外國教士交代。但金庸的祖父同情燒教堂的人民，通知為首的兩人逃走，回報上司，此事是由外國教士欺壓良民而引起公憤，數百人一擁而上，焚毀教堂，並無為首之人。

因為查文清的回護，丹陽教案涉及的百姓，無一人逮捕判刑。

接著金庸的祖父查文清就辭官，朝廷定了「革職」處分。

查文清此後便在故鄉閒居，讀書做詩自娛，也做了很多公益事業。查文清編了一部《海寧查氏詩鈔》，有數百卷之多，但雕刻未完就去世了。

丹陽百姓對查文清十分感恩。

查文清去世後，當時經他指點出逃的三十七戶人家及丹陽幾十位士紳，一起來海寧祭奠。到袁花鎮後，問明去查家的路後，三十七戶人家是三步一磕頭，一直跪拜至查家。

這些士紳和三十七戶人家共同出資，購下了墳周圍六十畝土地給查家，以示謝恩。更有一受恩於查文清的案件參與者留下遺囑：凡我子孫，生男者到查家為奴；生女者，到查家為妻、妾，如不納，為婢；如不用，才可另謀職業。

金庸後來在與池田大作的對話錄中，提到了這件事：

池田：聽說您年輕時，對您影響最深的是您的祖父查文清先生。——清末，令祖父查文清先生曾在江蘇省丹陽縣任知縣，是一位官聲甚佳的人物。後因「丹陽教案」而辭官歸里。所謂的「丹陽教案」——是因為當年有許多外國傳教士借西方列強的勢力欺壓中國的老百姓，因此引發了丹陽縣數百名群眾圍攻教會，並縱火焚燒。朝廷受到外國政府壓力，江蘇總督要查文清先生將民眾的首謀者處型，但令祖父卻暗中差人通知為首的二人逃走，然後引咎辭職。表現了一種「捨身求民」的氣概和正義之心，簡直如您所寫的小說中的英雄人物一樣，我想這也是金庸先生成為「筆的鬥士」風骨的精神來源。

金庸：我祖父查文清公反對外國帝國主義者的無理壓迫，不肯為自己的官位利祿而殺害百姓，他偉大的人格令我們故鄉、整個家族都引以為榮。可惜我出生不久，祖父就去世了。祖父設立了一座義莊，買了幾千畝田地收租，租金用於資助族中的孤兒寡婦，使他們能平安過活；凡是上了中學、大學的人，每年都可分兩次領一筆津貼，如果有人出國留學，津貼的數額更大。

七十年代初，金庸見到了他的表哥蔣復璁先生。蔣復璁先生是前臺北故宮博物院院長，以前和金庸二伯父在北京大學是同班同學。蔣復璁對金庸講了好些他祖父的軼事，對他祖父也是很推崇和讚揚。

金庸的祖父查文清做了很多俠義的善舉，給金庸的印象很深。金庸後來說，祖父查文清對他有兩個重要影響，一是使他知道外國人欺負中國人，二是要多讀書。

「外國人欺負中國人」，這一點對金庸的影響太大了！

金庸一生的政治情結，都與這八個字有關。

金庸其實是一個堅定的民族主義者，晚年他因不贊成絕對的民主，甚至表態中國強大了可以向美國亮肌肉，多被人詬病，其實看看金庸早年的經歷，就知道其來有自。

一九八六年，金庸和夫人林樂怡專門來到丹陽，尋訪當年祖父留下的蹤跡。

據說，金庸到丹陽第一件事，便是翻看《丹陽縣誌》，讀到其中褒揚祖父查文清的文字，臉上露出欣慰的笑容。

親戚多名人，往來有鴻儒

家學的淵源，鄉賢的風範，對金庸的成長起了潛移默化的作用。

海寧真可謂人傑地靈，在現代，出自海寧查氏而有全國影響的人物，至少有三位，除金庸——查良鏞外，還有南開大學的著名教授查良錚和臺大的查良釗。

甚至著名的科學家錢學森夫婦也是金庸的親戚。

《三劍客隨筆》中有一篇名為《錢學森夫婦的文章》的文章，談到了錢學森夫婦與金庸的親戚關係。

一九四六年的秋天，金庸赴杭州去《東南日報》任職，遇到了剛好從上海到杭州來的表姐蔣英。這天，杭州覽橋國民黨空軍軍官學校一班畢業生舉行畢業典禮，一位姓胡的教育長邀請蔣英在晚會中表演獨唱，蔣英順帶約了金庸同去參加晚會。

金庸的表姐蔣英，是軍事學家蔣百里先生的女兒，當時國民黨軍人有許多是蔣百里先生的學生，所以在航空學校裡，金庸聽到許多高級軍官叫蔣英為「師妹」。

那天的晚會，蔣英演唱了很多歌曲。金庸記得，有《卡門》、《曼依・郎攝戈》等歌劇中的曲子。

蔣英是在比利時與法國學的歌，曾在瑞士得過國際歌唱比賽的首獎，因為她在國外的日子多，所以在國內反而沒有什麼名氣。

金庸說：

「不是捧自己親戚的場，我覺得她的歌聲實在精彩之極。」

「她的歌唱音量很大，一發音聲震屋瓦，完全是在歌劇院中唱大歌劇的派頭，這在我國女高音中確是極為少有的。」

「他後來與我國著名的火箭學家錢學森結婚，當錢學森從美國回內地經過香港時，有些報上登了他們的照片，比之十年前，蔣英是胖了好多，我想她的音量一定更加大了。」

「最近在內地的報紙上看到他們夫婦合寫的一篇文章，題目是《對發展音樂事業的一些意見》，署名是蔣英在前而錢學森在後。我想這倒不一定是『女人第一』的關係，因為音樂究竟是蔣英的專長。」

金庸後來回憶：「海寧地方小，大家都是親戚，我叫徐志摩、蔣復璁做表哥。陳從周是我的親戚，我比他高一輩，他叫徐志摩做表叔。王國維的弟弟王哲安先生做過我的老師。蔣百里的女兒蔣英是錢學森的太太，是我的表姐，當年我到杭州聽她唱歌。」（李懷宇採訪金庸）

海寧真是可謂地靈人傑，在現代，出自海寧查氏而有全國影響的人物，至少有三位，除金庸——查良鏞外，還有南開大學的著名教授查良錚。

查良錚不僅是一位傑出的翻譯家——他所譯的英國現代派詩人艾略特及俄國浪漫主義詩人普希金的詩作膾炙人口，同時他還是一位有名的詩人。他就是在四十年代中國現代文學史上佔有重要地位，是九葉派的代表詩人：穆旦。

詩人穆旦比原名查良錚要被人們更為熟知。穆旦於二十世紀四十年代出版了《探險隊》《穆旦詩集（一九三九—一九四五）》《旗》三部詩集，詩風富於象徵寓意和心靈思辨，在西歐現代主義詩歌技法中融入中國傳統詩歌。二十世紀八十年代之後，許多詩人學者推其為中國現代詩歌第一人。

此外，查良釗也是一位學術界和政界的風雲人物。

海寧查氏的文化淵源，由來已久。

查氏原先居於皖南徽州，徽州是朱代大篇朱熹的講學之地，有「小鄒魯」之號，所謂「十室之村不廢誦讀」，是著名的文化之鄉。

徽州查氏元代始遷浙江海寧。而留在徽州的查氏也人才輩出，如明末清初的畫家查士標，即是徽州人。

宋元以來的中國文化中心，一直在長江以南，以皖南徽州為中心，沿新安江流域輻射，南達贛北，西漸浙西。徽州文化的興起源於造紙業的興盛，在新安江流域，涇縣的宣紙，歙縣的墨，都曾風行天下。

而朱熹的學術弘揚，以及徽州商賈強大的經濟實力，使得新安文化得以全面發展。幾百年來，無論是在刻書、版畫、山水、書法經學等方面，新安文化都卓然成派並擁有傑出的代表人物。

徽州查氏元代遷居浙江海寧，隨之而去的，是徽州悠遠的文化傳統。

海寧人傑地靈，學風濃熾。被視為學術界泰山北斗的王國維，著名的浪漫詩人徐志摩，都是海寧人氏。

徐志摩更是金庸的表哥，從小父母就在金庸的耳邊念叨，要金庸向表哥學習，今後也要去劍橋大學留學。

不過，金庸後來好像對這個著名的表哥詩人很感冒。在金庸小說中，凡是出現的表哥，都不是什麼好的角色。

第三章 英雄少年

癡兒自小非等閒

手不釋卷，從小在書堆中長大

金庸的祖父查文清本是進士，是真正的博學鴻儒，這樣的書香門第，其文化的連續性就非普通家庭可比了。

到了金庸的父親查樞卿，由於時代的變革，沒有什麼舊時代的「進士」、「舉人」的頭銜，但家學之風卻並沒有減弱。

金庸的父親同樣精通文墨，而且是大學生，金庸幼年生活的環境，耳濡目染，都是濃厚的中國傳統文化。

事實上，金庸的祖父查文清過世後，所留下的房產和田地，有三千六百畝之多，足夠查氏一個大家族過上豐衣足食的生活。

按現在的階級成分劃分，金庸的父親查樞卿就是一個不折不扣的「大地主」了，此外，金庸家裡還有長工、僕人，供查氏大家族日常生活起居使喚之用，金庸作為少爺，也有專門的長工伺候。

在金庸的妹妹查良琇的記憶中，她和金庸的童年生活是富足快樂的。

金庸一家人住在海寧老家一座五進大宅子裡，裡面有九十多間房子和一個大花園。

鎮上有查家開的錢莊、米行和醬園店。

祖父查文清還買了幾千畝田地，用收到的租金設立了一座義莊，用於資助族中的孤兒寡母。凡是查家子弟，上了中學、大學，每年都可以到義莊領兩次津貼。如果有人出國留學，津貼的數額更大。

金庸的父親是祖父的小兒子，也領了一筆津貼，早早出去接受了西洋教育。

這樣的生活環境，可謂是有錢，有閒，正是舊時代讀書人最夢想的環境。查氏大家族的日常生活也就是真正的舊時代文人雅客的生活，琴棋書畫，茶道、酒道、花道，都有別出心裁高人一等的闡發。

金庸後來在與池田大作的對話錄中，回憶道：

「我小時候在一個大家庭中長大。我曾祖父有兩個兒子，我祖父是大兒子，住在一座大宅子的東半部，我叔祖父住在大宅的西半部。這座大宅子有五進，前廳掛著一塊大匾，是康熙皇帝給我祖先查昇寫的堂名，『澹遠堂』三個大字周圍有九條金龍作裝飾。我祖父有三個兒子，我父親第三，他還有兩個哥哥。叔祖父去世得早，留下四個孫兒。這些堂兄、堂姐都比我年紀大很多，他們都喜歡讀小說。」

金庸的母親徐祿，是大詩人徐志摩的堂姑母，所以金庸要叫徐志摩為表哥。

一九一四年，查樹勳（查樞卿又名查樹勳）娶十九歲的徐祿為妻。

徐祿是個才女，讀過私塾，知書達理，喜弄詩文。查樹勳與徐祿感情甚篤，先後生下五子二女（即良鏗、良鏞、良浩、良棟、良鈺五子，良琇、良璇二女），金庸是老二。

一九三七年，日軍侵入江南，金庸的家鄉慘遭轟炸。金庸後來回憶說：「全家逃難逃過錢塘江去。媽媽在逃難時生病，沒有醫藥而死了，宜官兩個親愛的弟弟也死了。」

徐祿是得急性痢疾沒有得到良好的醫治而病亡的。當時，十三歲的金庸尚在嘉興讀書。徐祿病亡滿三年，查樞卿續弦，娶了比自己小十七歲的顧秀英。顧秀英先後生了良鉞、良楠、良斌、良根四子和良琪、良珉二女。

《書劍恩仇錄》當初連載時，陳家洛的母親名為「徐惠祿」，這是金庸對亡母的紀念。後來七十年代結集修訂，「徐惠祿」才改為「徐潮生」。

金庸的庶母是顧秀英。

顧秀英十一歲時押給查家做丫鬟，剛來時服侍金庸的祖母，她生性溫和誠實，又機靈，與幼年的金庸很親近。

《金庸散文》（香港明河出版社二〇〇七年版）一書，金庸在後記中第一次提到她的庶母顧秀英：「我的庶母確叫顧秀英，年紀比我大十歲左右，是一位溫柔而勇敢的女子，曾在我家做丫鬟，叫做蘭英，因為做事負責，很得我父親和母親的信任，曾幾次派她送我去母舅家做客，她照顧我很好，在我母親去世後成為我的庶母。……現在我庶母已經去世，當時我很難過……」

網上曾經有人誤認為月雲就是金庸的庶母，金庸特別說明：

「我在這裡更正一下……她（蘭英）照年齡在我家的丫鬟中排第三，至於月雲則排第七，她的年紀和我差不多，一直到抗戰時分別，她還沒有能力照顧我，對我如同朋友一樣，按年齡說，她絕不可能做我庶母。」

金庸回憶自己童年的生活時說：

「家中藏書很多，我幼時雖看不懂，但找書卻很方便；而且不單有古書，也有新書，因為我的伯父、父親、兄長都是大學畢業生。我自小與書為伍，家裡房產亦豐，生活不愁，家人間的活動也很文雅，閒來多是下棋，看書……」

「因為是地主的身分，平時沒有什麼工作，空閒很多，可使用的錢也多，大家都買了各種各樣的小說。有傳統的明朝、清朝的小說，也有比較新的上海出版的小說，例如：張恨水的小說，各種武俠小說等等；也有新派的《小說月報》、鴛鴦蝴蝶派的《紅》雜誌、《紅玫瑰》等小說雜誌。」

金庸的確從小就是在書海中長大的，連金庸少年時的遊戲，也與書籍的聯繫分不開。

金庸的祖父查文清在世時曾編一部《海寧查氏詩鈔》的書，共有數百卷之多，本來查文清是打算將其付印的，已花了不少錢請工匠製作此書的雕版，可是時不我待，雕版尚未完工，查文清就去世了，這部數百卷之書就此耽擱，終沒有能成書。就是這樣，這些雕版就已經相當多了，足足堆了兩個屋子。

金庸幼年時就偷偷和堂兄弟們把這些散亂的雕版當作玩具，還時常鑽到這些雕版之中捉迷藏。日子一長，金庸對這些雕版就很熟悉了，不在意地隨便看看，竟能記誦幾句其中的詩文來。

金庸家的藏書量非常之大，品種也非常之多和雜，「查氏藏書」，在浙西一帶很有名氣，在這樣的家學淵源的環境下，儘管那時金庸年齡尚小，但所涉及的書籍已是很廣很雜了。

一九三〇年，金庸六歲時進入當地的小學。

一九三一年，金庸七歲轉入袁花龍山小學堂。

由於金庸天資聰穎，又有家學淵源，又是勤奮好學，手不釋卷，所以在他小學時便有很強的閱讀能力。

金庸後來回憶，他在小學時就愛讀課外書。低年級時看《兒童畫報》、《小朋友》、《小學生》，後來看內容豐富的「小朋友文庫」，再似懂非懂地閱讀各種各樣章回小說。到五六年級時，就開始看新文藝作品了。

小學時代金庸得益最多、記憶最深的，是父親和哥哥所購置的鄒韜奮所著的《萍蹤寄語》、《萍蹤憶語》等世界各地旅行記，以及他所主編的《生活周報》（新的和舊的）。

金庸在《讀〈童謠大觀〉》一文中還提到小時候讀童謠的經歷：

「我小時候在家鄉海寧袁花鎮讀小學的時候，我父親給我買了好幾本童謠集，那都是商務印書館和中華書局出版的。童謠內容大都採自江南一帶，說的主要是天氣和農作之類，因為內容簡單，又雜有婆媳、父女、娘舅之類家庭趣事，每一句都押了韻，讀來琅琅上口，很容易記憶。事實上，我家鄉也有很多的類似童謠，所以沒有陌生的感覺。這是我最初的課外兒童讀物。」

金庸不是基督教徒，但對西方的聖誕節從小就有好感，因為有糖果蛋糕吃，還能得到禮物，那總是一件美事。

在中學讀書時，有一年聖誕節，父親送給金庸的禮物，是狄更斯的一本小說，叫做《聖誕頌歌》（或名《聖誕述異》）（A Christmas Carol））。

故事的主角是一個倫敦的守財奴史克魯奇，他對任何人都沒有好感，對所用的雇員異常刻薄。一年聖誕節晚上，一個已死合夥人的鬼魂來拜訪他，說將有三個聖誕節的精靈來帶他出去遊歷。到了約定的時間，精靈們果然來了。

第一個是「過去的聖誕精靈」，帶著史克魯奇回到他出生的地方，讓他看到他小時是怎樣的孤獨，看到他親愛的妹妹，看到他自己怎樣愛錢勝於愛他的未婚妻而使愛情破裂。

第二個是「現在的聖誕精靈」，帶他看到人們怎樣互相親愛、怎樣在貧窮之中開開心心的歡度聖誕。

第三個是「將來的聖誕精靈」，帶他看到在將來的一個聖誕節中，他孤零零地死了，沒有一個朋友一個親人來關心他。這些事情融化了史克魯奇那僵硬冰冷的心，使他變成為一個親切溫暖的人。

這本任何書店中都能買到的極平常的小書，給金庸留下了深刻印象。

金庸後來在《三劍樓隨筆》中寫文章回憶說：「狄更斯每一段短短的描寫，都強烈地令人激動，使你不自禁的會眼眶中充滿了眼淚。英國人曾根據這小說拍過一部影片，但拍成乾巴巴的沒有什麼感情。其實，這本薄薄的小說中充滿了多少矛盾和戲劇、多少歡笑和淚水呀。兄妹之愛、男女之愛、父子之愛、朋友之愛，在這個佳節中特別深厚地表現出來。」

「這是一本極平常的小書，但一直到現在，每當聖誕節到來的時候，我總去翻來讀幾段。我一年比一年更能瞭解，這是一個偉大溫厚的心靈所寫的一本偉大的書。」

父親去世後，這本書就成了金庸親情追憶的紀念。金庸一直帶在自己身邊，每當聖誕夜，還要拿出來讀上幾頁。

夢繫化蝶，六歲便能深情

《天龍八部》中的段譽，是金庸書生內心的一段自我投影，隱含了金庸自己很多秘密的情結。在某種程度上，段譽是金庸真實人生的自我期許。

金庸曾經就說過：「如果要我選個角色來做，我願做天龍八部的段譽，他身上沒有以勢壓人的霸道，總給人留有餘地。」

少年的段譽被父母稱為「癡兒」，段譽說：

「爹爹媽媽常叫我『癡兒』，說我從小對喜愛的事物癡癡迷迷，說我七歲那年，對著一株『十八學士』茶花從朝瞧到晚，半夜裡也偷偷起床對著它發呆，吃飯時想著它，讀書時想著它，直瞧到它謝了，接連哭了幾天。後來我學下棋，又是廢寢忘食，日日夜夜，心中想著的便是一副棋枰，別的甚麼也不理。」

小時候的金庸何嘗不是這樣的「癡兒」。

從小在書堆裡長大，金庸自小就癡迷於書。

有一次，父母和鄰居帶著一幫小孩在室外玩耍，過了一陣子，才發現小金庸不見了。四處找了好久，才發現原來小金庸自己一個人跑去書房看書，看得入了迷。

在與池田大作的對話錄中，金庸回憶了這件事：

「我哥哥查良鏗學習古典文學和新文學。在上海上大學，他花費不少錢買書，常常弄得飯錢也不夠，受到我父親的嚴厲責備。他買的書有茅盾、魯迅、巴金、老舍等人的著作。我家和各位伯父、堂兄、堂姐等人所擁有的書是互相流通的，大家借來借去。所以我在小學期間，讀過的小說就已不少。我父親、母親見我一天到晚的看書，不喜歡遊玩運動，身體衰弱，很是擔憂，常帶我到野外去放紙鳶、騎自行車，但我只敷衍了事地玩一下，又去讀小說了。」

與在室外遊玩相比，金庸覺得還是在家裡看書更開心。

金庸的「癡」，還在於他六歲時便能深情。

一九三〇年，金庸六歲轉入袁花龍山小學堂。

還記得這一年，聽人講梁山伯和祝英台的故事，小金庸第一次被人間的悲劇和不幸感動而不能釋懷。

《連城訣》中，有一段這樣描寫：

狄雲隨手從針線籃中拿起一本舊書，書的封面上寫著「唐詩選輯」四個字。他和戚芳都識字不多，誰也不會去讀甚麼唐詩，那是戚芳用來夾鞋樣、繡花樣的。他隨手翻開書本，拿出兩張紙樣來。那是一對蝴蝶，是戚芳剪來做繡花樣的。他心裡清清楚楚的湧現了那時的情景。

一對黃黑相間的大蝴蝶飛到了山洞口，一會兒飛到東，一會兒飛到西，但兩隻蝴蝶始終不分開。戚芳叫了起來：「梁山伯，祝英台！梁山伯，祝英台！」湘西一帶的人管這種彩色大蝴蝶叫「梁山伯，祝英台」。這種蝴蝶定是雌雄一對，雙宿雙飛。

化蝶雙飛的夢幻般的一幕，久久縈繞在兒時金庸的記憶中，後來被金庸寫進了他的小說中。二〇〇〇年，金庸為陳晴散文集《蝴蝶飛》作序《細雨濕蝶翼》，我們再次看到兒時金庸記憶的蝴蝶飛過了千禧之年：

「落花人獨立，細雨燕雙飛。」園子中幽雅而有點孤寂的意境。但如果變成了「微雨蝶雙飛」，那叫人心中酸痛了。細雨濕流光，也沾濕了彩蝶的雙翼，小小蝶兒的翅翼薄薄的，上面敷著粉，細細的雨點沾上去，雖然很細很細，時間久了蝶翼就沉重起來，慢慢就飛不動了。

……

我走進書房，在練書法的宣紙上撕下兩小片，把紙片在濕蝶翼上輕輕拂動，宣紙上水跡滲開來，過了好一會兒，兩隻美麗的蝴蝶在晴光中翩翩起舞了，像兩片靈動的玫瑰花瓣，如果來一陣清風，滿園都是黃蝴蝶吧！

……

風雨傷人，水滴落上了你的雙翼，叫愛你的人擔心，心裡疼。

《月雲》的故事，溫柔的憐憫

金庸童年的生活場景，在他晚年寫的一篇自傳體散文《月雲》中，有真實而清晰的描寫。這篇文章二〇〇〇年初發表在《收穫》雜誌：

一九三幾年的冬天，江南的小鎮，天色灰沉沉的，似乎要下雪，北風吹著輕輕的哨子。突然間，小學裡響起了噹啷、噹啷的鈴聲，一個穿著藍布棉袍的校工高高舉起手裡的銅鈴，用力搖動。課室裡二三十個男女孩子嘻嘻哈哈的收拾了書包，奔跑到大堂上去排隊。四位男老師、一位女老師走上講臺，也排成了一列。女老師二十來歲年紀，微笑著伸手攏了攏頭髮，坐到講臺右邊一架風琴前面的凳上，揭開了琴蓋，嘴角邊還帶著微笑。琴聲響起，小學生們放開喉嚨，唱了起來：

一天容易，夕陽西下，
鈴聲報放學，歡天喜地各回家，
先生們，再會吧……

唱到這裡，學生們一齊向臺上鞠躬，臺上的五位老師也都笑瞇瞇地鞠躬還禮。前面四排的學生轉過身來，和後排的同學們同時鞠躬行禮，有的孩子還扮個滑稽的鬼臉，小男孩宜官伸了伸舌頭。他排在前排，這時面向天井，確信臺上的老師看不到他的頑皮樣子。孩子們伸直了身子，後排的學生開始走出校門，大家走得很整齊，很規矩，出了校門之後才大聲說起話來：「顧子祥，明天早晨八點鐘來踢球！」「好。」「王婉芬，你答應給我的小鳥，明天帶來！」「好的！」

男工萬盛等在校門口，見到宜官，大聲叫：「宜官！」笑著迎過去，接過宜官提著的皮書包，另一隻手去拉他的手。宜官縮開手，不讓他拉，快步跑在前面。萬盛也加快腳步追了上去。

童年的金庸家庭條件非常好，他生活在蜜水浸泡的環境之中，無憂無慮，不識人間艱辛生活的滋味。在《月雲》這篇文章中，他以一種優雅的筆調，懷著一種淡淡而感傷的哀愁，講述了他童年的小夥伴——一個名叫月雲的服侍他的小丫頭的故事，講述了他對童年永遠揮之不去縈繫在心的溫柔的情結。

不識人間憂愁是何種滋味的少年的金庸，其實那時他何嘗會有如此細膩和悲天憫人的感受。回憶是對往事的一種有意義的重組和解釋，從金庸的這些文字中，我們看到他有一種呼吸一般輕微的悔意。

《月雲》是金庸的童年的夢境，是金庸悲憫人生，人道主義精神的一種暗喻。

童年的金庸其實就已經有了非常豐富和奇特的人生感受，對於人與人的關係，人生與社會，個人的命運，還有階級、平等、自由、博愛，童年的金庸似乎就已經想得很多很多。

對月雲的回憶，其實與浪漫和情感關係要更遠，月雲的故事，是金庸良知的一面鏡子，通過它，金庸在反思，在內省。

金庸讀巴金的《家》，不理解覺慧和家裡的丫頭鳴鳳發生戀愛，因為他覺得月雲生得醜，毫不可愛。但金庸懂得了巴金先生書中的教導，要平等待人，對人要溫柔親善。所以他從來不會打月雲、罵月雲，有時還講小說中的故事給她聽。

金庸講故事的本領很好，同學們個個愛聽他講，只有月雲卻毫不欣賞，通常不信。「猴子只會爬樹，怎麼會飛上天翻筋斗？猴子不會說話的，也不會用棍子打人。」「豬玀蠢死了，不會拿釘耙。釘耙用來耙地，不是打人的。」從此金庸就沒了給她講故事的興趣。

金庸上了中學，日本兵佔領了他的家鄉，家中長工和丫頭們星散了，全家逃難逃過錢塘江去。媽媽在逃難時生病，沒有醫藥而死了，宜官兩個親愛的弟弟也死了。

後來金庸上了大學，抗戰勝利後，金庸去了香港工作。全家逃難時，月雲沒有跟著少爺、少奶奶過江，從此金庸就再沒有聽到她的消息。

在金庸心底，他常常想到全嫂與月雲在井欄邊分別的那晚情景，全中國的地主幾千年來不斷迫得窮人家骨肉分離、妻離子散，千千萬萬的月雲偶然吃到一條糖年糕就感激不盡，她常常吃不飽飯，挨餓挨得面黃肌瘦，在地主家裡戰戰兢兢，經常擔驚受怕，那時她還只十歲不到，她說寧可不吃飯，也要睡在爸爸媽媽的腳邊，然而沒有可能。

金庸想到這些事情時常常會掉眼淚，他覺得這樣的生活必須改變。他爸爸的田地是祖上傳下來的，他爸爸、媽媽自己沒有做壞事，沒有欺壓旁人，然而不自覺的依照祖上傳下來的制度和方式做事，自己過得很舒服，忍令別人挨餓吃苦，而無動於衷。

《月雲》這篇文章說，宜官姓查，「宜官」是家裡的小名，是祖父取的，因為他排行第二，上面還有一個哥哥。宜官的學名叫良鏞，「良」是排行，他這一輩兄弟的名字中全有一個「良」字。後來他寫小說，把「鏞」字拆開來，筆名叫做「金庸」。

金庸寫道：「從山東來的軍隊打進了宜官的家鄉，宜官的爸爸被判定是地主，欺壓農民，處了死刑。宜官在香港哭了三天三晚，傷心了大半年，但他沒有痛恨殺了他爸爸的軍隊。因為全中國處死的地主有上千上萬，這是天翻地覆的大變。」

「宜官的爸爸被判定是地主，欺壓農民，處了死刑」，父親之死是金庸永遠的傷口。

一九五一年四月廿六日，金庸的父親查樹勳（又有作查樞卿、查懋忠），是作為反動地主被槍斃的。行刑的場地，就是他自己興辦的小學的操場。

金庸的小說裡，很多的主人公是孤兒，都在尋找父親：楊過找父親，喬峰找父親，段譽也找父親，虛竹找父親，張無忌找義父。

《月雲》這篇文章的最後，最內在和最隱密的暗示了金庸內心難以消解的情結，金庸的大俠人生，政治心態，都可以從這裡得到印證和縮影，階級美麗的理想和個人無辜的命運，在這裡達到了最尖銳，最不能調和，最讓人無奈，最不能以常理測度的高度衝突。

內心的情感和觀念痛苦的糾纏和煎熬，使金庸大俠的人生得以異常的細膩和豐富，達到一種常人難以企及的覺悟的高度。

一九八一年七月十八日，時任中共中央副主席的鄧小平，在會見他時，對金庸父親遭遇此事表達歉意。

金庸沉默了一會，才說：「人入黃泉不能復生，算了吧！」

五天後，浙江省海寧縣委、縣政府與嘉興市委統戰部、市僑辦聯合組織調查組，對金庸父親查樹勳的案件進行了複查，宣告查樹勳無罪，給予平反昭雪。

一九八五年七月廿三日，浙江海寧縣人民法院就查樹勳案作出新的《刑事判決書》：

「本庭認為，原判認定查樹勳不法地主罪的事實不能成立，判處查樹勳死刑屬錯殺。經本院審判委員會討論，判決如下：撤銷海寧縣人民法庭一九五一年四月二十六日第一三四號刑事判決，宣告查樹勳無罪。」

金庸回信給海寧縣委領導說：「大時代中變亂激烈，情況複雜，多承各位善意，審查三十餘年舊案，判決家父無罪，存歿俱感，謹此奉書，著重致謝。」

一九九二年十二月，金庸首度返鄉，回到海寧市袁花鎮中心小學，將海寧市政府給他祖傳房產的一點六四萬元補償款贈給母校建立圖書室。

金庸說：「如果一個人離開家很久，在外邊住的時間一長，對故鄉懷念的感覺就越深……總想老了，再回到這個地方來住。」

二〇〇三年十月八日，金庸參加「華山論劍」，活動期間播出了陝西電視臺的記者專程赴金庸家鄉海寧市和袁花鎮拍的電視短片，金庸看短片期間，前後四次抹去眼角的淚珠。

金庸先生生前曾六次回家鄉海寧，但是從未踏進袁花鎮舊居一步。

金庸的弟弟妹妹推測，父親的死仍是他心中不願觸碰的痛。

八歲讀武俠，從此於書無所不窺

金庸接觸到武俠小說並且喜歡上武俠小說，也就是金庸在龍山小學堂讀小學的時期，大約是八歲年紀。

這一年是一九三二年，金庸讀小學三年級。

有一天，金庸功課已畢，悶得發慌，又去翻家裡大人的藏書，想找本輕鬆一點的閒書解解悶，金庸無意間翻到了一本武俠小說。

這本書的書名叫《荒江女俠》，是由當時二三十年代「新文派」始祖，言情小說名家顧明道寫的。

金庸幼年時第一次接觸武俠小說便看到了名家的成名作，是一個緣分，當然會一輩子都念念不忘。

金庸的武俠小說，骨子裡受到顧明道的影響很大，也許這是童年閱讀《荒江女俠》的深刻印象所致。

比如金庸武俠小說的「俠侶」模式，正是《荒江女俠》中方玉琴、岳劍秋這對「琴劍二俠」男女雙俠闖蕩江湖樣式的延續。

金庸偶然翻得此書，本是不經意地隨便翻，不料這一翻就放不下手了，《荒江女俠》的內容立即深深吸引住了金庸。

金庸幾乎是廢寢忘食地連著幾天看完了這本書，最後不禁拍案叫絕：「想不到世上還有這樣好看的書！」

這是一個值得讀者加以重視的細節！

大海的廣闊正是從涓滴細流匯聚而來的，此時金庸對《荒江女俠》的迷醉，正是日後金庸大俠操如椽大筆重寫武林春秋的源頭活水。

從這一刻起，金庸已經被冥冥之中的命定之手指引，熱愛上了武俠小說這一特殊的文學樣式。幼年的金庸從此一發不可收拾，從偶然進入必然，到處開始搜羅所有能借到手的武俠小說來看。

那時，金庸大部分的零用錢就花在購買武俠小說上。

二○○三年七月廿六日首期《金庸茶館》，金庸所作序中回憶了小時候讀武俠小說的細節：「我撰寫武俠小說，最大的動機是在於我很喜歡武俠小說。從兒童時起，大部分的零用錢就花在購買武俠小說上，每次從家鄉（海寧袁花）到硤石（海寧縣最繁盛的市鎮，我外婆家，亦即我表兄徐志摩、表叔蔣百里的居處）、杭州、上海這些大地方，必定請人帶去書店買武俠小說。和我同好者之一，是我的一個侄女查懿德，她比我年紀稍大，但因對舊小說有同好，她借了很多小說給我看，我們也常談小說中的人物。另外一位同好，是我姑丈的四姨太，我叫她四阿姨。那時我八九歲，她已經四十多歲了，但我們仍可一起談舊小說。我的額外收穫，是承她給我很多糖果、糯餅、冰淇淋。」

金庸家裡書香氣氛濃厚，家人們都喜歡讀書。

金庸的母親愛讀《紅樓夢》，她常和金庸的堂嫂、堂姐她們談賈寶玉、林黛玉等等。金庸的母親最喜歡的人物是探春，其次是薛寶琴，她會背薛小妹新編的「懷古詩」。七八歲的年紀，那時金庸對這些還不感興趣。

不管是近代的還是古代的武俠小說，金庸都能看得如癡如醉，似乎深得個中三昧。

從《水滸傳》、《三俠五義》、《小五義》、《彭公案》、《施公案》等，到平江不尚生《江湖奇俠傳》、《近代俠義英雄傳》等，金庸不加選擇，照單全收。

二三十年代武俠小說帶給讀者的狂熱以及造成的社會影響，在金庸的幼小的心靈中留下了深刻的印象。

幼年的金庸，已潤物無聲地被英雄膽色和武林俠氣所滲透。

金庸日後讓千萬讀者景仰的大俠人格，也正是在此時開始打下基礎，有了雛形。

金聖嘆說他十一歲讀《水滸》後，大有於書無所不窺之勢，雖然這樣的說法有些誇張，但還是有一定的道理。

金庸幼年時接觸到武俠小說之後，雖然不能說從此有於書無所不窺之勢，但他的思路和視野被奇妙地打開了。

從這個意義上來說，我們對於金庸幼年的讀武俠小說的這一段經歷，應該給以足夠的重視。

頑皮小學生，自封「獨裁者」

金庸在小學時，就已經大量廣泛閱讀古今中外的文學作品了。

龍山小學堂裡，圖書館裡的書籍相當豐富，而老師們也很鼓勵學生讀課外書。

一九三四年，金庸小學五年級時，他的國文老師兼班主任陳未冬，很欣賞那時小金庸的天資和才華，教他特別用心，把編輯級刊《喔喔啼》的任務交給了他。

金庸與池田大作對話錄中，金庸稱陳未冬是恩師。

「說起我的恩師，一位是小學五年級時的班主任兼國文老師陳未冬先生，前年在杭州相會時幾乎已相隔六十年。我仍記得當年他為我改正的作文錯字，提到這些字時，他不禁大笑，讚我記性好，並說牢記錯誤是求得進步的要訣……」

陳未冬也是教歷史的老師。金庸說：

「記得我在小學念書時，歷史老師講述帝國主義欺壓中國的兇暴。講到鴉片戰爭，中國當局如何糊塗無能，無數兵將英勇抗敵，但槍炮、軍艦不及英國以致慘遭殺害，他情緒激動，突然掩面痛哭。我和小同學們大家跟著他哭泣。這件事在我心中永遠不忘。」

陳未冬老師激情的講課，更加激發了金庸少年的愛國激情。

陳老師十分賞識金庸，在自傳《我的故事》中，他稱讚金庸是五年級成績最佳的學生。聽課、做事都很認真，作文寫得特別好。陳老師對金庸的作文都細加圈點、認真批改，作為範文在課堂上評析。陳老師還選了幾篇金庸的作文推薦在《諸暨民報》上發表。

陳老師對金庸另眼相看，那時社會還很保守，《紅樓夢》、《水滸傳》被視為誨淫誨盜，陳老師唯獨允許金庸一人看。

金庸一輩子都忘不了陳老師當年為他改正的作文錯字，他的作文中，總是將「大都」寫成「大多」，陳末冬老師翻出《辭海》，予以指正。當時金庸年少頑皮，自封為「獨裁者」，老師也頗加優容。

金庸後來締造《明報》王國，也曾自稱是獨裁者，一切事情，生殺予奪，都是自己一個人說了算。

看來，小學時少年的金庸，就已經顯露了「獨裁者」本色。

小學時，金庸就讀完了巴金的《家》、《春》、《秋》、《春天裡的秋天》這類新文藝類的小說。不過那時金庸還小，還不能讀懂其中的深意，所以金庸還是覺得讀那些武俠小說最過癮。

一九三五年，小學六年級的時候，金庸初讀巴金先生的《家》。見到金庸正看《家》，他的哥哥查良鏗就說道：「巴金是我們浙江嘉興人，他文章寫得真好！」

金庸說：「不是吧？他寫的是四川成都的事，寫得那麼真實，我相信他是四川人！」

哥哥說：「他祖上是嘉興人，不知是曾祖還是祖父到四川成都去做官，就此住了下來。」

他的哥哥查良鏗那時已在讀大學，讀的是中文系，所以金庸就相信了哥哥的話。

金庸看書善於思考，他覺得，《家》中所寫的高家，生活情調很像江南的自己的家鄉，不過也有不同。金庸家的伯父、堂兄們在家裡常興下圍棋、唱崑曲、寫大字、講小說，《家》中高家的人卻不大幹這些事。

讀完了《家》，金庸當時覺得最精彩的是覺慧與鳴鳳。不過，金庸自己家裡的丫頭們不好看，趕不上學校裡女同學們的美麗，所以又覺得覺慧與鳴鳳戀愛不合理。

後來，金庸說，因為自己年紀大了，多懂了些人情世故，才覺得《家》中寫得最好的，是覺新、瑞珏和梅表姐三個。

金庸後來在悼念巴金的文章中說：「讀小說常常引入自己的觀念，這是天下小說讀者常有的習慣。我當時最愛讀的是武俠小說，因此覺得《家》《春》《秋》《春天裡的秋天》這一類小說讀來還不夠過癮。直到自己也寫了小說，才明白巴金先生功力之深，才把他和魯迅、沈從文三位先生列為我近代最佩服的文人。」

小學時金庸印象深刻的是，大概是小學六年級下學期，一九三六年，有一位姓傅的老師，特地把他珍藏的《小婦人》、《好妻子》、《小男兒》三部小說借給金庸閱讀。

這三部書的譯者鄭曉滄，是美國留學生，是金庸故鄉海寧的出名文人，在家鄉人們以他為榮，所以那時這三部外國小說在海寧相當流行。

在家鄉讀小學的時候，除了讀書，金庸還很愛聽說書。聽說書一樣能夠增長金庸的知識，金庸說他那時在聽「三笑」時就曾聽到許多妙對，一直都能記得。

比如，唱彈詞的人說文徵明在追求愛人時，那位小姐出對道：「因荷（何）而得藕（偶）？」文徵明對道：「有杏（幸）不須梅（媒）！」於是好事得諧。

「和生」的故事，震顫的童年情結

童年的生活經驗對於一個作家的成長所起到的作用，可以說無論怎樣高估也不會過份。我們從金庸的那些卷帙浩繁的武俠小說中，無一不能追蹤到金庸童年生活經驗的蛛絲馬跡。

童年的金庸迷醉於武俠小說的閱讀，這還是表面的外部的印象，而生活本身的傳奇驚心的故事，卻真正讓金庸銘心刻骨。

金庸童年生活中親身經歷的一個傳奇故事，震動了金庸的幼小的心靈，以至於金庸日後專門寫了一部武俠小說來解放他這童年震顫的情結，這就是《連城訣》。

《連城訣》的寫作，是金庸以一件一生都藏在他心裡的真實故事為素材而構想出來的，所以我們很有必要來專門講一講這個讓金庸一生都不能忘懷的傳奇性的真實事件。

金庸在兒童時代，他浙江海寧老家有個長工，名叫和生，和生是殘廢的，是駝子，然而只駝了右邊的一半，形相特別顯得古怪。

雖說是長工，但並不做什麼粗重工作，只是掃地，抹塵，以及接送孩子上學堂。金庸哥哥的同學們見到了和生，就拍手唱歌：「和生和生半邊駝，叫他三聲要發怒，再叫三聲翻跟斗，翻轉來像只癱淘籮。」

那時候金庸總是拉著和生的手，叫那些大同學不要唱，有一次還為此哭了起來，所以和生待金庸特別好。

下雪、下雨的日子，和生總是抱金庸去上學。因為他的背駝了，不能背負，那時候和生年紀已很老了，金庸的爸爸、媽媽叫他不要抱，免得兩個都摔跤，但他一定要抱。

有一次，和生病得很厲害，金庸到他的小房裡去看他，拿些點心給他吃，和生就跟金庸說了他的身世。

原來，和生是江蘇丹陽人，家裡開了一家小豆腐店，父母替他跟鄰居一個美貌的姑娘對了親，家裡積蓄了幾年，就要給和生完婚了。

這年十二月，一家財主叫他去磨做年糕的米粉，這家財主又開當鋪，又開醬園，家裡有座大花園。磨豆腐和磨米粉，工作是差不多的，財主家過年要磨好幾石糯米，磨粉的工作在財主家後廳上做。

這種磨粉的事金庸見過，只磨得幾天，磨子旁地下的青磚上就有一圈淡淡的腳印，那是推磨的人踏出來的。江南各處的風俗都差不多，所以和生一說金庸就懂了。

只為要趕時間，磨米粉的工作往往做到晚上十點、十一點鐘。

這天和生收了工，已經很晚了，正要回家，財主家裡許多人叫了起來：「有賊！」有人叫和生到花園裡去幫著捉賊，他一奔進花園，就給人幾棍子打倒，說他是「賊骨頭」，好幾個人用棍子打得他遍體鱗傷，還打斷了幾根肋骨，他的半邊駝就是這樣造成的。

和生頭上吃了幾棍，暈了過去，醒轉來時，身邊有許多金銀首飾，說是從他身上搜出來的。又有人在和生的竹籮的米粉底下搜出了一些金銀和銅錢，於是將他送進了知縣衙門。賊贓俱在，和生又分辯不來，給打了幾十板，收進了監牢。

本來就算是賊，也不是什麼大不了的罪名，但和生給關了兩年多才放出來，這段時期中，和生的父親、母親都氣死了，他的未婚妻給財主少爺娶了去做繼室。

和生從牢裡出來之後，知道這一切都是財主少爺陷害的。有一天在街上撞到，和生取出一直藏在身邊的尖刀，在那財主少爺身上刺了幾刀。

和生刺後也不逃走，任由差役捉了去。那財主少爺只是受了重傷，卻沒有死，但財主家不斷賄賂縣官、師爺和獄卒想將和生在獄中害死，以免他出來後再尋仇。

和生說：「真是菩薩保佑，不到一年，老爺來做丹陽縣正堂，他老人家救了我的命。」

和生說的老爺，就是金庸的祖父。

和生說，金庸的祖父接任做丹陽知縣後，就重審獄中的每個囚犯，得知了和生的冤屈。可是和生刺人行凶，確是事實，也不便擅放。

金庸的祖父辭官回家時，索性悄悄將和生帶了來，養在家裡，和生直到抗戰時才病死。

祖父的事蹟，金庸的爸爸、媽媽從未跟人說起。和生和金庸說的時候，以為自己的病不會好了，也沒有叮囑金庸不可說出去。

這件事一直印在金庸的心裡。

《連城訣》是在這件真事上發展出來的，是紀念金庸幼小時對他很親切的一位老人。和生到底姓什麼叫什麼，金庸始終不知道，和生恐怕也不是他的真名，他當然也不會武功。金庸只記得和生常常一兩天不說一句話，而金庸的父母對和生也很客氣，從來不差他做什麼事。

和生的故事是對金庸的一種神秘的啟蒙。

金庸從很小的時候，就有了這樣的對命運不能把握的經驗。這樣的經驗不是每一個人都會得到的。

也許，金庸的宅心仁厚，金庸的悲天憫人，正是從童年時代和生故事的這一獨特經驗中發展起來的。

翩翩少年，金庸品學兼優

一九三六年，金庸告別了小學時代的生活，以優異的成績考入了浙江省第一流的中學——浙江省立嘉興中學。

金庸的同學張敬夫後來回憶說：「當時千餘名考生中，只錄取百名，查良鏞年齡最小，卻名列榜首。入校後他學習認真，成績優異，但善氣迎人，廣結人緣，與同學交往從不連名帶姓地直呼，而是略去姓氏親切地以名號相稱。」

從這一年起，金庸告別了童年時代，成了一個品學兼優的翩翩少年。這一年，也是金庸第一次離開故鄉海寧，離開親人外出求學的日子。

少年的金庸此時也許沒有想到，從這一年起，他就開始了他命定一生的漂泊旅居的遊子生涯。從此他很難再安享兒時在故鄉的快樂無憂的日子了。

在嘉興中學，金庸最佩服並深受其影響的是國文老師王芝簃。王芝簃是北大畢業生，學識淵博，品格崇高，有一種特殊的人格魅力。

金庸在與池田大作的對話錄中回憶：

「初中時的國文老師王芝簃先生也是我的恩師，他給我的主要是身教，他剛毅正直、勇敢仁厚的俠氣使得我一生時時暗中引為模範，可惜我出身於山溫水軟的江南，而家境富裕、養尊處優，完全學不到他那種燕趙悲歌慷慨的豪氣。」

一九九四年，金庸在北大演講《我的中國歷史觀》也曾說：「我念初中時候的班主任王芝簃先生也是北大畢業生，他學識淵博，品格崇高，對我很愛護。」

在嘉興中學，金庸認識了一個叫高炳生（後改名高玉階）的同學。金庸是從袁花鎮考入嘉興中學的，而高炳生是從嘉興縣新豐鎮考入的。那時的嘉興中學只有初中，一個年級分甲班、乙班和簡易師範班。

教他們語文的王芝簃學識淵博，因材施教，經常給自己看重的優秀學生開小灶。一同去「吃小灶」的有甲班的金庸、乙班的高炳生及簡易師範班的楊瑛（曾任新華社上海分社社長）。因此，高炳生和小自己近兩歲的金庸成了好朋友。

讓高炳生印象最深的是他們初一暑假分別之時，金庸提筆在作業本上賦一首小詩相送：「白雲孤飛，青鳥去兮人寂寞，落花倚垂暉。願得故人繞筆香，留作長相思。」

另一位教代數的俞芳老師，也讓金庸的學業受益匪淺。

金庸在一九九五年十一月廿二日還曾專門撰文祝賀恩師從教六十周年，回憶到這一段往事：「教我們數學的，是一位年輕的女教師，比我們學生大不了幾歲。我現在還是記得很清楚，她穿一件淡藍的旗袍，白鞋白襪，乾淨健康，精神勃勃，倒像是我們的一位大姐姐，拿了粉筆在黑板上寫得清楚俐落，一行行的都是算式，然後用清脆的北京話解說。那便是俞芳老師。應當是她做老師的第三年。我雖不是她做老師最早的學生，應該算得是最早的學生之一了。俞老師先教我們代數，後來教幾何。她並不嚴厲，但也絕不寬鬆。我心裡很敬仰她，希望得到她的歡心，所以學得很用心，幾何的成績也很好。

「俞老師的教導和訓練，使我一生受用無窮。一直到現在，感激的心情也絲毫不減。年紀越大，越感到受益的恩惠。我寫小說，佈置情節，辦企業，想達到什麼目標，就要逆推使用什麼方法和步驟：甚至在玩遊戲時，例如下圍棋和打撲克，都要用到邏輯思維、推理求證的思考，不知不覺間都用上了俞芳老師所教的方法和步驟。數十年常在海外，每到杭州，必會同老同學齊去向俞老師致敬問安。今欣逢老師從教六十年的喜慶，謹致數十年來常在心頭出現的溫暖情懷，向老師熱烈祝賀，並祝健康長壽，安享退休悠閒生活。」

俞芳老師後來也隨著學校遷移到碧湖聯初，繼續任教。

還有一位數學老師章克標，金庸也引為自己的恩師。章克標也是浙江海寧人，曾經和徐志摩一起辦過雜誌，頗有文名。

在嘉興中學，章克標對金庸天資聰穎，勤奮好學，成績優異，倍加賞識，還把自己剛出版的《算學的故事》一書送給了他。

《三劍樓隨筆》裡收入一九五六年金庸在《大公報》上的一篇文章：《圓周率的推算》。金庸寫道：「我在初中讀書時，教我數學的是章克標先生，他因寫小說出名，為人很是滑稽，同學們經常和他玩鬧而不大聽他講書。他曾寫過一部《數學的故事》，其中說到有一個歐洲青年花了極長的時間，把圓周率推算到小數點後六百多位。這個圓周率，當然是毫無實用價值的。」

晚年金庸重逢恩師，金庸對老師說：「分別五十多年了……這幾十年來當記者，辦報紙，寫小說，承蒙老師當年的教誨。」

金庸對身邊的人說：「章老師很幽默，一次晚自習，有個調皮的學生故意問章老師『English』怎樣讀，老師隨口道『洋格里稀』……」（蔣連根《名人傳記》）

金庸優異的成績，來自於勤學和苦讀。

初中一年級的時候，金庸讀到美國人寫的書：《哲學的趣味》。金庸讀的是翻譯本，他雖然當時不是完全讀得懂，但還是覺得這本書寫得很有趣味。

但後來金庸年齡大了，再看英文本，這就瞭解比較深刻，覺得這本書寫得輕鬆活潑，有些問題講得很好。

所以，金庸說，好書可以一讀再讀。

金庸後來分享自己的讀書的「笨辦法」：

「我看書，一本鍾愛的書就一字不放過地仔細讀。尤其是在看英文書的時候，我看到一個不認識的字，馬上查字典，這本字典查不到，再查大字典，查到為止。我是下苦功夫、用比較笨的辦法讀書，把這些笨辦法累計起來，自己看多了，看書也就容易了。難關就這樣一關一關地過去了。」

國難家恨，乍覺別離滋味

一九三七年七月七日，抗日戰爭全面爆發。時值整個中華民族面臨危機和浩劫，日本帝國主義發動了罪惡的侵華戰爭，戰火燒到浙江，杭嘉湖平原也陡逢亂世兵火。

一九三七年上半年，金庸在嘉興中學讀完一年級。

金庸的生活也就隨著整個時局而動盪漂泊起來，金庸初次嘗到有家難歸的滋味。

國難家恨，少年時的金庸，對他祖父教給他的「外國人欺負中國人」的說法體會得更深，而他那「雄心日千里」，「修身、齊家、治國、平天下」的大俠理想人格，也正是在此時少年意氣中逐漸形成。

這一年，戰火愈烈，日寇的鐵蹄已經踏上了金庸的家鄉。

十月初，因嘉興不斷遭到日機轟炸，嘉興中學轉到新塍鎮，繼續上課。

十一月十一日，金庸隨學校離開新塍，校長張印通在危難之際，毅然挑起重擔，帶領數百名無家可歸的師生踏上千里流亡求學之路。

多年後，嘉興市召開教育家張印通紀念表彰大會，金庸來電說：「張印通老師是我的恩師，對我一生教導嘉惠良多，數十年來時時思念，不敢忘懷他的恩德。得悉六日舉行紀念會，既悲且喜，泣下良久。惜為事務所羈，未克來禾在恩師遺像前鞠躬致敬，謹馳電深致感念之情。」

一九九二年十二月，金庸重返母校嘉興一中，金庸面對校園裡老校長張印通銅像三鞠躬，題詩留念：「當年遭寇難，失哺意彷徨。母校如慈母，育我厚撫養。去來五十載，重瞻舊學堂。感懷昔日情，恩德何敢忘。」

回憶起這段顛沛流離的經歷，金庸說：「當時我們才十二三歲，每天要步行七八十里，風餐露宿，非常艱辛。走不動了，就唱支歌……」（蔣連根《名人傳記》）

為躲避戰亂，金庸的父母也攜家帶口離開故土，「全家逃難逃過錢塘江去」。

金庸後來在與池田大作的對話錄中，回憶說：

「日本軍隊曾佔領大半個浙江，造成極大的破壞與損害。日本軍隊侵略我的故鄉時，我那年是十三歲，正在上初中二年級，隨著學校逃難而輾轉各地，接受軍事訓練，經歷了極大的艱難困苦。我的母親因戰時缺乏醫藥照料而逝世。戰爭對我的國家、人民以及我的家庭作了極重大的破壞。我家庭本來是相當富裕的，但住宅給日軍燒光。母親和我最親愛的弟弟都在戰爭中死亡。我中學時代的正規學習一再因戰爭而中斷，所以對中國古典文學及英文的學習基礎沒有打得穩固，到了大學時代及大學畢業後才憑自學補上去。不過戰爭也給了我一些有益的磨煉。我此後一生從來不害怕吃苦。戰時吃不飽飯、又生重病幾乎要死，這樣的困苦都經歷過了，以後還有什麼更可怕的事呢？」

一九三七年下半年，金庸那年是十三歲，正在上初中二年級的第一學期。

在《談〈彷徨與抉擇〉》中，金庸回憶說：

「日本侵略軍隊對中國人民的侮辱和損害，那是人人都知道了，用不著我再在這裡饒舌。我故鄉是浙江海寧的一個小鎮，叫做袁花，鎮上給日本兵燒得一根柱子也沒剩下。我的家當然也是燒得乾乾淨淨，衣物財產毀了，倒也沒有甚麼，只是數百年祖宗積下來藏書的毀滅，曾使我父親和哥哥大哭了幾場。當時我還不知道書籍的寶貴，現在想起來，覺得自己也真應當大哭一場才好。」

金庸隨學校輾轉於餘杭、臨安、麗水，流離顛沛，和家人暫時失去聯繫，當然更談不上家庭的接濟了。

金庸的同學張敬夫後來回憶說，學校大遷移，當時十多人一個小組，張敬夫和查良鏞同在一組，因為同樣來自海寧，一路上相互扶持，從嘉興到麗水，先坐船再步行，一路辛苦自不必說，有一次渡河時，為了減輕負擔，用船將鋪蓋運走，卻不曾想晚上宿營時，鋪蓋沒有運到，學校就向農民買了很多稻草，正值隆冬，十幾個人窩成一團，相互取暖。不過，那之後不久，到了麗水，查良鏞繼續求學，而張敬夫投筆從戎，兩人失去了聯繫。（《金庸的故鄉情懷》嘉興線上新聞網二〇〇七年〇八月廿四日）

一九三七年十二月底，經過長途跋涉，師生們到達浙江南部的麗水碧湖鎮。此時，母親徐祿患病，在庵東鎮病逝。

在碧湖，嘉中學生被編在「戰時青年訓練團」第三大隊，金庸穿上灰布軍裝，接受軍訓。

一九三八年，就像著名的西南聯大一樣，杭州、嘉州、湖州也組建了一個聯合高中，分高中部、初中部和師範部。

夏天，金庸進入了聯合中學初中部讀初三（上學期），擔任級長。因為都愛好文藝，志趣相投，金庸和同學馬尚驥，常在課餘之暇一起閱讀文學名著，互相交流心得，走得很近。

馬尚驥回憶，讀初三上，分甲、乙兩班，他和金庸都在乙班。「那個時候流行為班級命名，取什麼名呢？大家讓平時喜歡舞文弄墨的查良鏞（即金庸）取，後來我和他商定，乙班取名為『亞歷山大級』。」

金庸還結識了同學沈寶新，後來沈寶新成為了金庸《明報》的合夥人。又結識同學沈德緒、余兆文等等，經常結伴遊玩。

有一次，金庸讀了英國作家丹尼爾・笛福的《魯濱遜漂流記》後，突發奇想，帶著沈德緒等幾個小夥伴，跑到離學校九公里外的甌江，在江中一個小島上，體驗魯濱遜的生活，自己生火做飯，自己搭建窩棚睡覺，住了三天。

那時，學生的生活條件很差，衛生狀況也不好，學生中流行五種疾病（肺病、瘧疾、傷寒、寄生蟲、皮膚病），金庸也患上了瘧疾。

在嚴重缺少醫藥的戰爭年代，瘧疾足以致命。沈德緒悉心照料金庸，還和其他同學翻山越嶺去採摘草藥，為金庸治病，金庸這才退燒，一周後病情開始好轉。

一九八一年八月，金庸帶著夫人和兒子回杭州，和沈德緒、朱幗英等幾位老同學聚會，席間，金庸請他夫人、兒子站起來，對沈德緒說：「我們一道向沈伯伯敬酒，我的命是沈伯伯救的！」

同在初三年級乙班的還有一位同學，叫余兆文，和金庸也是很親近。後來余兆文寫了回憶錄《我所知道的金庸》、《憶金庸的愛好》等文章，成為了研究金庸生平的珍貴資料。

一九三九年七月，金庸以優異成績畢業於聯合中學初中部。

金庸和馬尚驥本來約定一起考聯合高中，但最後馬尚驥遷去嵊州的一所高中讀書，從此相別。

臨別時，金庸給馬尚驥寫下了贈別詞：「一席言把心深許，只有良朋笑問『考後還剩功課幾許？』，而今乍覺別離滋味，一向眼前常見心不足，怎禁得真個分離！須知不久須相見，一日甚三秋天氣！使君才氣卷波瀾，共把離情細訴。他日相遇知何處？直恐好風光盡隨你歸去！」

後來馬尚驥一直保存這和金庸同窗的一張畢業照，還有金庸給他的贈別詞。

另一位同學余兆文，將報考衢州中學高中部，臨別時，金庸以作文簿一本相贈以作留念。

在碧湖讀書時，聯合中學是臨時建立，條件簡陋，學校設施不全。圖書室一時籌建不起來，不過閱報室還是開了一個。

平日金庸只能到閱報室去看看報，要看課外圖書，那只能在節假日去光顧碧湖鎮上那家獨一無二的小書店。

金庸每次走進書店，便挑選一本喜愛的書，立刻倚靠在書架旁邊，先是隨便瀏覽，一旦發現感興趣的，就如饑似渴地細細閱讀起來。

余兆文記得，有一次，金庸翻閱了英國威爾斯《未來世界》的中譯本，離開書店時，他說：「未來的世界大戰，不再有近戰、肉搏戰，打仗時只要坐在實驗室裡看看圖表、按按電鈕。」

中學時代的金庸，就有了這樣卓越不凡的見識和前瞻的眼界。

有一天，在書店裡，金庸津津有味看過了沈從文的《邊城》，禁不住讚道：「這本小說，人物很少，情節簡單，篇幅也不長，但很有詩情畫意。」

在書店只是看書，沒有錢買書。

余兆文回憶說：「我們口袋裡即使難得有幾個錢，那也只能照顧自己一張饞嘴，留著買幾個街上比比皆是、油煎得香噴噴的蘿蔔絲餡餅。不過我們常去書店逛逛，也讓那家書店顯得顧客盈門、生意興隆，無意中給書店做了義務活動廣告。」

第一本暢銷書，初露經商天賦

金庸一度只能靠政府發給他的公費度日，穿草鞋，受軍訓。據說有段時間金庸寄居在同學家中，生活十分艱苦。

這種艱難的日子對金庸這樣的世家「公子哥兒」，其實大有好處，金庸自己也承認這一段艱難的生活鍛煉了他的意志。

金庸以他非凡的聰明才智，改變了他的生活。

這就是金庸經商之才第一次的表現。

一九三九年，就在金庸讀初中三年級之時，金庸幹了一件讓他一生都引以為驕傲的事，他成功地出版了一本書。

金庸後來談到，他以為這是他日後的出版事業的一個良好的預兆，十五歲時的金庸，就已經初露出了他不凡的出版經商的天賦。

那時金庸本來正忙於備考高中，緊張地溫習功課。一天他做完功課，閒暇之時突發奇想，他覺得如果有教人怎麼投考高中的書，那麼他一定會買來看看，由此想到要是能編寫一本指導小學生考初中的書，一定會受到小學生們的歡迎。

金庸對他的兩位同學（張鳳來、馬胡鎣）說：

「那麼多學生為了考試天天忙於功課，太辛苦了。我們不妨根據我們以前報考初中的經驗，編一本書給準備投考初中的學生看，教他們怎樣複習功課才能做到事半功倍。」

金庸的這一想法馬上得到了他的兩個好朋友的支持，並立即付諸以行動。

於是定名為《獻給投考初中者》一書便出籠了。此書由金庸主編，由他和他的兩個好朋友分頭編寫，每人寫一部分，自己出些題目，寫一些文章，書的內容主要是指導升初中的學生怎樣在各科中答題取得高分。

書寫出來後，一九四〇年五月，由廣州南光書店出版發行，竟取得了他們熱望的成功。《獻給投考初中者》成為了當時的暢銷書，行銷到福建、江西、安徽等地。

不過，編寫出版《獻給投考初中者》是初三還是高一的事情，有不同的說法。有的研究者認為是在高一，不是初三。筆者認為這兩種說法都成立而且不矛盾，也許是初三時（一九三九年下半年）開始編寫，高一出版。

金庸後來與池田大作的對話錄中回憶這件事，說：

「《獻給投考初中者》那本書，內容平凡，只是搜集了當時許多中學校的招考試題，加以分析解答，同時用一種易於翻查的方式來編輯，出版後得以很大成功。我們在浙江南部的麗水出版，書籍一直行銷到福建、江西、安徽各地。這本書的收益，支持我們合作的三人順利從高中畢業，再到重慶去進大學。這本書和文學修養無關，而是商業上的成功。對一個十五歲的少年來說，表示我能瞭解到消費者的需要，用簡捷的方式來滿足他們。以後我創辦《明報》而得到成功，大概就源於這種洞悉讀者心理的直覺能力。」

金庸氣象萬千的大才由此可見一斑，一個才十五歲的少年竟能有此眼光，有此膽識，有此才幹，必然不會是池中之物。

《獻給投考初中者》一書因為是首次出現的新穎類型，發行時大受歡迎，不單暢銷浙南，還遠銷至江西、福建等省。

此書的發行成功，竟使金庸和他的兩個同學獲得了一筆豐厚的利潤，金庸因此書的利潤使他把妹妹從鄉間接到後方求學。

就這樣金庸都還有盈餘，所以後來他上高中時，雖然十分艱苦，但畢竟還有一些底子，比起其他同學，當然又要好些。

後來陳魯豫採訪金庸，金庸回憶說：「這個書我們在浙江出，銷福建、安徽，附近各省都銷的，所以銷路很好，賺很多錢了，我們三個人一分，就夠我們三個人念書了。」

金庸靠這本書念完中學，後來又到重慶進大學。

金庸的經濟頭腦，初中時就已經初具規模。

廣州數字圖書館《名人與讀書》欄目《金庸：一生樂趣在讀書》一文中寫道：

「因為家裡經濟斷絕，窮得沒辦法，我們幾個同學就編這樣一本書可以賺錢的。結果我們果然賺到很多錢，不但自己供自己讀書，上了大學，還幫助了其他的同學。所以我覺得，人家說我從小有賺錢的天才，能看到哪裡可以賺錢。現在到老了，我賺錢都不是很難的，我覺得也很容易的。所以人家也認為我開金庸茶館，商業化，但現在這些事情不屑做了。我的股票還賺錢，看得都是很準的。不需要去做這些小東西來賺錢，賺一兩千沒意思。我做投資、搞商業，十萬、八萬很容易賺到，不會做這些小東西。」

金庸晚年「金庸茶館」開張，有人質疑他想商業化操作賺錢，金庸說這點小錢他怎麼會看得上呢？

金庸有賺錢的天才，投資基本上就沒有虧過，到老了，賺錢都很簡單。

奇文惹禍，天無絕人之路

一九三九年九月，金庸以優異成績考進了聯合高中，被編入高一乙班。

金庸天資極高，大才非常人可比，讀中學時，便因他的聰穎天資，優異學業而讓所有認識他的人驚嘆。

因為金庸從小熱衷武俠，這一年他曾寫過一篇關於唐代武俠小說的論文《〈虬髯客傳〉的考證與欣賞》。

金庸認為《虬髯客傳》是中國武俠小說的鼻祖。

金庸後來在《三十三劍俠圖》中寫道：

「這篇故事，『有歷史的背景而又不完全依照歷史；有男女青年的戀愛；男的是豪傑，而女的是美人（乃十八九佳麗的人也）；有深夜的化裝逃亡；有權相的追捕；有小客棧的借宿和奇遇；有意氣相投的一見如故；有尋仇十年而終於食其心肝的虯髯漢子；有神秘而見識高超的道人；有酒樓上的約會和坊曲小宅中的密謀大事；有大量財富和慷慨的贈送；有神氣清朗、顧盼煒如的少年英雄；有帝王和公卿；有驢子、馬匹、匕首和人頭；有弈棋和盛筵；有海船千艘甲兵十萬的大戰；有兵法的傳授……』等等，所有這些內容，在當代武俠小說中都是可以時時見到的。」

少年金庸對武俠的見識就已經達到了專業的水準，難怪，據說一位語文老師看了他的文章，竟毫不掩飾地在學生面前流露出一副望塵莫及的樣子，喟然嘆道：

「說實話，要我再讀二十年書，恐怕還寫不出他這樣的文章。」

據金庸聯高的同學葉炳文回憶，金庸是當時學校的高材生，數學、物理、化學成績都很好，尤其是英語和國文出色，並能寫流利的文章，可見，學習時期的金庸是全面發展的。

一九四〇年，聯高發生了一件十分有趣的事，這致使金庸被校方開除（後在校長張印通的幫助下改成退學）而轉入石梁衢州中學學習。據同學葉炳文回憶，這是因為金庸發表在黑板報上的文章造成的。

當時，學校各個班的學生都可以自由地編寫黑板報，一次圖書館走廊上的黑板上，登出了一篇文章，名為《阿麗絲漫遊記》，圍觀的人十分多，有人大聲朗讀，有人拍手叫好。

文章描述阿麗絲小姐不遠千里來到聯高校園，遇到一條眼鏡蛇在教訓學生：

「如果……你活得不耐煩了，我就叫你水遠不得超生。如果……」

原來，聯高有個戴著眼鏡，令人討厭，不近情理的訓導主任，叫沈乃昌，他戴著眼鏡，教訓學生時常常夾著「如果」二字，人人對他都敬而遠之。這篇文章正是借阿麗絲之名，對他進行了諷刺和挖苦，文章的作者正是金庸。

金庸的同學余兆文也回憶此事說：

「抗日戰爭爆發以後，他轉入浙江省立聯合中學。讀高一時，同學們要他為壁報寫篇文章，他就仿效《愛麗絲漫遊記》，描述了學校裡的一些奇人怪事，自然也提到那個身負護衛學風校紀之責的訓導主任。

「可中國是幾千年來一貫維護『天地君親師』教規，而又最會利用各種名義大興文字獄的國家，那位訓導主任又無端失去了封建官爺們『好官我自為之，笑罵由你笑罵』的古風和雅量，今見自己管教下這個乳臭小子，竟敢如此批逆鱗，捋虎鬚，褻瀆師尊，只恨學校沒有火刑柱。

「學校最嚴厲的處分是開除，於是金庸因『褻瀆師長，敗壞風學』之罪被革出校門，逐出了聯合中學。

「因我在聯合中學初中畢業後，是在衢州中學升高中的，這時，金庸也願意轉到衢州中學插班，以此，我們又再同窗共讀了。」

這一件舊事，一方面表現出金庸少年時的文采風流，另一方面又表現了他的少年俠氣和膽色，金庸的內心正是這樣一種不畏強權、快意恩仇的大俠情懷。

金庸後來在與池田大作的對話錄中，回憶了這件事：

「我高中一年級時，在學校壁報上撰文諷刺訓導主任沈乃昌先生而被開除，是我一生中最大的危機之一。因為給學校開除，不但失卻了繼續求學的機會，連吃飯、住宿的生活也發生問題，後來終於在原校長張印通先生及舊同學好友余兆文群的幫助下進入衢州中學，那是生死繫於一線的大難。」

張印通是金庸在碧湖聯合中學的另一位難以忘懷的恩師，當初正是張印通校長帶領師生千里流亡，吃山芋，睡泥地，風餐露宿，長途跋涉來到麗水碧湖鎮的。

金庸說：「另一位是中學的校長張印通先生。我因壁報事件被學校開除，張校長曾極力為我爭取較輕的處分，但那位訓育主任是國民黨分子，權力凌駕於校長之上。後來張校長努力幫我轉學，這份大恩大德對我一生影響極大。」

初中畢業後，余兆文和金庸分開，是到衢州中學去讀高中的。

一九四〇年高一的那個暑假，余兆文正在金華住院醫病，金庸匆匆從碧湖趕到金華來找余兆文。金庸希望轉到衢州中學去續學。

那時余兆文的病，其實是誤診，把氣管炎誤認為肺結核，住了幾天醫院，並無大礙。覺得自己身體沒事，兩人隨即收拾了一下，便一同乘火車來到衢州。

在衢州城裡吃了中飯，兩人傾囊倒篋，總共只剩下八塊多錢。可是金庸卻一時心血來潮，攛掇余兆文去文具店花六塊多錢買一副圍棋。

余兆文對金庸是言聽計從，買就買吧。明天不吃飯啦？明天的事何必今天操心！

金庸一生對圍棋的熱愛，於此可見其源流之初。

這副圍棋，是金庸的寶貝，後來遷徙流亡，也一直帶在身上。

暑假期間，余兆文出面幫助金庸去衢州中學向校方提出轉學到的申請，不久，轉學申請得到衢州中學校方的批准。

當時衢州中學分為初中、高中、師範及附小，最多時有四十多個班級，分散在石梁鎮和上、下靜岩村。高中部是在下靜岩村。

得到轉學申請被批准的消息，金庸和余兆文隨即趕赴「翠崗縈抱、阡陌縱橫」的下靜岩村。雖然買了那副圍棋，幾乎使他們兩人破產，但確實是天無絕人之路。

余兆文回憶了他和金庸剛來靜岩的情況，他們的食宿不但沒有困難，生活享受還相當高級，簡直可說是養尊處優。幸運的是，因為一家平時裡專包教師伙食的餐館，暑期生意清淡，所以他們居然能在這家餐館包了夥，又租賃了村頭一所頗有田園風味的小房子。

不過，因為他們囊空如洗，飯錢、房租都是賒帳掛欠。

兩人稱心如意地在靜岩暫且安頓下來了。

金庸此行是專程來衢州中學轉學的，當務之急，本該立即抓緊時間複習功課，應付日內的插班考試，但金庸夢魂縈繞的卻是圍棋。

大概金庸在高一讀書時學會了圍棋，棋癮正大，現在沒有弈棋對手，玩不起來，無奈只能臨時收余兆文當圍棋徒弟，拿自己現教的徒弟湊合過把癮。

余兆文成了金庸的「最佳棋伴」。

余兆文還記得，從早到晚金庸諄淳教導，要他記住：「金角、銀邊、草肚皮。」

金庸一邊教棋，還會一邊說些棋壇軼事。說得最多的，是圍棋天才吳清源的故事。

金庸的轉學申請獲批半個月後，在衢州中學參加了轉學插班考試，順利地考取了衢中高二公費生。

隨後，金庸回碧湖取行李並與聯高的同學們告別。

一九四〇年九月，金庸就讀衢州中學高二班。

慷慨熱血，一事能狂便少年

也許日後成熟的金庸韜光養晦，鈍訥得多了，那是因為金庸已經達到了新的徹悟人生的境界。而金庸的少年時代，卻是相當的不同，真正是一腔熱血，敢想敢幹，敢作敢為。金庸承認自己那時「性格衝動」。

金庸被聯合高中開除之後，絲毫不見為此有什麼「反悔」，依舊是一片古道熱腸的少年俠氣，最愛打抱不平。

金庸在轉入衢州中學後，第二年，也就是一九四一年夏的一天，有位跟金庸非常親近的同學，為了一點小事，和一位老師爭吵起來。

那位老師三十多歲，自認為自己身大力不虧，盛氣凌人，一邊謾罵那位學生，一邊走向前去想動手，還口口聲聲要開除他。

那個同學被逼急了，聲言道：「如果就這樣無理開除我的學籍，那我就寧可殺頭，也要先開除你的生命籍。」

幸虧這時走來幾位同學，盡力從中斡旋，又勸又拉，這才避免了一場鏖戰。

金庸對於這種神聖不可侵犯的師道尊嚴，記憶猶新。今見此事，自然義憤填膺，學生不准批評老師，老師卻可以侮辱學生，動輒就要開除學生的學籍，這種歪理邪道，他再也不能容忍了，於是金庸奮筆疾書，寫了一篇《一事能狂便少年》寄到了《東南日報》。

《東南日報》是滬杭淪陷前夕由杭州遷到金華的，這家當時我國東南地區最大的報紙，居然將金庸這篇文章登在該報「筆壘」副刊文藝欄最為顯眼的部位，時間是一九四一年九月四日，署名是「查理」。大概這是金庸的第一個筆名。

《一事能狂便少年》，標題取自王國維七律《曉步》：「興來隨意步南阡，夾道垂楊相帶妍。萬木沉酣新雨後，百昌蘇醒曉風前。四時可愛唯春日，一事能狂便少年。我與野鷗申後約，不辭旦旦冒寒煙。」

金庸的這篇文章並沒有指名道姓，也不曾就事論事，而只是借題發揮，明辯是非，伸張正義，並且強調幹大事，成大器者必須具有大無畏精神，敢於蔑視一切虛假的尊嚴和頑固的傳統勢力，文章還高度讚揚了十九世紀義大利統一運動的俊傑馬志尼的宏偉氣魄。

這篇文章的發表，在衢州中學引起了極大的反響，大家都明白，作者所說的是什麼事，指的是什麼人，同學們人人爭看，無一不拍手稱快。

由於以金庸為首的一些同學的聲援，或許也怕那位「少年」萬一真的「瘋狂」起來，當初那位氣勢洶洶的老師，竟也漸漸變得識時務起來，不再叫嚷要開除那位同學了。

現在回過頭到看看金庸的這段軼事，真是很有意思。

原來金大俠也會有「一事能狂」的時候！

成功後的金庸給我們一直是謙謙君子、忠厚長者的形象，很多人都無法想像金庸心中怎麼會無中生有出郭靖、楊過、令狐冲這樣的時代大俠。

其實金庸的內心原來實實在在地有慷慨熱血，悲歌燕趙的豪俠之情懷，金庸的小說並不是無中生有，而是他以寫作的方式來消除他那些萬丈豪情的內心塊壘。

金庸說自己從來就強調「自由」，有天生的反叛性格，所以在學校，讀中學也開除，讀大學也開除，從小就不大聽話，家裡父母親也不大管教他。

一九四一年十二月七日，金庸又以署名「查理」的文章發表在《東南日報》副刊《筆壘》的頭條。

文章題名為：「『人比黃花瘦』——讀李清照詞偶感」。

金庸別出心裁，對南宋詞人李清照的名句進行了批評：

「由於對弱者的蔑視超過憐憫，由於習慣了用嚴峻的眼光觀察一切事物的內在，我對李清照那傳誦一時的名句『簾捲西風，人比黃花瘦』，可以說是反常地，保持著一種十分不愉快的感覺。它總使我想到一幅很悽楚的圖畫：一個瘦小的女人弱不禁風地站在一叢菊花前。因而引起了許多近乎是無可奈何的聯想。它使我強烈地意識到李清照在這個句子中是故意顯示自己的柔弱，而目的在引起別人的同情。她深深地沉浸在自我憐惜中……」

「李清照以『人比黃花瘦』為得意，而抗戰的巨潮並不曾完全奪去這種思想。」

「我是對現代一切吟風弄月，缺乏戰鬥精神的思想提出抗議，我控訴那種自我憐惜的心理。」

金庸的解讀當然是有失偏頗和激憤，但是聯繫到當時抗戰的大背景，認為大敵當前，不應成為弱不禁風的懦夫，而要像勇士一樣堅強，能挺立在暴風雨中，這又是完全可以理解的。

這一年的冬天，同學斯杭生送給金庸一件棉大衣禦寒。

金庸感恩，銘記在心，九十年代初曾給同學的信中還提及此事，說「……《聯初通訊》中的校友，大多都不認識，而斯杭生曾送我棉衣禦冬，綈袍之贈，永世難忘。」

伯樂慧眼，千人中之一人

金庸天賦大才，少年時便引人注目，由此看來他的成功並不是偶然和僥倖之事。

《一事能狂便少年》的發表，可以說是一鳴驚人，不久，《東南日報》有位名叫陳向平的老資格記者，因事從報館所在地金華出差到衢州。

這段時間，陳向平的思緒，似乎一直難以保持寧靜。

他始終覺得《一事能狂便少年》的作者，雖然名不見經傳，但他那短短千餘字的雜文，論述精闢，筆力渾厚，既有唐宋散文筆調，又具西方文藝韻味，出手頗為不凡。

陳向平一再思忖：「自己遠道來衢，何不趁便登門造訪，親謁其人。查良鏞先生究竟何許人也，今日流落至此？」（余兆文的回憶說是陳向平去尋訪「查理」，可能記憶有點偏差。作為報社記者，自然能查到「查理」的真名是查良鏞。金庸一定在報社留下有真實姓名，否則怎麼收稿費？）

到了衢州，陳向平就去打聽衢州中學。誰料衢州中學那時並不像他想像的那樣還在衢州城裡。為了免遭日本飛機的狂轟濫炸，衢州中學已經遷到了衢州城西北約十里的西鄉石梁鎮靜岩村。

靜岩村位於白雲山腳下，山青水秀，翠崗縈抱，阡陌縱橫，一條石梁溪繞村而過。

陳先生訪賢若渴，毅然不顧十餘里之遙，獨步趨訪。

出了縣城，踏上了鄉間縱橫交錯的荒徑小路，邊走邊問，找到靜岩村，來到衢州中學。

陳向平向看門人問道：「貴校有位查良鏞先生，在辦公室嗎？敝人人是《東南日報》記者，因事從金華到衢州出差。不過現在我是從衢州城裡專程來拜訪他。」

看門人抿著嘴笑道：「這裡是有個查良鏞，可他是學生，並不是先生。」

陳向平一聽，大為驚駭。

陳向平腦海中時隱時現的那個老成持重文人的身影，頓時變成了一個滿臉稚氣的少年模樣。他原先的猜想，這時全對不上。

陳向平遲疑了一下，然後說道，「啊，查良鏞不是先生，而是個學生，那我更想見一見他了。」

一個方臉寬頤卻又瘦骨嶙峋的十六七歲的學生，尚是未脫稚氣，被領到了辦公室來。陳向平終於見到了金庸。

試想一下，他們兩人素昧平生，從不相識，年紀又相差二三十歲，初次晤面，還會有什麼共同語言？談些什麼？又從何談起？

萬沒有料到他倆這次會面，卻是一見如故，交談投契，彼此都感相見恨晚。這事情在當時衢州中學和《東南日報》都曾傳為美談，眾口讚嘆不已。

古人以文會友，並不乏例，但現在一個弱冠少年，只寫了幾句文章，竟然逗得一位資深記者如此神魂顛倒，思緒不寧，直至最後還要踽踽獨行，躬身趨訪，這確是世間罕見之事。

崢嶸歲月，石梁靜岩蕩人心

一九四一年，金庸在讀高中二年級（下學期），因為成績優異，表現突出，被同學們推選為班長。

在學校裡，金庸結交了江文煥、王浩然等朋友。

王浩然後來回憶說：

「一九四〇年的秋天，高中二年級開學不久，來了個插班生，住到我們宿舍。這少年，中等身材，天庭飽滿，方臉闊嘴，戴一副銀邊眼鏡，左肩掛大行囊，右腋夾一書包，雙手捧的卻是黑白分明的兩盒圍棋，這點愛好總如影隨形跟著他。金庸的為人處世也很可稱道，內斂、穩重、正派、儒雅，轉學不久，就被選為一班之長。金庸也是一名體育運動愛好者，籃球、排球、跑步、游泳等都很投入，但他從沒有玩物喪志。」（見山水石梁《石梁靜岩背後那段激蕩人心的崢嶸歲月》一文）

金庸後來回憶：

「當時讀書條件很艱苦，但衢州中學的老師對我很好，學習氛圍也很濃，我受益很多。我當時在校圖書館借閱了許多書籍，特別是『萬有文庫』中的古今中外名著。再後來，我與江文煥、王浩然等三人同時考上了西南聯大外文系，衢州中學的名氣由此更大了。」

衢州中學是有圖書館的，從城裡暫且搬遷到鄉下，圖書館也搬過來了。

學校圖書館開設在離靜岩高中部約兩里路的一個小寺廟內。因為地方狹小，圖書館沒有開闢閱覽室，只是管理借書還書工作。

金庸是光顧圖書館頻繁的常客，三日一疊，五日一包，課餘之暇，手不釋卷，午睡時也不休息。

金庸因此受到了班主任的批評：「看起書來，命都不要了。不顧健康，這樣下去，你會後悔莫及的。」

衢州中學絕大多數學生是本地人，外地流亡的學生很少。當地同學熱情，金庸和余兆文常常被邀請到同學家裡去作客。

金庸到別人家作客，進門後向主人道謝寒暄後，第一件事就是去參觀這個人家的書架。主人招待他瓜果茶點，他都顧不上，一定要檢索瀏覽翻閱完書冊之後，才會坐下來。

作客期間，金庸主要的事情就是看書。

金庸很喜歡看林語堂的幽默文章；茅盾、曹禺、老舍的著作他也頗有興趣；他對魯迅打算撰寫以章太炎為首代的三代知識分子為內容的長篇小說《三世同堂》，因天不假年而未能寫成，甚感惋惜。

除了看書，課餘的時間，金庸當然還是最喜歡下圍棋。他來到衢州中學，簡單的行裝中最重要的帶著的兩盒圍棋。

後來金庸在《三劍樓隨筆》中回憶：

「在江浙一帶，圍棋之風那就盛得多，每一家比較大的茶館裡總有人在下棋，中學、大學的學生宿舍中經常有一堆堆的人圍著看棋，就像這樣的人看象棋一般。」

「汪振雄抗戰時在桂林主持圍棋研究社，那時我還在念中學，曾千里迢迢地跟他通過幾次信。江先生筆力遒勁，每次來信很少談圍棋，總是勉勵我用功讀書，我從未和這位前輩先生見過面，可是十多年來常常想起他。」

在衢州中學，為了培養棋友，金庸更是不遺餘力又帶出了一批圍棋徒弟，很多同學的課外活動重點，慢慢由籃球轉移到圍棋。

余兆文回憶說：「每天下午課後，宿舍逐漸成為業餘棋院，徒弟與徒弟，徒弟與師傅常為讓一步棋或爭一隻棋，不但相互鬥嘴譏諷，有時還動手搶子，叫叫嚷嚷，笑鬧不已。但一直鬧到高中畢業，芸芸眾徒之中還沒出現一個青出於藍而勝於藍的新秀，金庸這個衢州中學圍棋的開山始祖，仍是該校的第一頂尖棋手。」

一九八一年金庸從香港回到家鄉，見到余兆文，金庸不無自豪地告訴他：「我現在是圍棋業餘六段。」

金庸在學校可以說是德智體全面發展，老師和同學都稱讚他的國文和英文根底深厚。雙十節文藝會演，金庸自己編導並主演了英語話劇《月亮升起》。每學期一次的全校性獨唱比賽，金庸唱的是英文歌。幾屆學校運動會負重賽跑，他都是第一名。

慘烈戰事，高中提前畢業

一九四一年十二月七日，日本突然偷襲了珍珠港，太平洋戰爭爆發了。美日海戰愈戰愈烈。次年夏初，滬杭日寇更加狂妄，調兵遣將，一心要攻佔金華、衢州等地，打通浙贛鐵路，企圖牢固控制從上海到廣州以及印度支那半島的陸路交通。那時，日機頻頻轟炸衢州，還發起滅絕人性的細菌戰。

後來金庸在與池田大作的對話錄中，回憶這一段慘烈的往事：

「戰時印象最深的有兩件事，一是日本空軍投擲的炸彈在我身旁不遠處爆炸。我立刻伏倒，聽得機槍子彈在地下啪啪作響。聽得飛機遠去而站起身來後，見到身旁有兩具死屍，面色蠟黃，口鼻流血，雙眼卻沒有閉上。附近一個女同學嚇得大哭，我只好過去拍拍她肩頭安慰……

「另一次是日軍進行細菌戰。當時我是高中二年級，同班有一個同學體育健將毛良楷君染上鼠疫，全校學生校工等立刻逃得乾乾淨淨。毛君躺在床上只是哭泣，班主任姜子璜老師拿錢出來，重金雇了兩名農民抬毛君進城，送上江中的一艘小船。我是班長，心中雖然害怕，但義不容辭，黑夜中只得跟在擔架後面步行，直至江邊和毛君垂淚永別。回到學校，和姜老師全身互潑熱水，以防身上留有傳染鼠疫的跳虱。戰爭期間，唯一自覺有點勇敢的事就只這麼一件。」

在《談〈彷徨與抉擇〉》一文中，金庸描述得更為詳細：

我高中最後兩年，是在浙東的衢州中學讀的。那兩年中，幾乎每天都聽到日本飛機的炸彈聲，老師在講解功課，轟轟的炸彈在殺害生命。第二年春末，我又目睹了一件人類歷史上的大殘酷事。日本軍閥奈何不了堅毅不屈的中國人，於是在浙東用飛機散播鼠疫細菌，衢州是他們攻擊的重點。

香港也曾發生過可怕的鼠疫，但那是天然的不幸，不像衢州那樣，日本的化學家們在實驗室中培養了無數細菌，投擲在人口密集的城裡。沒有親身經歷過這種慘事的人，很難想像到其中驚心動魄的恐怖。

在抗戰時期的醫藥條件，一染上鼠疫便是死亡，那是無可醫治的。染上了鼠疫的人被放在一條小艇中，艇中放一些食物，流在衢江之中，過得三天，一把火便將小艇燒了，沒有人理會他當時是死是活。只要有一家人家發現了鼠疫，附近七八家人家的房屋必須全部燒毀，除了金器之外，什麼也不能攜帶，連鈔票都要燒去。往往，一晚之間，一家店鋪中的人盡數死了，從此這家店鋪的門板不再打開，沒有人敢開門進去瞧瞧，只有放火將屋子燒掉。衢州是個十萬人的城市，每天，數百人數百人在疫病中死亡。

我們學校在鄉下，但鼠疫細菌還是散到了。我同班好友毛良楷，突然間染上了鼠疫。他是江山人。深夜兩點多鐘，他在床上呻吟起來，那時候，人人都知道鼠疫的症狀，立刻全校震動。

我們的老師姜子橫先生花了兩個月的薪水，才雇到兩個鄉民，用擔架抬著毛君送到他家裡去。我和另外兩個同學提著燈籠，和姜老師跟在擔架後面護送，心中也不知難過更多，還是害怕更多。山道旁樹林中的貓頭鷹在啼叫，毛君躺在擔架上不住問：「這是鬼叫麼？我是得了鼠疫麼？」我們只有安慰他，說絕對不是，漸漸的，他神智迷糊了，只是叫喚：「我不要死，我不要死！我要騎馬，我要騎馬！」聲音慢慢微弱，沒到家就斷了氣。

學校裡養得有四匹馬，每星期體育老師教一次騎術，毛良楷是學得最熱心的。他是天才的運動家，田徑和各種球類無一不精。然而從日本生物實驗室中出來的鼠疫細菌，鑽到他的肺裡。一個生龍活虎的少年，深夜裡在山野中呼喊：「我不要死！我要騎馬！」

等我們回到學校時，校裡的同學都已逃光了。文煥和浩然還在等我，當天，我們逃到了文煥深山中的家裡。「十日談」中那十個逃避鼠疫的男女，每天講的是戀愛和私情的故事，而我們在文煥家中，想到的只是疫病的恐怖、戰爭的殘酷、良友的永別。在那段時期中，我們驚嚇實在太過厲害，少女的俏影對我們都失卻了意義。

一九四二年，局勢緊急，《東南日報》倉皇從金華遷往福建，衢州中學也不得不向山區轉移。為了減輕旅途之中過多的累贅，學校在出發前，想方設法丟掉一些盡可以丟掉的包袱，這樣就決定儘早讓畢業班學生提前畢業。

一九四二年五月，衢州中學提前考試，提前畢業，金庸在倉促間告別了老師同學，離開了衢州靜岩。

金庸在衢州中學不到兩年的生活，後來融入了他的武俠小說。

《碧血劍》一書中，多次寫到了與衢州有關的內容。

《碧血劍》第四回「矯矯金蛇劍翩翩美少年」中，金蛇郎君所留的藏寶圖後寫著兩行字：「得寶之人，務請赴浙江衢州石梁，尋訪女子溫儀，贈以黃金十萬兩。」

而書中金蛇郎君之妻溫儀與女兒溫青青、石梁派溫家眾人、龍遊幫幫主榮彩、沙老大及其幫眾等等，設定都是衢州人氏。

二〇〇四年十月，金庸先生回到母校衢州一中，留下詩作「溫雅豪邁衢州人，同學少年若弟兄；六十年中常入夢，石梁靜岩夜夜心。」

流亡路上，有緣千里來相會

一九四二年五月，金庸成了「早產」的高中畢業生。

金庸在衢州中學讀書期間結識了兩位好同學、好兄弟，一位是江文煥，金庸稱其為「煥哥」，一位是王浩然，金庸稱其為「浩弟」，三人合稱友誼「三駕馬車」。

在衢州中學提前畢業之後，金庸和江文煥、王浩然商量，決定結伴西行，去重慶求學深造。

離開靜岩，位於浙閩贛三省交界的浙江江山，是他們求學路上的第一站。

五月廿六日，金庸和江文煥、王浩然等一行人，匆匆向約定的江山出發。

走了七個多小時，進入江山縣城，已是下午，找了家小旅館住下。

金庸便試著去尋訪東南日報社的編輯陳向平了。

此前，東南日報社正遷在金華辦報，陳向平覺得金華與衢州很近，便向金庸寫了封信想請他到金華相見。可是信發出不久，《東南日報》受戰局影響停刊，人員物資分別向江山、麗水兩處遷移。陳向平便隨隊來到江山。

真是「有緣千里來相會」，就在這兵荒馬亂，老百姓紛紛逃難之時，金庸竟然在旅途中，又和那位老記者陳向平先生不期而遇了。

故人重逢，喜出望外，無奈流亡途中不能久聚，當晚，就在陳先生下榻的旅店裡，二人關起門來促膝談心，自上燈時分一直談到翌日天明，仍嫌言未終，情未盡。

第二天一早，陳向平想再到旅館去送金庸，發現金庸已和同學們走了。他倆這次旅途邂逅，遽逢而又遽別，陳向平先生南下福建，金庸要去四川，可謂南轅北轍，從此彼此越離越遠了。

人生難得一知音，在路途間歇中，金庸為此寫了篇《千人中之一人》的長文，寄給了陳向平。

收到金庸的文章後，陳向平感嘆不已，也寫了一篇同題文章。這兩篇文章，分別登載在八月三十日和九月三日的《東南日報》「筆壘」副刊上。兩篇文章都是文詞委婉親切，至為感人，兩人均稱遇到了「千人之中一人」的知己！

金庸與陳向平先生的這段忘年交，對金庸一生的影響很重大，這一段緣分，正鋪墊了金庸日後一系列的人生道路。

可以說真正把金庸引入了報業行當的，正是陳向平先生。日後金庸投身報業，也直接因為陳向平先生之故。

金庸畢業後在《東南日報》工作的時間不長，他還是想升學繼續深造，但挑來挑去，對當時閩、浙、贛一帶的幾所大學都不感興趣。

由於那時我國文化重心西移，最後金庸還是決定跟幾位同學結伴西行，匆匆奔趕內地投考大學。

金庸和同學們繼續流亡之路，奔赴下一站新塘邊，準備乘上西去的火車。在新塘邊，他們再次目睹了戰爭的殘酷。

金庸在《談〈彷徨與抉擇〉》詳細回憶了這一段往事：

那是一九四二年夏天，我剛從浙東衢州中學高中畢業。日軍從金華、蘭溪一帶攻了過來，我和七位同學向西逃到內地去投考大學。日本飛機沿途猛炸，路邊看到的盡是死屍。我們每個人帶著一輛單車，但公路早已掘得寸步難行，變成不是人騎單車而是單車騎人，必須把單車托在肩上，通過一條條獨木橋似的窄梁。

我們在浙贛邊境的路旁看到一個被日本飛機炸死的農婦，她身旁有一個四五歲的孩子，撫著媽媽的屍體，呆呆的坐著。那死去的農婦身上沒半點血，臉色黃得可怕，她是給炸彈震死的，不知怎樣，那孩子卻沒有受傷。農婦身旁散開著一個包袱，有孩子的衣衫和小鞋。我們已是自顧不暇，除了給孩子幾個燒餅之外，沒有什麼辦法，三個女同學一面走，一面流眼淚。對於我們這八個十六七歲的少年，那是第一次見到人間的慘事。

我們到了江西廣昌，住在區公所裡。這一帶是中共的根據地，在二萬五千里長征以前，國共雙方軍隊曾在這土地上打過極慘烈的仗。廣昌區公所的牆壁上掛著兩幅照片，圖中是幾千個骷髏堆成的一座山，每個骷髏上雙眼和嘴巴的三個大孔，陰沉沉地對著看照片的人。說明文字寫著，這是「共匪」殘殺的良民。但後來我們問了一下當地居民，他們說，其中有共產黨殺的人，也有國民黨殺的人，誰也分不清楚。

過了幾天，我們到了寧都，又看到了一張類似的照片，只是那座骷髏山更高大。一個給我們送茶的老人嘆了口氣，說：「唉，大家都是中國人！」

從此之後，經常困惱我的惡夢，除了考不出數學之外，又有這三張骷髏山的照片，這些骷髏在活著的時候，有的憎恨共產黨，有的憎恨國民黨，但其中極大多數，恐怕完全不明白資本主義和馬克思的分別。江西人見到每一個陌生人，都是親熱地稱為「老表」，把你當作是他的表兄或表弟。這句稱呼中含意說，我們雖然素不相識，但有共通的血緣，我們的上代很可能都是親戚。由於一個德國猶太人想到了，必須用武裝鬥爭的方法來實行共產主義，由於一個俄國人將這套理論試驗成功，於是在中國的鄉村中，「老表」和「老表」們互相殘殺，將骷髏堆成了山。

我們經過南城、南豐、廣昌、寧都這些城市時，國民黨人和共產黨人的鮮血早已乾了，但痛苦的回憶還鮮明的留在人們心底，幾乎每一家人家都失去了親人。誠樸而善良的農民不怨恨國民黨，也不怨恨共產黨，他們只哀傷自己的不幸，想著：父親是這樣慈愛，丈夫是這樣好，兒子是這樣乖……他們的頭顱，都去堆成骷髏山。

當時我們八個少年，只是嘆息政爭的殘酷，但誰也沒有料到，這樣殘酷的命運，幾年之後，會降臨到我們自己頭上。我們之中年紀最大的是江文煥。三個女同學中一個叫程正迦，在學校裡時就仿如是親密的戀人。我們到重慶後，八個同學中有三個都考上了西南聯大外文系，除了我和江文煥外，還有一個叫王浩然。後來我和浩然又都考上了中央政治學校，因為政校不用繳學費膳費，而我們家庭在淪陷區，經濟接濟不上，因此我和浩然上政校，而文煥則到昆明讀聯大。或許，周榆瑞曾教過他的功課也說不定。在香港的聯大畢業生很多，一定有人認識江君的。

文煥畢業後便和正迦結婚，那是十年戀愛的美滿結合。但兩人結婚不久，文煥就被國民黨的特務活埋了。

浩然的父親是衢州鄉下的一個小地主。學校放假時，我不是到文煥家裡，便是到浩然的家裡度假，因為我自己的家在淪陷區，沒法回家。浩然的父親是忠厚長者，收藏著一些趙之謙、余紹宋、吳昌碩的浙東名家的字畫，主要興趣是種橘和鑒賞書畫。衢州解放不久，他就在土改運動中被槍斃了。

寫著這篇文字時，我自然會想著，二十多年前和文煥、浩然同窗共硯的親密情形。我們三個人的零用錢從來不分開，始終一起使用。我最窮，當然也是最佔便宜。有一次，我們的公共財產只剩下相當於港幣二三毫子，文煥拿去買了一塊粉蒸肉，放在我的飯碗底下，讓我吃到一半時忽然發現，得到了意外的驚喜。

那時我們除了繳學費外，每學期還要繳一百多斤穀作膳費，浩然的父親從來不等我開口要求，每學期開學時，他家裡長工挑到學校來的穀子，有他兒子的一份，也總有我的一份。有一年冬天，浩然和他父親冒著大風雪走了三十多里路，接我到他家裡去過年……

難道人的生活，就必須這麼殘酷麼？如果我們幾個人，還能像二十多年前那樣，在火爐旁邊吃著糖年糕，聽浩然的父親解釋趙之謙書法的筆意；如果我還能像二十多年前那樣，將文煥一封情意纏綿的書信，送到他愛人的手裡，因而贏得一個溫柔的感激的眼波……

一九四二年五月廿八日，金庸一行八人離開江山，開始了此後漫長的艱辛旅程。後來，江山的著名景點仙霞嶺和廿八鋪，被金庸寫進了他的小說《笑傲江湖》中。

大學生涯，從湘西到重慶

金庸和同伴急急西行。

一路上，車船十分擁擠，步行又很緩慢，身邊盤纏也不足，最可慮的是大學的考期很逼近了。

金庸心想，萬難如期趕到參加投考了。

金庸一行人千里跋涉，行經浙、贛、粵、桂、湘五省，顛沛流離。途經湖南時路資將盡，金庸進退維谷，真是處境困窘，因他沒有經濟來源，金庸想了又想，最後還是和同伴們分了手，獨自去投奔正在湘西開辦農場的一位同學的哥哥。

長途跋涉，旅途勞頓，在這一年的冬天（大約是一九四二年底），金庸輾轉來到湘西瀘溪縣浦市鎮麻溪口村種羊場（見牛阿曾《金庸湘西行歷管窺》一文的考證），找到了同學的哥哥王侃。

王侃將金庸安排在自己的私人農場「湖光農場」工作。

論頭銜，金庸是農場主任，獨當一面，其實也只是在茫茫飄泊之中，暫時找了個棲身之地罷了。

金庸曾經回憶瀘溪的生活經歷，說「那是在自己最窮困潦倒的時候。」

湖光農場的主業，是在山坡上墾出梯田，種植桐樹，再榨取桐油，行銷出去。

金庸主要協助農場主王侃做經營管理工作。

桐油是一種防腐蝕塗料，廣泛用於軍工養護，當時是各國均需的戰備物資。湘西是國內第二大桐油產區，抗戰時油價飛漲，所以種植桐樹，利有可為。

工作之餘，金庸不忘讀書和辛苦備考。

第二年的夏天，一九四三年，金庸從湘西負笈前往重慶，考上了中央政治學校，他讀的是外交系。

金庸為什麼會報考政治學校，讀外交系呢？

兩個原因：

一是金庸先後考取了中央大學、西南聯大、四川大學、中央政治學校。本想入西南聯大，聯大遠在昆明，金庸此時經濟條件不允許，而就讀中央政治學校外交系卻是免除學費的。

二是金庸從小就懷有從政的理想和熱望，「修身、齊家、治國、平天下」，甚至日後金庸武俠小說中的大俠人格，都反映出他一直都有的政治熱情。

金庸日後的參政經歷也絕不是空穴來風，這與他從小一貫的政治抱負大有關係。很小的時候，金庸就從他的祖父查文清的經歷中知道了「中國人受外國人欺負」，而現在，日本帝國主義的罪惡血腥行徑，更是深刻地觸動了青年的金庸。

金庸內心的激憤深沉，「誰能書閣下，白首太玄經」。

雖然金庸是書香子弟，但他現在絕不埋頭於書本的象牙塔之中，他要為這個社會，為受辱的中國做一些更直接有益的事。

而外交官這份職業，似乎對金庸更有誘惑力，因為這個職業可以更直接地去維護一個國家的尊嚴，同時，外交官這種高貴的身分，也是與金庸的世家子弟的身分相配，作為名門望族的查家，也完全能接受這種名分。

學校的生活情景，金庸後來在《談〈彷徨與抉擇〉》中提到過：

一九四三年秋天，我在重慶南溫泉中央政治學校外交系讀書，蔣先生是我們校長。蔣的侍從室第三處，也是在南溫泉，就在學校隔壁。第三處中有幾位股長股員很喜歡下圍棋，我和他們結成了棋友。逢到《刑法概要》、《民法總則》、《三民主義》這些索然無味的功課時，我總是溜出課堂，和他們下棋去。

一九四四年夏天的暑假，金庸回不了家，仍是住在學校。

這個暑假，金庸過得充實而快樂，因為他有《資治通鑑》、《世界史綱》兩部精彩的中西歷史書為伴。

與池田大作的對話錄中金庸這樣回憶：

「抗戰期間的一個暑假，大學的同學們大都回家去了。我和一些無家可歸的同學住在校裡。天氣炎熱，大太陽下除了游泳不能做其他運動，我只好在教室裡埋頭讀書。讀的是《資治通鑑》和H.G.Wells（威爾斯）的The Outline of History（《世界史綱》）。《資治通鑑》是中華書局出版的線裝本，字體很大，薄薄的書本拿在手裡頗有古典之樂。《世界史綱》是大開本的插圖本，既厚且重，必須攤在桌上，一面欣賞書中的圖畫，同時欣賞威爾斯以漂亮的文筆敘述世界史事。讀得倦了，便大汗淋漓地蜷曲在窄窄的長凳上睡覺，醒來再讀。長凳只有半尺來寬，就是《阿Q正傳》中所說的那種『條凳』，睡了一個暑假居然從來沒有在夢中掉下來過。此時回思，我在《神鵰俠侶》中寫小龍女在一條懸空的繩子上睡覺，靈感或許自此而來。那個暑假以中西兩部精彩的歷史書為伴，過得充實而快樂。」

隨著閱歷和知識的增長，後來的金庸重讀這兩本書，卻有了新的認識：

「後來看到一篇文章，是英國一位歷史學教授批評威爾斯那部著作的，說他處理歷史事實不夠嚴謹，證據尚未充分便下結論，不符合學術上公認的規矩。我對這篇嚴酷的批評很是信服，深深感覺到做學術研究和寫漂亮的文章是兩回事，也覺得《通鑑》中司馬光任意揮灑、曲雅優美的文筆，也恐怕是裝飾了不少可能未必符合真相的史實。」

這一年，金庸曾經寫過短篇小說，題為《白象之戀》，參加重慶市政府的徵文比賽，獲得二等獎，署的是真名。題材是泰國華僑的生活，採用新文學的形式。

二〇〇七年五月廿一日，政治大學建校八十周年時，金庸應邀回母校參加活動。

金庸當日在政大開講，雖然沒念畢業退了學，但仍對母校政大有無限感念，尤其外交系的國際司法、國際關係等課程，至今仍覺受用。

金庸開場即說，若他今天有小小的成就，都是因為當年政大老師教得好。現場馬上響起如雷掌聲，金庸接著不急不徐地補上「當然我自己也很用功」。

金庸回憶，在政校讀書時，受的是軍事管理般的教育，印象中校長蔣中正先生非常嚴肅，但曾任財政部長的孔祥熙教書時卻很風趣。他記得有次孔祥熙演講完，對同學說「對不起，我想小便」，就神態自若地在司令台一角小便起來。

當年歷史學家錢穆的演說也讓金庸印象深刻。因為錢穆先生說的是無錫方言，同學們都聽不懂，而金庸是上海人，正好懂一些，便在台下幫同學們同步翻譯，同學都對金庸刮目相看。

（《金庸返政大，笑談退學泯恩仇》中國時報記者劉梓潔／文）

的書。

勒令退學，外交官之路戛然中斷

金庸歷盡艱辛，跑了近萬里路，到了重慶如願考上大學，在學校，卻只讀了一年零兩個月的書。

一九四四年十一月，金庸被勒令退學。

關於金庸為何「輟學」，有兩種稍微有些不同的說法。

一種是冷夏先生《金庸傳》的資料：

「事情說來簡單，當時學校中有不少國民黨的職業學生，橫行校園。一日，這些職業學生又與其他學生衝突，在人群中打了還不夠，又將幾名學生領袖揪到學校操場的舞臺上打，說他們是『異黨分子』（即共產黨）。

「這時，冷眼旁觀的查良鏞再也看不過眼，便將此事向學校投訴，責問校方何以容忍那些職業學生的劣行，甚至進而與領導黨務的訓育長激烈爭辯，態度自然『惡劣』。

「不聞不問倒也無事，一問一辯便出了大禍，校方給查良鏞投訴的回覆是：勒令退學。

「沒有理由，也不需要理由。一夜之間，查良鏞的『外交官之路』戛然中斷。」

另一種說法是金庸的同學余兆文的回憶。

「一九四四年秋末冬初，盟軍對法西斯戰爭的勝利已經在望，國民黨遽然一個勁兒鼓吹『反攻，反攻』，甚囂塵上，大張旗鼓地開始招兵買馬，聲言：『十萬青年十萬軍』，這次主要是招募大中學生，即後來所謂美式裝備的『青年軍』。

「金庸所讀的中央政治學校，在這次招兵中規定：所有學生，不論哪個年級，也不管什麼科系，都要有『投筆從戎』的壯志和『為國捐軀』的決心，自己先報名，校方後審批。

「這是國民黨官爺們搜腸刮肚，挖空心思苦想出來的似有民主色彩的巧妙手法，這種手法妙就妙在毋須強拉硬拽，就能請君乖乖地自動入甕，上下不傷和氣，是一杯『敬酒』。

「可金庸偏不報名，拒不參軍，後果怎樣呢？那就是你不參軍他們不勉強，只是另請高就，滾出學校。」

這兩種資料的出入雖有一些，但可以看到的共同之處，就是金庸此時的政治態度，還是有些「偏左」。

在《談〈彷徨與抉擇〉》中，金庸是這樣回憶這件事的：

一九四四年秋天，日軍從湖南、廣西一直進攻到貴州，重慶大為震動。那時我在中央政治學校讀二年級。學校當局經政府授意，要發起全體大學生參軍。中央政治學校的校長是蔣先生，應當作為全國大學的模範，所以參軍運動進行的最是熱烈，有些學生贊成，也有些學生不贊成。我們讀外交系的，大多數都報名參加國防部外事局，做美軍和英軍的翻譯。但不久日本軍隊就撤退了，重慶復歸平靜，大學生參軍的事也就不了了之。可是學校中對付「異己」的運動卻緊張的進行了起來，與國民黨組織有密切關係的學生，開始清算不響應「校長號召」的學生。接連半個多月，學校中的氣氛非常緊張，凡是平時對政府有不滿言論的、對校長個人或黨團說個諷刺話的，許多人被拉到介壽堂（那是慶祝蔣先生誕辰而建造的大禮堂）去，跪在「校長」的戎裝油畫大像前面，一面予以拳打足踢，一面要他對校長懺悔。

我自己幸而沒有身受其辱，但目睹這種場面，心中氣憤之極而無力反抗。經過三夜苦思，我得出了抉擇：這樣的政權是不值得擁護的，我不願再聽這位校長的訓話，不願再穿「校長鞋」（所謂「校長鞋」，是一種黑帆布面的膠底鞋，每逢校長來學校訓話，每個學生就發一雙這種膠鞋。同學們歡迎校長訓話，主要的目的是在於「校長鞋」）。於是我不告而別，離開了學校，從此沒有回去。不久，學校中貼出了開除我學籍的佈告。

金庸在回顧這段往事時，並沒有直接說「拒不參軍」是他被開除的原因。一九九八年金庸與嚴家炎對話說：「國民黨特務學生把很多人看作『異黨分子』，甚至還亂打人。我因為不滿意這種狀況，學校當局就勒令我退學。」二〇〇九年接受《時代周報》採訪，說自己反對學校「一聽到蔣介石的名字要立正敬禮」的規矩，說那樣搞像希特勒，「後來學校就把我開除了，說：『你污辱校長。』」

國民黨當時的腐敗和無能，讓金庸非常失望，因此他就很自然地同情了作為新生的政治力量的共產黨。

從這些金庸的經歷中，我們也可以看到金庸的大無畏的勇敢和魅力。

金庸後來北上北京去新中國外交部求職，進左派報紙《大公報》等等，都是與青年時對國民黨政治的灰心失望有關。

第四章 命運轉折

投身報業脱穎而出

第一份職業，圖書管理員

凡是抗戰時期到過重慶的人，大都會有這樣一個同樣的看法和印象：那時在重慶，對於一個流亡學生來說，讀書和吃飯幾乎是一件事情的兩個方面。這兩者是互相關聯，互為因果的。有書讀，才有飯吃，學校是讀書的場所，同時也是吃飯的地方。所以，金庸離開了學校，失學還只是小事，而丟失了吃飯的地方，那就要挨餓，可是大事了。

還好，天無絕人之路。

金庸經過熟人的介紹，他有幸進入當時藏書最多的中央圖書館工作。中央圖書館的館長也是浙江海寧人，而且還是金庸的表兄蔣復璁（他是蔣百里的侄兒，後來到臺北當故宮博物館的館長）。憑這層關係，金庸有了他步入社會的第一份職業，在館裡閱覽室做圖書管理員，拿點薪水。

在《談〈彷徨與抉擇〉》中金庸回憶說：

「開除學籍也無所謂。我現在仍舊覺得，不值得忍受這種法西斯黨棍的侮辱，來換取一個大學學位。那時我表兄蔣復璁先生（蔣百里先生的侄兒）是中央圖書館的館長，於是我到圖書館去當小職員，說到讀書的環境，做圖書館的小職員比做大學生還好得多。」

國立中央圖書館坐落在重慶兩路口復興路（今長江路）五十六號，即兩路口通往復興關（今佛圖關）方向左側的半山坡上。是一座三層樓的大廈，解放後成為重慶圖書館館址。

在圖書館金庸到底幹啥事呢？無甚要職，只是管管閱覽室。

每天上班，金庸捧一本書坐在門口，見人進來，努努嘴，示意請他拿上閱覽牌；看人出去，要把閱覽牌丟下。

那時並不時興什麼工作證或身分證，衣冠楚楚就是好人。所以，管閱覽室也就沒有收證、驗證、退證的麻煩。

當然，如果有人借書，還書，金庸還是要去登記一下的。

還有別的什麼差事比這更輕鬆的？

金庸也算倒運之後又碰上了好運，他每天都可以讀他的《資治通鑑》或英文詩選。除此之外，金庸還細讀了英文原著的司各特小說《撒克遜劫後英雄傳》，以及大仲馬的《隱俠記》、《基度山恩仇記》等。

嚴家炎教授曾經採訪金庸，金庸說：

「我在圖書館裡一邊管理圖書，一邊就讀了許多書。一年時間裡，我集中讀了大量西方文學作品，有一部分讀的還是英文原版。

「我比較喜歡西方十八九世紀的浪漫派小說，像大仲馬、司各特、斯蒂文生、雨果。這派作品寫得有熱情、淋漓盡致，不夠含蓄，年齡大了會覺得有點膚淺。

「後來我就轉向讀希臘悲劇，讀狄更斯的小說。俄羅斯作家中，我喜歡屠格涅夫，讀的是陸鑫、麗尼的譯本。

「至於陀斯妥耶夫斯基、列夫．托爾斯泰的作品，是後來到香港才讀的。」

在與池田大作的對話錄中，金庸提到了他對大仲馬的《三個火槍手》的特別喜愛：

「我年輕時代最愛讀的三部書是《水滸傳》、《三國演義》以及法國大仲馬的《三個火槍手》及其續集（這部書是伍光建先生翻譯的，譯名是《俠隱記》、《續俠隱記》）。還有一部法國小說《十五小豪傑》我印象也很深，是十五個法國少年航海及在荒島歷險的故事。」

「《十五小豪傑》譯者是包天笑先生，可惜他用文言翻譯，幸好我小時國文程度還可以，文言也讀得懂。包先生於五十年代在香港仍繼續撰文，年過百歲而逝世，我在香港和他見過面。另有一部科學幻想小說《陸沉》帶了少年時代的我進入一個浪漫的幻想天地。十多年前在安子介先生家中的一次聚會，談到少年時的讀書，才知這部書竟是安先生翻譯的。我還記得書中各種細節，大喜之下和他談論，才知故事中中國總理發揮作用的一節是安先生自行撰寫加入。」

在與池田大作的對話錄中，金庸提到了他讀雨果的《巴黎聖母院》：

他讀雨果的長篇小說《鐘樓駝俠》（今譯名為《巴黎聖母院》），認為「這部小說描寫在一個醜陋的軀體之中，包藏著極美麗高尚的靈魂，而道貌岸然的副主教和英俊瀟灑的青年軍官，內心精神卻醜惡至極。」

「雨果的浪漫戲劇，例如《艾那尼》很早就有了中文譯本，我在其中激昂的吟詠中，感到了激情和『魂之熱火』。」

塞翁失馬，焉知非福，金庸失學之後，卻在他自己人生的大學中找到了最適宜的學習場所。

日後金庸寫作武俠小說，博大精深，無所不知，無所不曉，當然是與這段時間大量的博覽群書有很大的關係。

金庸的同學余兆文回憶說，那時，「他又大量閱讀英文版的世界文藝名著，他一度好像曾把《大英百科全書》裡文藝書的排名作為讀書指南。閒談時，他說：『世界最佳十篇短篇小說是《項鍊》（法）、《賭博》（俄）、《美人乎？猛虎乎？》（美）等；世界最佳五十部長篇小說是《大衛．考佩菲爾德》（英）、《波華利夫人》（法）、《戰爭與和平》（俄）等等。』他是重視大作家的巨著的，但也不忽視小作家的名作佳篇。

「他對英美詩歌也很欣賞，曾經念讀過英國青年詩人拜倫、雪萊等人的英語原文詩篇。不知何故，他對美國那位擅長描繪人的異常心理的愛倫波饒有興趣，還翻譯過他的短篇小說。」

金庸退學後，報考了當時西南聯大的經研所（屬於南開大學）。當時已經被錄取了，但經研所在昆明，路途遙遠，且金庸的經濟情況不佳，所以金庸並沒有前去應讀。

二〇〇一年五月，南開大學聘金庸為名譽教授，了結此一段緣分。

第一本雜誌，演習出版事業

金庸天生具雄才大略，既有文才常識，又有政治抱負，又有經濟能力，而且一生在這三個方面都取得了很大的成績。

此時金庸困居重慶，自然不會善罷甘休，靜極思動，在從政無門之時，又嘗試經營出版社。這次金庸的經營行動，可以說是日後辦《明報》的一次預備演習。

當時重慶有家雜誌，叫做《時與潮》，內容多是從外國書報上翻譯過來的小說、散文和關於第二次世界大戰形勢的特寫，還有各種趣聞和名人軼事，頗受讀者歡迎，銷路不錯。

金庸見《時與潮》風行一時，禁不住躍躍欲試，也想辦個什麼刊物。

在那時要辦刊物，他單槍匹馬是不行的，於是金庸便邀請了三位中學時代的同學合夥，辦了一種月刊。

鑒於美國有本著名的《大西洋雜誌》，因此金庸的刊物就取名《太平洋雜誌》，指望以刊名相似而引人矚目，以廣招徠。

一九四五年二月，《太平洋雜誌》，由大東書局承印，創刊號印三千冊。

《太平洋雜誌》主編之職，當然非金庸莫屬，他不但有主編能力，且也有編寫時間。金庸每天上班，一邊照顧閱覽室，一邊順便編寫他的雜誌稿子，身邊參考資料又方便，真是天時地利人和，得其所哉。

挨到下班，他又隨身帶上一本英漢字典，匆匆趕到美軍俱樂部去，搶譯新到的外國書報。這個俱樂部正好也在重慶兩路口，離中央圖書館不遠，那裡外國報刊的來路非同一般，全是由美軍飛機直接空運來的，所以要比重慶任何單位買到的外國報刊都早得多。

要聞趣事貴在一個早字，越早越好，遲了，人云亦云，成了陳詞濫調，讀者就厭膩了。

《太平洋雜誌》的文章，不論寫的還是譯的，儘管筆名張三、李四、王五，篇篇不同，其實連發刊詞，基本都是出自金庸一個人的手筆。

自己的作品為何不簽署同一個筆名？

金庸的想法是一種刊物既需要廣大讀者，也該擁有很多作者，最好不要讓人看成是一本個人的文集，刊物在讀者心目中的形象是很重要的。

後來，金庸辦《明報》，也是如此，身化數人，用不同的筆名寫武俠小說，寫社評，寫專欄，寫翻譯……

《太平洋雜誌》創刊號上，金庸以「查理」為筆名，連載長篇小說《如花年華》。這一期連載了九千字左右。

小說文筆清新，語言流暢，感覺有一點沈從文的風格，採用了金庸自己說的「新文學形式」撰寫。

金庸在創刊號「本期內容」欄目中，這樣介紹它的梗概：「《如花年華》長篇創作，描寫孩童的天真，青年的熱情，愛情的真摯，人生的命運等。格調高超，意境清豔，每章自成一段落。」

《太平洋雜誌》創刊號的出版，一波三折。

沒有資金，怎麼印刷？變賣衣物麼，他們只有這冬天正穿在身上的一身破衣，如何賣法？到頭來，金庸和朋友免不了托親求友，好語說盡，轉請出一位同學的親戚的朋友擔保，才得在重慶大東書局賒印了三千本。

這樣依靠間接又間接的關係，仰人鼻息辦雜誌，怎能長期維持？第一期雖然以「正在申請登記中」的名義出版了，三千本雜誌也幾乎全部售完了，可第二期，大東書局死活不買這個帳，無論如何不肯賒印。因為當時紙價飛漲，賒印肯定是賠本的，《太平洋雜誌》告貸無門，它的創刊號也就成了停刊號了。

金庸的長篇小說《如花年華》的第二章也已脫稿，但是已經無法連載了。時間一長，沒有能夠保存下來，和《太平洋雜誌》的其他稿子，都丟進字紙簍。

這一次出版經營雖然失敗了，但卻給了金庸編輯出版的經驗，為日後創辦《明報》打下了基礎。

再赴湘西，動手譯書以自娛

金庸在中央政治學校失學，使他的「外交夢」破滅。而他經營《太平洋雜誌》失敗，又使他的出版夢破滅。金庸一時真是有點心灰意冷。

正在這時，前文提到過的金庸同學的哥哥，湘西瀘溪「湖光農場」農場場主王侃，因公千里迢迢從湖南到重慶出差。

王侃非常賞識金庸的才華，這回又禮賢下士，請金庸再到湘西去為他經管那個私人農場，而且他還慨然提出，只等農場開墾出來，種上了油桐樹，就送金庸出國留學。

這樣的條件真正可謂是十分的優厚了，金庸有些心動了，反正自己現在在重慶也一時看不到發展，不如就走一趟。

金庸又向那位農場主提了一個條件，就是要帶上好朋友一起去，這樣金庸就可聊減寂寞無聊之苦了，就可以有朋友相陪，說說話，談談心了。

金庸要求帶去的這位朋友所有的待遇與金庸完全一樣，那位農場主太欣賞金庸了，竟然一切條件都接受下來了。

金庸帶去湘西的那位朋友就是余兆文先生。

余兆文先生回憶說：

「金庸也不是一個計較一時薪金報酬的人，只求有個陪伴，要帶我同去，待遇也和他一樣，這也是有待農場有了出息以後的事，算不上苛求。所以雙方毋須討價還價，也不必立據訂約，只是君子協定，開誠佈公幾句話就談妥了。我們又沒有什麼細軟或大包大件要打點的，兩人只帶一捲舖蓋一隻箱，說走就走。」

一九四五年四月十九日，金庸從重慶中央圖書館離職。

辦理了圖書館的離職手續，金庸輕裝簡束，啟程到湘西。

一九四五年五月初，金庸和余兆文來到湘西瀘溪「湖光農場」，走馬上任。

讀書是金庸生活中最大的樂趣，在學校裡，他是學生，學生的本職就是讀書，進圖書館，有空他也同樣看書。

在農場，金庸閒暇時間讀書，仍是手不釋卷，孜孜不倦。金庸是個一目十行的人，雖然初來農場時，從重慶帶來了一些大學課本和參考書，但沒過多久，不論英文版還是中文版的，他全都讀了，有的還溫故而知新，看了第二遍，第三遍。

在湘西這個荒山野嶺，無書可買。也無處可借。到了後來，金庸於百無聊賴中，只能動手譯書以自娛了。

一九四二年那次在農場，他試譯了一部分《詩經》。

這次在農場，是按照初來時的計畫，編譯《牛津袖珍字典》。

雖然這兩次翻譯都是半途而廢，未能譯完，是一大憾事，但在翻譯中掌握了大量詞彙，使他的英文有了更扎實的基礎，這對他日後的創業是至關重要的。

年輕時金庸的湘西之行，對金庸人生有很重要的影響，金庸在後來的武俠小說創作中，多次寫到了湘西的風情，把自己在湘西的這段經歷，不著痕跡地融入了進去。

二〇〇〇年九月廿三日，金庸在湖南嶽麓書院接受採訪時說，他的小說裡面，最好的一個女人是湖南人，最好的一個男人也是湖南人。

最好的一個女人，是在岳陽旁邊的洞庭湖邊的程靈素。程靈素相貌並不很好看，但是一個很聰明的，內在非常美的，個性非常好的，對愛情很忠誠，是一位可敬可佩的一位湖南女子。

最好的一個男人，是《連城訣》的狄雲。狄雲很忠厚、很老實、很貼心、很樸素，受點委屈也可以原諒人家，對人家忠厚體貼。

程靈素是湘北的，岳陽湖南的；狄雲是湘西的，是沅陵岳陽這一帶的。由此可見，金庸對他年輕時湘西之行印象是多麼深刻。

金庸在《談〈彷徨與抉擇〉》一文中有對湘西之行的大段回憶：

抗戰期間，我曾在湘西農村中住過一段時期，就是沈從文小說《邊城》（電影「翠翠」所根據的原著）所描寫的那個地方。那年春天，農村中發生了天花。我所住地方附近的三個農村，十分之七八的大人和小孩都染上了。農村中沒有半點醫藥設備，短短一個月之內，我所相識的農民死了五十多人，幸而沒死的，臉上也都留下了難看的疤痕。我當然知道，只要事先種了牛痘，就可以防止天花的傳染，即使在染上之後，如果有適當的醫藥照料，大多數人也可以保全生命。但這些農村之中，大多數人家是數代沒有一張桌子沒有一張椅子的，在大雪紛飛的嚴寒天時中也是沒有鞋子襪子穿的，一百人中是難得有一個人識字的，談得上什麼種牛痘和看醫生？

那時候和我最好的是一位姓覃的農民朋友。他不識字，然而是唱山歌的好手。他比我稍大幾歲，我常跟著他去捉魚、釣田雞、打山雞。那時他正和鄰村的一個姑娘在熱戀之中。湘西農村中的戀愛很是羅曼蒂克，男的女的隔著一條小溪、躲在茶花後面你一曲我一曲的唱著山歌。這些山歌的調子很少變化，歌詞是每個人即興編造。他和那位姑娘在曉風之中，明月之下，不知已唱了幾千幾萬首山歌，每塊岩石、每一株桐樹都記住了他倆纏綿的深情的歌聲了。忽然之間，他也染上了天花。他母親、哥哥、妹子，都在這場天花中死了，家中只剩了他一人，只有鄰居和那位姑娘幫他煮飯燒水。

這天我去看他，帶了幾斤米和一隻雞去。剛坐下不久（坐在草織的圓墊上，沒有凳子的），縣裡來了催錢糧的稅吏。我朋友的田早在七八年前就賣了給人，但那買田的有錢人設法不轉錢糧户冊，每年的錢糧仍是要我朋友家繳納，長期來交涉和哀求都沒有用。這一次錢糧當然繳不出，那稅吏就要收「草鞋錢」——他從縣裡走了幾十里路，草鞋走爛了，不繳錢糧就得給草鞋錢，他好買了草鞋，過幾天再來。

稅吏所收的「草鞋錢」，其實就是遲交錢糧的利息，這次付了草鞋錢，過得十天半月，他又會來徵收錢糧。別人的田地要你納稅，那當然是非常的不公平。我當時氣憤地向那稅吏交涉，他卻說這不管他事，縣裡的糧簿上記著的是我那朋友的名字。

後來我的朋友病好了，一個英俊的青年變成了滿臉痘疤。他一頭牛和三口豬都賣了，用來埋葬他母親、哥哥、和妹子，從此成為赤貧。小説和戲劇中的女主角都忠於愛情，不計較情郎的貧富，但現實生活中卻並不都是這樣。我朋友的姑娘不久就嫁了別人。田野間和山坡上仍舊飄揚著醉人如酒的戀歌，可是永遠和我朋友無份了。他成日癡癡呆呆，對什麼都失卻了興趣。我想同他一起到縣政府去交涉，改了糧冊上名字，他也一樣不關心了，只說：「沒有用的，命中註定的。」他一生之中再也沒了幸福，或許，他還是死了的好。

湘西有許多苗人，千百年前就被漢人趕到了貧瘠的山裡。漢人的官吏和土豪惡霸常常欺侮他們，每過十年八年，苗人忍無可忍，便會爆發一次武裝反擊。我在湘西時，最近一次的漢苗衝突過去還不久，農村中流傳著各種各樣漢苗互相殺戮的事蹟。漢人有新式槍械，人數又多，每次衝突自然總是苗人失敗。

我在鄉下的市集上看到苗人和漢人交易，苗人總是很少說話，對於輕薄漢人的侮辱和嘲笑只是默默忍受，交易上吃了虧，也不敢有什麼爭執。有一晚天下大雪，我在一家農民家裡作客，聽到一個保長喝醉了酒，口齒模糊地吹噓他如何手執快槍衝入苗寨，如何姦淫苗人的姑娘、搶劫他們的財物。火堆旁的聽眾大都是貧窮的農民，但他們都覺得，欺侮苗人是很應該的，他這樣做不是不道德，反而是個英雄。我忍不住向那保長挺撞了幾句，說：「如果別人這樣欺侮你的女兒，你心中怎樣？」他大怒之下，從此和我成了仇人。

湖光農場，楚辭俚曲山歌情

在《三劍樓隨筆》中《民歌中的譏刺》一文，金庸說：「抗戰時我曾在湘西住過兩年，那地方就是沈從文《邊城》這部小說中翠翠的故鄉，當地漢人苗人沒一個不會唱歌，幾乎沒一個不是出口成歌的歌手，對於他們，唱歌就是言語的一部分。冬天的晚上，我和他們一齊圍著從地下挖起來的大樹根烤火，一面從火堆裡撿起烤熱了的紅薯吃，一面聽他們你歌我和的唱著，我就用鉛筆一首首的記錄下來，一共記了厚厚的三大冊，總數有一千餘首。這些歌中談情的數量固然最多，但也頗有相當數量的歌曲是詛咒當時政治的。」

金庸後來在長城電影公司當編劇，為電影創作了不少歌詞，那些歌詞往往帶了濃厚的民歌風味，正是得益於這一段經歷。

萬潤龍在《我與金庸先生的交往》一文記載金庸後來回憶說：「我年輕時有三年多時間在湘西生活，湖南人尤其湘西人給我留下了深刻印象。我從小喜愛音樂，對湖南的楚辭俚曲十分陶醉，年輕時把聽到的這些歌一首首地記錄下來，裝訂了厚厚的三大冊，共一千多首。這些成為我後來寫小說的寶貴素材。」

金庸寫的《梅心曲》歌詞，便是受到湘西民歌影響一例：

「梅花村旁，湖水清，不知湖水有多深，拋塊石子試深淺，唱個山歌試郎心。滿湖落花不知深，不知郎心真不真，燈草拿來雨頭點，碰頭才知一條心。看花要到梅花林，梅花越冷越精神，種樹要種芭蕉樹，從頭到根一條心。蜘蛛結網在梅林，蛛絲雖細黏得緊，由他飄東與飄西，黏東黏西在眉心。」

金庸的武俠小說也不時出現民歌。僅舉一例：

《連城訣》裡，狄雲唱起山歌來。

將近土地廟時，放開喉嚨，大聲唱起山歌來：

「對山的妹妹，聽我唱啊，

你嫁人莫嫁富家郎，

王孫公子良心壞！

要嫁我癩痢頭阿三，頂上光！」

他當年在湖南鄉間，本就擅唱山歌，湖畔田間，溪前山後，和戚芳倆不知已唱過幾千幾萬首山歌。湖南鄉間風俗，山歌都是應景即興之作，隨口而出，押以粗淺韻腳，與日常說話並無多大差別。他歌聲一出口，胸間不禁一酸，自從那一年和戚芳攜手同遊以來，這山歌已五年多沒出過他的喉頭，這時舊調重唱，眼前情景卻是稀奇古怪之極。聽歌者不再是那個俏美的小師妹……

他慢慢走近土地廟，逼緊了喉嚨，模擬著女聲又唱了起來：

「你癩痢頭阿三有啥香？

想娶我如花如玉小嬌娘？

貪圖你頭上無毛不用梳？

貪圖你……」

牛阿曾《湖光農場與湘西舊情——金庸生平新考》一文，經過最新文獻一九八六年十二月瀘溪政協文史資料研究委員會編輯的《瀘溪文史資料》第二輯的梳理，試圖還原金庸的湘西之行的真實場景。

《瀘溪文史資料》第二輯載文《湖光農場創建經過》，是根據宋宏澤（時任當地副保長，後接替金庸擔任農場主任）、原農場工人覃興旺、覃龍祥、楊長雲及當地老人宋賢發等人口述整理。

這篇回憶，將「查良鏞」誤書為「茶良容」，以致長期被人忽略。（另，牛阿曾認為，王侃應該是「王鎧」，存此一說。）

牛阿曾的考證簡述如下：

一九四五年五月，金庸偕余兆文重返湖光農場。「王侃指定余兆文任主任，茶良容（浙江人）為副主任，彭海清為會計。」

湖光農場只供伙食無工資。金庸後來回憶起瀘溪的生活經歷，稱：「那是在自己最窮困潦倒的時候。」在《談〈彷徨與抉擇〉》中提到，時常跟著最要好的覃姓農民朋友「去捉魚、釣田雞、打山雞。」

金庸在《書劍恩仇錄》中寫了湘西「辰州言家拳」，該派出場四人為言伯乾、彭三春、覃天丞和宋天保，而彭、覃、宋三姓俱是農場工友之姓。

余兆文後因為被發現是共產黨員而逃走，農場便由金庸一人管理。「由於茶良容不善管理，工人散漫，不少人擅自離場，另謀生計。不久，就將農場事務移交給宋宏澤管理。「湘西事變」時，農場被土匪搶劫一空，宋宏澤又將該場移交王會求管理。」

《湖光農場創建經過》還提及「建場後期，副主任茶良容與會計彭海清之妻關係曖昧。彭察覺後，一氣之下，離場往浦市開香煙店去了。」

金庸談到《書劍恩仇錄》時曾坦言：「我在寫這書時，確是也把自己當作了紅花會的一分子（算是一個小頭目吧）來設想。」

《書劍恩仇錄》余魚同自稱：「在下是紅花會中一個小腳色，坐的是第十四把交椅。」余魚同諧音「與予同」或「與余同」，余魚同是金庸自己的代入。

余魚同癡戀有婦之夫駱冰，曾有人認為是映射金庸對夏夢的暗戀。牛阿曾則認為其實是映射金庸與彭家娘子的曖昧。「彭家娘子離開農場，此時的金庸二十三歲上下……巧合的是余魚同也在二十三歲那年放下。」

大開眼界，閱讀湯恩比的驚喜

一九四五年八月十五日正午，日本裕仁天皇向全日本廣播，接受波茨坦公告、實行無條件投降，結束戰爭。艱苦的八年抗戰終於取得了最後勝利。全民狂喜，舉國歡騰。

抗戰開始時，從上海、江蘇、浙江等沿海地區逃到湘西去的那些難民，在內地被稱為「下江人」的，這時淪陷區光復，個個歸心似箭，成群結隊陸續離開湘西，都要「打回老家去」。

金庸眼看著人群大回游的情景，方寸已亂，初來農場時的信心漸漸動搖了。金庸感到，在這個偏僻的山區，墾荒植桐獲得暴利極其困難，許諾的送他去留學一事的希望也是很渺茫。

挨到第二年初夏，金庸再也不願在湘西這個荒山野嶺的農場待下去。

金庸思念家鄉的心情倍感強烈，他想要返回闊別已久的海寧老家去看望親人。

這樣，金庸終於辭去了農場的職務。

一九四六年金庸離開湘西，初夏時分，回到故鄉海寧。

金庸離開湘西回鄉途中，在上海西書店裡，買到英國歷史學家湯恩比的英文巨著《歷史研究》，驚喜非常。

當時《歷史研究》還沒有出齊，金庸買的是前幾卷的節本。

金庸是這樣評價他讀到這本書的心情：

> 抗戰勝利後，從西南回到故鄉，在上海西書店裡買到一本 A.Toynbee（湯恩比）大著 A Study of History（《歷史研究》）的節本，廢寢忘食地誦讀了四分之一後，頓時猶如進入了一個從來沒有聽見過、見到過的瑰麗世界，料想劉姥姥初進大觀園，所見所聞亦不過如是。想不到世界上竟有這樣的學問，這樣的見解。湯恩比根據豐富的史實而得出結論：世界上各個文明所以能存在，進而興旺發達，都是由於遇到了重大的挑戰而能成功應付。我非常信服這項規律。這本書越是讀下去，心中一個念頭越是強烈：我如能受湯恩比博士之教，做他的學生，此後一生即使貧

困潦倒、顛沛困苦，甚至最後在街頭倒斃，無人收屍，那也是幸福滿足的一生。

來到香港，在《大公報》工作之餘，金庸隨即著手翻譯湯恩比的《歷史研究》。動手翻譯之時，金庸才發現這是一個太艱巨的挑戰。

> 來到香港在《大公報》工作，工餘就著手翻譯湯恩比博士這部大著的節本（他這部大著共十二卷，當時還未寫完），因西洋史的修養不足（尤其是涉及埃及、巴比倫、波斯中亞的部分）而遇上困難時，就自行惡補而應付之，我把這些困難都當作是湯恩比博士所說的「挑戰」。

後來金庸在《大公報》的工作繁忙，後來因工作需要，報館要他翻譯與中國革命戰爭、朝鮮戰爭有關的時事書籍《中國震撼世界》《朝鮮戰爭內幕》。金庸翻譯《歷史研究》的事情就這樣擱置了下來。這一擱置就再也沒機會重新撿起來。後來金庸見到了陳曉林先生的《歷史研究》中譯本，感嘆其譯筆流暢，有了一種「眼前有景道不得，崔顥題詩在上頭」的喟嘆，所以金庸從此放棄了當初想要翻譯此書的念想。

金庸回憶說：

> 此後數十年中，凡是湯恩比的著作，只要買得到、借得到的，一定拿來細

讀，包括《文明受考驗》、《戰爭與文明》、《從東到西——環遊世界記》、《對死亡的關懷》等書，以及他與池田大作先生《對話錄》的英文本。

金庸的民族融合史觀，對整個中華民族大融合的深刻理解，對中國歷史大勢的判斷，對中國文明的觀點，都受到了湯恩比的深刻影響。

一九九五年開始的金庸與池田大作的對話，也是緣起於兩人對湯恩比的深刻認知和共識。

《東南日報》，正式投身報業

金庸終於回到了久別的家鄉！

離家多年的遊子姍姍歸來，一個戰亂離散的家庭終於團圓歡聚。

總算盼到了這一天，他那鬢髮半白的父親翹首企足，欣喜無比。

但是，當後來得知兒子並非學成而歸，而是被學校開除而輟學，不免有些失望。

金庸後來雖然在圖書館和農場先後工作了將近兩三年時間，也只是勉強糊住了自己的一張嘴，且不說沒掙到什麼錢補貼家用，就連自己換洗的衣服還欠缺呢。

父親覺得金庸簡直是一事無成，毫無作為，虛度了寶貴的青春年華，往後的日子怎麼辦呢？

父親不由得憂心忡忡問道：「還要從大學一年ＡＢＣ讀起？這也太軋悶（納悶）了。」父親的語音是無奈和悲涼的。金庸低頭聽著，一時啞口無言，只是苦笑。兄弟姐妹十多個，他排行第二，除了大哥、大妹已成家分居，其他弟妹都要家裡撫養，小的在吃奶，大的要上學，這對於一個久遭日寇洗劫的家庭來說，是談何容易的事？金庸深知父親的苦處。

在這失學失業而賦閒在家的時候，金庸腦海中的那些悠悠往事活動起來，他忽然想到了一個人，就是《東南日報》的老記者陳向平先生。

在日本投降後，《東南日報》早已搬回了杭州，於是金庸只是抱著試一試的心理，寫了一封信給陳向平。陳向平接到了信，義不容辭欣然應允推薦金庸進《東南日報》工作。

自從金庸和陳向平在旅店分手，屈指已四年多，而金庸正正規規在大學裡讀書，卻只有一年零兩個月，金庸在給陳向平先生的信中特別說明了自己的這些坎坷經歷。

但這位堪稱伯樂的陳向平先生，堅信自己當年見過的這匹馬，家養的時間雖短，可這幾年來，一定會自食自飲，扎扎實實吃了大量肥嫩的野草，吸收了充足的營養，膘肥體壯，很可能已經是隻千里駒了。

一九四六年十一月二十日，在陳向平的引薦下，金庸入職杭州《東南日報》。果真不負陳先生的厚望，金庸進入《東南日報》，迅速脫穎而出。

報館安排他做的是外勤記者及英語電訊收譯員。

報館裡還沒有錄音設備，每天晚上八點，金庸要聽譯倫敦廣播電臺的新聞。而聽譯國際新聞，只靠一台收音機，一邊聽，一邊寫下幾個字。聽完以後，再憑記憶，並借助自己寫下的那幾個關鍵性的字，把剛才聽到的新聞直接譯成中文。

好在金庸反應靈敏，記憶力強，中英文都好，憶譯起來，得心應手，乾淨利索，譯文幾乎下筆不改，自己毋需謄清，真可謂是一氣呵成。這樣，一天的本職工作就輕而易舉地幹完。

金庸的工作成績迅速得到好評，陳向平也是暗自欣喜，看來自己並沒有把人看錯，沒有埋沒這個有天分的青年。

《東南日報》當時的社長是汪遠函，汪遠函是一個好好先生，他對金庸很是器重，很多年後，金庸與汪遠函還時常有書信來往。

余兆文後來在杭州見到金庸，問起金庸在《東南日報》工作的情況。

余兆文問：「外國電臺廣播，說話這樣快，又只是說一遍，當時無法校對，能聽懂，已很不錯，怎麼還能逐字逐句直譯下來？」

金庸道：「一般說來，每段時間，國際上也只有那麼幾件大事，又多是有來龍去脈的，有連續性，必要時，寫下有關的時間、地點、人名、數字，再注意聽聽事件有什麼新的發展，總是八九不離十，不會有太大差錯。」

金庸每晚收聽一刻鐘倫敦廣播，連聽帶譯，一般不超過三十分鐘。白天沒有什麼工作，金庸自然十分清閒。

這一年，金庸還報考了浙江大學外國文學研究生，筆試考得很好，但因學費不能承受，無法入學。

金庸去見竺可楨校長，金庸回憶說：「竺先生跟我說，你能考到這個成績，說明你很有才氣。你暫時不能入學念書，就先工作，什麼時候攢到錢，給我打個電話，我就收你念書。」

一九四七年，金庸在《東南日報》主持一個《咪咪博士》專欄，聲稱能為讀者解難釋疑，回答任何問題，就是古今各種奇案怪事，也都有問必答。

就此余兆文曾笑向金庸道：

「那要上通天文，下知地理，還要博覽古今中外，精通醫藥工農，諸子百家，三百六十行，行行都會，你比諸葛亮還厲害。」

金庸答道：

「可以查查資料，翻翻百科全書嘛。每天讀者寄來那麼多信，提出無數問題，即使能答，也無法全答。只能挑選幾個普通人比較感興趣的，在報上解答一下。這樣，一般人就會認為《咪咪博士》達古通今，無所不知了。」

金庸又微笑道：

「說來好笑，想不到當了幾天《咪咪博士》。我在杭州竟混出了一點小名氣了。」

正是在這一年，因為《咪咪博士》專欄的關係，金庸在杭州結識第一任妻子杜冶芬。金庸和杜冶芬的故事，我們在後文專門來說。

金庸晚上聽倫敦　新聞廣播，白天主編《咪咪博士》，可令人驚奇的是，金庸整天還是顯得相當空閒。

金庸自由自在讀讀書，看看報。金庸看報又是中外兼顧，大小不分的，連小報的副刊也要瀏覽一下。

有時金庸還邀伴上街喝咖啡，學跳舞，而且金庸也到了該找對象的時候了。

金庸進入《東南日報》，是他第一次正式與報業的接觸。

金庸後來回憶說他之所以去報社，是因為他「本身對新聞報業有著濃厚興趣」。

金庸這一段時間的生活場景和情況，在其堂弟查良鈺的回憶文章中也有提及：

金庸本名叫查良鏞，兄弟們稱他叫「小阿哥」，因為良鏞小阿哥同我和三哥相差十多歲，所以待我倆十分親熱。抗日戰爭勝利後，家有空房子他不住，非要同我和三哥住在一起。那時，他見了外人講話很慢，還有些口吃。但同我們在一起卻完全變了樣兒。每天晚上，小阿哥都給我們講故事。他的故事都是現編現講，可編得天衣無縫，講得引人入勝，常常是講到興頭上，一下子跳起來站在床上，連比劃帶摹仿，手舞足蹈的，有意思極了。那段日子，是我記事以來最開心、最難忘的，至今回憶起來，都覺得像是在眼前一樣。

小阿哥要走了。上次走後，四年多才見面，這次一走，不知何時才能再見到小阿哥。我心裡非常難過，站在他面前一個勁兒地抹眼淚。小阿哥把我摟進懷裡：「小毛弟，好好讀書，小阿哥會常回來看你的！」時隔不久，設在杭州的《東南日報》需要編採人員，良鏞小阿哥經人介紹，當上了該報《筆壘》副刊的編輯，用真名發表過散文。

一九四六年夏天，小阿哥抽空回鄉住了二十多天。這次他回來，正趕上學校放暑假，每天我和三哥都纏在他左右。白天，小阿哥總帶著三哥和我去游泳。那時我不會水，小阿哥就讓我趴在他背上，背著我游。他游泳的動作非常好看，我們都很佩服他。

小阿哥還帶我們觀看過「海寧潮」。從地圖上看，海寧正好位於錢塘江的出口處，海與江的交接處，茫茫蒼蒼，一望無際，錢塘江的「海寧潮」非常壯觀。在他日後寫成的《書劍恩仇錄》中，曾有對「海寧潮」的精彩描寫。

晚上，和我們睡在一起的小阿哥照例為我和三哥編故事。有時眼看已經很晚了，為了讓我們早點睡覺，他就編一些鬼怪故事嚇唬我們，弄得我們又害怕又想聽，越聽越害怕，嚇得閉上眼睛連大氣都不敢出。小阿哥見我們睡著後，就鑽進家裡的書房去看書。我們家那時有三間專門藏書的大房間，裡面書很多，大都是線裝書。我記得的書有《荒江女俠》、《封神演義》、《兒女英雄傳》、《明史》、《水滸》等等。據小阿哥後來說，書房裡的書他大都「翻」過。

在《東南日報》工作一段時間後，小阿哥進入上海東吳法學院插班學習國際法課程，讀書期間，在上海《大公報》兼職做翻譯，補貼生活。

一九四七年，上海《大公報》刊出廣告，要在全國招聘兩名譯電員，有三千多人報名參加考試，小阿哥一路過關斬將，順利地進入當時影響很大的《大公報》。不久，《大公報》要在香港出版，小阿哥便隨《大公報》去了香港，繼任國際電訊翻譯，赤手空拳打天下。一九四八年，我小學畢業準備報考省立杭州初級中學。遠在香港的良鏞小阿哥得知這一消息後，當時就把他親自編寫的兩百多頁的「升學指導」教材寄給我。

《大公報》招聘有三千多人報名，後來有研究者指出恐怕不確切。有資料指出，當時《大公報》內部刊物報導，實際是一百零九人。

不過，筆者看過以前很多資料和當事人的回憶，都是說《大公報》招聘有三千多人報名，或說上千人。在電視採訪節目中，解說員也是說上千人，金庸也沒有反對。

所以筆者分析，可能是報名三千人，最後入圍的是一百零九人。

金庸見了外人講話很慢，還有些口吃，但給兄弟們講故事卻講得很精彩，這是一種文學想像力的天賦。

金庸也自己這麼認為：

「我自己以為，文學的想像力是天賦的，故事的組織力大概也是天賦的。同樣一個故事，我向妻子、兒女、外孫女講述時，就比別人講得精彩動聽得多，我可以把平平無奇的一件小事，加上許多幻想而說成一件大奇事。我妻子常笑我：『又在作故事啦！也不知是真是假的。』至於語言文字的運用，則由於多讀書及後天的努力。」

金庸可以把平平無奇的一件小事講得生動有趣，所以他才那麼會寫。

《時與潮》雜誌，金庸兼職做主編

金庸的一生最會把握時機，把握機遇。金庸的成功也在於他不故步自封，從不滿足，而是一有機會就要尋找更好的發展。

本來金庸一文不名，漂流無依，按常理，到了《東南日報》被委以重任，意氣風發，應該是滿足了。但金庸之所以成為金庸，正在於他的大才，豪傑不受羈束。

西湖雖好，卻非金庸久留之地。

金庸還是覺得《東南日報》這個舞臺太小，施展不開拳腳，他已經提前在打主意要離開杭州去上海發展。

一九四七年七月，金庸抽空去了一趟上海，參加上海《大公報》面向全國招聘電訊翻譯的考試。

一九四七年十月六日，在《東南日報》任職近一年後，金庸向報社提出請長假，請假的緣由是：「工作殊乏成績，擬至上海東吳大學法學院研究兩年。」

離開報社真正的理由，是金庸已經有了去處。

除了《大公報》招聘，他已經通過被錄取之外，那時上海的《時與潮》雜誌也聘請金庸做主編（兼職）。

金庸離開了風景如畫的杭州，轉到十里洋場的上海灘去了。

抗戰時期的《時與潮》可說是重慶最暢銷的雜誌，日本投降後，《時與潮》也和其他一些內遷單位一樣，想方設法外遷，遷到了文藝人才薈萃的上海。

上海的報刊群雄並起，花樣繁多。國民黨立法委員鄧蓮溪當了《時與潮》的後臺老闆，這時的《時與潮》已難以在上海灘獨佔鰲頭。

不過，鄧蓮溪神通廣大。他為《時與潮》搞到的房子，那是特等超級的，是抗戰前國民黨上海市長吳鐵成的公館，坐落在梵王渡路，巍然一座鐵門高牆，並有花壇草坪的花園洋房。

據說這幢三層樓房當時價值五百多根金條。《時與潮》的編輯部設在樓下最南面的一個豪華的客廳裡。客廳呈圓形，周圍是厚玻璃板牆壁。

一九四七年冬天，余兆文路過上海，下車去看望金庸。當時金庸一個人單獨坐在那個圓形編輯室裡，不慌不忙從一大堆新到的外國報刊裡挑選文章，先剪下來，分寄給各個特約譯者去譯，待那些譯文寄回來，再由金庸親自核閱修改。

金庸名為主編，可手下並無其他編輯協同他工作，因此，這個半月刊實際上只是他一個人包幹了，完全由他獨立支撐。

余兆文就問金庸：「你在杭州《東南日報》工作，鄧蓮溪和你又不熟悉，他怎會打你的主意，把你從杭州拉到這裡來？」

金庸說：「不瞞你說，我為《時與潮》曾經翻譯過一些文章，大概看我的動作比較快吧。在杭州《東南日報》時，我一收到這裡寄去的原文，先看一遍，立即著手翻譯，一二千字的文章兩個多小時脫稿，一般不需要繕清重抄，當天就可寄回去。

「這樣譯了一些時候，不知怎的，《時與潮》後來便聘請我。而我也覺得上海新聞界、文藝界比杭州活躍得多，所以就決定接受聘請來上海了。」

金庸說話仍是不急不躁，臉上帶著笑容，他是相當自信的，可並不顯得自滿。

《時與潮》的老闆鄧蓮溪，可以說是個精明得近乎慳吝的人。

余兆文先生回憶，那座花園洋房，在他那次看望金庸時，見有幾個高級套房被封鎖起來空著。金庸當時是《時與潮》撐台的唯一主編，鄧蓮溪卻只讓金庸住在閣樓上。

金庸當時沒有計較這些，也是「大英雄能忍人之所以不能忍」吧！

從上海到香港，金庸人生大轉折

一九四七年秋，上海《大公報》在全國範圍內公開招聘三名國際電訊編輯，金庸得到了在《大公報》任職的機會。

那時的《大公報》與《申報》、《新聞報》並稱中國三大報紙，而《大公報》的品位還略高一點，更受知識界歡迎，在輿論界也更具有權威性。

《大公報》是一張歷史悠久的報紙。該報於一九〇二年六月創立於天津，創辦人是英斂之，其辦報宗旨是「開風氣，啟民智」。

《大公報》一九二五年停辦，到一九二六年九月一日復刊，由天津查業銀行總經理吳鼎昌任社長，胡政之任經理，張季鸞任總編輯，標榜報紙「不黨、不賣、不私、不言」。

在創刊之後的相當長一段時間裡，《大公報》只是一份純商業報紙，只靠發行和廣告收入來維持。後來由於風格獨特，頗受中產階級階層和企業知識界人士歡迎。

「九．一八」事件後，《大公報》積極鼓吹抗日。一九三六年，《大公報》上海版正式出版發行。但抗戰全面爆發後，天津和上海的《大公報》都停止出版，轉而在漢口、香港、桂林、重慶另起爐灶。

抗戰勝利後，上海、天津的《大公報》相繼復刊。

上海《大公報》這次招聘，正是在復刊之後不久。

當時，在國內眾多的報紙中，《大公報》銷量雖非最大，然而是地位最高、最有影響力的。所以，金庸從報紙上看到《大公報》上海版招聘編輯的廣告，就決定前去應聘。

金庸進《大公報》，既非應邀受聘，更不是托情說項，而是硬碰硬，正正規規考進去的。《大公報》招收國際電訊編輯，是公開招考。報考者多達三千餘人（或說只有一百零九餘人，前面已經討論過），其中不少大學新聞系、中文系本科畢業生，本埠外地的小報記者想來跳槽轉戶的，也大有人在。

而最後揭榜，金庸以優秀成績通過筆試面試，成功應聘。

一九四七年十月，金庸正式成為《大公報》國際電訊編輯。

一九四七年十月底，通過時任上海地方法院院長，並在東吳大學法學院做兼職教授的堂兄查良鑑的關係，以及自己在中央政治學校的學歷，金庸進入位於上海東吳大學法學院插班修習國際法課程。

在上海他同時有三個身分：《時與潮》雜誌主編；《大公報》國際電訊編輯；東吳大學法學院學生。

金庸在《大公報》主要是上夜班（半夜裡可以吃醉雞、炸蝦仁，燒賣、白粥的宵夜，條件極好），所以三個身分還算輪轉得過來，勝任愉快。

同學余兆文曾問金庸：

「《大公報》和《東南日報》比較起來，覺得怎樣？」

金庸回答說：

「那《大公報》的要求高得多了，有些稿子會印以前，常要幾個編輯過目，經過仔細推敲，互相商討，方才定稿。報館明確規定：稿子有誤，編輯負責；排錯印錯，唯校對是問。職責分明，賞罰有則，寫錯印錯都要按字數扣薪的。如果超過一定字數，那就要除名解職了。」

說到這裡，金庸又掉轉了話頭，微笑著說：

「嗯，《大公報》晚上的夜餐倒是報館免費供應的。說起來，多是吃稀飯，可配稀飯的，不是香腸、叉燒，就是醬鴨、烤鴨，或者火腿炒雞蛋，油炸花生米之類，自然也有醬菜。晚班工作完畢，街上沒車了，報館會派車子把所有的編輯一個個送回家去。」

停了一停，又說道：

「《大公報》還有一點蠻有意思的，它上自總編，下至工人，全報館的工作人員對外一律自稱為『記者』，就是報館的負責人王芸生也不例外。」

金庸在《談〈彷徨與抉擇〉》一文中提到過他在上海《大公報》的情況：

在抗戰勝利後到大陸易手前這段時期中，上海《新聞報》工作人員的待遇，可能是全中國任何中國機構中最高的，《申報》與《大公報》比不上新聞報，但相差也不甚多。在那個法幣和金圓券瘋狂貶值的時代，我們在報館中當一個小職員，生活勉強還可以安定。《大公報》在倫敦、紐約以及全國各大都市都派得有特派員，只要你有才能，工作努力，不愁沒有升遷的機會。

編輯部的重要人員，每星期有三天至四天的休息。像蕭乾，他從英國回上海後擔任報館的社評委員，每星期只須寫一篇社評，其餘的時間就供他自己讀書進修。工作到了一定年限，報館就分給股份。編輯部半夜裡吃的宵夜，醉雞、炸蝦仁，燒賣、白粥的水準之高，大概是香港任何上海館子所不及。即使像我這種小職員，報館中的茶房也是不停送上雪白滾熱的毛巾，以增加你工作時的舒適。

最值得羨慕的，是報館內部思想上的自由。報館並不干涉工作人員個人的思想，在任用編輯和記者時，也唯才能是尚，不考慮你的政治傾向。

金庸說，《大公報》這「大公」兩字，原是每個報人的理想。這當然會影響到日後他辦《明報》的理念。

在上海《大公報》，金庸也做過記者，採訪過國民黨的大人物陳立夫。

在報社的薪酬相當不錯，但金庸在看京戲上花了不少錢。

當時金庸花錢主要是花在看京戲。

那時上海金融崩潰，用金圓券發工資，一個月五億六億七億的，厚厚一大疊，一捆一捆的拿，「用繩子綁好，中國銀行或者交通銀行蓋個章。」

金庸在與池田大作的對話錄中，感謝《大公報》的同仁：

「在《大公報》工作時，翻譯主任楊歷樵先生教了我不少翻譯的訣竅。報紙主持人胡政之先生、前輩同事許君遠先生都對我有提攜教導之恩。可惜這數位恩師大都已經逝世，雖欲報恩而不可得了。」

這一次金庸在上海前後住了大約五個月左右。

一九四八年三月十五日，《大公報》香港版復刊。因《大公報》香港版復刊，急需從上海《大公報》抽調人手，本來抽調了另一位國際電訊翻譯李君維，正值李君維新婚，才臨時派金庸前往。

李君維畢業於聖約翰大學，當年是與金庸一起考進《大公報》的。

後來金庸回憶此事，覺得有些幸運。

金庸說李君維人品很好，在上海平日裡衣著光鮮，穿得漂漂亮亮的。如果不是李君維結婚，就不會派金庸到香港來，金庸那就糟糕了。

因為，金庸如果還留在上海，「反右」和「文革」兩次運動，是一定逃不脫的，說不定命都保不住，哪裡還會有後來寫武俠小說。

當月，金庸被臨時派往香港，與香港《國民日報》社長潘公弼同乘飛機南下香港，一九四八年三月，金庸來到了香港，居住在堅尼地道贊善里八號《大公報》宿舍。

金庸有篇文章回憶這一段經歷：

先說怎樣決定來香港。滬館本來請張契尼來，約他在滬館做二個星期，弄熟了即來。豈知後來發覺張兄非但有一位張太太，而這位張太太正在生產一位小張先生，而港館又急需人工作。於是楊先生徵詢我們的意見，蔣定本兄，張美餘兄，我。一一 testify 之後，大家表示「如果可能，最好不派我去」。結果形成僵局。

美餘兄有太太孩子在寧波，到香港相隔太遠，只有我與定本兄兩個人夠格。看天下大勢，非我們兩者之一去港不可。於是我寫信兩封徵詢別人的意見。爸爸回信說：「男兒志在四方，港館初創，正閱歷之機會。」另一位回信說：「既然報館中有這些不得已情形，如果你去一個短期，我答應的。假使時間很長，我不肯！」於是我把這一位的意思，轉達楊歷樵先生，表示我希望去一個短期。楊先生轉達許君遠先生，許先生轉達王芸生先生，一一通過。王先生對我說：「你去半年再說！」於是我決定到香港了。

到香港之前，家裡去了一次，南京去了一次，杭州去了兩次。這即是君維兄所謂「別鳳記」也。廿七日送我到上海，替我理行李，送我上飛機。臨別一句話：「我們每人每天做禱告一次，不要忘了說。但願你早日回到上海。」廿九日館中同事替餞行。尹任先生替我買飛機票極為努力。卅日早晨即起飛，本來預定計劃四月一日辦一件有關終身大事而並非終身大事的事，於是一切只好「半年後再說」。

在南京路報館中喝酒時，翁世勤兄匆匆趕到，特別介紹一件香港我決不敢去嘗試的「高等談話」。

到了香港，來接我的人沒　有遇到，向同機而來的潘公弼先生借了十元港幣才到報館。馬廷棟、李俠文、王文耀、李宗瀛，郭煒文諸兄午餐接風。一面送行，一面接風。我心中實有說不出的苦。因為如此一來，一、在香港工作非特別努力不可，二、要想回上海的話總是不好意思出口也。馬先生說昨晚即排好了我今天的Programme，中午吃飯，下午睡覺，晚上工作。這種「陰謀」只好接受。

港館情形一切簡陋，自然意想中事，略舉一二：

一、辦公室一小間，大概同滬館資料室那麼大。白天經理部晚上編輯部自然不必說起。而我譯稿時還要遷移兩次，原來午夜十二時吃稀飯，幾碟榨菜、滷蛋總要有一個地方放放也。

二、宿舍在後面山上，我睡在四層樓的走廊上。中午十二時必須起來，自己固然飯可以不吃，但別人要坐在你的床上吃飯。胡政之先生每天必輕手輕腳經過我床邊到盥洗室，其實我大都是老早醒了。

三、人手不足，沒有休息日子，好在我在香港，沒有休息也不要緊。

從金庸的文章可以看出，剛去香港時，條件很艱苦，辦公室一小間，只有上海《大公報》的資料室那麼大，白天經理部用，晚上編輯部用。晚上他譯稿時還要遷移兩次，因為午夜十二點吃稀飯，幾碟榨菜、鹹蛋總要有一個地方擺放。金庸住在四樓的走廊上，到中午十二點必須起來，因為即使自己不吃中飯，別人也要坐在他的床上吃飯。

金庸到香港，居然是身無分文，借了十元港幣才到報館，看來他那時的經濟情況很成問題。寫信兩封徵詢別人的意見，一位是問父親，另一位是問杜治芬。徵求杜治芬的意見，杜治芬答短期可以，時間長了不肯。

杜治芬三月廿七日送他到上海，替他整理行李，送他上飛機。臨別前交代他一句：「我們每人每天做禱告一次，不要忘了說，但願你早日回到上海。」

「半年後再說」的約定，金庸遵守了。當年十月，金庸和杜治芬在上海舉辦了婚禮。同月，金庸攜新婚夫人杜治芬回香港，搬入摩理臣山道住所。

一九四九年十一月十八日，香港《大公報》刊登了一篇署名「金庸」的文章，題目是《從國際法論中國人民在國外私產權》，全文近六千字，分上下兩篇，第二篇在一九四九年十一月二十日刊出。

這大概是能查「金庸」筆名的第一次亮相。

金庸進入了《大公報》，可以說是他的一個人生的重要轉折。

從此之後，金庸一步一個足印，以他的天才敏銳的眼光，不斷尋找機遇，然後不斷抓住機遇，因此人生的道路越走越廣闊。

第五章　武俠人生

構築瑰麗雄偉的武俠世界

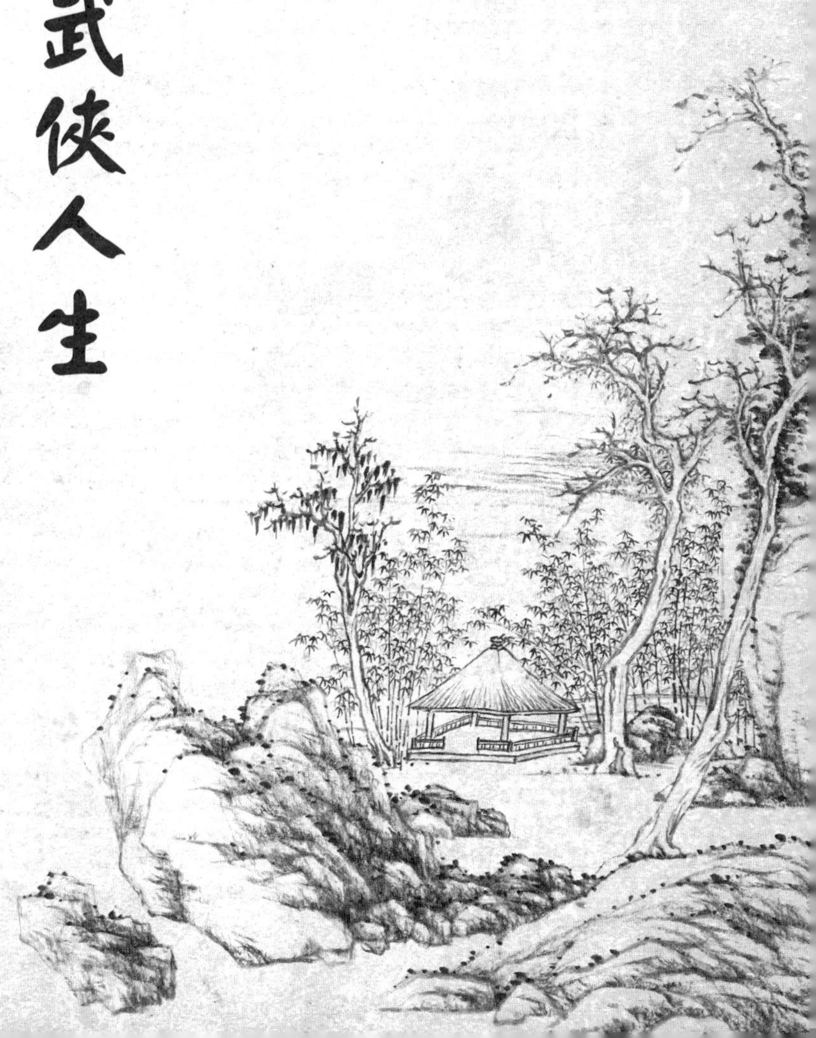

武俠小說，只是副業

百年一金庸，氣象萬千的金庸現象，是中國文化史上最浪漫的一個奇蹟。

金庸萬千氣象中，最引人注目的當然是他的那些輝煌渾厚的武俠小說，金庸的名氣首先是這些武俠小說給他帶來的。

已經不需要太多的去強調金庸武俠小說的深入人心的成功，金庸無可爭議地被公認為武俠小說作家的一代宗師，武林盟主。

武俠至尊，唯數金庸，號令天下，誰能爭鋒！

有哪一個作家不夢想自己的作品能像金庸這樣風行天下呢？像金庸這樣作為一個寫作者的深入人心的成功，正是無數作家們所共有的夢想。

一個作家的作品如果深入人心的程度能夠達到金庸武俠小說的十分之一，他就足可以狂喜和自傲。

但是金庸好像並沒有這樣的感覺。

金庸好像不太看重自己武俠小說的成功，好像這種成功的榮耀並不能擊中金庸要害。

他甚至認為武俠小說不是他的主業，而只是副業。他的主業是辦報。

二〇〇〇年九月廿三日，金庸在湖南嶽麓書院接受採訪時說：

「我寫小說實際上是當時的一種副業，我主要是要辦報紙。報紙要吸引讀者，那麼我寫點小說就增加點讀者。」

「《明報》是我畢生的事業和榮譽，是我對社會，對朋友，對同事的責任。」

金庸自己也並不否認這一點。

事實上，金庸僅僅把武俠小說當成自己事業中的一個部分，一個並不是很大的部分。

在一九九四年金庸接受北大學生採訪時，當採訪者提出「武俠小說在你生命中的比重大不大？」這個問題時，金庸坦率而真誠地回答說：

「最初時候比重是不大的，那時我的精力是用來辦報紙，現在比重越來越大了，因為我不再辦報紙了。更重要的是看我小說的讀者越來越多，就是在歐美的華人中間讀者也很多，可謂『無心插柳柳成蔭』。原先我是想以小說來為報紙服務，希望報紙能產生大影響。誰知現在報紙的影響已經過去，而小說的影響卻時間長久，且日益增大。我很高興有這樣一個結果。」

金庸的談話中有兩點需要注意：

一是「最初時候比重不大」，一是「無心插柳柳成蔭」。

從金庸的話中意思可以看出，這個「最初」其實涵蓋了金庸人生俠路中主要的時間，這個「最初」一直要截止到金庸「不再辦報紙了」。

金庸「不再辦報紙」之時，《明報》已經辦了三十年。直到一九八九年金庸才卸任《明報》社長職務，真正完全「不再辦報紙了」，是到一九九三年四月一日金庸宣布辭去明報企業董事局主席之時。

也就是說，事實上，金庸一直的心思並沒有完全放在武俠小說上。寫武俠小說，一直是他生活中一個並不很重要的組成部分。

二是「後來比重大了」，不過是金庸淡出江湖之後，放棄其他諸般事業，無牽無掛之時。所以，「後來比重大了」這句話中真實的意義並不是太大。

金庸的比天高之雄心，其實並不在武俠小說上。

「無心插柳柳成蔭」這句話又印證了上面分析而得出的結論。

金庸走上寫作武俠小說之路完全是「無心」和「偶然為之」之事。

金庸雖然後來被公推為新派武俠小說宗師、武林盟主，但他卻不是濫觴者。

金庸寫武俠小說，乃是一系列的因緣巧合。

金庸的神奇和魅力也許正在於這些天意和奇蹟之中吧，冥冥中似乎早已安排好，神意早已選中金庸這個「真命天子」。

儘管是無心，但命運之手卻不可阻擋地把金庸推上武俠至尊的寶座上。

金庸、梁羽生，大俠論劍

金庸動筆寫武俠的原因卻是他的兩個人事關係：一位是《新晚報》負責人羅孚，另一位是被後來稱之為新派武俠小說鼻祖的梁羽生，當時也供職於《新晚報》，和金庸是同事。

五十年代初期，金庸懷著他一貫的政治熱情和報國夢，北上新中國外交部求發展碰壁而重回香港，又再進《大公報》供職，後轉入隸屬於《大公報》的《新晚報》編副刊（細節將在下一章敘述，本章重點是金庸武俠小說的寫作詳情）。

進入《新晚報》，是金庸人生俠路中命定的轉機，金庸認識了新朋友羅孚和梁羽生。

金庸有一種特異天賦，正像他武俠小說中的大俠一樣，天生有一種慷慨豪氣，做事情拿得起，放得下。

儘管這段時間他碰壁很多，報國理想難以實現，他卻沒有消磨意志，很快又振作起來，笑傲人生。

金庸很快重新適應環境。

說起來梁羽生到《大公報》工作，最初還是金庸給他進行面試接待的。

金庸說：「梁羽生本名陳文統，他最初進《大公報》是做翻譯（進《大公報》，最初往往是做翻譯，我自己就是在上海考翻譯而蒙錄取的），當時的總編輯李俠文先生委託我做主考。我覺得文統兄的英文合格，就錄取了，沒想到他的中文比英文好得多（他的中文好得可以做我的老師）。」

梁羽生原名陳文統（一九二四年三月廿二日—二〇〇九年一月廿二日），廣西蒙山縣人，和金庸同年。抗戰勝利後，梁羽生到廣州嶺南大學讀國際經濟，一九四九年到香港定居，先在《大公報》，後轉入《新晚報》。

一九五一年，梁羽生在《新晚報》副刊編輯「天方夜譚」，金庸則編輯「下午茶座」。

後來梁羽生被分派到經濟版工作，金庸則仍在國際版。再後來，他們兩人都轉到《新晚報》，都在干諾道一二三號樓下同一間辦公室。

金庸主編《大公報》的「大公園」副刊，梁羽生則接手金庸，編《新晚報》的「下午茶座」副刊。

這一段時間是金庸、梁羽生兩人交往最多、關係最密切的時候。

梁羽生、金庸和百劍堂主還曾在《大公報》合辦過一個專欄，叫「三劍樓隨筆」。百劍堂主（一九一五—一九九七），原名陳凡，二十世紀五〇年代，與陳文統（梁羽生）、查良鏞（金庸）同寫武俠小說，人稱文壇「三劍客」。

一九五六年十月，三人在《大公報》副刊上開設專欄《三劍樓隨筆》，三人每人每日一篇，切磋劍技，互鬥文采。

三劍樓隨筆持續了三個多月。後來整理成冊，有七十餘篇隨筆，內容包括文史掌故、名人逸事、琴棋書畫、詩詞聯謎、神話武俠、劇影歌舞等等，頗多生花妙筆。

金庸和陳凡曾經是好友，他《書劍恩仇錄》出版後，陳凡還曾題詞：「一卷書來，十年萍散，人間事本匆匆。」

這好像又應了「讖」。十年後，正是「文革」時期，陳凡是堅定的左派，和金庸《明報》的立場針鋒相對，寫了大量抨擊金庸的文字。兩人由此決裂。

金庸的同事中，對文學有興趣的，還有蕭乾和袁水拍兩位前輩。那時金庸編國際新聞，他們兩位翻譯。

當時一起編國際新聞的，還有後來任《人民日報》總編輯的譚文瑞。譚文瑞喜歡俄國文學，後來譯了A·托爾斯泰的長篇小說《暴風雨》，他們一起談的是希臘悲劇等等話題。

梁羽生出生於書香門第，國學底子扎實，博學多聞，多才多藝，有名士風度，金庸很是欣賞他，時常尊之為「兄」。

金庸和梁羽生兩位大俠相交，性情相投，愛好一致，難得的是他們兩人都是地地道道的棋迷，棋為因緣，兩人的友誼更進一層。

金庸偏愛圍棋，金庸的武俠小說在刀光劍影中，也常常穿插琴棋書畫的風雅之筆，對枰中的搏殺描寫，自然是十分傳神，從不會說外行話。梁羽生則是象棋、圍棋都喜歡，只要有棋下，來者不拒。

金庸和梁羽生兩人同在《新晚報》供職，一有閒暇，就不分時間地點擺起棋局，殺個你死我活，天昏地暗。兩人當然是圍棋下得最多。

金庸回憶說：「那時聶紺弩在《文匯報》任副總編輯，每天要寫社評。他最大的興趣是跟文統兄和我下圍棋。三個人的棋力都差不多，經常有輸有贏，我和文統兄經常聯手對付他一個。聶紺弩年紀比我們大，在報界的地位比我們高，文名更響亮得多，但在棋枰上我們互不相讓，往往殺得難解難分，常常下到天亮，聶紺弩就打電話給《文匯報》，說今天沒有社評。」

金庸說他們三人的棋力都很低，可是興趣卻是真好，常常一下就是數小時，甚至會耽誤寫稿。

梁羽生特別喜歡《蜀山劍俠傳》與《十二金錢鏢》，金庸和他自然就有了許多共同的話題。

金庸回憶說：「我們兩人談得最多的是武俠小說，是白羽的《十二金錢鏢》和還珠樓主的《蜀山劍俠傳》。我們都認為，文筆當然是白羽好得多，《十二金錢鏢》乾淨俐落，人物栩栩如生，對話言如其人；但《蜀山》內容恣肆，作者異想天開，我們談到綠袍老祖、鳩盤陀等異派人物時，加上自己不少想像，非常合拍。同室的陳凡，高學遠諸兄的武俠小說造詣遠遠不如我們，通常插不上口，聽了一會，只好自做工作。」

「那時文統兄每天下午往往買二兩孖蒸（即雙蒸酒：發酵蒸餾兩次的酒）、四兩燒肉以助談興，一邊飲酒，一邊請我吃肉，興高采烈。我不好孖蒸和燒肉，有時只好開一瓶啤酒和他對飲。後來他應《新晚報》總編輯羅孚兄之約而寫《龍虎鬥京華》，我再以《書劍恩仇錄》接他《龍虎》的班，我們的關係就更加密切了。不久之後，陳凡接寫出一部武俠小說，我們三人更續寫《三劍樓隨筆》，在《大公報》發表，陳凡兄以『百劍堂主』作筆名。武俠小說不宜太過拘謹，陳凡兄的詩詞書法都好，但把詩詞格律、國文的『之乎者也』用到武俠小說上就不大合適了。所以他的武俠小說沒有我們兩人成功，但《三劍樓》以他寫得最好。」

這時候兩人雖一起談武俠小說，其實金庸對武俠小說的愛好程度卻不像梁羽生那樣狂熱，梁羽生才是真正的以大熱情來喜好武俠，「怨去吹簫，狂來說劍」。

兩位大俠論劍之時，梁羽生是占主動的。不過，金庸一來也極愛好武俠，二來又博采雜學，他一見梁羽生如此起勁，自然也慷慨而言，滔滔談來，順著梁羽生的話題，與梁羽生甚是投緣。

更準確分析起來，此時金梁兩位大俠的閒聊，梁羽生更要有心得一些，而金庸則純粹是享一時口福，文人說劍，過過癮而已。

所以一旦真正到了時機，因緣會合，梁羽生則因有心而先行一步，成為新派武俠小說的鼻祖，金庸慢了半拍。

當代新派武俠小說的成功是中國文化史上的一個奇蹟，而新派武俠小說誕生的本身就充滿許多巧合和奇蹟，神異得讓人難以置信。

這裡還有一些細緻的地方讀者應該注意，梁羽生乃是本質的中國傳統風流名士，與金庸不同，金庸則是雄才大略，所關注的問題與梁羽生要不同些。

所以梁羽生是真心好俠，以說劍的膽色豪氣來彌補文士身上本質的先天不足，而金庸的好俠，卻是他的一種政治理想的隱喻。

梁羽生先寫了武俠小說，如果不是梁羽生的成功讓金庸技癢，很難說金庸是否會主動動手寫武俠，或者就是天意安排另外的機緣。

梁羽生寫新武俠，先行一步

新派武俠小說的開宗立派，梁羽生開山之大功不可沒，而飲水思源，《新晚報》總編羅孚卻是真正的幕後英雄，沒有羅孚的天才策劃，沒有羅孚的慧眼識英才，很難想像新派武俠小說會是什麼樣子，也很難想像梁羽生和金庸這兩位世外高人會不會出爐，有一番奪天地之造化的奇功。

一九五三年香港一場有轟動效應的拳師擂臺比武，是新派武俠小說產生的契機。

香港太極派傳人吳公儀與白鶴派傳人陳克夫，因為門戶不同，發生歧見，一言不合，相約比武，在拳腳上見高低。

由於當時香港政府方面嚴禁這種決鬥式的打擂比武，於是擂臺設在了不禁止打擂的澳門新花園。

兩雄相爭，必有一場好戲。香港市民愈因禁止打擂而愈好奇，所以消息一傳出，人人都是翹首以待，十分關注。

比武只進行了三分鐘，雖然不像現在正規拳擊比賽那麼熱鬧刺激，但也頗有奇妙可觀之處：太極派老掌門人一拳打得白鶴派掌門人鼻子流血，大獲全勝而結束了比賽。

這場比武結束後，觀眾們卻意猶未盡，街談巷議十分激烈，人們酒餘飯後，總要把這場比賽作為談資。

這件事過去也就過去了，雖然新聞傳媒不會放過這種機會熱炒一番，以促報紙銷路，但這也只是短期行為。

而《新晚報》的總編輯羅孚卻見識超凡，他看到報紙所出有關比武的號外非常暢銷，一出版便隨即被搶購一空，市民們對比武打擂之事，熱心的程度超過了他當初的估計。

智慧非常的羅孚抓住了要害，他把握住了那個時代消費文化市場的動脈，他知道讀者想看什麼，關心什麼。

於是，羅孚靈機一動，計上心來，趁熱打鐵，開始策劃，要在他的報紙上搞個「武俠小說連載」，以抓住讀者，促銷報紙。

當時羅孚也不是憑空虛想，他知道他的策劃可以實現，因為他自己的手下就有一幫武俠迷們，整日論劍談劍，見解非凡。

羅孚首先想到了梁羽生。

梁羽生是一幫談劍論劍的年輕朋友中最露鋒芒的一個，而且此人文才極佳，修養不俗，更擅於舊體詩詞，如果找他來杜撰武俠，應該是手到筆來的輕鬆事。

羅孚想到便做到，立即找來梁羽生詳談。

梁羽生一拍即合，因為文人的「吹簫說劍」正合他的本色，梁羽生當然樂於效命。

這一點正是與金大俠不同的之處，梁羽生一開始便是主動配合，敢想敢幹，而金庸慢了半拍，其實因為「武俠在他生命裡所占比重是不大的」這一句話在起作用。

金庸的神奇在於他的不可限度的萬千氣象，明明是他並不在意的，並沒有傾全力而為的武俠小說，反而還獨佔鰲頭，萬法歸宗，金庸的神奇真是令人浩嘆！

太極門、白鶴門比武的第二天，羅孚就在《新晚報》上刊出預告，說將有精彩武俠小說連載，以滿足愛好武和俠的讀者們。

梁羽生厚積薄發，成竹在胸，只醞釀了一天時間，第三天就開筆寫《龍虎鬥京華》，並即日見報一直連載下去，一口氣寫了近兩年才完筆，此後一發不可收拾，終成一代大家。

如果比較一下，說金庸的武俠小說千秋大業的完成是「無心插柳」，那麼梁羽生的篳路藍縷開山奇功則是「有意栽花」。

當然，梁羽生有意栽花，花卻是發了，且開得燦爛豔麗。

從梁羽生與金庸所取的筆名來看，也可比較出「有意」「無意」之說不為虛妄。

梁羽生本名陳文統，他自己本來就有幾個筆名，如「陳魯」是寫棋話用的，「梁慧如」是寫文史隨筆用的。既然要寫武俠小說，梁羽生則是認真對待，因為他極推崇宮白羽的武俠小說，所以取「羽生」，即宮白羽再生，所以梁羽生這個筆名是有意為之，且有大抱負，立志一寫則要寫得如白羽再生。

金庸的原名查良鏞，他寫武俠小說用金庸的筆名，許多評論家都費盡心思猜謎，以為有什麼深的喻義，其實根本沒這回事。

金庸的筆名取得簡單得很，只是隨意地把查良鏞之「鏞」一拆為二，即是「金庸」，實在是有點任意之至，看不出有什麼特別的機心。

金庸投身武俠小說事業，其實是天意神造，他自己也沒去多想，寫出名了他也並不在意，金庸的武俠事業，用他自己的話來說，不過是他的一種「副業」。

下面我們還要談到，金庸是如何「被動」地「無意」地進入武俠小說的創作領域的。

金庸只是一方面被「點將」點到，一方面是因為朋友梁羽生的輝煌成功而「技癢」，只是牛刀小試，便試出他自己漫不經心取的筆名「金庸」的神奇事業。

金庸被點將，登臺亮相

梁羽生的處女作《龍虎鬥京華》問世之後，一炮打響，天下風行，由此揭開了如火如荼的新派武俠小說創作的序幕。

儘管高人羅孚事先精心策劃，但無論如何也沒有想到武俠小說竟是如此的引起轟動，如此的受歡迎，如此的深入人心。

羅孚主編的《新晚報》大沾梁羽生連載武俠小說之光，一紙風行，銷售量直線上升，同行報人無不豔羨，佩服羅孚有如此精明的眼光。

報紙的生存唯有依靠讀者，讀者想看什麼，報紙就要給他們看什麼，這是一個簡單的道理。羅孚連載武俠小說的這一招一經見效，當然其他報紙就坐不住了，紛紛起而效尤，在報上劃出大塊版面，也來登載長篇的武俠小說。

這種商業手段，生意人眼光，雖立意不高，只是為了迎合讀者趣味，但在效果上卻為新派武俠小說的發展起到了可貴的扶持作用，使新派武俠小說以僅僅是一二同仁的喜好和遊戲發展成一門刀法精湛的藝術。

各大報紙爭相連載武俠小說，稿源便成了關鍵問題——誰能抓住好稿，誰的報紙就會暢銷。

此時，梁羽生的名字已成了金字招牌，只要搶到梁大俠的稿件，一切便無往而不利。

但是梁大俠畢竟僅此一個，分身乏術，不可能有更多的武俠小說稿件提供給各家報紙。為了商業的考慮，也是為了壯大武林觀瞻的考慮，扶植和挖掘「武俠新人」便是報業編輯刻不容緩的大事。

一時間各路武林英雄紛紛亮相，推波助瀾，造成了新派武俠小說創作的浩大聲勢。

羅孚果然有知人之大才，在他發現了梁羽生之後，繼而又挖掘出金庸這一含金量極高的寶藏來。

僅就羅孚一人推出金庸、梁羽生這兩大武俠小說宗師來說，這不能不說是一個奇蹟，不能不說是命定的天設神造，不能不說新派武俠小說的成功在人力之外，還有冥冥不可知的神秘力量在援之以手。

那是一九五五年的事，此時梁羽生已運筆近兩年，紅極武林，號令江湖。

羅孚點了金庸的將。

因為羅孚的點將，羅孚拍著胸脯的推薦和保證，金庸「無意」地走上了武俠小說創作的道路。

羅孚的這一大功德，造成了金庸的「無心插柳」，造成了一個大宗師出山的既成事實。

金庸一身充滿奇蹟，而羅孚則是奇蹟的發現者。

羅孚慧眼識金庸，絕不是一時的心血來潮。

金庸看上去一派書生意氣，雖見解不凡，但多是言語鈍訥，一開始是很難讓人把他與武俠小說聯繫在一起的。

羅孚的高明和天才之處，正在於從現象看到本質，直覺感到金庸的氣度不凡，內蘊有萬千氣象，絕對可以勝任武俠小說的創作任務。

金庸與梁羽生是好朋友，意氣相投。金庸雖然不像梁羽生那樣談吐瀟灑，英氣外露，但往往出語驚人，見解深刻，收斂的書生意氣流露出英雄膽色，武林豪氣遮也遮不住。

而金庸的文字業績，也頗可圈可點。

金庸在報社時，寫了不少高妙精緻的散文，且有經世之才，在《大公報》國際新聞版上的政論文章引人注目，而一些信筆閒情的文字，諸如影話、影評，其他隨筆同樣是精彩絕倫。從故事的構造和大場面的把握來說，金庸甚至寫過成功的電影劇本，還翻譯過西洋小說，這些，都足以證明金庸才情不可限量，有無窮可能性的發展。

羅孚於所有的人先看到了這些。

一九五五年，羅孚找到金庸，對他說：「《新晚報》急需有武俠小說連載，我已向他們推薦你來寫，你就寫吧！」

金庸沒有推辭，金庸似乎是順理成章地接受了這一個建議。

要強調的是，金庸的這種進入，其實與梁羽生當初的意氣風發不可同日而語。

金庸的順水推舟，當然「被動」的含意不可否認。

事實上，金庸一開始進入武俠小說的創作是有些偶然的，漫不經心的，偶一為之的。

金庸回憶那時的情景，他本來沒有想到會去寫武俠小說：

「梁羽生弟是我知交好友，我叨長他一歲，所以稱他一聲老弟。他年紀雖比我輕，但寫武俠小說卻是我的前輩，他在《新晚報》寫《龍虎鬥京華》和《草莽龍蛇傳》時，我是忠實讀者，可是從來沒想自己也會執筆寫這種小說。」

梁羽生和金庸同年，都出生在一九二四年，金庸這裡說「我叨長他一歲」，有兩種可能：

一是金庸應該是出生在一九二三年（不少研究者持此說），所以大梁羽生一歲；

二是梁羽生告訴金庸的出生日期是改過的，誤讓金庸以為他大梁羽生一歲。

作為金庸的朋友，梁羽生此時已因寫武俠小說而大獲成功，書生的意氣竟成為了真實的戲劇效果，不再是綺麗的夢想，不再是文人的空談。

金庸自度應不輸於梁羽生，金庸自度自己對武俠的理解深度和廣度非旁人所能及。此時，有現成的機會擺在他面前，他當然會按捺不住，一時技癢，進入圈套。

曾經有記者問金庸，有沒有看過以前的武俠小說。查先生想了一下說，我相信以前的武俠小說我全部看過。

觀千劍而後識器，金庸自然是心裡有底。

梁羽生的成功，激發了金庸內心的悲歌慷慨。

於是金庸寫了《書劍恩仇錄》，於是武俠天地中出現了金庸這一個神異的名字。

《書劍恩仇錄》，出手便是大師水準

《書劍恩仇錄》從一九五五年二月八日到一九五六年九月五日在《新晚報》上連載。寫武俠小說，當然要用一個筆名，要雅致而響亮。梁羽生的筆名就取得好。事出倉促，金庸一時想不出什麼更合適的，就把自己名字查良鏞的這個鏞字拆開。

「鏞」字意思是一個鐘，很大的一個鐘。《說文解字》說：「大鐘謂之鏞。」金庸後來說，當時真的沒有什麼特別的意思。

現在看來，金庸，大鐘謂之鏞，黃鐘大呂，正大氣象，這個筆名好啊！

作為武俠小說作家的「金庸」，是在這一天正式露面。

金庸回憶說：

「八個月之前的一天，新晚報編輯和『天方夜譚』的老編忽然問我緊急拉搞，說《草莽》已完，必須有『武俠』一篇頂上。梁羽生此時正在北方，說與他的同門師兄中宵看劍樓主在切磋武藝，所以寫稿之責，非落在我的頭上不可。可是我從來沒有寫過武俠小說啊，甚至任何小說都沒有寫過，所以遲遲不敢答應。但兩位老編都是老友，套用《書劍》中一個比喻，那簡直是章駝子和文四哥之間的交情。好吧，大丈夫說寫就寫，最多寫得不好挨罵，還能要了我的命麼？於是一個電話打到報館，說小說名叫《書劍恩仇錄》。」

雖然金庸答應了寫武俠小說，但是編輯為了確保稿件，防止意外，很老練地派了一位工人到金庸家裡來坐等，說九點鐘之前無論如何要一千字稿子，否則明天報上有一大塊空白。

金庸就請這位工友坐著等他寫，那有什麼辦法呢？於是，第一天，金庸描寫了一個老頭子在塞外古道大發感慨，這個開頭下面接什麼全成，反正總得把那位工友先請出家門去。

第一天的連載，開篇抄了辛棄疾「賀新郎」一詞的下闕：

「將軍百戰身名裂，向河梁，回頭萬里，故人長絕。易水蕭蕭西風冷，滿座衣冠似霧。正壯士悲歌未徹。啼鳥還知如許恨，料不啼青淚啼血。誰共我，醉明月？」

金庸後來說，第一天連載還沒有想好怎麼寫，故事和人物呢？自己心裡一點也不知道。所以先抄點詩詞湊點字數。

《書劍恩仇錄》的第一篇就是這樣寫出來的。

《書劍恩仇錄》是金庸的第一部武俠小說，金庸出手不凡，僅此一書就已宣告了一個大師的誕生，體現了金庸的博大精深和氣象萬千。

《書劍恩仇錄》的出手表現了金庸超乎常人的博大雄渾的境界，一開始就不同於一般的「江湖恩仇」的武俠小說，著眼點在「江山誰主」這樣大氣度的話題上，書與劍的衝突，江湖江山的對抗，英雄史詩，歷史情仇，眩人眼目。難怪有評論家推許這本金庸嘗試的處女作為「光芒萬丈」。

氣象萬千的金庸確是天人，雖是不經心的營造，遊戲的筆墨，卻遮也遮不住他那博大的情懷，深厚的功力，以及胸中陳兵百萬氣吞山河的膽色和豪氣。

《書劍恩仇錄》是金庸先生的第一部武俠小說，小說題名《書劍恩仇錄》，是來源於主人公陳家洛幫助遊牧民族的霍青桐奪回經書，而霍青桐則以寶劍相贈的故事。

這部小說主要是敘述了「紅花會」群雄在新任年輕的總舵主陳家洛的帶領之下進行抗清的故事。這部小說並不是一般的俠義恩仇的武俠小說，它還關係到「江山誰主」的問題，是一部民族鬥爭的英雄傳奇小說。小說中還穿插了另一個故事，就是一個遊牧民族在其首領木卓倫的率領下抗暴應戰的事蹟。

《書劍恩仇錄》中著重寫了主人公陳家洛的愛情悲劇。陳家洛的愛情悲劇由兩部分組成，一是他與豪氣過人的「黃衫翠羽」霍青桐之間的愛情，一是他與霍青桐的妹妹，美麗過人的香香公主喀絲麗之間的愛情。

陳家洛的愛情悲劇，可以說完全是由於他自己性格的懦弱造成的。在形象、家世上，他幾乎無可挑剔，出身於官宦之家，考取過舉人的功名，臉如冠玉，人如玉樹臨風，英俊瀟灑，少年得志，文武雙全，人世間的好處幾乎被他占全了。但在他的內心深處，卻是很卑怯的，正是他的懦弱與卑怯，造成了兩次愛情的悲劇，致使自己以及情人都痛苦不堪，以至犧牲了性命。

陳家洛率紅花會群雄幫助回疆的木卓倫部奪還經書，而霍青桐則贈以寶劍，一表感激之情，二定相愛之意，可以說兩人已情愫暗生，這時李沅芷女扮男裝與霍青桐親熱談笑引起了誤會，這在一個真正的勇敢的追求者眼裡實在算不了什麼，但這位可憐的陳家洛就此把妒恨交迸的心理悄悄地掩飾起來，裝得若無其事，不敢表白，不敢追求，甚至不敢去打聽一下。

另外，陳家洛對待霍青桐的矛盾態度還有另一重要原因，這一原因是潛意識裡存在著的，這就是霍青桐英姿颯爽，智計過人，豪邁超群，是一位不折不扣的光彩照人的巾幗英雄，而在陳家洛的內心深處，他是怕娶了一位「巾幗丈夫」，而使自己顯出小男人的真形的。

而陳家洛的第二次愛情，他之所以愛上喀絲麗，並不完全是因為喀絲麗美若天仙，溫柔可愛，更重要的是因為喀絲麗不會武功，不懂謀略，把他當成了無所不能，空前絕後的大英雄、大丈夫，這種感受是和霍青桐在一起時所感覺不到的。

但陳家洛與喀絲麗的愛情最終還是以悲劇結局告終，而且喀絲麗還為之獻出了生命。喀絲麗心目中的天神般的大丈夫陳家洛最後非但沒有保護她，相反為了「國事」而犧牲了她和他的私情，將她做為條件和禮物送給了他的同胞兄長乾隆皇帝。

按照傳統的觀念，「愛情的位置」在中國人心目中的位置始終是處於劣勢的，我們能理解陳家洛的選擇，因為他畢竟是古人，他所面臨的選擇，是「國家利益」與「人的本性」之間的選擇，而在這一選擇中，對中國人而言，私情、人欲及人性的一面，永遠是放在事業、國事、天理的背後的，陳家洛這樣的選擇，也是無可非議的，如果他選擇了愛情反而有些不合情理。

《書劍恩仇錄》中，木卓倫部族抗暴應戰的故事雖寫得不多，但始終貫穿其中。從一開始木卓倫率子女部將來關內奪回聖書《可蘭經》，到最後給香香公主送葬時的整個民族的悲壯憤怒的歌聲，他們從族長到族眾，從男人到女人，從武士到絲毫不會武功的人，諸般行事，無不體現出一種英勇悲壯的氣質，他們民族的每一個分子，都是當之無愧的英雄。

也許是在有意無意之間，作者竟將漢族與回族這兩個民族進行了深刻的比較，紅花會眾英雄的悲劇在於，他們抗清，卻是「反而不抗」，全沒有木卓倫那般「抗暴應戰，神必佑我」的英勇氣概與堅貞的信仰。

《書劍恩仇錄》除了重點寫男主人公陳家洛的愛情悲劇，此外還寫了余魚同與駱冰、李沅芷之間，陳家洛的母親徐氏與紅花會前總舵主于萬亭之間，陳家洛的師父袁士霄與「天山雙鷹」夫婦之間的情事糾葛。

余魚同的悲劇在於他愛上了一位不該愛的有夫之婦駱冰，小說的結尾，余魚同勉為其難地與李沅芷結為夫婦，但其尷尬與悲苦，自是可想而知；陳家洛的母親徐氏與「紅花會」前總舵主于萬亭的愛情故事及悲劇，書中並未正面寫到，只知道徐氏愛的是于萬亭，而聽從父母之命，媒妁之言嫁給了別人，作為女性，她是身不由己的，結果卻是徐氏將其最鍾愛的兒子委託給于萬亭，繼承著于萬亭的反清大業，以寄託一份無望的相思；袁士霄與關明梅可謂青梅竹馬，但袁士霄性格怪僻，最後關明梅嫁於陳正德，避往回疆，而袁士霄又追隨其後，使得袁士霄更加怪僻，關明梅變得暴躁，陳正德則酷性如火，他們這三位是典型的情孽。

從他們這幾組的愛情悲劇來看，我們可以看出《書劍恩仇錄》的深廣的人文意義。而金庸先生的處女作就出手不凡，更是顯示了金庸渾厚的功力，同時也奠定了金大俠的聲譽基礎。

對於《書劍恩仇錄》這部處女作，金庸後來覺得還是有不成熟的地方。

金庸說，寫《書劍恩仇錄》的時候：

「很多道理我還沒有真正懂得，老實說有一些大漢族主義，以為只有漢族才是正統，殺其他的民族是殺韃子，好像漢族的好漢才是英雄，還有以為正邪是絕對對立的，君子殺小人就是天經地義。這些觀念是狹隘的，後來我對歷史有了一些理解，漸漸才明白這些道理，不希望看我小說的人有這樣的偏見，所以在我的後來小說裡都努力避免。」

金庸後來成熟的歷史觀是「民族融合論」，所以在最後封鼎之作《鹿鼎記》中，對異族統治者康熙，給了正面形象的處理。

得勝頭回，金梁一時瑜亮

香港當時的武俠小說是梁羽生一人勝場獨擅，忽然冒了一個名不見經傳的名字金庸出來，一開始根本沒有人注意，沒有人意識到一個真正的大宗師已經產生，新派武俠小說的「真命天子」已經出現。

一九五五年《新晚報》開始連載金庸的處女作《書劍恩仇錄》，最初並沒有引起人們的注意，讀者的反應也是平平。

但是連載到了一個多月之後，情況發生了變化，形勢直轉，讀者和評論家都坐不住了。

人們驚異地發現這篇小說是如此與眾不同，如此氣度不凡。壯觀的場面，活靈活現的人物，扣人心魄的愛與恨的衝突，千頭萬緒的無限可能的線索和情節變幻，生動流暢的語言，全新和突破的觀念……一切都令人神情一振，耳目一新，一掃舊派武俠小說的沉悶氣息。《新晚報》的銷售量急劇增加，報紙每日一出版，人們就迫不及待搶購，並翻開《書劍恩仇錄》的連載版，如饑似渴地讀了起來。

金庸自己沒有預料到有如此轟動的場面，羅孚也沒有想到，正躊躇滿志的梁羽生更是大吃一驚。

《書劍恩仇錄》連載了一段時間後，凡是認識金庸的朋友，見面沒有人不談此書，不來和金庸切蹉武學，印證武功。

不認識金庸的那些讀者，則是紛紛寫信來道賀和討論，金庸每日要收到大量讀者來信。這些談者中，各類人物，各種層級，各種文化水平都有，有銀行經理，有律師，有大學講師，也有拉平車的工人，有七八十歲的老婆婆，也有八九歲的小弟弟、小妹妹。

金庸的小說一出手就是雅俗共賞，老少咸宜，準確地把握時代文化的脈搏。

在南洋的許多地方，《書劍恩仇錄》還被作為電臺廣播和街頭說書的題材。

《書劍恩仇錄》每天在《新晚報》上連載一篇，而金庸也是每天寫一篇交稿，這樣持續不斷，從一九五五年寫到了一九五六年。

偶試身手，金庸就已大獲成功。

《書劍恩仇錄》令金庸名聲鵲起，光芒直逼梁羽生，且大有要後來居上的意思。

而事實上同樣是處女作，《書劍恩仇錄》與梁羽生的《龍虎鬥京華》相比，境界的高超和成熟老辣之處遠要優越得多。

金庸得勝頭回，已是與梁羽生金梁並稱，一時瑜亮。

《書劍恩仇錄》的成功引發熱議，經常有朋友問金庸，書中人物是否全部憑空揑造，還是心中以某人為模型？

金庸的答案是：有的寫生，有的想像。如俏李逵周綺，那就是他認識的一位小姐的寫照，此人綽號「糊塗大國手」。天真直爽，活潑可愛。這位小姐常讀《書劍》，常讚周綺有趣，而不知其有趣乃從她身上取出來者也。

金庸氣象萬千，一生的神異之處數不勝數，但算來最大的神奇，當數在武俠小說上的「無心插柳」。

金庸無心的試筆之作，已讓其他武俠小說作家難望其項背，如果金庸也像梁羽生那樣當一個「有心人」呢？他是不是會更有石破天驚的神話留給我們？

一切似乎都是神意和奇蹟。

這就是金庸偶然而命定地成為一個武俠小說作家的謎底。

《碧血劍》大手筆，境界自高

《書劍恩仇錄》在香港的風行和走紅，使得「金庸」這個名字有了金字招牌的價值，金庸的作品理所當然地成為了搶手貨。

一方面是市場的需要，讀者的呼聲，另一方面是金庸寫了《書劍恩仇錄》後自覺還不過癮。金庸心中的慷慨悲歌的俠情已經從他內心的深處引了上來，有了一個暢快的出口，所以這時他想收也收不住。

所以金庸又開始了第二部武俠小說《碧血劍》的寫作。

那時羅孚同是《大公報》副總編輯和《新晚報》總編輯，一度曾負責系統內《香港商報》的工作指導。

還是因為羅孚的原因，金庸為《香港商報》寫稿。這是金庸至誠君子和信人的一面。飲水思源，金庸不是那種過河抽板之人。

儘管此時多家報社都以重金相許，誠邀金庸為他們寫稿，但金庸並不急功好利，而是踏踏實實，一步一個腳印，堅持寧少勿濫的原則，要品質而不追求數量，金庸只是從容地慢慢進行自己的寫作，勝似閒庭信步。

從這一點小小的細節上，就可以看出金庸與其他許許多多才子型作家的大分別，金庸從不做自毀清譽的事，率性而不任性。

比如古龍，雖然是百年不遇的錦繡才子，但古龍的任性和不負責，多多少少影響了他的天才的發揮。如果古龍學到金庸踏踏實實作風的一半，不知古龍會出現怎樣的大奇蹟。

在一個公開場合，金庸曾表現出對古龍的這種才華浪費的痛惜，金庸說：

「古龍的小說比較歐化，是用現代人的想法表達傳統的武俠事件，走的是另外一條路。由於個性的原因，他的小說大多不能堅持寫完，只寫一半就交由他人寫。如果他自已能堅持寫完，就可能出許多好作品，但由於別人代寫，就不及他的水準了。所以古龍小說參差不齊。」

這是題外話，現在言歸正傳，說金庸認認真真寫第二部作品《碧血劍》。

如果說《書劍恩仇錄》尚是金庸的試筆和練筆之作，尚有所保留，刀法尚屬謹慎小心一路，此時寫《碧血劍》，則是開始變招，出新招奇招，體現金庸對武俠小說獨特的理解和藝術風格上有意識的追求。

金庸寫《碧血劍》，是在一九五六年的事，從一九五六年一月一日到一九五六年十二月廿一日在《香港商報》上連載。

此時《書劍恩仇錄》的連載尚未結束。所以一九五六年的前八個月，金庸每天同時連載兩部小說，直到一九五六年九月五日《書劍恩仇錄》才完結。

《碧血劍》寫的是明朝末年朝廷腐敗，義軍起義的故事。

主人公袁承志，乃明末抗清名將袁崇煥的兒子。

袁崇煥因滿清使反間計，被昏聵的崇禎皇帝所殺，實是歷史上的千古奇冤。金庸後來專門寫了一部《袁崇煥評傳》。

袁承志身懷家仇國恨，立志報仇。

袁承志的家仇是針對明朝正統崇禎皇帝，國恨則是針對滿清韃虜，所以立場上當然就站到揭竿而起的義軍李自成等一邊去了。

中國傳統歷史觀歷來是把農民起義作為「亂匪」看待，已有的武俠小說或歷史小說，從來沒有把李自成這樣的義軍作正面形象處理的。金庸以大手筆，改寫了武俠小說或歷史小說中的政治觀和歷史觀。

所以《碧血劍》的立意和境界自高一籌，從世界觀方法論上就將其他的舊派武俠小說比了下去。

讀者在這裡應該細緻地辨別出金庸的政治態度。

金庸氣象萬千，在武俠小說之外，從商、從政、治學都有不凡的成績，那是因為金庸博大的學養和境界非一般的錦繡才子們可比。

所以金庸的武俠小說，從來不單純是武俠小說，往往有更深的意義、更深的政治情結的象徵和隱喻。

在這一章中，我們要想理解武俠小說作家的金庸，不能不把眼光看得更廣闊一些。

上個世紀五十年代，新中國剛剛成立，這種背景往往使人想到李闖王的義軍和明廷覆滅的那一段歷史。

毛澤東進京前專門向共產黨的高級幹部們談了這一段歷史。郭沫若曾因此寫了《甲申三百年祭》長文來談這段歷史，目的是以古諷今。

金庸此時的政治態度是偏向紅色新中國的，五十年代初，金庸甚至還北上去外交部求過職。

而金庸所在的《大公報》，也是一份左派報紙。這些方方面面，可以看出金庸的一些政治心跡。

關於《碧血劍》中的金庸的政治觀、歷史觀，我們另文專門討論，此處帶過一筆，只是提請讀者注意，幫助讀者對武俠小說作家的金庸有著更為全面的理解和認識。

現在我們來談金庸在《碧血劍》中藝術手法的創新和努力。

金庸在《碧血劍》中的創新是將嚴肅文藝小說中的手法引入了武俠小說，為武俠小說的發展在技術上作出了貢獻。

《碧血劍》中，除袁承志外，另一個很重要的人物是「金蛇郎君」夏雪宜。

夏雪宜的故事幾乎貫穿全書，但夏雪宜卻根本沒有出場，因為書中一開始，他已經就是死人了。

金庸吸取外國文學作品的表現手法，在武俠小說中運用倒敘和插敘的形式來展現波瀾起伏的故事。

「金蛇郎君」雖然在書中並沒有出場，但通過溫儀與何紅藥兩個女人動情的回敘和追憶，他的性情、性格、身世、故事都一一清晰地展現出來了。

武俠小說中倒敘和插敘的使用，使小說的表現形式更豐富，更能體現出起伏跌宕和波瀾壯闊的場面和情節，增加了小說的可讀性、藝術性、深刻性和複雜性。而這正是新派武俠小說和舊派武俠小說的重要區別。

一部《書劍恩仇錄》，也許是偶然的，但到了一部《碧血劍》，偶然的金庸已成了必然的金庸，無可爭議和毋庸置疑的金庸。

《碧血劍》一出，全香港市民從上到下無不爭讀傳誦，金庸的名氣更大了，聲譽更高了，社會地位也更穩固。

金庸在撰寫《書劍恩仇錄》的時候，已從《新晚報》又調回了《大公報》。以前他是編電訊稿和國際新聞，現在改編副刊。

雖然此時金庸還是《大公報》副刊的一個小編輯，但已是今非昔比，身分和地位早已改變，沒有人會因為他是小編輯而輕視他。

而武俠小說《書劍恩仇錄》、《碧血劍》除了給他帶來大名氣外，也給他帶來可觀的收入。

五十年代金庸到香港來，之前因為在上海大操辦婚事，講排場講過分了，欠了一大筆債，到香港時他身無分文，下飛機連坐巴士的錢都是在飛機上臨時借的，所以金庸剛到香港的困窘是可想而知。

但是一切都過去了，一切都改觀了。此時金庸文思噴薄，大寫特寫，除武俠小說，還有電形劇本、影評、散文等，這些稿酬的收入，徹底改善了金庸的經濟條件。

所以雖然是「武俠小說在金庸生命中所占比重不大」，但事實上卻還是這「無心插柳」的收穫解脫了金庸，使他可以不再為生活的瑣事煩心，使他可以有精力有基礎去實現他那些種種的無限可能性。

《碧血劍》這部小說的主人公袁承志，乃是明末抗清名將袁崇煥的兒子。

袁崇煥因滿清使計而被明朝末代皇帝崇禎所殺，袁承志則被袁帥的舊部諸將所收養，學成絕藝，矢志報仇，他的仇家正是滿清的皇太極以及明朝的崇禎帝。

其時天下風雨飄搖，加之連年水旱成災，流寇四起，元氣大傷。李自成揭竿而起，內抗明朝昏君，外抗滿州韃虜，這樣袁承志理所當然地支持擁護李自成而反對崇禎，抗擊滿清。《碧血劍》這部小說表面上是袁承志的學藝報仇的故事，實際上卻寫了崇禎、皇太極、李自成這三方，寫了大明、大順、滿清這三朝，是明末清初數十年戰亂的歷史真實再現。

《碧血劍》的開頭和結尾，寫了一個與小說的中心情節及主要人物毫不相干的故事。渤泥國華裔青年張朝唐，因仰慕故鄉人情、風土，回到大陸，卻幾次遭到明朝官兵的殺害，幸得袁承志相救，回到了渤泥國。而十年後，建了大順王朝，張朝唐以為天下太平了，因而又回到了中土，誰料遭遇竟與上次一般無二，只不過換成了李自成的大順朝的官兵。小說這樣開頭和結尾，言簡意賅地描繪出了歷史背景與時代氛圍，同時也暗示了小說中主人公的命運。

《碧血劍》中敘述了袁承志與夏青青的愛情故事。看起來這好像是一段美滿的姻緣，其實這段姻緣對於夏青青來說似乎是美滿了，而對於袁承志來說卻是以內心的苦澀作為代價的。

夏青青是袁承志成年下山之後見到的第一個女性，自從夏青青女扮男裝和袁承志結拜後（這種結拜也是夏青青一廂情願的），夏青青就從未離開過袁承志，而此後只要有一點風吹草動，只要別人的言語裡有一絲一毫的線索，那怕是很明顯的玩笑，她也不放過。如在第四回「劍光崇政殿，燭形昭陽官」中，因單鐵生有求於袁承志，因此送了禮物來，大家都不知是什麼意思，都在亂猜。青青暗想那獨眼龍可惡，別真的要招大哥做女婿，夜裡飛身躍入七家豪門大戶，每家盜了些首飾銀兩，再給放上一張獨眼龍肖像。

夏青青的任性和胡鬧，而袁承志對於夏青青，有的只是一次兩次無奈的承諾。在袁承志夜訪安大娘之後，青青一如既往地生氣潑醋，袁承志無奈又作了第三次承諾：「我以後永遠不會離開你的，你放心好啦！」

袁承志此時也以為自己對青青負有責任，這種表白，其中有多少是出於愛情，多少是出於安慰，多少是報答她的一腔真情，是袁承志自己也搞不清楚的。直到阿九的出現，直到他無意中闖進皇宮，從此他的心中就多了一個秘密，也多了一份苦澀。

可是青青還是憑著女人的妒忌和敏感，發現了連當事人心中都不大明白的情感真相。《簡愛》的作者夏洛蒂曾這樣談論愛情：「愛和嫉妒是一對孿生姊妹，因為愛而反對交異性朋友，似乎也無可非議，但這樣總使他想避開她的監視，掙脫她的管制，背其道而行之。……」

而袁承志只因對青青有了承諾，加之他是金庸筆下的「俠」，他就只能用「青弟對你如此情意，怎可別有邪念？」這樣的話來進行自我克制，而且也因為阿九是自己仇人的女兒，自己也不能和她在一起。

這悲苦的一幕可以說是無可挽回的，袁承志「心神大亂，不知如何是好」，也意味者他對阿九的感情「不知如何是好」。

袁承志不可能違背他對夏青青的愛的承諾，所以他只有將對阿九的愛永遠埋在心底，只有獨自承受內心的苦澀。如果袁承志拋棄了夏青青而與阿九結合，那也將受到道德的抨擊和良心的譴責。袁承志這樣的選擇，他的道德和良心雖然是平衡了，但他的愛情和幸福卻悄然消失。《碧血劍》的意義，顯然是遠遠地超越了袁承志復仇故事的表象，從中透示出了更為深遠的歷史慨嘆，即「昨日的萬里長城，今日的一縷英魂」，以及「嗟乎興聖主，亦復苦生民」。

無論是怎樣的戰爭，受害者永遠是天下的小百姓。《碧血劍》中袁承志、夏青青、阿九等主要人物，都是生存於歷史悲劇的陰影之中，他們的命運已到了一種別無選擇的令人悲哀的境地，所以只有出家，只有背井離鄉，才能夠去尋找到他們理想的樂園。

龍鵬之戰，金庸一統武俠江山

金庸氣象萬千而有大才，最具英雄膽色和高瞻遠矚的眼光，最善於在人生俠路把握時機，一有機會，即果敢而堅決地作出選擇。

一九五七年，金庸離開了《大公報》，進入當時香港最大的電影製片公司之一的長城電影製片公司，尋求新的發展。

這是金庸在電影業上的傳奇，我們後面將會談到金庸的這段經歷。現在我們的目光還是專注於作為武俠小說大師的金庸在武俠小說上的奇蹟吧。

武俠小說的寫作給金庸帶來了意想不到的財富、名聲和諸般好處，但金庸還是沒有全力而為。

金庸始終把武俠小說的寫作當作一種業餘愛好，業餘活動，這是金庸的傳奇和神異。

縱觀天下各路武俠高手，一旦寫作成功，無一不是把這種武俠小說的寫作當成是自己的專業，無一不是走向專業的武俠作家之途，靠此一專業安身立命，豐衣足食。

說來讓人難以相信的是，金庸作為天下武林盟主，卻一直都是一個「業餘武俠小說作家」，金庸的武俠小說寫作確實只佔據他生活中的一個業餘的部分。

一九五七年金庸進入長城電影公司，電影成了金庸的專業。

第一年到電影公司便出手不凡。金庸根據郭沫若《虎符》改編的第一部劇本《絕代佳人》，由夏夢主演，獲文化部金章獎。

只是作為一種人生的補充，金庸業餘繼續每日不間斷地寫武俠小說，為報紙的連載每日供一稿。

金庸緊接著《碧血劍》之後，推出《射鵰英雄傳》，從一九五七年一月一日到一九五九年五月十九日，在《香港商報》上連載。

《射鵰英雄傳》一經連載，人們的注意力隨即大為轉移，被金庸的新境界、新視野、新手法、新氣象所吸引。

此時的香港武俠小說界正是最為熱鬧之時，正處於中原逐鹿的時期。

自一九五三年梁羽生開寫《龍虎鬥京華》以來，武俠小說的創作高潮立時湧起。

香港武俠小說自此風起雲湧，佳構輩出，許多寫手玩家紛紛效尤，投身江湖，如張夢還、倪匡、牟松庭、蹄風、金峰等錦繡才子，皆下海操刀。

此時梁羽生雖被公認為開山功臣，金庸也是後起之秀，但諸位武俠小說作家俱是平分秋色，難分高下。

你有你的高招，我有我的妙處，總之是群雄割據，各霸一方。

「真命天子」到底是誰？沒有人敢於先下斷言，武林盟主的寶座還是虛設，沒有人去坐。

一九五八年金庸創作《射鵰英雄傳》，湊巧的是另一位當時很叫坐的武俠小說作家張夢還，正在報上連載一部叫《沉劍飛龍記》的武俠小說。

一鵰一龍，倒是妙對。

香港新聞界的秀才們是何等敏感和有眼光，立時看出這中間有題材可炒，可以引起人們的關注。於是「龍鵰大戰」的說法便出爐了，張夢還的《沉劍飛龍記》與金庸的《射鵰英雄傳》擺下了擂臺，讀者翹首以盼，要看看誰是真正的英雄，真正的「天驕」。

這裡介紹一下張夢還。

張夢還，原名張擴強，生於一九二九年，四川人。張夢還最推崇民國武俠小說家還珠樓主的作品，故取筆名為「夢還」。

張夢還著有多種武俠小說，其中《青靈八女俠》、《十二女金剛》，行文有還珠樓主之遺風，書中有峨嵋女俠的影子。

張夢還的《沉劍飛龍傳》當時也十分叫座，該書以明代文學家方孝孺的後裔為主角，寫復仇與門戶之爭，情節緊湊，扣人心弦。

該書當時敢與金庸的《射鵰英雄傳》叫陣，當然也不是庸品，自有其可觀之處。

但是，擂臺很快就見出了勝負。

《射鵰英雄傳》一出，那是真正的「全城轟動」，金庸此時無人敢與爭霸，武林至尊的寶座名分終於定下，再沒有人懷疑，金庸便是武俠小說作家中的「真命天子」。

《射鵰英雄傳》的發表，給金庸帶來了永久性的聲譽。金庸的好朋友倪匡後來回憶說：「等到《射鵰英雄傳》一發表，更是驚天動地，在一九五八年，若是有看小說的人而不看《射鵰英雄傳》的，簡直是笑話。」

寫了大一統的江湖格局，東邪西毒、南帝北丐，其場面之廣，氣度之大，無論是人物還是情節，都足以壓倒其他所有的武俠小說。

「龍雕之戰」見了分曉，張夢還本人輸得非常服氣，毫無怨言。

事實上張夢還的《沉劍飛龍記》能與金庸的《射鵰英雄傳》有此一段曲折，倒也正是一段文壇佳話。

金庸自此王霸之業已成，其天下的統一地位在香港無人可以仰視，其他武俠小說作家自知難與爭鋒，從此見風使舵，儘快轉向改行。

張夢還的《沉劍飛龍傳》之「龍」輸給金庸的「神鵰」之後，後來竟退出武林去做專業騎師了，此為後話。

對大陸的許多人來說，熟悉金庸可以說是從《射鵰英雄傳》開始的，當一九八三版《射鵰英雄傳》的電視連續劇在大陸首映甚至後來再映時，說萬人空巷也是毫不誇張。

金庸憑藉《射鵰英雄傳》，坐上了武林盟主的寶座。

《射鵰英雄傳》的開篇，講述郭嘯天與楊鐵心這兩位山東好漢不忍金人肆虐，住在江南臨安牛家村，兩人妻子同時懷孕，遂指腹為婚，誰知雙雙家破人亡。

郭嘯天之妻李萍被兇惡的段天德所擒，歷盡艱辛，終於逃出魔掌，在荒漠的草原上獨自生下郭靖，險遭夭折。

然而郭靖由於自幼生長在大漠，在蒙古民族純樸豪邁的民風民俗的感染下，成了一位大智若愚、至剛至毅的大丈夫。

他在跟隨恩師「江南七怪」學藝時，因不得法且又資質魯鈍，反應又慢，本領並不高強。後巧遇機靈過人、刁鑽古怪的黃蓉，得到丐幫幫主洪七公至剛至陽、簡練實用的降龍十八掌，加之他豪邁超群，心地忠厚，終成為一代為國為民的俠之大者。

而楊鐵心之妻包惜弱，被郭楊兩家慘禍的罪魁金國王爺完顏洪烈騙走，並嫁給了他。包惜弱生下楊康，而楊康自然成了小王爺完顏康。楊康師從全真派高手丘處機，他機智靈敏過人，學武一點就通，但在王府之中，形成了只顧自己，不知有人的自私自利的涼薄天性。

僥倖逃生的楊鐵心，帶著義女穆念慈尋訪楊康母子和郭靖母子，碰到了楊康。楊康的父母雙雙死在他面前，使他明白了，他是楊康，而不是完顏康。可他貪念王府的富貴，不聽對他一見鍾情的穆念慈的勸阻，最後慘死在嘉興的鐵槍廟中。

小說中的主人公郭靖，在金庸先生的小說中是最為魯鈍的一個，他的魯鈍使他的師父江南七怪黯然神傷，連洪七公開始都不願意正式收他為徒，東邪黃藥師更是不願意要他這個傻女婿，老頑童周伯通雖與他結拜為兄弟，但他知道這是個呆頭呆腦的兄弟。

在金庸的小說中，最被讀者豔羨的甜蜜情侶恐怕莫過於《射鵰英雄傳》裡的郭靖和黃蓉了，他們最終獲得了美滿的結局。

郭靖憨人有憨福，老實到家，然而老實自有老實的好處，他和黃蓉兩人，一個古靈精怪，聰明伶俐，一個是全無機心，古道熱腸，一拍即合，看似偶然，實近情理。見面之初，請酒、贈衣、送馬，一個是處處刁難，一個是有求必應，大拙勝巧，黃蓉果然沒有了招，竟被一個傻郭靖感動得嗚嗚咽咽地哭了起來。此處寫得真是妙絕，這一哭，黃蓉小女兒的心思就全放在了傻哥哥郭靖身上，郭靖全然不知他已中了大彩。

郭靖一生的成功和幸運，正在於其性格之真、之憨、之癡、之執處，看他熱血上湧，大踏步向崖下赴死，此無上境界，生而知之。饒是黃蓉萬般聰明，萬般伶俐，練門之處卻被郭靖拿住，物物相降，此生彼長，又是絕妙。非郭靖治不住黃蓉，非黃蓉治不住周伯通，好看之極。

由此可見，郭靖的成才，除了他的「以勤補拙」，專心致志外，也與他的博大胸襟有關，所以，他最後成為了金庸筆下的「俠之大者」。

《射鵰英雄傳》最大的成功，是塑造了郭靖這樣一個「為國為民」的「俠之大者」，這是此前任何武俠小說沒有達到的俠義境界。

我一直說金庸是儒家的浪漫主義，郭靖的形象就是一個最好的例證。

二〇〇〇年九月廿三日，金庸在湖南嶽麓書院接受採訪時說：

「中國傳統儒、道、佛，實際上最最重要的是儒家，嶽麓書院是儒家一個重要中心，我也不能作違心之論，實際上我寫的很多正面人物可以說是儒家，但是他們不是讀書人，好像郭靖，所謂『知之不可為而為之』，其實他知道守襄陽是守不住的，但是他明明知道這件事做不到的，儒家的教訓說就是『殺生成仁捨身取義』，只怕犧牲性命也要做的，這是儒家的精神；如果道家、佛家，這個事情跟我無關，道家就是看破了，襄陽守得住守不住沒關係的，最後還是一樣的，佛家（認為）你不要對世事這樣投入，襄陽守住守不住也是空的，不必去努力了。儒家（認為）這個事情明明做不到的，理所當然（認為）應該去做的就做了，所以郭靖跟黃蓉的精神是完全儒家的作風，不過我沒有特別講出來而已。」

這次金庸明確承認了，郭靖跟黃蓉的精神是完全儒家的作風：知其不可為而為之。

《雪山飛狐》，結構精緻完美

從《書劍恩仇錄》開始，武俠小說就已成為金庸的生命和事業中必不可少的一個部分，成為了金庸身體上的血中之血，肉中之肉。

《射鵰英雄傳》即將完成之後，金庸又馬不停蹄地開始另一部武俠小說的寫作——《雪山飛狐》，從一九五九年二月九日到一九五九年六月十八日在《新晚報》第七版最醒目的頭條版位上連載。

金庸的小說都是在報紙上連載，報紙每日出版不會間斷，所以事實上三年來金庸沒有一天停止過武俠小說的寫作，這樣每日的功課，連節假日也不曾間斷。

因為報紙連載，每日一篇，每篇一千字左右，寫稿送稿，金庸的工作量可想而知。一千字說來不多，許多錦繡才子也許看不上眼。

事實上當時的風氣也是這樣，一個較成功出名的武俠小說家，哪天不是幾千上萬字地寫，同時為六七家報紙的連載寫稿，他們絕不會像金庸這樣老實，一天只寫千字左右。

上個世紀五十年代如諸葛青雲、臥龍生、司馬翎等當時出名的武俠小說作家，每日在各大報刊上連載數篇武俠小說，最多的一天要寫六七篇，這是準確的資料記載。

然而金庸就是金庸，金庸不是其他人可比，也不是常人可以測度。

金庸後來的說法是：武俠小說在他生命中「最初時候比重是不大的」。確實每日一千字的寫作，對於一個作家、文人、寫手來說，實在是不算多的。

也許這就是金庸的「在戰略上輕視敵人，在戰術上重視敵人」。

金庸在「戰略」上雖然並沒有像其他武俠小說作家那麼看重，但在戰術上，真正動筆寫的時候，其實他是非常用心的。

熟悉金庸的人都知道金庸的寫作速度不快，甚至算有些慢了。

比如金庸寫《明報》社論，三百字要寫上一個鐘頭，確實是「慢」得出奇。

金庸每日寫一千字的武俠小說，恐怕要比別人幾千字花的時間和精力還要大吧！

金庸確實是有帝王般沉靜舒緩和龍象之姿，這和他寫作上的舒緩倒非常的吻合一致。

金庸就這樣不慌不忙，不快不慢，不斷不續地寫下去，寫出了《雪山飛狐》。

《雪山飛狐》並不長，不過是一個中篇。

為什麼不是一個長篇？

從《雪山飛狐》一九五九年六月十八日截止的日期看，正是與《神鵰俠侶》一九五九年五月二十日開始在《明報》創刊號上連載的日子接近。所以，很多人推測金庸是腰斬《雪山飛狐》，撤出《新晚報》，全力以《神鵰俠侶》支撐自己的《明報》，據說為此《新晚報》裡很多人為此大罵。

即使是這樣，《雪山飛狐》依然獲得成功，特別是後來金庸七十年代精心修改，讀者很難看出其結尾有突兀之處。

一般的評論家公推金庸的長篇小說最拿手，如梁守中在《武俠小說話古今》中說：

「金庸善作長篇小說，在長篇中，充分馳騁想像，寫得酣暢淋漓，遠勝於他的中篇、短篇。他對長篇有驚人的駕馭能力，篇幅越長，越能顯示他的本領。他揮動如椽大筆，縱塗橫抹，時而大開大合，波瀾起伏，時而細針密線，精工雕刻。書中線索紛繁，懸念迭起，使人無法預測故事情節的變化發展，往往在看似山窮水盡之時，卻突然峰迴路轉，柳暗花明，另生一種境界。端的是妙手奇筆，匪夷所思。金庸博大精深，胸羅萬象，文筆雄渾恣肆，想像超妙入微，洞燭人性，描寫深刻，博採眾長，匠心巧運，熔中外古今於一爐，確非常人所能及。」

這樣的評論當然見解是深刻的，頗能代表許多評論家的心聲。

金庸確是以長篇小說驚服世人，好比橫空出世之莽崑崙，因此金庸的短、中篇小說就容易輕易被人忽視。

比如《雪山飛狐》，雖不是橫空出世，但也足可稱之為石破天驚！

《雪山飛狐》結構之精緻完美，情節之離奇而又合乎情理，懸念之絲絲入扣，人物之栩栩如生，都是別的小說所不能比擬的。

許多高明之士都看好此一並不長的中篇，如後來的武俠大家溫瑞安，為評論《雪山飛狐》，居然專門為之寫了一本書。

《雪山飛狐》主要寫胡斐與苗人鳳和胡一刀夫婦的江湖恩仇。金庸自己說：「《雪山飛狐》真正的主角其實是胡一刀。胡斐的性格在《雪山飛狐》中十分單薄。」

但這「真正的主角」胡一刀，其實在書中並沒上場，和《碧血劍》的手法一樣，是用了倒敘和側寫的手法，交代了胡一刀的故事。

所以書中的主要人物苗人鳳、胡一刀夫婦的性格特點、故事等，都是間接寫出，而直寫明寫的胡斐，不過是為了襯出內在隱伏的故事而設置。

這樣的高明手法，要以金批西廂的點評手眼才可看出，「只為要寫此一個人，便不得不又寫一個人」，「然則《西廂記》寫紅娘，當知正是出力寫雙文。」

金庸出力寫胡斐、苗人鳳，其實「正是出力寫」胡一刀。

金庸「偶然」進入武俠小說的寫作，相比之下，寫《書劍恩仇錄》和《碧血劍》，還是沒有全部投入，還是有些「遊戲」手筆。但寫《雪山飛狐》就不同了，金庸寫《雪山飛狐》真正下了苦功，真正用了心，以至於他寫到後來，真正喜歡上自己的這部小說，整個人都完全投入了小說之中。

《雪山飛狐》的結局更是奇特，書中最後胡斐和苗人鳳這一對江湖死敵碰在了一起，要在刀下見個真章，一切的恩怨要用刀和血來解決。

胡斐和苗人鳳鬥智鬥勇，生死相爭，最後兩人到了一處絕壁懸崖之處，再沒有絲毫的迴旋餘地，真正到了你死我活的關頭，無論雙方誰輸一招，都要跌入萬丈深淵無法活命。

多年的江湖恩怨今日此時必定要解決了！

胡斐和苗人鳳已到最後關頭，苗人鳳已經輸了，然而胡斐這一刀並沒有立即砍下去：

> 那時胡斐萬分為難，實不知這一刀該當劈是不劈。他不願傷了對方，卻又不願賠上自己性命。
>
> 他若不是俠烈重義之士，這一刀自然劈了下去，更無躊躇。但一個人再慷慨豪邁，卻也不能輕易把自己性命送了。當此之際，要下這決斷實是千難萬難……

金庸確實寫得糾纏難解，一步三嘆，令人讀之盪氣迴腸，揪心懸膽。

胡斐這一刀到底砍不砍下去，此時所有的讀者都屏息斂氣，等待金庸宣判最後的結局，但就在這時金庸戛然而止筆，全書到此結束！

「他這一刀到底劈下還是不劈？」

金庸傳奇豐富的一生，有無數的謎讓人難以解譯，金庸的武俠小說也同樣有無數難解之謎，但恐怕最為直接最為讓所有的讀者關心的謎就是：

「他這一刀到底劈下還是不劈？」

《雪山飛狐》在香港連載完畢，讀者無不轟動譁然，認識不認識金庸的讀者，紛紛來電來函或直接面問金庸：「金大俠，胡斐那一刀到底劈下還是不劈？」

《雪山飛狐》連載過程中本來就是全香港之人爭讀，連載一完，更吊起了讀者的胃口，一時間大街小巷都在談「這一刀劈不劈」的問題，甚至有的報紙還專門開了欄目，讓讀者參與討論，各抒高見。

金庸自己說：「寫到最後，胡斐的矛盾，就變成了我的矛盾，同時苗人鳳的痛苦，也成了我的痛苦，這兩人如何了斷恩怨情仇，連我也決定不了，所以胡斐那刀到底砍不砍得下去，我無法知道……」

金庸給讀者留下了謎，這個謎從《雪山飛狐》一問世到現在三十多年來，一直困擾著一代又一代的讀者。

一九九四年金庸訪問北大，與北大學生們歡聚坐談之時，學生們還念念不忘要親自問一下金大俠，胡斐那一刀劈下還是不劈下？

問：《雪山飛狐》的最後結局是什麼？

金庸笑了笑，回答說：「這個問題不能講，留給各位自己去想像。有一讀者給我寫信，說他為了這個問題常常睡不著覺。我要向他說聲對不起了。不過這樣或許能給他留下更深刻的印象。如果你把答案寫出來，他就不會失眠了。」

金庸聽這種問題耳朵都聽出繭來了，所以回答時也答油滑了。

創《明報》，人生俠路新里程

金庸的大才非一般錦繡才子可比。金庸的眼界之高，也不是常人所能想像。

儘管金庸在武俠小說上取得了大成功，儘管這種成功對任何一個武俠小說作家都將是天大的喜事，但金庸本人還是不看重自己的這種成功。

金庸始終是一個「業餘武俠小說作家」，金庸始終不肯全力以赴。

金庸並不是看不起武俠小說，也並不是不知道自己武俠小說的價值。

更早一些時候，武俠小說確是地位不高，不僅一般的文化人看不起武俠小說，連那些武俠小說作家自己也看不起自己。

像民國時期的著名武俠小說家們，都是這樣自己作賤自己的。

梁羽生所崇拜的宮白羽，居然把自己為生計撰寫武俠小說當作是自己的終生恥辱。

一代天驕，眾望所歸的武俠小說之王還珠樓主，後來也在報刊上公開發表檢討，後悔自己為生活所迫而撰寫武俠小說。

鄭證因在談及自己的作品時說：「我寫的這個不叫玩藝兒。」王度廬更認為自己「難登大雅之堂」。

金庸把武俠小說當作是業餘活動，與上述這些作家有本質的不同。

聰明的金庸當然能看到舊的武俠小說的局限性和失敗之處，宮白羽等自我輕賤，其實是咎由自取。

舊派武俠小說迎合低層次市民趣味和娛樂市場，追求的主要是閱讀快感，而不注重作品本身的藝術性，這就決定了舊派的武俠小說哪怕是大受歡迎的作品都不可能帶有任何藝術上的講究和造詣。

另一方面，這些武俠小說作家的寫作目的，確實是為了「稻粱謀」，立意就不高，如宮白羽、鄭證因等，寫武俠小說是為了賣文糊口，按字數拿錢，當然字數多多益善，每回寫作幾千上萬字，有時同時為四五家報紙撰寫四五部小說，這樣的匆忙和倉促，當然不可能寫得很好，當然不可能在藝術上有多少講究，當然羞於見人。

評論家指出，民國時期的武俠小說之所以大量刊行，是畸型的市場需求，並不是作品本身藝術性之功。舊派武俠小說的一度繁榮，其實不過是數量多而已，這正是武俠小說的悲劇。

自五十年代香港武俠小說新的熱潮來時，金庸就警惕地看到這些。

金庸知道，如果不善於珍惜自己的羽毛，即便飛上天去，也終有墜地的時候——後來的天才武俠小說家古龍的悲劇正是這種例子。

金庸的心性比天高，既然他偶然為之，一時技癢而開筆寫了武俠小說，他絕不能重複前人的悲劇，他一定要寫出一個名堂來，真正為武俠小說正名。

所以金庸一直小心謹慎，不以牟利為目的，不求數量，只求品質，每日從容寫一點，但要寫好。

金庸試圖通過嚴肅的創作，通過塑造人物和表現人物的內心世界，來證明武俠小說是一種不輸於其他的文學樣式。

金庸從不看輕自己的武俠小說，他一再強調：

「我個人始終覺得，在小說中，人的性格和感情，比起社會意義具有更大的重要性。」

「我寫武俠小說，是想寫人生。」

金庸絕不是看輕武俠小說，而不肯全力投入。

金庸不滿足於「武林盟主」的這種成功，僅僅是因為他身懷大才，不滿足而已！

所以當金庸寫出《射鵰英雄傳》後，即是一九五九年，金庸不僅繼續把武俠小說當作他的副業，而且又作出了重大的選擇，離開了長城電影公司，自立門戶，當起了企業家，創辦了《明報》。

金庸開闢了一個新的事業天地，他走上了人生俠路的一個新里程。

《明報》的發展和成功的細節，我們將在後文介紹。

《神鵰俠侶》，苦苦支撐《明報》事業

只有金庸這樣的大才，才可能承受如此巨大的壓力和艱苦的工作。

創辦《明報》，不知要傷透多少腦筋，特別是作為《明報》老總的金庸，創業之初，事無巨細，都要親自過問，親自打理。

金庸竟有如此的萬千氣象，一身數任，他還能寫武俠小說，而且還能寫得更好。《射鵰英雄傳》一出，舉世驚為絕唱、神唱，沒有人能想到金庸還能寫出比《射鵰英雄傳》還精彩還好看的武俠小說來。

但是金庸卻把奇蹟做給眾人看了。

金庸在創辦《明報》的這一年，即一九五九年，推出了新作《神鵰俠侶》，從一九五九年五月二十日到一九六一年七月八日，在《明報》上連載。

從《明報》創刊的第一天起，就連載金庸的《神鵰俠侶》，每日一篇，每篇約兩千字，登在第三版上。

這時候，《雪山飛狐》還在《新晚報》上連載，金庸要同時負責《雪山飛狐》和《神鵰俠侶》兩部小說的連載。

一直到六月十八日，《雪山飛狐》在《新晚報》上匆忙結束，金庸才有精力專門來寫《神鵰俠侶》。

《明報》創刊號，大約印了八千份，沒有賣完。

多年後金庸懸賞一萬港元求購當時的《明報》創刊號，但是已經沒有人拿得出來了。

金庸非常刻苦，為了他的遠大抱負，他的工作量是空前的，而武俠小說的寫作量也隨之而增加了一些。

金庸後來回憶說，寫《神鵰俠侶》是他寫得最刻苦、最累、心理壓力最重，最嘔心瀝血的時候。

金庸寫《神鵰俠侶》，心都快要操碎了。這是一場馬拉松式的寫作，這部小說差不多寫了三年。

後來金庸在重新修訂自己的作品時，感慨良多地說：「重新修改《神鵰》的時候，幾乎在每一段故事中，都找到了當年和幾位同事共同辛勞的情景。」

這平靜的語氣中，包含了多少奮鬥的血淚和辛酸。

武俠小說雖然是金庸的副業，但事實上在金庸創業之初，全靠了武俠小說帶給他意想不到的好處。

金庸此時擁有無數的武俠小說讀者和熱愛者，金庸的小說以前在《新晚報》《香港商報》上連載，這些讀者爭購《新晚報》、《香港商報》，現在金庸的武俠小說在自己的《明報》上連載，讀者當然馬上跟過來，爭購《明報》了。《新晚報》、《香港商報》沒有了金庸的武俠小說連載的支持，馬上就銷量大減。

金庸正是靠了這在他生命中「比重不大」的武俠小說，支持了他從商最初艱難的創業，使他有時間來充裕地調整、策劃。

金庸的朋友倪匡直言不諱地指出：「《明報》不倒閉，全靠金庸的武俠小說。」

這句話雖然誇張了一點，但無疑卻是一針見血，金庸的武俠小說雖不能改變《明報》的經濟狀況，但至少可以維持《明報》的基本銷售量，苦苦支撐。

金庸非常聰明，他自己明白地看到了這一點，這也是他敢於辦《明報》，被人視為冒奇險的原因。

金庸知道只要有他的武俠小說的讀者群支持，《明報》就有生存下來的希望。這個前提便是他還要寫出《射鵰英雄傳》那樣好看的小說來，不讓讀者失望。這就是金庸寫《神鵰俠侶》的最大壓力所在。

在這之前，金庸寫武俠小說不存在壓力，只須心到筆到，率性寫來就是，寫得讀者究竟有多喜歡，那根本不是很重要的事。

而現在不同了，讀者喜不喜歡金庸的武俠小說，幾乎是金庸從商事業的生死攸關的問題。金庸別無選擇，必須討好讀者。這是金庸的大難題，任你金庸有多大本事，此時都不免要忐忑不安，如履薄冰，不敢草率行事。

金庸實在是有些沒把握，於是他採取了最為謹慎保險的辦法：寫《射鵰英雄傳》的續集。《射鵰英雄傳》已經大獲成功，其中的情節和人物，讀者都已爛熟於胸，而讀者早已接受了其中傳奇的人物，並且喜歡不已，切盼能有機會再睹這些人物的丰采。

所以《射鵰》續集是再保險不過的了。僅僅是郭靖、黃蓉、洪七公、周伯通這些精彩絕倫的人物形象，就可以吸引讀者。最起碼來說，凡是金庸《射鵰英雄傳》的愛好者們，當然無論如何也要來看一看後來這些人物的結局是怎樣的。

一九五九年是金庸炒陳飯，寫續集的一年。另一部《飛狐外傳》（後來一九六〇年一月在

《武俠與歷史》連載），也是金庸想沾《雪山飛狐》成功的光，討一點巧。金庸一年中連寫兩部「續書」，絕不是偶然的事，而是金庸內心辛苦的明證。

《神鵰俠侶》背景完完全全和《射鵰英雄傳》一樣，是不折不扣的「續書」。

金庸在討巧的同時，卻也是在犯險。

文學創作上，最忌諱的也是「續書」，一個作家如果讓他自由選擇，他是無論如何也不想去寫續書的，他寧願另起爐灶，另搭框架，寫完全不同的一部來。

而縱觀幾千年來的文學史，幾乎可以說是沒有一部「續書」是成功的，沒有一部「續書」能夠在藝術上超過它的前身，甚至連續的可能性都沒有。

書不可續，這是寫家的一個最基本、最簡單的常理。

以金庸這樣認真執著的至誠君子來說，他是絕不願意追求商業效果寫續書來草草交代讀者的。

金庸的原則是：要麼寫好，要麼不寫。所以金庸面臨一個巨大的難題，又要寫續書，又要寫好！

這幾乎是不可能的事！然而金庸的奇蹟就在於許多看上去不可能的事，他都毫不費力地做成了。

金庸寫作《射鵰英雄傳》的續書《神鵰俠侶》，他居然寫好了，而且寫得比原書還要好看！

「問世間，情為何物，直教人生死相許！」

《神鵰俠侶》寫得是那樣的動人心魄，驚天地而泣鬼神，真正傾倒了天下人。

倪匡認為，金庸的小說每一部都有男女之情，但唯有《神鵰俠侶》才堪稱天上極品，無一可與之匹敵。

就是在金庸自己的小說中，也沒有哪一部寫得像《神鵰俠侶》那樣錯綜複雜，那樣淋漓盡致，那樣透澈入微，那樣感人肺腑，那樣全面，那樣深入。

倪匡最後精闢地把《神鵰俠侶》總結為是天地間的第一部「情書」。連一向不輕易評論武俠小說的錦繡才子古龍，也相當讚許金庸的《神鵰俠侶》。

古龍說：

「楊過無疑是所有武俠小說中最可愛的幾個人物之一。

「楊過、小龍女之間的感情，也無疑可以算是武俠小說中最動人的愛情故事之一。

「楊過和小龍女就不同了，他們的愛情雖然經過了無數波折和考驗，但他們的愛情始終不變。

「楊過愛小龍女是不顧一切的，沒有條件的，既不管小龍女的出身和年紀，也不管她是否被玷污，他愛她，就是愛她，從不退縮，從不逃避。

「我覺得這才是真正的男子漢大丈夫。」

《神鵰俠侶》的主線就是寫楊過和小龍女之間的愛情故事。

《神鵰俠侶》終於大獲成功，因此也支持了金庸的《明報》事業，金庸嘔心瀝血的一番慘澹經營，終於也有了起色。

《神鵰俠侶》在《明報》上連載，牽動了千萬香港和東南亞華人的心，人們都時刻關注著故事的推進和發展。

楊過和小龍女的愛情最後結局，成了熱點新聞，人們為此議論紛紛。

到了連載快要完的時候，所有的人都在關心：「堅貞不渝，歷盡千辛萬苦的楊過和小龍女，最後能不能重逢團聚呢？」

大團圓結局，古龍支持

《神鵰俠侶》寫的是情的故事，寫的是真正的感情，生死相許的愛，這樣的感情是最有不可阻擋的感染力的。

這種感染力超脫了通俗的故事的框架，而直接打中人性的要害，所以能使廣大讀者的同情心激發到一個前所未有的高度。

現在，《神鵰俠侶》到了結尾的時候了，按照邏輯的發展，楊過和小龍女之間的愛情結局到底會是怎樣的呢？

這是很多嚴肅的作家都會遇到的問題。

一個作家的作品一方面要受到作家自我的藝術良心的約束，另一方面又要考慮到大眾讀者的趣味和喜好，而通常的情況下，兩者是不能融洽的。

作家的兩難是，如果取悅於大眾讀者，將會受到批評界嚴厲的譴責，而相反則將被讀者遺棄，那樣的命運更難以接受。

狄更斯就是一個典型的例子，儘管狄更斯在讀者中獲得最大的榮譽，他的作品歷來長銷不衰，但批評家卻給予了狄更斯以最大的輕蔑，始終不以一作家來看待他。

一般的批評家都相信，以樂觀主義來創作藝術世界以使人們擺脫真實世界，減輕他們的真實痛苦，這種辦法是低級和幼稚的，因為藝術作品給予人的安慰是微妙的、是深奧的，因此，一本悲慘的小說也許會比一本愉快的小說更能安慰人。

金庸快要寫完《神鵰俠侶》時，這時一般的大眾讀者幾乎人人都在期待楊過和小龍女重逢，再續前緣。

而另一些為數不少的「行家」們卻以憤怒的態度監視著金庸，看金庸到底要怎麼寫下去，看他會不會倒向讀者，迎合讀者的趣味，而不顧藝術的真實性。

這些「行家」們認為《神鵰俠侶》應該有一個悲劇的結局才是本分，才合乎邏輯，合乎藝術的規律。

「小龍女被姦污之後再出現，還有什麼光彩可言？還不如讓楊過一輩子苦苦思戀的好。」

金庸面臨了兩難，是迎合批評家的口味，還是順從民眾的選擇？

儘管金庸非常清楚和批評家對抗有什麼樣的結局，但金庸並不在意。

這就是金庸的氣象萬千之處！

這就是金庸的王者風範之處。

大行不顧細謹，大禮不辭小讓，金庸有經天諱地之才，根本不去在枝節問題上多費周章。

金庸在《神鵰俠侶》的結局中，安排了楊過和小龍女最後相見，結果讀者們是人人拍手叫好，個個歡喜——除了那些「行家」非常的不滿和憤怒。

對於批評家的批評，金庸沒有多做解釋，金庸也沒有必要去做解釋。

倒是他的朋友倪匡多次為此「喜劇收場」的結局辯解。

倪匡說，金庸是有苦衷的，「金庸在寫《神鵰俠侶》時喜劇收場，絕對可以諒解，因為那時正是《明報》初創時期，《神鵰俠侶》在報上連載。若是小龍女忽然從此不見，楊過淒淒涼涼，鬱鬱獨身、寂寞人世，只怕讀者一怒之下，再也不看《明報》。」

多年之後，金庸在北大與大學生們座談，大學生們又問起了這一問題，金庸只是含含糊糊地回答說：

「我寫小說不是一下子寫成書的，而是陸續寫，陸續在報紙上連載。我過去每天固定要寫一千字，經常是今天寫，明天發，有時候到國外旅行也要寫，然後寄回來發表。一部小說，當初創作的時候，只是大致想了幾個人物，而後盡可能地根據人物個性和事件的發展去描寫，因此我的小說既有喜劇收場的，也有悲劇收場的，不見得每部小說都是悲劇。依我看還是大團圓的喜劇收場更多些，有些悲劇的收場是沒有辦法的，兩個人物，兩種性格碰到一起非演變為悲劇不可，那就只好讓它成為悲劇了，不存在刻意安排的問題。」

倒是與這件事毫無關係的錦繡才子古龍，對金庸這次在《神鵰俠侶》中的喜劇收場表示大為讚賞，義務地為金庸進行辯護。

古龍說：

「好像有很多人都認為愛情故事一定要是悲劇，才更能感人。我總認為世間的悲慘不幸的事已夠多了，我們為什麼不能讓讀者多笑一笑？為什麼還要他們流淚？假如小龍女因為自己身子被人玷污，又覺得自己年紀比楊過大，所以配不上楊過，因此而將楊過讓給了別人，而且對他們說：『你們才是真正相配的，你們在一起才能得到幸福的。』假如這故事真是這樣的結局，我一定會氣得吐血。這些人也許會認為這故事的傳奇性太濃、太不實際，但我卻認為愛情故事本來就應該是充滿幻想和羅曼蒂克的。就因為我自己從小就不喜歡結局悲慘的故事，所以我寫的故事，大多數都有很圓滿的結局。有人說：悲劇的情操比喜劇高。我一向反對這種說法，我總希望能為別人製造些快樂，總希望能提高別人對生命的信心和愛心。假如每個人都能對生命充滿了熱愛，這世界豈非會變得更美麗得多？」

古龍的說法完全是古龍式的說法，他這樣為金庸辯解，也只是「借他人酒杯，澆自己塊壘」。《神鵰俠侶》結局這樣安排，是敗筆還是絕筆，一直是見仁見智的問題。

不過有一點可以肯定的是，金庸順從了讀者的心願，這樣讀者在接受了《神鵰俠侶》的同時，也接受了他的《明報》，他的《明報》事業因為《神鵰俠侶》的成功之故而得以在慘澹中支持了下去。

《神鵰俠侶》連載一共持續了三年，金庸以超人的負荷力寫完了全書，真正是「把心都要操碎」了。

後來金庸在回憶往事時，曾經深有感慨和心有餘悸地說：「重新修改《神鵰》的時候，幾乎在每一段的故事中，都找到了當年和幾位同事共同辛勞的情景。」

《神鵰俠侶》可以說是《射鵰英雄傳》的延續，書中的主人公楊過，一生遭遇，總是禍福相隨。

楊過是楊康和穆念慈的兒子，楊康慘死後，母親穆念慈又亡，這對於童年的楊過來說是天大的禍事，然而這樣反而培養出他獨特的精神氣質，他可以直覺人情的冷暖，世態的炎涼，從而形成堅忍不拔的意志。

楊過奉行的是「誰對我好，我就對誰好」的原則，遇到郭靖、黃蓉之後，郭靖的仁愛使他感到了溫暖，而黃蓉的多疑與冷漠也使他感到委曲。郭靖將他送到終南山全真教學藝，要讓他學會正宗的內功，但他卻惹出禍事反叛師門，進入古墓從師於小龍女，學會了古墓派的高深功夫。而少男少女在古墓中日夜相對，相互關心，漸生情愫，這又使他違犯了禮教的藩籬。

小龍女跳下懸崖，是想讓楊過放心治毒，沒想到至情至性的楊過就等了十六年，並創出了「黯然銷魂掌」的獨門秘技。

楊過原來對郭靖、黃蓉恨之入骨，在知道真相後，又與郭靖攜手襄陽抗敵，終成一代大俠。

金庸先生在《神鵰俠侶》一書的「後記」中寫道：

「楊過和小龍女一離一合，其事甚奇，似乎歸於天意和巧合，其實卻須歸於兩人本身的性格。兩人若非鍾情如此之深，絕不會一一躍入谷中，小龍女若非天性淡泊，絕難在谷底長時獨居；楊過若不是生具至性，也定然不會十六年如一日，至死不悔。當然，倘若谷底非水潭而係山石，則兩人躍下後粉身碎骨，終於還是同穴而葬，世事遇合變幻，窮通成敗，雖有關機緣氣運，自有幸與不幸之別，但歸根到底總是由各人本來性格而定。」

《神鵰俠侶》從標題上看，似乎充滿了浪漫之意，其實這是一個充滿了悲劇性質的故事，因為自從楊過和小龍女他們相愛之日起，就開始了離多合少的生活，往往舊劫未去，新劫又生，歷盡了苦難，充滿了苦澀和蒼涼之意。他們兩人的愛情故事最曲折、最艱辛、最令人感動，也是金庸武俠小說中寫的最出名、最惹人喜愛的一對戀人。

金代大詩人元好問的一首《近陂塘》貫穿了這部書，「問世間，情是何物，直教生死相許？」這首詩金庸將它寫進《神鵰俠侶》中，不僅貫穿了李莫愁的一生，貫穿了這部書的全部，也可以說是整個金庸小說的情愛世界的主題歌。

金庸的武俠小說寫出了一個又一個愛情故事，提出了一個又一個愛情的疑問，可是卻沒有回答。

書中的「情花」，暗示著人世間的愛情世界，它既是甘美的花，又是苦澀的果，愛情剛開始時，有如甘美的花，只有月下花前的浪漫，優雅而富有詩意，而愛情一旦結了果之後，就會把戀愛時小心掩蓋著的弱點、毛病以及自私的真相一一暴露出來。現實中的許多夫婦都是這樣的。而對愛情也無法下準確的定義，愛情只是一種相互之間的感覺，可以說每一個人都是「仁者見仁，智者見智」的。

在小說中，楊過對小龍女的癡情，可以從楊過自創的一套「黯然銷魂掌」中體現出來。「黯然銷魂掌」取的是江淹《別賦》中那一句「黯然銷魂者，唯別而已矣」之意，可以說這套掌法正符合楊過當時的心緒。書中寫楊過第一次以「黯然銷魂掌」與武功絕頂的老頑童過招，以「心驚肉跳」、「杞人憂天」、「無中生有」、「拖泥帶水」四招，就逼得老頑童手忙腳忙，而老頑童一生嗜武如命，硬逼楊過講出以下的幾招：

「楊過坐在大樹下的一塊石上，說道：『周兄你請聽了，那黯然銷魂掌餘下的一十三招：徘徊空谷，力不從心，行屍走肉，庸人自擾，倒行逆施……』說到這裡，郭襄已笑彎了腰，周伯通卻一本正經的喃喃記誦，只聽楊過續道：『廢寢忘食，孤形隻影，飲恨吞聲，六神不安，窮途末路，面無人色，想入非非，呆若木雞。』郭襄心下淒惻，再也笑不出來了。」

一位聰穎的小姑娘，從笑彎了腰到笑不出來，就是因為她完全懂得楊過此時心中的淒苦，而且她還流下了淚，要「老天爺保佑，你終能再和她相見」。

楊過與小龍女之間的愛情，都做到了把自己交給對方，小龍女為了楊過治毒，躍下山谷，而楊過為了小龍女十六年之約，也躍下了山谷，他們為了愛情生，也可以為愛情死，所以至情至性的楊過與生性淡泊的小龍女最終還是得到了幸福。

《飛狐外傳》，重俠不重武

金庸天縱英才，經營有術，一九五九年創辦了《明報》，用連載《神鵰俠侶》來增加銷路，大獲經營的成功。

此時武俠小說突如其來的熱潮已持續了四五年，傳媒業已經深刻認識到這股熱潮潛在的商業價值。

數年來，香港武俠小說的出版，都是以報紙副刊連載的形式出現的，沒有專門的武俠小說雜誌。

報紙副刊登載武俠小說，畢竟版面有限，一兩千字一天，也只有這麼大的容量了，這樣當然還不能滿足武俠小說迷的需求，由此專業的武俠小說雜誌應運而生了。

一九五九年香港出現了兩本武俠雜誌，一是《武俠小說周報》，一是至今仍在發行的《武俠世界》，不用說，這兩本雜誌一發行就很賺錢了，因為滿足了對武俠小說的「整塊消費」。

金庸辦《明報》，是因為他不是單純的紙上談兵的書生，他還有「修身、治國、齊家、平天下」的大俠理想。所以辦《明報》是金庸的野心和事業，而絕不單單是為了賺錢，絕不是像一些平庸人妄測的那樣在言商。

《明報》起步維艱，靠連載《神鵰俠侶》勉強站住了腳步，但實在賺不了多少錢，而金庸的事業很需要錢，金庸必須賺錢。此時金庸只有寫武俠小說賺錢順手，金庸於是動了腦筋，於一九六〇年創辦了香港第三家武俠雜誌《武俠與歷史》。

金庸寄希望於這本專業武俠雜誌能賺些錢來支撐他的《明報》事業，鋪墊好《明報》的基礎。創業之初，金庸真是嘔盡了心血，為了使這本《武俠與歷史》的專業武俠雜誌在出版界站住腳，他竟在寫《神鵰俠侶》的同時，另起筆寫《飛狐外傳》，專門用來支撐《武俠與歷史》的門面，從一九六〇年一月十一日起開始連載。

金庸的神奇就在於這些地方，金庸的氣象萬千也在於此。此時的金庸同時寫兩部武俠小說，況且《明報》初辦，創業之始，千頭萬緒，無不要事必躬親，一一料理。金庸身受的重負和壓力真是讓人難以想像！

不管金庸成功之後有多少人對他持有不同的看法，而僅憑著這一點，金庸就非常人尺寸測度，金庸不能不讓天下英雄讚嘆一聲，道一聲佩服。

這段時間是金庸一生中最為艱苦的日子，當是確論。然而金庸在此最辛苦艱難的時候，卻依然臨危不亂，以他的大才來安排好這一切，井井有條，絲絲入扣，有一種真正王者風範的從容鎮定。

金庸寫《神鵰俠侶》是在《明報》上連載的，所以必須每天都寫，而同時寫的《飛狐外傳》卻因是在雜誌上連載，就可以錯落時間，精細安排。

後來金庸在結集修訂武俠小說之時，自己介紹了他這時的寫作情況：

「《飛孤外傳》寫於一九六〇、六一年間，原在《武俠與歷史》小說雜誌連載，每期刊載八千字。

「在報上連載的小說，每段約一千字至一千四百字。《飛狐外傳》則是每八千字成一個段落，所以寫作的方式略有不同。我每十天寫一段，一個通宵寫完，一般是半夜十二點鐘開始，到第二天早晨七八點鐘工作結束。作為一部長篇小說，每八千字成一段落的節奏是絕對不好的。這次所作的修改，主要是將節奏調整得流暢一些，消去其中不必要的段落痕跡。」

金庸十天寫一段，一段八千字，一個通霄完成，這種特殊的方式和節奏，正可以和《神鵰俠侶》不發生太大的衝突，可以說是分身有術了。

按照金庸先生的說法，他的寫作速度並不算快，寫八千字要用七八個小時，幾乎是一千字一小時，這在寫武俠小說的作家中比較起來，確是不算快。

金庸有自己的天才節奏，雖然我們不能說寫得快就是不負責任，但金庸的寫得慢，卻是確確實實非常認真的，正所謂的慢功出細活。

所以儘管金庸明明並不把寫武俠小說太當回事（他同時寫《神鵰俠侶》和《飛狐外傳》，不可否認是有功利價值，為他另外的事業作鋪墊），但金庸既然寫了，就認真寫，要寫得最好！起碼是盡可能地最好。聯想到後來金庸寫社論，一個小時只能寫一兩，兩三百字，就能理解金庸認真的苦心。

但儘管如此，由於寫《飛狐外傳》十天一次，一次八千字，這種情況當然不可能是一氣呵成，所以有些先天不足的毛病，金庸自己也承認了，「作為一部長篇小說，每八千字成一段落的節奏是絕對不好的。」

現在我們看到的《飛狐外傳》是金庸先生已經下過不少功夫修改過的了，「將節奏調整得流暢一些，消去其中不必要的段落。」

金庸對修改處作了說明，從金庸的談話中，我們可以窺測到《飛狐外傳》的原貌：

> 「《飛狐外傳》是《雪山飛狐》的『前傳』，敘述胡斐過去的事蹟。然而這是兩部小說，互相有聯繫，卻並不是全然的統一。在《飛狐外傳》中，胡斐不止一次和苗人鳳相會，胡斐有過別的意中人。這些情節，沒有在修改《雪山飛狐》時強求協調。
>
> 「這部小說的文字風格，比較遠離中國舊小說的傳統，現在並沒有改回來，但

有兩種情形是改了的：第一，對話中刪除了含有現代氣息的字眼和觀念，人物的內心語言也是如此。第二，改寫了太新文藝腔的、類似外國語法的句子。」

雖然連金庸自己也不太滿意這部「節奏不好」的長篇小說，但當時《飛狐外傳》卻依然受到讀者的歡迎，好評不斷，可以說是全港爭相搶讀。

就是現在看來，《飛狐外傳》雖不是金庸小說第一流作品，但總體水準還是遠離於其他武俠小說的境界和技術，至今還是人們所津津樂道，為評論家研究評說。

而對於金庸自己來說，他也是很珍愛這一部並不是他自己最好作品的小說，這也許與他寫《飛狐外傳》時心血嘔盡的辛苦程度有關係，金庸真正寫得最吃力最辛苦的小說除了《神鵰俠侶》之外，就是《飛狐外傳》了。

金庸的全部武俠小說中，男主人以有幾十個，但金庸對胡斐這個男主人公特別喜愛。

金庸說：

> 《雪山飛狐》的真正主角，其實是胡一刀。胡斐的性格在《雪山飛狐》中十分單薄，到了本書中才漸漸成形。我企圖在本書中寫一個急人之難、行俠仗義的俠士。武俠小說中真正寫俠士的其實並不很多，大多數主角的所作所為，主要是武而不是俠。
>
> 孟子說：「富貴不能淫，貧賤不能移，威武不能屈，此之謂大丈夫。」武俠

人物對富貴貧賤並不放在心上，更加不屈於威武，這大丈夫的三條標準，他們都不難做到。在本書之中，我想給胡斐增加一些要求，要他「不為美色所動，不為哀懇所動，不為面子所動」。英雄難過美人關，像袁紫衣那樣美貌的姑娘，又為胡斐所傾心，正在兩情相洽之際而軟語央求，不答允她是很難的。英雄好漢總是吃軟不吃硬，鳳天南贈送金銀華屋，胡斐自不重視，但這般誠心誠意的服輸求情，要再不饒他就更難了。江湖上最講究面子和義氣，周鐵鷦等人這樣給足了胡斐面子，低聲下氣的求他揭開了對鳳天南的過節，胡斐仍是不允。不給人面子恐怕是英雄好漢最難做到的事。

胡斐所以如此，只不過為了鍾阿四一家四口，而他跟鍾阿四素不相識，沒一點交情。

目的是寫這樣一個性格，不過沒能寫得有深度。只是在我所寫的這許多男性人物中，胡斐、喬峰、楊過、郭靖、令狐沖這幾個是我比較特別喜歡的。

武俠小說中，反面人物被正面人物殺死，通常的處理方式是認為「該死」，不再多加理會。本書中寫商老太這個人物，企圖表示：反面人物被殺，他的親人卻不認為他該死，仍然崇拜他，深深地愛他，至老不減，至死不變，對他的死亡永遠感到悲傷，對害死他的人永遠強烈憎恨。

在金庸的這些傾述中，金庸明確了他自己的武俠小說創作理論，金庸的武俠小說重俠而不是重武，這也許就是金庸的小說境界自高的一個主要原因了。

《鴛鴦刀》牛刀小試，仁者無敵

金庸武俠小說中長篇占了絕大部分，中短篇很少，多在一九六〇年前後寫出。一九六一年，金庸還發表了一部短篇小說《鴛鴦刀》，從一九六一年五月一日起到一九六一年五月三十一日在《明報》連載。

這部小說篇幅不長，原來是做為電影劇本而寫的，可以說是金庸的應景之作，所花心血不大，不過，大師出手，對於讀者還是聊勝於無的。

《鴛鴦刀》猶如一個小小的寓言故事，小說中人物大都性情特異，而小說的語言也是特別的老辣詼諧，幽默活潑，全書不過三萬餘字，從頭到尾都是一派滑稽有趣的風景，讀來讓人忍俊不住。

大名鼎鼎如雷貫耳的「太岳四俠」，一出場似乎深不可測，不料卻是外強中乾，草包四個。沒本事不說，卻又好強詞奪理，大有「秀才」酸味。

而遇上的少女蕭中慧偏是個「要想講打，不妨便來，且不必通名」的不講理的「小辣椒」，「太岳四俠」遇上她也就只有遭殃了。

再如書中的逍遙子認自己身上的穴還不錯，打在別人身上卻似是而非。結果反被別人拿穴，還強嘴「非戰之罪，雖敗猶榮」，而且他在臨危之際還「朝聞道夕死可也」，好學精神不倦，「渾人」渾得還真有趣。

小說中多是這樣的「奇人」、「渾人」，自然非幽默不可了。

《鴛鴦刀》中最有趣的中心情節，是寫了一對情人和一對夫妻同使一套叫做「夫妻刀法」的獨特武功。而其結果卻是各不相同。

這一對夫妻，男的叫林玉龍，女的叫任飛燕，兩個孩子都有了，卻整天還是大打大吵，一位和尚見了後於心不忍，於是傳授了他們一套要夫妻相互回護才威力很大的刀法，即「夫妻刀法」，而林玉龍、任飛燕在練這套「夫妻刀法」時，還是格格不入，別說互相回護，夫妻倆自己就鬥了起來，書中這樣寫道：

> 他二人倘若不使夫妻刀法，尚可支撐得一時，但一使將出來，只因配合失誤，僅一招便已受制。
>
> 林玉龍大怒，罵道：「臭婆娘，咱們這是第一招。你該散舞刀花，護住我才是。」任飛燕怒道：「你幹麼不跟著我使第二招？非得我跟著你不可？」二人雙刀僵在半空，口中兀自怒罵不休。

而這一對情人，袁冠南和蕭中慧，在強敵闖進來之前，只學了十二招就可禦敵，書中這樣寫道：

兩人事先並不練習，只因適才一個要對方先走，另一個卻又定要留下相伴，雙方動了俠義之心，臨敵時自然而然的互相回護。

林玉龍看得分明，叫道：「好，『女貌郎才珠萬斛』，這夫妻刀法的第一招，用得妙極！」

袁蕭二人臉上都是一紅，沒想到情急之下，各人順手使出一招新學的刀法，竟然配合得天衣無縫。……

……二人初使那十二招夫妻刀法，搭配未熟，但卓天雄已是手忙腳亂，招招為難。這時從頭再使，二人靈犀暗通，想起這路夫妻刀法每一招都有一個風光旖旎的名字，不自禁的又驚又喜，鴛鴦雙刀的配合，更加如鳳舞鸞翔，靈動翻飛，卓天雄哪裡招架得住？……

袁蕭二人脈脈相對，情愫暗生，一時不知說什麼好。……

由此可見，並不是這一套刀法不濟，而是林任夫妻不知相互配合。這一套刀法不僅厲害，金庸先生還給這十二招取了名字，一招都是一句詩，每一句詩都有一種美的意象。

《鴛鴦刀》是詼諧、誇張的鬧劇、喜劇，自一開始就是一連串的喜劇人物及喜劇故事：多少有些迂腐的鏢師周威信；滑稽的太行四俠；林任這對「打不離手，罵不離口」的夫妻；生性愛鬧而又沒有江湖經驗的蕭中慧；以及假裝癡呆的袁冠南等等……

這樣一些人物的故事，被作者生動而且誇張地寫出，讀來使人忍俊不禁。

而這雙奪來奪去的鴛鴦刀的秘密，是上面刻有「仁者無敵」這四個字，也可以說這也是金庸先生的政治見解吧。

「屠龍」難於「射鵰」，武功勇猛精進

六十年代初的金庸幾乎成了寫作機器，為了自己的理想和事業，為了讓《明報》能夠生存和發展下去，金庸不停地寫作，慘澹經營。

金庸身懷大才，本來的意願是不想僅僅只停留在武俠小說王國的營造之上，氣象萬千的金庸，本來有著更多的選擇。

七十年代，金庸終於金盆洗手，掛劍還珠，徹底從武俠小說寫作的領域隱退下去，而專注於他的理想和事業，雖然金庸這樣做還有很多其他原因，但細究起來，這段時間金庸為《明報》而「苦寫」，金庸確是太疲倦了。

寫作是一種外人難以想像的艱巨的工作，對於一個已經獲得了巨大的成功，已經達到了他所追求的藝術的巔峰的作家來說，這種工作的艱巨更有另外一層意義，那就是不僅要克服寫作本身所產生的疲乏，而且還要進一步尋求靈感和突破，以戰勝成功本身所帶來的煩膩。

波德萊爾把寫詩看作是一種體力活兒，巴雷斯聲稱他能從波德萊爾的每一個微小的字眼裡辨認出那種使他獲得巨大成功的辛勞的痕跡。而張恨水把自己的寫作稱為「文字勞工」，金庸此時何嘗不是做著「文字勞工」。

金庸此時已經沒有太多的選擇，他幾乎是天天熬夜，以做手工活一般的力氣，連續不停地為《明報》趕製武俠小說。

《神鵰俠侶》在《明報》上連載結束後，金庸馬不停蹄地又推出另一個大部頭的作品，這就是《倚天屠龍記》。

從《射鵰英雄傳》到《神鵰俠侶》，這種結構宏大的宏篇巨制已經完全得到了讀者的認同，金庸的小說越是長篇，讀者就越是歡迎，相比之下，如《雪山飛狐》雖然頗得行家的推崇，但由於只是一個中篇，其轟動效果和在讀者心目中的地位就小得多，低得多。

所以金庸要「適銷對路」，還得走《射鵰英雄傳》和《神鵰俠侶》的路子。《神鵰俠侶》為金庸的《明報》拴住了讀者，金庸當然不能讓讀者失望，這正如狄更斯的善良的願望，讀者想看什麼，就寫什麼給他們看。

於是《倚天屠龍記》就走了三部曲的老路子，金庸的《射鵰英雄傳》、《神鵰俠侶》和《倚天屠龍記》三大巨著，成了支撐起金庸瑰麗的武俠世界的大結構：「射鵰三部曲」。《倚天屠龍記》是《神鵰俠侶》的續篇，《神鵰俠侶》又是《射鵰英雄傳》的續篇，其遞進相承的關係，不僅僅從人物、內容，連風格上也是一致的。

《倚天屠龍記》從一九六一年七月六日起到一九六三年九月二日在《明報》上連載。

這一連載又是近三年的時間，金庸的底氣真是深厚，綿長而有江河之勢，滔滔不絕。《倚天屠龍記》中人物眾多，獨具個性者不勝枚舉，武當七俠、魔教二使者與四大護法，都令人目不暇接。三派人物，寫得有聲有色，旗鼓相當。而寫張無忌與殷離、周芷若、趙敏、小昭的感情瓜葛，寫楊逍與紀曉芙，何大沖與班淑嫻，王難姑與胡鐵牛的愛情故事，都是過去武俠小說中從未達到的藝術境界。《倚天屠龍記》善於在變幻曲折中見兒女情長。情為何物？在金庸筆下的淋漓盡致的描述，更有耐人回味的思索。

尤其震撼人心的是，作者運用驚心動魄的情節表現出一種無奈的悲劇氛圍，如俞岱岩無辜被金剛指斷其四肢，又如張三丰為救稚子委曲求全，再如殷素素想改邪歸正而難以求生。這些動人肺腑、催人淚下的場面，都有力地顯示了人類世界感情的複雜性與人性的難以把握。

張無忌和其父張翠山一樣，缺少一種大俠的氣概與大英雄力挽狂瀾的風度，其性格軟弱和處事優柔寡斷，他們在愛情上的不知所措必然導致事業上的失敗。

由於《倚天屠龍記》書中出場人物眾多，分枝太亂，不免導致結構上略有鬆散之嫌。

中國武俠小說學會副會長，著名武俠小說作家、評論家江上鷗先生在一次和筆者的閒談中，提到金庸說「循正史寫野史」，《倚天屠龍記》也正是一例。

《倚天居龍記》的背景是朱元璋滅元建立明朝這樣的「正史」，而書中主角張無忌的成長過程才是書中的主要線索。而這條主要線索又是緊密地與滅元建明的正史相聯繫，別出機杼，「寫野史」。

張無忌自出世就充滿坎坷，歷遭磨難。在童年、少年顛沛流離的生涯中，遇到很多武林高手，無意中學得一身絕世武功。

張無忌後來陰差陽錯地被推舉為「明教」教主，一統武林天下，並統率各路英雄抗擊蒙古大軍，以期光復中原。

然而大仁大勇的張無忌，最後卻敵不過自己手下的大將朱元璋，只好眼巴巴把教主之位雙手拱讓給朱元璋，讓朱元璋一統天下江山成為皇帝，而他自己卻退出江湖，隱居一隅，天天為心愛的趙敏畫眉吟詩……

在《倚天屠龍記》中，武當七俠、峨嵋師徒、天鷹教人馬、明教二使者與四大護法王、少林眾僧、崆峒派、丐幫……眾多幫派和江湖高手紛紛出場，其間千頭萬緒，過程繁雜，但金庸寫來有條不紊，前呼後應，結構完整，幾乎難尋漏洞，如此駕馭能力，可謂空前絕後。

圍攻天鷹教，圍攻光明頂，決戰少林寺……這些高手雲集的武鬥，一場又一場，連接不斷，高潮迭起，看得人們眼花繚亂，驚心動魄，喘不過氣來。

張翠山和殷素素這對恩愛夫婦雙雙自殺，俞岱岩無辜被金剛指斷其四肢，張三丰為救張無忌委曲求全，殷素素改邪歸正後難以求生，殷離苦練千毒萬蛛手……段段情節，營造出一個個百般無奈的悲劇氛圍，讀來比刀光劍影、刀槍相見的場面更叫人盪氣迴腸，悲嘆不已。

《倚天屠龍記》中充滿了驚心動魄、可歌可泣的恩愛仇憎的故事，情情愛愛、恩恩怨怨，多有神韻高遠飛來之筆。

如楊逍、殷梨亭和紀曉芙，張翠山和殷素素，張無忌和周芷若、趙敏、小昭、殷離（四女纏一男）。周芷若和宋青書，胡鐵牛和天難姑，殷梨亭和楊不悔……這一對對的情感糾葛，皆是寫來可圈可點，各不雷同，皆是大手筆寫情的經典之筆。

金庸的天才此時已有風生雲起，吞雲吐霧之勢頭，「倚天」和「屠龍」，是何等高揚寬廣的氣魄，絕不是一般的錦繡才子們的小機智格局所能比。

「屠龍」當然比「射鵰」要困難得多，金庸此時「屠龍」的武功當然比「射鵰」的更為勇猛精進。

傷情的白馬，暗示什麼秘密？

六十年代是金庸的武俠小說的高產時期，也是金庸人生道路最為關鍵的向上的陡峰。金庸不僅僅是為了愛好而寫武俠小說，而是為了支撐自己的報業經營而寫。

被一種更為輝煌的成功和理想所激動，金庸以超乎常人的勇氣和耐力刻苦地工作，所以在這個時期，金庸已有同時開寫兩部小說的習慣，這是金庸不得已而為之。

《明報》在連載《倚天屠龍記》的同時，還連載了金庸的另一部中篇武俠小說《白馬嘯西風》。《白馬嘯西風》是一部中篇小說，本來是金庸為電影創作的故事，從一九六一年十月十六日起到一九六二年一月十日在《明報》上連載。

《白馬嘯西風》本來並非為《明報》連載而寫的，只是因為當時《明報》慘澹經營，沒有更多的猛稿來支撐局面，金庸不得不把壓箱底之作拿來，滿足讀者巨大的閱讀要求。

金庸的拿手本領是長篇，小說越長寫得越好，正所謂「滄海橫流，方顯出英雄本色」。而《白馬嘯西風》是中篇，自然水準上不能與《射鵰》三部曲這樣的巨作相比，但就是這樣，還是很好看，足以把其他武俠小說作家比將下去。

陳墨稱《白馬嘯西風》是一部「傷情小說」，小說在時光交替、光陰如梭之中飽浸一種深情傷逝的依依纏綿之情，風格上也是別具一格。

《白馬嘯西風》敘述一個小女孩成長的過程。

書中的女主人公李文秀，父母因得到了一張高昌迷宮的地圖，而慘遭同門師兄等人的殺害，小女孩李文秀昏暈在馬背之上，不省人事，幸得通靈的白馬聞到水草氣息，衝風冒沙，奔到了一片哈薩克人居住的綠草原上。

李文秀得到一位漢人老爺爺（馬家駿所扮，是為了躲避其師父瓦耳拉齊的追殺）的幫助，從此遠離中原，失去了最親的人，在哈薩克人居住的草原上平平靜靜地過著日子，並學會了哈薩克話，學會了草原上的許許多多的事情。

在這一個仇視漢人的哈薩克草原上，小女孩孤獨地生活著，她慢慢地忘卻父母的慘死，沉浸在草原上天鈴鳥的歌聲中，直到因為天鈴鳥而結識了一個玩伴蘇普，而蘇普的父親又十分痛恨漢人，因為他的妻子和另一個兒子就是給漢人強盜害死的。

在金庸的筆下，李文秀因她天性的善良，在她與蘇普彼此都有些朦朦朧朧的愛的感覺時，而將蘇普送給自己的定情之物送給了哈薩克草原上的另一位美麗的姑娘阿曼，從而自己忍受著單相思之苦，表現出「愛而不得其所愛」的悲劇現實。

而在《白馬嘯西風》這部小說中，除了李文秀與蘇普，金庸還另外寫了馬家駿之於李文秀、史仲俊之於上宮虹、瓦耳拉齊之於雅麗仙，這幾對可以說都是典型的「單相思」現象，他們每一個人都有一段令人淒惻傷感的故事。

但是雖然同是寫單相思，然而因各人的性格的不同，他們所選擇的解決方法也是不一樣的，李文秀、馬家駿可以說是相近的，因為愛著對方，可以為對方忍受一切事情，李文秀因愛著蘇普而去救阿曼，馬家駿也是因為愛著李文秀而跟著她去迷宮的，而史仲俊死於所愛的人之手，瓦耳拉齊則毒死了自己所愛的人，自己得不到也不讓別人得到。

可是哈卜拉姆再聰明、再有學問，有一件事卻是他不能解答的，因為包羅萬有的《可蘭經》上也沒有答案；如果你深深愛著的人，卻深深的愛上了別人，有甚麼法子？

白馬帶著她一步步的回到中原。白馬已經老了，只能慢慢的走，但終是能回到中原的。江南有楊柳、桃花，有燕子、金魚……漢人中有的是英俊勇武的少年，倜儻瀟灑的少年……但這個美麗的姑娘就像古高昌國人那樣固執：「那都是很好很好的，可是我偏不喜歡。」

這部小說雖說是金庸作品中較為短小的一部，但卻表現出人世之間、人生之中「不如意事十之八九」這樣一種真切的體會，同時也對李文秀、馬家駿這種「自我犧牲」的選擇予以極大的同情、感嘆與肯定，自然也否定了瓦耳拉齊、史仲俊那樣的惡的報復的選擇。

金庸先生的十五部作品中，只有兩篇是以女性為主人公的，而偏偏兩部都是寫失戀的故事，還有另一部就是《越女劍》。

《白馬嘯西風》可以說是集失戀者的故事而成，短短的篇幅，居然描寫和敘述了四個不同的失戀者的故事，其中有不同的時代，不同的民族，不同的身分和不同個性的人，由此可見，不論是什麼時代，不論是什麼民族，不論是什麼人，都有失戀者，都可能成為失戀者。

這就是金庸的小說，它在同一類故事中寫出了不同的情形，不同的意義；在同一類人中寫出了不同的個性，不同的抉擇，不同的結局。

這就是藝術。

「如果你深深愛著的人，卻深深的愛上了別人，有甚麼法子？」

誰也沒有辦法，這就是命，這種美麗而又憂傷的情感將要永遠伴隨著我們人類。

戀愛是永恆的，失戀同樣是永恆的。我們所能做的，只是讓時間來消磨痛苦的印記，讓風兒將創傷慢慢的撫平。

《白馬嘯西風》的主題就是這樣比較的單純，寫的是人生中的愛的失意和傷感。

但這種對失意的寫法又不落於凡俗，而以兩個更深的層次推進：

一是愛之失意，人生常見；

二是失意如何，各自選擇不同。

《白馬嘯西風》的故事生動地把李文秀、史仲俊、瓦耳拉齊、馬家駿等人不同形式的失戀失意故事編串在一起，形成了結構嚴謹的敘述文體，每個故事既有相似之處，也絕然地不同。

書中每一個人的故事都成為這部小說中情節的推動力，同時也是結構不可缺的一環。

李文秀是小說中的主角，而其他三位失戀者則與李文秀有著這樣或那樣的關係。

史仲俊是李文秀的師伯，也是李文秀的媽媽的追求者，當然也就是李文秀父親李三的情敵，也就是仇人，而且還是小說中李文秀家破人亡的禍根。

瓦耳拉齊是李文秀的師父，又是迷宮中扮成惡鬼的惡人。

馬家駿扮成「計爺爺」把李文秀撫養成人，他的偽裝是為了逃避師父瓦耳拉齊的追殺，結果天意莫測中他卻成了李文秀的大師兄。

《白馬嘯西風》是金庸筆下的風格較不同的一部，小說的語言純情、衝動、稚拙而又充滿童話色彩與浪漫情調，因其本真而又顯出特有的優雅和生動，深得讀者和評論家的好評。

對於這部作品，我們在分析金庸的內心情感秘密時還會談到，這樣的「傷情小說」，金庸是有著內心秘密的體驗的。

金庸的第三任妻子林樂怡，最喜歡的金庸武俠小說，是《白馬嘯西風》。

一九六二年五月十一日，第七十九期的《武俠與歷史》第二十頁，出現了一個預告：「金庸先生又一新作」。

新作的名字，大大的字體，印著「黑旗英雄傳」五個大字。

最下面兩行是內容簡介，「敘述兩廣英雄劉永福及其部屬之事蹟。情節曲折離奇真人真事，較之憑空創造者更為引人入勝。請注意刊出日期。」

然而，我們並沒有能夠看到金庸想要寫的這部小說。

事業有成，《天龍八部》再創新高

繼《倚天屠龍記》之後，《明報》一九六三年在九月三日開始推出金庸的武俠小說新作《天龍八部》，到一九六六年五月廿七日連載結束。此時金庸的心境已經好了許多，不再像當初創辦《明報》時那樣辛苦了。

自一九六二年「逃亡潮」事件帶旺了《明報》之後，《明報》事業蒸蒸日上，成為香港較有實力的大報（詳情見下一章）。

步入一九六四年，《明報》具備中型報紙規模，在香港建立起獨特的風格，知名度和影響已經開始國際化了。

金庸此時已不再只是武俠小說著名作家了，他身兼《明報》社長、總編輯、主筆，已搖身一變成為一個有一定地位的報人和較高知名度的社評家，並開始在海內外傳媒界活躍起來。

金庸心情大好，武俠小說也寫得更加從容不迫，遊刃有餘。

繼射鵰三部曲之後，金庸再一次突破既有的小說格局和模式，《天龍八部》大為創新。

《天龍八部》的結構與以前金庸的小說完全不同了，風格獨特，在結構上採取逐一交代主人公的單線並進手法，寫完一個人，再接寫下一個，看似漫散脫節，其實前後交錯，精彩紛呈，相互輝映，不會混亂，堪稱大手筆。

這樣的寫法頗有《水滸傳》的章程。

在金庸所有的武俠小說之中，《天龍八部》的人物最為繁多，場面也相當廣闊，而《天龍八部》也是金庸武俠小說中哲學意味最為濃厚的一部，也是金庸十五部武俠小說中結構最為複雜而又鬆散的一部。

金庸先生在《天龍八部》的卷首《釋名》篇中寫道：

「這部小說以『天龍八部』為名，寫的是北宋時雲南大理國的故事。」

「大理國是佛教國家，皇帝都崇信佛教，往往放棄皇位，出家為僧，是我國歷史上一個十分奇特的現象。」

「天龍八部這八種神道精怪，各有奇特個性和神通，雖是人間之外的眾生，卻也有塵世的歡喜和悲苦。這部小說裡沒有神道精怪，只是借用這個佛經名詞，以象徵一些現世人物。」

而這部寫「大理國的故事」的小說，其中破孽化癡的勸誡與警示，卻是處處可見，它可以說是一部有關世界與社會、歷史與人生的博大精深、豐富複雜、結構龐大的巨幅大型寓言。

這部「大理國的故事」，所講述的並非完全是大理國的事，大理國的段譽和大理國，實際上只占了篇幅的三分之一，而蕭峰占了三分之一強，虛竹佔了三分之一弱。

小說中的大部分的冤孽是由慕容博所造成的，騙玄慈等中原豪傑去殺蕭遠山父子，致使中原豪傑多人喪生，蕭遠山父子離散，妻子被殺，更可怕的是由此造成的蕭峰的尷尬、痛苦、憤怒，從而使無數中原武林人士死亡，形成了空前的浩劫……而慕容博之所以如此，乃是為了想恢復其大燕國君的地位。

小說的另一部分是敘述段譽的父親段正淳風流好色，到處留情，以至於惹下了無數孽緣，兒子段譽碰到的每一個有好感的女子都是他的妹妹，差一點亂了人倫。

還有一個狠毒的女人叫康敏，她因愛成恨，誘騙蕭峰把段正淳當作仇敵，致使阿朱最後代父身死，蕭峰後悔莫及。

段正淳最後與眾情人包括妻子全部死在了一起，這才最後了卻了情孽。

《天龍八部》中的三位主人公蕭峰、段譽、虛竹，蕭峰極「真」，段譽極「癡」，而虛竹極「迂」。

蕭峰出身契丹，卻被漢人人收養，又拜少林寺玄苦大師為師，接手了丐幫幫主大任。丐幫副幫主馬大元，有一個美麗而又淫蕩的妻子康敏（也是段正淳原情人），因蕭峰對她「不以正眼相看」，康敏設計揭破了蕭峰的身世之謎。從此蕭峰成了「遼狗」，蕭峰一怒，使得中原武林血流滿地，最後竟然誤殺了他在人世紅顏的知己阿朱。

段譽學佛之後不願練武，一介書生，卻想學人打抱不平，結果第一次打抱不平就險些送了命，幸得小妹鍾靈所救。

段譽向來癡，從此醉，遇上王語嫣之後，就是天上地下只有一個王語嫣。

段譽因喝酒與蕭峰結拜為兄弟，因談情與虛竹氣味相投成莫逆相交。

而一心向佛的虛竹，奇遇不斷，莫名之間，連破了葷戒、淫戒、殺戒……先是逍遙派掌門人逍遙子，在臨終之前，將畢生功力「貫頂」給了虛竹，使他成了逍遙派的新掌門人；後來又因天山童姥的劫持，使虛竹成了靈鷲宮主人，最終還做了西夏國的駙馬爺。

金庸的《天龍八部》「珍瓏棋局」的寓言性，在第三十一回《輸贏成敗，又爭由人算》中寫虛竹破珍瓏棋局一節中，體現得尤為明顯。

金庸寫「珍瓏棋局」，為的是向世人道出「置之死地而後生」的道理，這可說正是「禍福相依」、「否極泰來」的極端的例子，同時也是一個深刻的寓言故事，任其千變萬化，總是禍福相依。

而更有深意的卻是書中三位主人公的經歷與結局。這三個人也各自飽受人世之苦，亦中過人性三毒，或嗔或癡或迂，都有過自己的一段痛苦不堪的經歷。但他們畢竟是心存仁厚，一片至誠至性的英雄本色，最後都了卻恩仇，超脫苦海。

最為奇妙的正是蕭峰這位殺人易如反掌的「大嗔」之人，最後為了硬逼遼王不可興兵犯宋，引起刀兵之災，而自殺身亡，做了和平的犧牲；

而正是段譽這個不「貪」王位尊嚴富貴的人，做了大理的皇帝；

正是虛竹這位戒淫戒欲的小和尚，獲得了美滿的愛情。

金庸在寫作武俠小說之時，全身心傾注愛憎情感，最典型的例子就是，當他寫到阿朱之死那一段文字，曾悲傷得大哭。

他曾經對記者說：「我喜愛每部小說中的正面人物。為了他們的遭遇而快樂或惆悵、悲傷，有時會非常悲傷。」

「在寫《天龍八部》時，男主角蕭峰，從小就不知自己的父母是誰，後來發現自己最尊敬的養父、師父卻是殺父仇人。這本來就夠苦命，夠很可憐的了，結果還因誤會失手把自己唯一心愛的愛人打成重傷，最後還死在自己懷裡。寫到這裡，我悲傷得大哭一場。有時我再看到這部分，也還會禁不住流下淚來。」

金庸正在寫的時候，在以後重讀自己作品的時候，常常會為書中人物的不幸而流淚。「我寫楊過等不到小龍女而太陽下山時，哭出聲來，寫蕭峰因誤會而打死心愛的阿朱時哭得更傷心；我寫佛山鎮上窮人鍾阿四全家給惡霸鳳天南殺死時熱血沸騰，拍案而起，把手掌也打痛了。」

當後來金庸《天龍八部》第三次修改（即新修版）時，記者有問：「您修改自己的作品時，會不會再次被自己的文字感動？」

金庸回答：「當然會，拿目前正在修改的《天龍八部》來說，情節上不會有大的改動，但改到關於喬峰的一些情節，感慨於他的命運，還是忍不住會流淚。」（宋元：《金庸談創作、修訂與出版：我在寫一些自己做不到的事》澎湃新聞）

《天龍八部》是真正的表現了金庸的大眼界與博大的胸懷，是金庸先生的大手筆，大境界，因為他並沒有把俠停留在觀念上，掛在嘴上，而是寫出了活生生的人，寫出了在假定的歷史的情境中活生生的人。

如此一來，《天龍八部》中既有想像，又有寓言，「天龍八部」的世界正是一個所謂的「人非人」的世界——既有歷史，又有傳奇，也有整體的象徵，成為了真正多層次、多種因素、多種視角組成的奇異的世界。

如前所述，這部書中並沒有什麼神道精怪，主要是取其象徵意義。

天龍八部雖是八種神通，但在書中並不是一定要實指那八個人（當然也有可以仔細推論的影射人物，見筆者拙著《金庸人物》），而是可以泛指所有的人。

《天龍八部》是金庸的敘事及其風格的「集大成」之作，其中有歷史、有寫實、有傳奇、有浪漫、有幽默、有傷感、有言情、有孽緣，同時又有整體的象徵，具體地說，小說中的每一個人物都是既誇張又典型的人物。

倪匡，曾代金庸寫小說

《天龍八部》的出版，其中還有一個插曲，就是倪匡代寫一事。

自一九六四年起，金庸屢次脫身去外地參加一些國際性的報界活動。此時《明報》已走上正軌，不必像創業之初，需要金庸每天去守著了。

一九六四年一月，金庸赴日本東京參加《世界周刊》舉辦的報人座談會。

一九六四年四月，金庸再赴日本東京參加國際新聞協會（IPI）舉辦的「亞洲報人座談會」。

從日本回港不到一個月，金庸又遠赴土耳其的伊斯坦堡，參加國際新聞協會的第十三屆年會……

在此後的長達一年與《大公報》等報紙的筆戰，刺激了《明報》銷售，《明報》發行躍升到十萬份，躋身為香港發行量最多的報紙之一，經濟實力大增。

這時，金庸又再次以《明報》社長的身分，到英國倫敦參加國際新聞協會主辦的會議，順便在歐洲做了一次長時間的漫遊。

金庸去歐洲，其實還有一個最主要的原因，是避禍。

因為《明報》的社論，得罪了香港的「左派」，金庸被「左派」視為眼中釘，必誅其性命而後快。有人放出話來，要暗殺金庸。

金庸說：「我雖然成為暗殺目標，生命受到威脅，內心不免害怕，但我絕不屈服於無理的壓力之下，以至被我書中的英雄瞧不起。」

最危險的一段時間，金庸去了歐洲躲藏了一個月。

此時《天龍八部》的故事還沒有寫完，報紙每天「等米下鍋」，必須連載下去，但金庸這次要外出一個多月，無法分身兼顧，於是只有想法找「槍手」代筆了。

金庸找的「槍手」，是號稱「天下第一快槍手」的倪匡。

倪匡是香港著名女作家亦舒的哥哥，也是著名作家，想像力豐富，以寫科幻小說見長，筆名叫衛斯理。

金庸告訴倪匡，不必完全照原來的情節續寫，免得不能連貫，自寫一段自成段落的故事，讓倪匡自由發揮。最後讓香港名作家董千里監督，潤色文字。

金庸特別叮囑倪匡，不要把他書中的人物寫死了！

倪匡自由發揮，筆走龍蛇，竟將阿紫的眼睛寫瞎了，更敷衍出一大段離奇的故事，後雖經金庸大力刪改，但還是留有倪匡的不受拘束天馬行空的行文的痕跡。

倪匡對於自己這次代金庸寫武俠小說，很是得意，他說：

「金庸要我不要把他小說的人物寫死，他第一天剛走，我第二天就把阿紫的眼睛寫瞎。」

後來他自撰一副對聯，上聯是「屢替張徹編劇本」，下聯是「曾代金庸寫小說」，以此自誇。

對於自己有幸參與撰寫的這部小說，倪匡更是推崇備至。

他說：

「《天龍八部》是千百個掀天巨浪，而讀者就浮在汪洋大海的一葉扁舟上，一個巨浪打過來，可以令讀者下沉數十百丈，再一個巨浪掀起，又可以讓讀者抬高幾百丈。

「全身不由自主，隨著書中的人物、情節而起伏。」

倪匡曾代金庸寫小說，這是一段有趣的文壇佳話。

《連城訣》，解金庸少年情結

似乎有著用不完的精力的金庸，驚人地繼續著他自己的武俠小說王國的經營。金庸充滿自信，野心勃勃，似乎覺得自己有能力幹成任何一件自己想幹的事。

金庸於一九六四年，也就是寫《倚天屠龍記》和《天龍八部》交叉的間隙，又發表了一部武俠小說精品，這就是《連城訣》。

從一九六四年一月十二日到一九六五年二月廿八日在《東南亞周刊》上連載，當時的書名是《素心劍》。《連城訣》是金庸七十年代修訂時改的名目。

在介紹金庸的童年經歷時，我們已經講到了那個有關「和生」的故事，這個故事便是武俠小說《連城訣》的原型。

我們已經知道「和生」的故事是怎樣震驚了少年金庸的稚嫩心靈，所以《連城訣》的出現，那就是冥冥之中的命定了：一個天才的作家需要這樣的寫作來釋懷童年的驚異情結。

「和生」的故事震驚了少年金庸的要害之處，在於還是少年的金庸就已經對這個成人世界的道德產生了深深的懷疑。

所以在《連城訣》中，我們看到了愛情的堅貞與純潔是如何的靠不住，似乎輕輕一觸，那虛設的蛋殼就會破碎。

《連城訣》的主角狄雲，是個長身黝黑，粗手大腳，地道的莊稼少年漢子，他整個人就像是田野中的黑土鑄造出來的，他有著最為樸素而粗糙蒙昧的心地，他就像一隻最本能的小動物，對這個複雜的世界完全沒有經驗。

他冒冒失失，莽莽撞撞，無畏和無知地踏上了人生之旅，他完全不知道前途處處有危機，步步是陷阱，太多精明老練的獵手在一旁暗中環視著，他輕鬆和旁若無人地自行其事，自得其樂，不知道偽裝和保護自己，將柔軟的內核輕易地暴露在陽光下，他不知道他已經留下太多的藉口和太多的機會讓捕獵者輕易地摧毀他，將他撕成碎片，他能生存下來簡直就是不可思議的奇蹟，是上蒼最為仁慈的恩典。

《連城訣》的結構大致是兩部分，一是寫狄雲的蒙冤，他的意中人戚芳移情別戀；一是寫水笙的不諒於自己的愛人汪嘯風，轉而把心意放到狄雲身上。

狄雲本來是一個沒見過世面的鄉下少年，從小與師父的愛女戚芳青梅竹馬，兩小無猜。

如果不是因為命運的捉弄，狄雲與戚芳本來是天生一對，定會喜結良緣，過上一生幸福美滿而平靜的生活。

然而一切都發生了變化。當狄雲師徒三人進了荊州城之後，狄雲的大師伯萬震山的兒子萬圭，看上了戚芳。

萬圭設計陷害狄雲，將狄雲當成了拐騙良家婦女劫財劫色的賊人而送進了死牢，由此斷送了狄雲與戚芳的愛情。

戚芳在不明真相的情形下，怨恨狄雲，最後投進了萬圭的懷抱，傷透了狄雲的心。

戚芳如此「誤會」自己愛人的人品，又如此容易的「上了賊床」，愛情的力量原來竟是如此的不堪一擊嗎？

《連城訣》的第二段故事，寫「鈴劍雙俠」本是表兄表妹，一向形影不離，情深意篤，驚為天人共羨。但是這樣的愛情也很快夭折了，竟然經不起現實的經輕撞擊。

水笙被淫僧血刀老祖所擒，「江南四俠」追趕至藏邊雪谷，同時被雪崩所阻，隔絕人世。「江南四俠」中陸、水、劉三位均死谷中。水笙數度得狄雲解救，終前嫌盡釋，心懷感激。兩人在與世隔絕的雪谷中，相依為命，相互幫助，但也僅及於此，並沒有逾越男女之界。

然而不幸卻由此發生，第二年雪化之後，汪嘯風來到谷中，非但不體諒自己的愛人水笙數月來擔驚受怕的委曲，甚至於不相信水笙為愛情保持的潔白與堅貞。

堅忍的內心，強大的意志，是狄雲絕處逢生的法寶，從對這個世界的無能為力，到逐漸獲得力量去把握這個世界，狄雲的惡運終於到頭了，他不再蒙昧無知地聽從命運的擺佈，而是要去爭取自己的自主權利。

臨別雪谷之時，狄雲想：「外面的人聰明得很，我不明白他們心裡想些什麼。」此是憤世嫉俗語。我們所生活其中的這個世界，的確是充斥了太多的罪惡。

不過，知道了人心的險惡，這正是狄雲的最大進步，他不再魯莽行事，逞血氣之勇，他明察暗訪，終於偵知了事件的真相，對人世的認識，進一步加深。

讀金庸要讀其中的深刻寓意，這才是真正夠資格的「金迷」。

《俠客行》之謎，誰懂眞正含義？

幾乎是緊接著《天龍八部》之後，金庸又推出了新作《俠客行》，從一九六六年六月十一日到一九六七年四月十九日在《明報》上連載。

金庸自寫作武俠小說以來，已經經過了一次又一次的突破和創新，每一次幾乎都被人以為已經達到了一個頂點，每次幾乎人們都以為可以嘆為觀止了，然而金庸的神話不止於此。金庸之外，幾乎很難再有作家能像金庸這樣，每一部作品都不走老套，每一部作品都能翻新出奇，再闢天地。

連一生都求新求變的古龍也做不到這一點！

其時，《天龍八部》獲得巨大的成功，其一統江山的氣概，已慢橫掃武林了，金庸怎樣才能超越出《天龍八部》的博大和精深呢？

金庸在《天龍八部》的廣博之後，以《俠客行》的精緻取勝。

《天龍八部》表現了一種天才的漫散，疏處可走馬；而《俠客行》同樣表現了天才的另一方面：精密處不容針。

《俠客行》是一部精緻嚴密，結構複雜的大「武俠寓言」，同樣是一部傑作。

《俠客行》的故事情節基本上是由一連串精緻地編排起來的巧合構成的。

任何一個作家的經驗都應該知道：巧合在現代小說中是怎樣一種「犯險」的難題，現代小說已經很難再以巧合打動讀者了。

但金庸的大才正於此可以發揮，愈是「犯險」，金庸愈是從容寫來，淡淡的處理就已經化腐朽為神奇了。

《俠客行》以其情節的一連串巧合，揭示了一個有關人類命運的大寓言。

分析起來，《俠客行》的精巧在於其中三個環環相扣的「謎」所組成，這三個謎都離不開「誤會與懸念」的因素。

第一個謎是小說的主人公被人誤認為是另一個人的故事，而直到小說的結尾，這個謎也沒完全地解開。

小說的主人公一開始被叫作「狗雜種」，無名無姓，不知從何處來，不知到何處去，這豈不是暗喻著什麼更深刻的難以表述的寓意嗎？

這第一個謎是主人公的「身世之謎」，然而更深一層地想，這又是不是我們人類的「身世之謎」的暗喻呢？

第二個謎可以稱為「善惡之謎」，這是有關俠客島的傳說，有關「賞善罰惡」二俠的故事。善惡難辨，俠客島是善是惡？這在小說中留下許多的誤會與懸念。

第三個謎可以稱為「智愚之謎」，何為智，何為愚，原來我們人的標準是如此的靠不住！在俠客島上，聰明之人、飽學之士，都不能破解《俠客行》古詩中的武學奧秘，而唯有「下愚」之人，既不貪功又不識字的主人公，才真正明白了其中意義！

三個謎，就像三個有關人類命運的斯芬克斯之謎，指引了小說情節的發展和走向。

《俠客行》確實不愧為一部傑作。金庸展現了一種精巧細緻的「小擒拿」功夫，金庸的才氣真是沒有話說，用「氣象萬千」來形容，確為不過分。

倪匡認為《天龍八部》堪稱世界經典小說的傑作，但是，儘管如此，《天龍八部》的光輝，還是不足以完全淹沒掉《俠客行》的精緻。

《俠客行》是金庸小說中奇到了頂點的一部武俠小說，一般的主人公，至多是父母雙亡，自幼孤苦，總還是知道自己是誰，而《俠客行》的主人公卻是自始至終都是不知道自己是誰的。

小說由江湖中流傳的一塊「玄鐵令」牌開始，引出了「狗雜種」這一奇人，他自小只有和他脾氣古怪的媽媽和小狗阿黃為伴，他於無意中得到了這塊「玄鐵令」牌，被「玄鐵令」的主人謝煙客帶到了摩天崖，在練功走火入魔時，得長樂幫貝海石大夫相救，竟變成了石破天，而他之所以變成假石破天，是因為他和真石破天很相像。把他當成長樂幫的幫主，是為了逃避武林中十年一次的奇禍，這樣把他帶入了俠客島這一奇境，得到了「俠客行」這一神異武學絕技，也解開了武林人士去俠客島「有來無回」的秘密。

《俠客行》的主人公是一位無名、無相、無知、無欲與無求的人。

他一開始是「狗雜種」，後來又是小叫化（謝煙客用），傻小子（丁不三、丁不四用），大粽子（史億刀、史小翠、白阿繡用），石破天（丁璫以及大家用），而最後的名字石破天實際上是石中玉的代用品。

說他無相，是他的身世從始至終都是一個謎；

說他無知，是他大字不識一個且不通世事；

說他無求，是他知道別人想給你，你不用求就有，別人不想給你，你求也求不到。

他確實是一生不求人的，最後一次求人還是因為石清夫婦的關係，要幫助石中玉改邪歸正，才求了謝煙客一次。

他的無欲，表現在俠客島上尤為特出，所有的武學高手都樂不思蜀，而他卻不貪不迷，反而獲得了此武學的真諦。

事實上，他才是一位真正的大俠，因為他連什麼是「俠」，什麼是「正義」也不知道，他做的一些事看起來雖然小，甚至有些傻氣，上當受騙還不知道，但卻是自然而無絲毫造作，所以他行俠才是最真誠、最純樸、最具俠性的，而主人公的愛情也是金庸小說中最圓滿的一位。

小說中，男主人公石破天一共接觸過兩個少女，一個是丁璫，一個是阿繡；不能說他不喜歡丁璫，她畢竟是他碰見過的第一個女孩子，他們在一起也曾度過許多快樂的時光，甚至還拜堂成過親。

丁璫熱烈、主動的個性，對石破天來說應該是有誘惑力的。

石破天是一個老實人，只好說實話，他說：「我不是不想，只是不敢。」

可以說他對丁璫，是有過強烈的衝動的，但這是性的衝動，與愛情並無多大的關係。

而阿繡，可以說是他在這個世界上唯一的知己，那是他被拋到阿繡的船上，一起落難紫煙島的時候。

每一個有講不清道不明而被冤枉的人都能夠深深地理解，石破天對阿繡的感激有多深，多真。

他從來沒有自己的真實身分，一直在頂替別人，而阿繡只用眼睛轉了一轉，就堅決的相信了他，可以說他在不知不覺間真正地愛上了她。

可見石破天是在不知不覺中愛上了阿繡，阿繡也是愛著石破天的。

一位美國作家說過：「愛情生活到最終，不過是一條平靜寬廣的河流。急瀑險雄的刺激與動盪固然可以動人魂魄，但誰又能那樣長久在其中生活呢？」

石破天和阿繡兩個人雖然沒多少狂熱癡迷，但卻是真正地兩廂情願，情投意合。比之《射鵰英雄傳》中刁蠻的黃蓉對忠厚的郭靖，《神鵰俠侶》中至情至性的楊過與生性淡泊的小龍女，他們兩人堪稱是一對更為平凡、更接近於真實人性的真正幸福的愛侶。

《笑傲江湖》，退隱的情思

皇天不負有心人。

金庸的天才、刻苦、勤奮和忍耐，終於使他得到了他所想要的成功：在武俠小說的成績之外，他的《明報》事業蒸蒸日上，而他那一腔壓抑不住的政治熱情，也在《明報》的每日社評中得到痛快的發揮。

然而成功的背後，必然伴隨而來一種厭倦和疲乏的消極情緒——也許這是每一個成功者都不能避免和否認的事實！

金庸雖然是氣象萬千，在諸多領域中都有大才可以發揮，但他的本色還是一個書生的本色，——連金庸的政治理想也是書生式的！

書生是不堪現實和煩事的折磨和騷擾的，金庸此時已有了非常的心境。

特別是政治，六十年代中期，金庸不由自主地捲入了一連串政治事件中去：逃亡潮、文革運動、六七暴動，……等等，金庸內心有一個聲音在低低地嘆息說：「歸去吧，歸去來兮！」

「六七暴動」之時，金庸差一點惹出殺身之禍（詳情後述）。

書生的金庸，不由得不嘆息。

一九六七年八月，媒體披露，金庸被香港的「左派」分子確定為第一個暗殺目標，金庸不得不隨後攜帶家人前往新加坡避禍。

一九六七年四月二十日到一九六九年十月十二日，《笑傲江湖》在《明報》上連載。

這一年，金庸就是在這樣環境下寫《笑傲江湖》的。所以，《笑傲江湖》中，更多地寄託了金庸政治情結的諷喻。

金庸後來回憶說：「當時寫《笑傲江湖》的時候，正是『文革』的時候，我每天都要在《明報》上寫評論，當時情緒很激動，於是在小說中也不由自主地滲透了一些自己的觀點，借此紓解內心的不平之鳴。」

《笑傲江湖》裡的那些野心家、陰謀家，都能看到現實世界的影子。

在現實中遭受這樣殘酷無情的政治打擊，金庸不能不想要隱退。

這是金庸的「隱退情結」，而現在，這個情結在金庸的《笑傲江湖》一書中，發展到了不可收拾的地步。

細較起來，金庸的這一「隱退情結」竟是一直存在著，一直蠢動著。

金庸第一部武俠小說《書劍恩仇錄》的開篇，就寫了一個「大隱隱於朝，中隱隱於市，小隱隱於野」的陸菲青。

而到了小說的最後，「紅花會」群雄「復明」的大業不成，「反清」殺乾隆也不成，最後竟也都「豹隱回疆」去了。

金庸的第二部小說《碧血劍》，一腔鮮明的政治熱血，但最後主人公袁承志「空負安邦志，遂吟去國行」，到海外隱居全節去了。

而《神鵰俠侶》中，最後華山一別，楊過帶著小龍女再未出現過了，大約是去活死人墓隱居去了。

《倚天屠龍記》中，張無忌的事業本來如日中天，江山已弄於掌間了，但卻不想做皇帝，連明教教主之位也傳了楊逍，最後竟隱居起來，給嬌妻趙敏畫眉為樂了。

《連城訣》中的狄雲，最後厭倦塵世，竟去疆邊無人的大雪谷隱居。

《越女劍》中阿青也是隱歸山林。

……

看來金庸的確從一開始就有了這些「隱退情結」，金庸的萬千氣象，難以一一描摹。現在到了《笑傲江湖》，隱在的情結開始明白地顯露了。

金庸「覺今是而昨非」，開始了夫子自道。

在《笑傲江湖》的後記中，金庸說：

「參與政治活動，意志和尊嚴不得不有所捨棄，那是無可奈何的。……至於一般意義的隱士，基本要求是求個性的解放自由而不必事人。我寫武俠小說是想寫人性，就像大多數小說一樣。這部小說通過書中一些人物，企圖刻劃中國三千多年來政治生活中的若干普遍現象。影射性的小說並無多大意義，政治情況很快就會改變，只有刻劃人性，才有較長期的價值。」

「令狐沖是天生的『隱士』，對權力沒有興趣。任盈盈也是『隱士』，她對江湖豪士有生殺大權，卻寧可在洛陽隱居陋巷，琴簫自娛。她生命中只重視個人的自由，個性的舒展。惟一重要的只是愛情。」

「不顧一切的奪取權力，是古今中外政治生活的基本情況，過去幾千年是這樣，今後幾千年恐怕仍會是這樣。任我行、東方不敗、岳不群、左冷禪這些人，在我設想時主要不是武林高手，而是政治人物。林平之、向問天、方證大師、沖虛道人、定閒師太、莫大先生、余滄海等人也是政治人物。這種形形色色的人物，每一個朝代中都有，大概在別的國家中也都有。」

金庸說得很清楚了，現實的政治讓他厭嫌，書生的內心渴望隱退的平靜。

所以儘管金庸有報國的政治熱望，但他並不是一個真正的政治家，真正的政治家是不會退縮的，一定要堅持置身在政治鬥爭漩渦的中心！

對於紛煩的現實，金庸已沒有了耐心去勇猛戰鬥，然而又不願意妥協，同流合污則是更不可能，所以，隱退在這時也許是退而求其次的辦法。

《笑傲江湖》儘管代表了金庸「隱退情結」的心路歷程，但它的寓意當然不僅僅是「隱士之書」！《笑傲江湖》更是一部「政治和權術之書」！

金庸說得很清楚了，《笑傲江湖》不是在寫武俠英雄，而是在刻畫政治人物，揭示政治和權力鬥爭的殘酷和醜惡。

金庸把自己的政治意識寫進武俠小說中去瞭解，他自己承認在他的構思中，任我行、東方不敗、岳不群、左冷禪，甚至是林平之、向問天、方證大師、沖虛道人、定閒師太、莫大先生、余滄海等，都不是武林高手，而是政治人物。

在三聯版《笑傲江湖．後記》（一九九四年）裡，金庸說：

> 寫《笑傲江湖》那幾年，大陸的文化大革命奪權鬥爭正進行得如火如荼，當權派和造反派為了爭權奪利，無所不用其極，人性的卑污集中地呈現。我每天為《明報》寫社評，對政治中齷齪行徑的強烈反感，自然而然反映在每天撰寫一段的武俠小說之中。

但是金庸又認為《笑傲江湖》也並非是有意的影射文章，不必去對號入座，他只是想通過小說形式來表現中國三千多年政治中的若干普遍現象，所以《笑傲江湖》中沒有明確的時間概念，沒有明確的歷史背景。

沒有時間概念，就可能是任意一個時代；沒有歷史背景，就可能適合任意一段歷史！

「不顧一切的奪取權力，是古今中外政治生活基本情況，過去幾千年是這樣，今後的幾千年恐怕仍是這樣。」

《笑傲江湖》對政治的野心和權術做了淋漓盡致的剖析。《笑傲江湖》一書的情節有兩條主要的線索，一是對福州林家辟邪劍譜的貪心；一是想稱霸武林的野心。而野心和貪心，又是相互轉換和交織的。

青城派掌門人余滄海為了得到辟邪劍譜，貪心使他人性扭曲，竟公然殺了林震南滿門。然而這種赤裸裸的貪心在政治生活中卻是等而下之，岳不群的野心和權術，又進了一層。岳不群為了得到辟邪劍譜可謂是機關算盡，先是勞德諾和岳靈珊去福州摸底，又大作好人收林平之為徒，再把令狐冲罰去面壁一年，好讓自己的女兒與林平之朝夕相處。

岳不群以出名的「偽君子」手段，最後如願以償，得到辟邪劍譜，滿足了他的野心和貪心，但是這個代價卻是太大了，他虛偽的面目終於如紙包不住火，最後師徒成仇，妻死女亡，權術和野心毀滅了他自己！

另一個大野心家左冷禪，他是所謂「正派」中的領袖人物之一，他是嵩山派掌門人兼「五嶽派」盟主，他利用盟主之位，建立霸權，對各門派之事橫加干涉：不許衡山派劉正風「金盆洗手」；支持華山「劍宗」封不平與「氣宗」岳不群爭奪掌門之位；派人阻擊恆山派門人；挑動泰山派的內亂……

為了地位，為了權力，人會變得虛偽，變得喪心病狂，變得不擇手段。權力使人墮落，使人變愚鈍，使人變得不可理喻。

政治生活的空氣污濁得讓人窒息，而令狐冲則代表了良心的原則。

令狐冲個性獨立，講義氣，總是按照自己的天性行事，不理會外在的批評，他常撫琴唱一曲《笑傲江湖》，雖然無權無勢，但忠實於自己的原則，傲然過著自己的生活。

金庸在《笑傲江湖》中寄託自己的政治理想和政治熱情。

當年金庸投考國際政治專業，後來辦《明報》又成為國際知名的政評家，他對於政治情有獨鍾，政治是他終生的一種理想。

然而《笑傲江湖》卻表現了金庸政治態度上的一種矛盾性：他對政治又是如此的恐懼和厭惡，以至於他談及政治時從無好言。

「空負安邦志，遂吟去國行」，這樣的政治實際上只是書生的理想。

令狐冲這樣一個在瘋狂塵世中清者自清，傲者自傲的孤獨英雄，是權力鬥爭中一個難以實現的神話。

《越女劍》，像是歷史素描

一九七〇年一月一日開始，《越女劍》在《明報晚報》上連載。

《越女劍》是金庸以女性為主題的一部武俠小說，是金庸武俠小說中最短的一篇。小說的主人公在書中武功最高，這在金庸先生的武俠小說中是很少見的角色設置。

這部小說，越王勾踐矢志報仇的故事，在小說中只是作為一種歷史背景。小說以《越女劍》為題，本該特寫越女劍術很厲害，很霸道，沒想到更多的是寫越女的癡情暗戀。越女阿青因得一隻神奇白猿的青睞，在玩耍中學得精妙的劍術，後被越國大夫范蠡發現。為了越國的興旺，范蠡求阿青為官兵傳授劍術。越女阿青卻於不知不覺之間，愛上了年尊輩長的范蠡。范蠡卻愛著遠在吳王宮中的西施，對於阿青的愛慕之情竟是絲毫也沒有察覺。

阿青道：「范蠡，你見過她的是不是？為甚麼說得這樣仔細？」

范蠡輕輕嘆了口氣，說道：「我見過她的，我瞧得非常非常仔細。」

他說的是西施，不是湘妃。

他抬頭向著北方，眼光飄過了一條波浪滔滔的大江，這美麗的女郎是在姑蘇城中吳王宮裡，她這時候在做什麼？是在陪伴吳王麼？是在想著我麼？

阿青道：「范蠡！你的鬍子很奇怪，給我摸一摸行不行？」

范蠡想：她是在哭泣呢，還是在笑？

阿青道：「范蠡，你的鬍子中有兩根是白色的，真有趣，像是我羊兒的毛一樣。」

范蠡想：分手的那天，她伏在我肩上哭泣，淚水濕透了我半邊衣衫，這件衫子我永遠不洗，她的淚痕之中，又加上了我的眼淚。

阿青說：「范蠡，我想拔你一根鬍子來玩，好不好？我輕輕的拔，不會弄痛你的。」

范蠡想：她說最愛坐了船在江裡湖裡慢慢的順水漂流，等我將她奪回來之後，我大夫也不做了，便是整天和她坐了船，在江裡湖裡漂流，這麼漂游一輩子。

突然之間，頦下微微一痛，阿青已拔下了他一根鬍子，只聽得她在咯咯嬌笑，驀地裡笑聲中斷，聽得她喝道：「你又來了！……」

《越女劍》裡的阿青比之《白馬嘯西風》裡的李文秀更為可憐。《白馬嘯西風》中，對於傷情，李文秀是自己主動回避。而在《越女劍》中，阿青見過西施後自愧不如，只有黯然神傷灰心而去。《越女劍》寫得既不算傷感也不算細膩，因為全部小說只有一萬多字，只能是幅歷史的素描，就像是人物速寫那樣簡單、幹練、含蓄。

《鹿鼎記》，封筆絕唱，從夢幻回到現實

金庸寫完《笑傲江湖》後，又於一九六九年十月開始推出他的最後一部武俠小說：封筆之作《鹿鼎記》。《鹿鼎記》於一九六九年十月廿四日開始在《明報》連載，到一九七二年九月廿三日刊完），此後金庸宣布金盆洗手，從此不再寫武俠小說了。

對於廣大「金迷」們來說，金庸的這一封筆，真是一個重重的打擊，他們同時也不能理解，金大俠的武俠小說事業正處於巔峰狀態，為何好好的就不寫了呢？

其實這個答案很簡單，答案在《笑傲江湖》一書之中。

金庸是倦鳥思歸了，《笑傲江湖》是金庸隱退的「宣言書」，到了《鹿鼎記》，已是「無武無俠」，金庸的武俠小說，由夢幻回到了現實，所以是該收筆的時候了。

從出世到入世，金庸和他的武俠小說完成了一個輪迴。

《鹿鼎記》是金庸先生十五部武俠小說最後的一部，是金庸先生的封筆之作，是金庸武俠小說中看似「無武無俠」的武俠小說，也是金庸小說中最奇妙的一部武俠小說，甚至有人懷疑是否有人代筆。

金庸先生的這部封筆之作，應該說已經達到了爐火純青，功夫蓋頂，返璞歸真的程度。

《鹿鼎記》的主人公韋小寶，是金庸之前的武俠小說中絕無先例可以比照的。

韋小寶這個人物，金庸說是受到魯迅先生寫阿Q的影響。

「我寫韋小寶就想到魯迅先生寫阿Q，他寫阿Q主要是寫阿Q的一種精神勝利法，我就覺得精神勝利，中國人性格中最最重要的就是自己要求生存，只要人家不打死我，我什麼事情都可以做，而且要賺錢，要自己想自己要發達，什麼事無所不為，什麼手段都可以用，所以我想寫這樣一種人，韋小寶就是這樣一種人，而且無往不利的。韋小寶，中國社會上有這樣一種人，我就寫這樣一人，不一定要人家學。所以最後我想，既然有這樣一種人，就不一定寫他賭錢輸

了，因為這種人不大會輸的。」（二〇〇六年楊瀾採訪）

韋小寶是一個妓女的兒子，自幼在市井中長大，挨打受罵如家常便飯，這樣就學會了耍賴，學會了騙人，學會了講義氣，因仗義救了一個江湖大盜茅十八，從此離開了妓院，開始了他奇遇生涯。他既是反滿抗清的天地會總舵主陳近南的弟子，天地會青木堂堂主，同時又是康熙皇帝前的紅人；他既對師父陳近南畢恭畢敬，衷心佩服，又對皇帝忠心耿耿，最終還做了滿清王朝的鹿鼎公；天地會叫他去刺殺皇帝，他不幹，皇帝要他去滅天地會，他也不幹。用他自己的話來說，這叫「對皇上盡忠，對朋友盡義」，當忠義不能兩全時，他就做出了決定，說：「老子不幹了！」於是率領七位美貌的夫人，以不足二十歲的年紀「告老還鄉」了。

有人批評韋小寶不僅「無武無俠」，而且也「無情無愛」，其實並不盡然，那只是一些表象，是文化背景話語霸權中的一種說法。

韋小寶最內在本質上，是極重感情的，甚至是至性至情的，他不輕易表露出來，正表明他重感情的難得和可貴。韋小寶經常表現出的講義氣，其實正是他重感情的明證。他這人是非觀念並不強，根本談不上政治意圖。他捨身救康熙，是重感情；他將藏寶圖的秘密告訴陳近南，是重感情；他想討九難的好，也是重感情。至於這幾方人物的恩怨，反清復明的大事，並不是他要放在心上的。韋小寶人生中安身立命之處，正在於他的講義氣和重感情這兩點，從這個角度，才能更好地理解和把握韋小寶行事中的矛盾所在。

金庸先生在《鹿鼎記》一書的「後記」中寫道：

「有些讀者不滿《鹿鼎記》，為了主角韋小寶的品德，與一般的價值觀念太過違反。武俠小說的讀者習慣於將自己代入書中的英雄，然而韋小寶是不能代入的。」

「但小說的主角不一定是『好人』。小說的主要任務之一是創造人物；好人、壞人、有缺點的好人、有優點的壞人等等，都可以寫。在康熙時代的中國，有韋小寶那樣的人物並不是不可能的事。作者寫一個人物，用意並不一定是肯定這樣的典型。」

「小說中的人物如果十分完美，未免是不真實的。小說反映社會，現實社會中並沒有絕對完美的人。小說並不是道德教科書。」

一般的武俠小說作品，往往會把他的人物公式化、概念化，主角高大上，沒有一絲一毫的缺點。金庸能成為一代宗師，區別正在於此。

韋小寶既不會什麼武功，也不是什麼俠客，只是一位生於妓院，長於市井的小無賴，但他因禍得福，總是那麼有運氣，最後出入於宮廷，成名於朝野，他不學又「有點術」，不俠而又「有點義氣」，他能靠在妓院聽書與看戲學得「滿腹文化」，靠在妓院混飯的經驗，學得了阿諛奉承，厚顏無恥，見風使舵的功夫；他能把莊重的宮廷、森嚴的政治舞臺當成市井的賭場，而奇就奇在他雖不是「大善」但也不是「大惡」，既非「大忠」又非「大奸」，既不是「大義」也不是「大逆」，而且他運氣好的簡直難以想像。他並不是在清廷中混得好，在社會的各個層次中都混得好，甚至在國外他也能福星高照，左右逢源，他不但功勳卓著而且「豔福」齊天，一口氣要了七位美貌的夫人。

韋小寶的七個夫人確是美貌的，他的七位夫人除了美貌外，還有身分來歷，更是非同一般。七位夫人中，雙兒是一位官宦人家的丫頭，皇帝是不願要的；曾柔是王屋山強盜的女兒，皇帝是不敢要的；沐劍屏是沐王的千金，沐王府是反滿抗清的，皇帝是要殺的；方怡是沐王府的武士；蘇荃是叛國通敵的神龍教教主的妻子；阿珂則是李自成的女兒；建寧公主是當今皇帝的妹妹；因此韋小寶自是得意非凡。而韋小寶的幾位夫人，有幾位當初是心甘情願要跟他的呢？雙兒是主人送給他的；曾柔是他賭來的；方怡是救情人心切違心答應的；沐劍屏是他軟硬兼施與他有了「肌膚之親」後無可奈何的；建寧公主是在送親路上與他有了關係的；而蘇荃與阿珂，則是在揚州麗春院中了迷藥被他姦污的。以現代的道德觀念看，韋小寶對這幾位是愛情嗎？

在韋小寶的婚姻中，以現代人的觀念來看，很難說是有什麼愛情可言的，金庸真實的再現了那個時代中國的女性被動附屬於男性的無奈，她們不是不知反抗，只是不知道怎麼反抗，彷彿她們生來就能忍受這樣的作為附屬品的不公平的婚姻，甚至在被姦污之後，反而更加死心塌地，更加認命。

金庸先生從第一部《書劍恩仇錄》到《俠客行》、《天龍八部》，可以說越寫越好，而且到了頂峰，《天龍八部》已寫到了「非人的世界」，因此，金庸先生只有反其道而行之，在封筆之作裡反而寫其真。

金庸寫韋小寶為什麼會成功？因為韋小寶的可愛在於一個「真」字。

書中出場時，他才十二三歲，還是個小孩，他還完全不能為自己的行為負責，他那種種粗俗的言行中，一片天真純樸其實是遮也遮不住的。他格調不高，沒有教養，那不是他的錯；他罵人惡毒陰損，他只是從旁人那兒學來的，其實他也並不明白其中許多隱晦的惡俗之處；他潑皮耍賴，只是要保護自己不受比他大得多的人的欺負，他其實質樸得像一個沒人照看的小動物一樣本能。在妓院這個最卑劣無恥的環境中，醜惡集大成的泥潭裡，他只是卑賤而頑強地生存著，自我操練許多活下去的本領和訣竅。他頑強的生命力幾乎與他的年紀不相稱，處處透出一種勃勃的生機，像在巨石的重壓下的一棵小樹那樣扭曲地生長，但盎然的綠意依舊是清新可喜。

反清復明熱血慷慨的主題，在《鹿鼎記》的楔子中閃亮了一回，此後就被有意地淡化了，世俗和平民化了，與《書劍恩仇錄》中的那種理解的相差太多。金大俠的第一部小說《書劍恩仇錄》寫天地會，而封筆之作最後一部《鹿鼎記》也寫天地會，但後者卻是對前者的反動和解構，是意義的消解和還原。這是巧合還是金大俠有意為之？

韋小寶的好處，是在大節上極分明和鄭重，加入天地會的誓言，這次並沒心中搗亂，是真心誠意，入會議典告成，小寶心中熱乎乎的，有一種踏實之感，歸宿之感，「只覺從今而後，在這世上再也不是無依無靠」。

時間和環境繼續在改造著韋小寶，韋小寶變得更為複雜，善的本質的一面雖沒有改變，但膨脹的欲念使他的內心渾濁起來，讓人難以把握，學來的那一套人情世故，官場厚黑學，假作真時真亦假，已分不清是單純的自我保護，求生本能，還是自私自利，自我中心。

不過韋小寶在大事上不含糊現真情，內在本質的純良可貴，是讀者可以原諒和接受他的許多缺點的關鍵所在。看到陳近南兩鬢斑白，神色憔悴，為反清復明事業操碎了心，悲涼失路，小寶便動了真情，將《四十二章經》中的藏寶圖拿出來給陳近南，給鬱悶憂愁的陳近南打了一劑強心針，精神頓時大振。「師父是不要銀子的」，陳近南在此書中，是多麼難得的一點亮色。

看此書中哪一件事不要銀子？有幾人不在銀子面前敗下陣來？最愛銀子的小寶，卻被不要銀子的師父深深感動，小寶真的不錯。

天地會正義大業也罷，滿清韃子皇帝也罷，韋小寶真的不關心這些，但他關心的是人與人之間的那種投桃報李的真情。小玄子真心對他好，他就不能害小玄子性命；陳近南和天地會的好漢們對他好，他同樣不能背叛和出賣他們。韋小寶的道理其實很簡單，很單純，但卻很高尚，很良心，很道德。小寶這個極滑頭的無賴，其實內在有著嚴格的道德感的約束，他是按照他自己的良心原則辦事的。

韋小寶道：「奴才對皇上是忠，對朋友是義，對母親是孝，對妻子是愛……」居然忠孝節義，事事俱全。此雖是韋小寶的油嘴瞎吹，但其實並不離譜，韋小寶的大節上，確是沒有指責的，他對康熙，對陳近南，對九難，對天地會兄弟，都有一份真感情；他對母親的孝順和體諒，也是沒有話說；他對七個老婆，確實也是真愛。只是因時間、地點、文化、政治、道德、倫理不同程度的錯位，才造就了韋小寶的奇緣。奇緣的韋小寶，使他的真和善串了味。

韋小寶的出身，在最後留下懸念和隱喻。漢滿蒙回，甚至西藏，都有可能是韋小寶的出處，韋小寶身上可能流著大中華任何一個民族血統的血液，韋小寶是大中華漢文化的一面象徵。金庸先生在《鹿鼎記》的後記中也承認過「《鹿鼎記》已然不太像武俠小說，毋寧說是歷史小說。」《鹿鼎記》既然已不太像武俠小說，金庸的武俠小說當然寫不下去了。

金庸的封筆，是意料之外，情理之中。

第六章　政治情結

報國心事當拿雲

政治抱負，可以追溯到少年

海寧查家是世代的名門望族，不僅有著悠久的文化傳統，也同樣有著悠久的「學而優則仕」的從政傳統。

這種從政的傳統是文人善良的政治理想和抱負。它是幾千年來中國知識分子的共同傾慕的「修身、齊家、治國、平天下」的文人的最高理想。

金庸一生的政治理想和抱負其志不在小，然而他的這種政治抱負，又與種種職業的政治家革命家的態度有所不同。金庸一生的政治抱負和理想，更多的是儒家的傳統，中正平和，不偏不倚，不採取過激行動。

有人說金庸是中國最後的一個大儒，這種說法也許可以幫助我們理解金庸的政治觀，我們已經說過，「金庸現象」的神奇和引人入勝，正在於金庸的氣象萬千的胸懷和天才。理解金庸的政治態度，對於我們更好更全面地理解金庸的魅力所在有著很深的幫助。

現在我們就來追隨大俠的人生俠跡，來看一看金庸一生的政治態度和理想是如何的變化發展，最終形成了金庸自己個人獨特的政治觀念的。

金庸對於政治的興趣，當然要追溯到他的少年時代，在前面論及金庸成功前坎坷的少年俠路之時，我們已經看到，金庸從小就在內心播下了愛國主義的種子。他的祖父查文清的事蹟使幼小的金庸很早就知道了「外國人欺負中國人」，這種民族的恥辱感和愛國主義的情緒，可以說是金庸一生政治態度的最為內在的根源所在。

如此，我們就不難理解金庸為什麼在他的武俠小說中反覆描寫中國漢民族抗擊異族侵略者的歷史史實。

日後中國政府與周邊國家發生的數次爭端和自衛反擊戰中，雖然金庸當時與中國政府有嚴重的意識形態分歧，但金庸還是不自覺地站在了同情中國政府立場的這一邊。

例如，一九六二年，中印邊境戰爭中，金庸在《明報》社論中所使用的評論和語言，就充分表現了金庸骨子裡的民族自尊心。

一九六二年十一月，正與印度在邊境交火中節節獲勝的中國突然宣布，從十一月廿二日起，中印邊境上全線停火，並從十二月起撤退軍隊，不但撤回到一九七九年的實際控制線，而且再後退二十公里，並要求印度坐下來談判。

對中國的這個舉動金庸稱讚之至。他的社評以《史無前例瀟灑漂亮》為題，對中國大讚特讚：「我們本來預料，中共攻到中印的正式分界線後，恢復了失地，大概就會按兵不動，不至一直攻到印度的領土內。但目前的聲明，那更是寬宏大量之至，歷史上的交戰雙方從來沒有如此大方的。只有春秋時晉文公為報秦昔日接待之恩，秦晉交兵時下令晉兵退軍三舍（九十里），然後再打。但那也是在交戰之前，而不是在連續大勝之後，突然停火退兵，要求和談，這一招使得漂亮之極，瀟灑之至。」

金庸愛國主義的政治態度真是一覽無餘了，日後金庸涉足政壇，參加香港基本法草案，筆戰香港總督彭定康，其實撇開具體的政治細節，還是可以看見金庸骨子裡的政治態度是：不能再讓外國人欺負中國人！

二〇〇一年五月廿一日，金庸在中山大學作《當前中國面臨的國際關係問題》演講，其中說：

「俠義精神不僅表現在個人方面，也可以表現在國家方面。」

「現在美國的軍事力量強，讓一下不是怕他們，等到我們強的時候就不客氣了……現在我們國力還不夠強，俠義精神沒法表現，等到我們國家真正強大了，就可以主持正義維護世界和平了，俠義精神就是堅持正義做對的事情……」

金庸的這些話引起了較大的爭議甚至批評，其實，這不過是金庸的民族主義觀點體現，骨子裡還是那句話：不能再讓外國人欺負中國人！

金庸是從上世紀「外國人欺負中國人」的時代中走過來了，他內心對異族強凌的體會刻骨銘心，他說出那樣極端的話，是可以理解的。

青年的金庸，「中間偏左」

金庸青少年時代正值中華民族經受血與火洗禮的時代，日寇的罪惡兇殘和滅絕人性的侵略深深地震驚了金庸作為一個學子的平靜內心。

也許正是從這個時候起，金庸的政治抱負正式形成和明朗化了，金庸的內心渴望著能夠在政治上有所作為，拯救受苦受難的中華民族。所以當金庸投考大學時，選擇的學校是抗戰時設於重慶的中央政治學校，選擇的專業竟是外交系。

金庸的少年的政治抱負昭然若揭。

「誰能書閣下，自首太玄經」，與當一個書生文人相比，金庸更渴望的是直接參與政治，直接地施展自己救國救民的政治理想和抱負。

然而金庸的這一政治抱負一開始就面臨著夭折的命運，他沒有如願進入政壇，當上外交家。金庸被國民黨的校方開除了，開除的理由是因為他有「赤化」之嫌，同情異黨（共產黨）分子。

實際上金庸由於生活歷練和家庭因素，他並沒有理解和接受共產主義的政治理論，他的身邊也沒有富有影響力和感染力的共產主義革命家來感動他，他當時並不理解國共兩黨的糾紛。據知情人回憶金庸在那段時間有時又不願談政治，其實正是金庸的矛盾和真正耿介的內心所致。

金庸同情「異黨分子」，僅僅是大俠意氣。

路見不平，憑著一個書生的良心做事，其實他並沒有想要接受共產黨的那套理論。但是國民黨政府當時的腐敗無能，又讓金庸真切的看在眼裡，深為失望。

所以在這段時期。金庸的政治態度其實是中立，但是又稍微偏左，同情於共產黨所代表的這一股新興的政治力量。

正因為如此，金庸五十年代初才會有去北京外交部求職的一段軼事。

金庸在國民黨中央政治學校退學之後，一時報國無門，只好暫時蟄伏，以讀書工作為樂。一方面他不滿於國民黨政府的腐敗，一方面他又無從與共產黨新興政治力量接觸，所以他只是局外人，他自稱這時期行事原則是「不問政治」。

讀者當然可以看出這是一句托詞。由於國民黨是執政黨，共產黨是在野黨，金庸不作表態，其實已經可以看出孰輕孰重了，金庸的政治態度明顯是「中間偏左」！

一九四八年，金庸受所供職的《大公報》委派進駐香港。從此開始了他在香港白手打天下的傳奇生活。

金庸到了香港僅僅一年，大陸的政治格局已完全不同了，發生了翻天覆地的變化——江山易主，國民黨政府徹底崩潰，而共產黨這股新興的政治力量卻如早晨八九點鐘的太陽，朝氣蓬勃，奮發向上。

這時許多像金庸這樣的「中間偏左」的政治在野人士，無不受共產黨政府清新活潑的空氣的影響，一轉而更「偏左」了。

連金庸所供職的《大公報》也改變了政治立場，轉而向新政府靠攏。《大公報》於一九四八年十一月十日發表《和平無望》的社評，自此在香港的《大公報》也轉而成為「左派」報紙。

外交官之夢，想爲紅色中國效力

新中國成立後，金庸懷著一種對新生事物的激動和憧憬，政治態度由「中間偏左」徹底偏過來，成為「左派」政治人士。金庸開始公開表露自己的「左派」政治立場，唾棄了腐朽沒落的國民黨政府。

一九四九年十一月九日，也就是新中國成立一個多月後，中國航空公司和中央航空運輸公司全體員工四千餘人宣布起義，脫離國民黨政府，接受新中國的領導。

十一月，中央人民政府鐵道部衡陽鐵路局發表聲明，稱「前粵漢，湘接黔及贛備區鐵路局所轄鐵路存港器材、物資、汽車、款項均為人民國家所有，嚴禁冒領及私自承購。」

而國民黨方面也曾派員到港，打算處理上述那些資產，國共雙方因此發生爭辯。就在國共雙方就此問題爭執不下的時候，金庸根據他以前學過的國際法知識，寫了一篇長文《從國際法論中國人民在國外的產權》，於十一月一日和十八日分兩天在《大公報》發表，闡明中央人民政府擁有鐵路部門在香港的資產。

這是金庸在《大公報》上發表的第一篇國際法文章。自此，他寫的這方面文章就時常出現在《大公報》上。

金庸正式表明了自己的「左派」政治立場之後，自然受到新中國共產黨政府統戰人員的注意。又因為金庸讀過一段時間外交專業，他在外交乃至國際法方面的文章頗有水準，於是得到梅汝璈的賞識。

梅汝璈乃中國國際法的權威人士，曾任東京戰犯法庭中國首席大法官，與英國、法國、蘇聯等盟國的法官在東京審訊二次大戰的日本戰犯，並參與判處戰犯東條英機死刑的審訊，所以頗有聲望。

梅汝璈雖然是國民黨員，但卻是國民黨中的「左派」，立場上是站在新中國政府這一邊的。新中國一成立，外交部立即盛邀梅汝璈為顧問，這時梅汝璈正在東京，接到邀請後便趕向北京。

梅汝璈去北京新中國外交部供職，當然想把工作搞好，拉一些「左派」的專業人才同去支持新中國外交事業。

梅汝璈這就想到了金庸。

梅汝璈曾在東京讀過金庸的文章，發現金庸很有見地，便格外留意起來，並記住了金庸的名字。

一次，路過香港，特地約了金庸見面傾談，當看到前來的金庸是一年輕後生，此後又讀了金庸的幾篇用英文寫的國際法文章，梅汝璈更加歡喜，暗自慶幸自己發現了一個可堪造就的人才。

現在梅汝璈正好需要金庸這樣的人才當自己的助手，所以一到北京。梅汝璈便急急給金庸拍了電報，說自己身邊沒有好助手，希望金庸能到北京協助他工作。

池田大作曾經明確問過，金庸本來的志願是什麼呢？是文學家嗎？

金庸明確回答：不是！

金庸說：「我年輕時企盼周遊全世界，所以曾有做外交官的志願。」終於可以一圓自己的「外交官之夢」了，這樣的天賜良機，金庸怎麼肯錯過呢？於是金庸立即作出決定：北上！

這就是當時政治立場「左派」的金庸「北上」求職的起因。

金庸一心一意要報效民族和祖國，政治熱情之高漲是現在的青年很難想像的。而且為了圓自己的報國夢，據說金庸為此竟不惜犧牲他的一段婚姻！

由此看來，金庸確有大英雄大豪傑的大俠情懷，不是一個愛作兒女態的凡人。

赴北京外交部，謀職失敗

一九五〇年三月，金庸離開了《大公報》，應梅汝璈之邀，赴北京去外交部謀職。

金庸不惜以婚姻破裂為代價而堅持北上，想為共產黨的新中國建設去一展身手，開創巨大事業，僅此一點就可以證明金庸並不是單純的文人和書生。

而正因為他這種一往無前的「心比天高」的理想和抱負，他才可能做得比別人好，最終取得超乎常人的成功。

可是在這裡我們必須指出的是，這一次金庸北上求職，實在是少年意氣，這時他還遠不夠成熟呢！

金庸此時雖然表現出「左派」立場，其實他只是擁有小布爾喬亞的熱情，並不是「真正」的「左派」，甚至他對共產黨的意識形態和政策還處於想當然盲目無知的狀態。

有人後來因此事嘲笑金庸：「上穿方格恤衫，下著牛仔褲，一身小資產階級打扮，興高采烈去了紅色北京。」

政治畢竟是政治，絕不是一時的熱情和意氣，因此這次金庸的北京之行註定要失敗的。金庸自己怎麼也沒有想到，他會乘興而來，敗興而歸。

到了北京，金庸見過梅汝璈後，便去外交部找到當時任周恩來秘書的喬冠華。《大公報》「左傾」後，喬冠華幾乎每週都與《大公報》有關人員開座談會，交談國際、國內形勢，磋商編務。金庸因此與喬冠華相熟。

除了喬冠華外，當時外交部還有位部長助理楊剛女士，她曾是《大公報》駐美特派員，也認識金庸，很欣賞金庸的水準。

對於金庸的到來，喬冠華當然表示歡迎，但也坦白相告：「外交部的確需要人才，不過，一個受過國民黨教育的地主後代，恐怕很難會被吸納。」

但喬冠華又補充說道：「當然，也不完全沒有希望。但唯一的管道就是要先到中國人民大學受訓，在適當的時候入黨，這樣才能正式進入外交部工作。」

喬冠華又提議說，如果不願去人民大學，可以改為到人民外交學會工作。

喬冠華一番話，猶如一盆冷水劈頭澆下，令金庸感到陣陣失望。

金庸後來在與池田大作的對話錄中，回憶了這件事：

「我年輕時企盼周遊全世界，所以曾有做外交官的志願，高中畢業後，到重慶升大學，考取了中央政治大學的外交系，其後又因與國民黨職業學生衝突而被學校開除，戰後到上海入東吳法學院讀國際法，繼續研讀同一門學科。一九五〇年，我到北京去，想入外交部工作，是當時外交部顧問梅汝璈先生邀我去的。梅先生是國際法學家，曾任審判日本戰犯的東京國際法庭的法官，看到了一些我所發表的國際法論文（其中若干曾譯成日文），邀我去外交部做他的研究助理，連續從北京發來三封電報。年輕人得到一位大學者的賞識，毫不考慮地就答應了。由於我的出身及家庭背景關係，當時外交部的實際負責人喬冠華先生主張我先去人民外交學會工作一段時期，將來再轉入外交部。喬先生是一番好意，但我覺得人民外交學會只做些國際宣傳、接待外賓的事務工作，不感興趣，於是又回到了香港，仍入《大公報》做新聞工作。」

金庸失望了，像是被猛擊一記而驚醒一般，他發現自己北上的決定是大錯特錯了！

金庸後來說：「我愈想愈不對勁，對進入外交部工作的事不感樂觀。自己的思想行為都是香港式的，對共產黨也不瞭解，所以未必可以入黨。而且，一個黨外人士肯定不會受到重視，恐怕很難有機會作出貢獻……」

至於去外交學會的建議，金庸也不願採納。他想：我是來外交部工作的，怎麼可以去當接待員？

此時金庸已近三十歲了，實際上世界觀和方法論都已經定型，很難再改變，由於意識形態的原因，他逐漸感到他自己並不能做一個真正的絕對的「左派」，他的「紅色之夢」開始逐漸破滅。

金庸的政治立場又開始進行了他自己良心所認可的調整，他的態度開始從積極的「左派」向後收縮，又回到了起點，最多是「中間偏左」而已。

而且，隨著時間的推移，「偏左」的成分，開始越來越少了。

金庸北上求職失敗，此時他的內心當然非常失望和悵然。報國無門的痛苦，是一般人所不能理解的。

不過，塞翁失馬焉知非福。晚年的金庸清醒認識到，沒有圓夢外交官，其實是歪打正著，讓他重新看到另一種全新的風景。

在與池田大作的對話錄中，金庸說：

「現在回想，這個外交官之夢雖然破滅，卻未嘗不是好事。我大學的同班同學後來不少擔任國民黨政府的駐外大使、總領事等高職，後來一個個的失卻職務，失意閒居，對國家社會毫無貢獻，自己的生活也十潦倒。在擔任香港《基本法》起草委員及此後的香港特別行政區政府籌備委員期間，和中華人民共和國外交界的許多高級官員共事或來往，包括副部長、司長、駐外大使等等，聽他們談到外交官的經歷、現在的工作、生活各種情況，我並無羨慕的心理。如果有可能將我作為小說家、報人、學者的經歷和他們交換，我肯定一定會拒絕。」

金庸認識到自己自由慣了散漫個性，其實並不適合當外交官：

「我只說我自己這一生過得自由自在、隨心所欲，不必受上司指揮和官職的羈絆，行動自由、言論隨便，生活自由舒服得多。不敢說心理具備『新聞工作者和平共處不受拘束的小說家』，在報紙上撰述評論，鼓吹維護民族主權和尊嚴，鼓吹世界和平，創作浪漫小說，比做外交官的貢獻更有意義，只是說，外交官的行動受到各種嚴格規限，很不適宜於我這樣獨往獨來、我行我素的自由散漫性格。我對於嚴守紀律感到痛苦。即使作為報人，仍以多受拘束為苦，如果我做了外交官，這一生恐怕是不會感到幸福快樂的。年輕時企望做外交官，主要的動機是周遊列國，現在我可以隨便到世界上任何地方旅行，不受絲毫限制，更加自由自在。現在獨立的從事文藝創作，作學術研究，不受管束和指揮，只憑自己良心做事，精神上痛快得多了。」

重回到《大公報》，精進不休

大約是一九五〇年下半年，金庸重新又回到了香港的《大公報》供職。

準確地說，金庸是回到《大公報》旗下的《新晚報》。據羅孚的兒子羅海雷說，金庸重回《大公報》也是一波三折。

當年《大公報》主要負責人提出質疑，金庸想來就來，想走就走？羅孚對金庸是惜才，作為報館一個年輕領導，他採取了一個折中的辦法，讓金庸加入新成立的《新晚報》。

《大公報》和《新晚報》關係是一個老闆，一個辦公地點，兩個品牌，兩個編輯隊伍。只有少數人像羅孚是在兩邊兼職，同是《大公報》副總編輯和《新晚報》總編輯，一度曾負責系統內《香港商報》的工作指導。

金庸在《新晚報》負責編輯報紙的副刊《下午茶座》，他開始以「姚嘉衣」、「姚馥蘭」等女性化的筆名寫影評。

一九五二年三月，在《長城畫報》第十四期上，金庸以「姚馥蘭」（「your friend」的諧音）為筆名開始撰寫影評。雜誌編輯這樣介紹作者：「姚小姐是香港新晚報『馥蘭影話』專欄作者，所撰影評深獲廣大讀者歡迎。」

一九五三年除夕，金庸應邀參加長城電影公司迎新年晚會。當年在《長城畫報》發表大量影評和電影理論文章。

為了寫影評，金庸從一九五二年開始，連續五年每天看一部電影。

有一次記者問金庸，你的很多小說裡涉及很多影視技巧，你是不是很喜歡電影？金庸說：「我從一九五二年開始，連續五年每天看一部電影，回去寫影評。」你算一算，他這五年間看過多少部電影？有多少題材印在他腦海中？他不是看完就算了的，他看各國電影，之後要寫影評，因此他腦中有很多素材。

除了寫影評，金庸還翻譯了大量美國劇作家和電影評論家的電影理論，比如《好萊塢的男主角》（上、中、下）、《論碼頭風雲》（上、中、下）和《美國電影分析》等。

那時金庸的翻譯作品相當多，涉獵的知識領域極廣。他以「樂宜」的筆名翻譯了美國記者貝爾登的長篇紀實報導《中國震撼著世界》，在《新晚報》上連續刊登。

隨後，他又以「樂宜」為筆名翻譯了美國記者哈樂德．馬丁的《朝鮮美軍被俘記》和R．湯姆遜的長篇報導《朝鮮血戰內幕》等。

由此金庸開始熟悉了電影圈，為後來轉入長城電影公司埋下伏筆。

金庸在與池田大作的對話錄中，回憶他寫影評的經歷：

「我編過報紙的副刊，要處理、編輯，同時自己撰寫關於電影與戲劇的稿件，我對影視本是門外漢，由於工作上的需要，每天如癡如狂地閱讀電影與藝術的理論書，終於在相當短的時期內成為這方面的『半專家』，沒有實踐的經驗，但理論方面的知識和對重要戲劇、電影的瞭解與認識，已超過了普通的電影或戲劇工作者。從此以後，『即學即用』便成為我主要的工作方法。不熟悉我的人以為我學問淵博、知識面極廣。其實我的方法是，若有需要，立即去學，把『不懂』變作『稍懂』，使得自己從『外行』轉為『半內行』。」

「即學即用」成為了金庸的武林秘笈。

什麼是「即學即用」？

即是當下的現場，所以是孔子說的「學而時習」，學和習都是在即時的現場。

《論語》第一段，「學而時習」，基本上都被解釋為「學了要時常複習」，筆者研究了易經之後，不同意這個解釋。

筆者認為「學而時習」，應該是「學了要因時實習」，學的目的是要在適時的時間去試著使用，所以，金庸的武林秘笈「即學即用」，是學而時習，學以致用，學有所用，是力學篤行，是精進不休。

金庸在重慶中央政治學校讀書時，領略到了國民黨的腐敗，對國民黨已沒有什麼好印象。

中國共產黨在解放戰爭中節節取勝，以至取得政權後，金庸對中國新的政權充滿信心，並滿懷抱負，希望為新中國效勞，在新中國的政權中幹一番事業。

誰知盡興而去，敗興而歸，金庸心裡當然不是滋味。

此時的金庸，在政治上雖然受到挫折，但內心的渴望和熱情翻捲的風暴，並沒有減弱。

他默默在內心思考著自己的政治理想、抱負，想像中對現實和社會的政治問題去一一尋找答案。

風暴要尋找突破口，金庸的政治熱情的激流已渴求著宣洩。

這時，一個契機的到來，使金庸內心的政治情愫得到了合理的解決和提升。

這就是金庸開始了武俠小說的寫作。

與任何其他的武俠小說作家都不同的是，金庸不僅僅把武俠小說當作歷史和文學故事來寫，他更多自覺和不自覺地在小說中宣洩他的政治熱情，表現他內心政治的思考和政治的抱負。

金庸寫作的第一部武俠小說是《書劍恩仇錄》，雖然此時是練筆之初，他必須把更多的思想放在文體本身的寫作之上，沒有太多的餘力來顧及其他的，但金庸已經不自覺地在表現他自己的政治熱情了。

與既有一切武俠小說不同的是，《書劍恩仇錄》並不是一般的江湖恩怨，而是涉及到「江山誰主」的歷史情仇與英雄史詩。

在這樣一部小說中，金庸一開始就表現了他那樸素也是最本色的政治熱情，對「外國人欺負中國人」的痛恨，對「治國、平天下」理想的嚮往和憧憬。

金庸在《書劍恩仇錄》中，政治熱情表現還是潛意識的，不自覺的。而繼此之後，金庸一旦得心應手地掌握了武俠小說這一特殊文體的寫作方式之後，便縱橫恣肆，借「武俠小說」的酒杯，大澆起內心政治熱情的塊壘了。

書生談兵，武俠小說微露政治心曲

金庸雖然北上求職失敗，政治立場和態度不得不現實地進行調整，但對新中國的新鮮活潑的政治生態還是有所企盼，夢想並沒有完全泯滅。

此時金庸的政治態度還是「偏左」很多。

從金庸的第二部武俠小說《碧血劍》的寫作，我們可以很清楚地看出這一點來。

金庸《碧血劍》幾乎是郭沫若《甲申三百年祭》的小說形式的解讀，此時金庸的政治立場明白無遺地還站在新中國共產黨政府一邊，難怪日後國民黨當局要全面查禁金庸的小說。

甲申之變是一個歷史術語，代表一幕令人痛心的歷史悲劇。

一九四四年，正是甲申之變的三百年有意味的日子。

我們完全可以看得很清楚了，金庸當時的政治態度是如何站在新中國共產黨政府這一邊的。

《碧血劍》中，李自成的義軍，不再是「流寇」，而是正面的英雄人物，只不過他們革命成功後有極大的失誤，因此而淪入悲劇結局罷了，這樣的觀點當然是從《甲申三百年祭》中得到的。

而《碧血劍》中對崇禎皇帝的批判，對官兵腐敗的揭露，也都是按照郭沫若的歷史唯物主義來進行的。國民黨政府當時對《甲申三百年祭》的痛恨以及毛澤東等共產黨領導人對《甲申三百年祭》的讚揚，都非常說明問題。

《碧血劍》是金庸政治熱情的寄託，真實地反映了金庸對當時共產黨新中國的種種良好的祝願，以及他為當時共產黨新中國政治所作的大量的思考和心得。

袁承志最後離開了李闖王，金庸最後也沒有能在新中國的歷史舞臺上一展身手，也許金庸是有所感觸的。

細細讀來，金庸在《碧血劍》中還有許多政治上的題外話，雖然我們不好穿鑿指證，但可以想見金庸對於大陸政治從這時起就有許許多多的話要說。

金庸自從《碧血劍》一開主動地「政治抒情」的先例之後，便一發不可收拾，在武俠小說中信筆寫來，毫不拘束。寫出了他對於中國歷史和政治的許許多多的考慮。

當然，後來由於金庸創辦了《明報》，每日親自撰寫《明報》社論，有了自己的陣地，盡可以在社論中暢談自己的政治立場和態度，不必要再像《碧血劍》這樣赤裸裸地「政治抒情」了，但是金庸還是時時忍不住在武俠小說中寫一些政治的東西。

一九九四年金庸臺北之行，有讀者問到金庸，他在一邊寫社論，一邊寫武俠小說的時候，是怎麼調整之中可能產生的衝突的呢？這位男性聽眾還帶著警戒的口氣說，歷史的進展與倫理的進展是不太一樣的，遇到有價值衝突的時候，金庸怎麼處理呢？

金庸的回答是：在這張桌子上寫一種文章，在另一張桌子上可以寫出另一種文章的本事，我比不上李敖。

金庸還幽默地說，在《明報》，他只有一張辦公桌，只好先寫好社評再寫武俠小說。寫社評的時候的態度是相當務實的，寫小說才會用上理想主義，但是，還是偶爾會在寫武俠小說的時候，呼應社評裡沒有寫出來的東西的。

金庸自己承認了他會在武俠小說中進行「政治抒情」了。

金庸在創造了他輝煌雄渾、博大精深的武俠小說藝術世界的同時，也創造了自己獨特的政治思想體系。而且金庸武俠小說之所以雅俗共賞，魅力無窮，也正在於它所包含的這些無窮的可能性和豐富性。

金庸的武俠「小說世界」中演示出了中國兩千年的政治紛爭，以及統治者種種醜惡的政治心態，貪婪和野心、權力的鬥爭。

金庸以他獨特的形式在武俠小說中表現了他對於政治、社會、人生的認識。金庸的有些武俠小說根本就是一種政治寓言。

金庸一生自負有文章經濟、安邦定國的大才，但他的政治理想和抱負卻是飽受挫折。

金庸既看穿了國民黨的沒落腐朽，又無法毫無保留地接受共產黨的意識形態，這對於金庸來說是一個「報國無門」的難題和悲劇。

這個悲劇對於金庸似乎又是命定的，無法避免的。因為他早熟成型的政治觀念中，潛在著對權力機構深刻的恐懼心理。

從金庸十五部武俠小說中我們可以看出，金庸對中國歷史政治的看法是：權力機構與百姓民眾基本上是一種對立關係，這個矛盾貫穿了中國歷史的始終。

這是有深刻洞見，然而又是悲觀主義的政治觀點。有了這樣的觀點，金庸永遠都以「在野」的立場自居，他不可能與不管是國民黨還是共產黨，還是任何其他官方進行協調的合作。

縱觀金庸一生與政治發生關係的場合，金庸無不是以一個「批判者」、「在野人士」的立場出現的。

也許是金庸童年的印象，他對於政治醜惡的一面的感受太強烈了。他一生都擺脫不了這種內心的陰影。

金庸的武俠小說中反映最多的政治形象，都是權術、殘忍、狡詐、陰險；無恥、虛偽。在金庸筆下，國家當政者往往是昏聵無能的。

如《射鵰英雄傳》、《神鵰俠侶》、《天龍八部》中的南宋、北宋政府，禦外侮無策，征內斂有術，小人當道，賢者散置。更有諂媚騰達，忠良被害，治下百姓民不聊生。這些作品中的政府，基本上是處在被譏諷被鞭撻的反面位置上的。

《飛狐外傳》、《雪山飛狐》、《書劍恩仇錄》、《鹿鼎記》中的清政府則是陰險、殘忍、狡詐、無恥的政治人物充斥其中，都是被批評和否定的形象。

《碧血劍》、《倚天屠龍記》中的明代及元代政府是昏庸與貪婪的。

可以說，金庸作品中所涉及到的歷史政府機構，沒有一個是廉潔、清明的形象。

金庸似乎對於中國的歷史中的政治完全失去了信心，他找不到一個可以作為他自己理想的政治觀念代言的例子。

也就是說，金庸雖然一生對政治抱有極大的興趣，但其實他自己並沒有明確、成熟，自認為可行的政治主張。

如果一定要追尋金庸的政治主張，只能是他書生式紙上談兵的虛論。

比如有人指出，金庸對中國政治失望之後，他的武俠小說中的大俠人格，便是他為中國政治發展而思考出來的一種理想境界。

可能現實政治中讓大家失望的東西太多了，政治爭鬥的結果有時與大家的希望正相反，所以只能在江湖世界尋找一份安慰和寄託了。

金庸的這些政治觀念的世界觀和方法論，雖然有著獨特的認識價值和超乎尋常人的深刻洞察，但同時又有天真和幼稚的一面。

這也就是金庸一生為什麼在政治問題上屢次碰釘子的內在原因。

一旦金庸真正親臨其境地介入政治（諸如「主流方案」風波），他就會發現現實的政治完全和他所想像的不一樣，他的善良的政治意願，其實並不能通行。

所以金庸有時候會大吃一驚，事情怎麼會向相反效果的方向發展！

長城電影公司，發展不順利

五十年代金庸北上求職失敗後，雖然已經對新中國的意識形態有了戒心，但他的政治立場基本上還是「偏左」的。

然而正如上文的分析所指出的，金庸命定要成為政治上的「批判」的「在野」者。

隨著時間的推移，金庸思想上與新中國的意識形態發生了漸次而來的厭嫌抵牾。

金庸此時已經在武俠小說創作上卓有成就，但是經濟條件的好轉，武俠小說創作的成就，並沒有給金庸帶來太多的快樂和滿足感。

因為那段時期，他感到在《大公報》裡政治束縛越來越大，思想控制越來越緊，因此他精神上很苦悶。

據金庸後來回憶說：

「我在《大公報》前後十年，馬列主義的書也看了很多，也花了很多時間去研究；我屬於工作上有些成績的人，開小組會討論，我是組長。但我覺得他們的管理方式與我格格不入。」

金庸已經不能適應《大公報》當時的「左傾」意識形態，於是金庸於一九五七年轉入長城電影製片公司求發展。

金庸一生多才多藝，興趣廣泛，電影事業也是他內心的另一種心比天高的野心。

然而長城電影製片公司，也是左傾的意識形態，金庸依然是不能適應。

長城電影公司是張善琨於一九四八年底創辦的，真正的老闆是商人呂建康。「長城」成立後，專拍國語片。

到了一九五〇年。「長城」改組，袁仰安任總經理，這時「左派」機構開始控制「長城」，紅色電影也在那時拍了不少。

及至後來，更有人把「讀書會」等組織引進公司，向職員灌輸紅色思想，導致嚴俊、李麗華、林黛等先後退出。從此，「長城」在整體上已成為名副其實的「左派」機構。

當時金庸離開《大公報》，是有擺脫思想限制的原因。

到了長城公司，情況並沒有改觀。

一九五七年至一九五九年，金庸在長城電影製片公司編劇的作品有：《絕代佳人》、《蘭花花》、《不要離開我》、《三戀》、《小鴿子姑娘》、《有女懷春》、《午夜琴聲》。導演（合作）作品：《有女懷春》、《王老虎搶親》。

《絕代佳人》獲中華人民共和國文化部一九四九—一九五五優秀影片榮譽獎，金庸獲得編劇金獎章。

金庸在長城公司的發展並不順利。

金庸希望多拍些娛樂性和商業化的電影，提高賣座率。但長城公司的攝製方針是思想教育為主，與金庸的主張當然不能相容。甚至在工作檢討會上，金庸受到批評，說他資產階級級思想濃厚。

金庸更加苦悶了，現在的「左派」，並不是他所理解和想像的那樣的「左派」。他的思想開始了轉變，「左」得越來越少了。

信奉追求獨立、自由的民主政治觀念，金庸當然難以繼續忍受在長城電影公司的日子。加上其他原因（如好幾個劇本通不過，追求夏夢不得），金庸最後離開了長城電影公司，自己創辦《明報》。

一九九九年四月五日，金庸接受中央電視臺《文化視點》主持人姜豐的專訪，金庸談到他離開了長城電影公司的原因：

「最初一個劇本叫《絕代佳人》，根據郭沫若的一個劇本《虎符》改編的。後來這部戲拍得很成功的，文化部給了我一個獎章，所以編劇我是相當成功的。後來給我機會當導演，導演方面技術不熟練，我努力學，《王老虎搶親》在內地好像也都放過。」

「長城電影公司是我們共產黨領導的一個公司，當時他們講階級鬥爭，這個戲如果太偏重商業趣味，偏重資產階級趣味的話，這個劇本就通不過了，劇本通不過，他們不會拍這部戲，所以我這個戲，大部分劇本都沒通過，他們覺得太資本主義自由化了。」

「一九五九年前後內地正在搞大躍進，要講人民公社，那時在思想上，意識形態方面極『左』的。在香港，黨的領導也是極『左』的，花很多心思寫好的劇本，這些批評家一看，這個不行，不符合我們馬克思主義的理論，就不通過，不通過拍不成戲，一部電影不通過，兩部電影不通過，當然就灰心了。那我不寫了，不做了。」

心血《明報》，事業與榮譽之寄託

金庸創辦《明報》，撇開商業意識不說，其實是他的一種政治理想的寄託。

金庸對《明報》，傾注了一腔心血。

他後來說：「《明報》是我畢生的事業和榮譽，是我對社會，對朋友，對同事的責任。」追求獨立和自由，是一件談何容易的事？吃人的飯，端人的碗，就沒有更多的話可說。但是自立門戶就不同，自力更生，豐衣足食，金庸的確可以一抒壓抑之氣，幹自己想幹的事，說自己想說的話了。

金庸和老同學沈寶新兩人一起出資，創辦了《明報》。金庸出資八萬，沈寶新出資兩萬；金庸他將自己寫小說和稿子賺的錢全部投了進去。

當年八萬元是什麼概念？

據說那時的銀行白領的月薪也不過四五百港幣，一個警長的月收入差不多是二百八十港幣，路邊吃一碗麵或者雲吞的價格不過幾毛錢港幣。八萬元是可以購買兩層普通民居，換算今天的價格，大約是一千多萬。

據說，最初金庸本來是想辦一本雜誌，專門來連載他的武俠小說，每十天出一期。雜誌的名字都取好了，叫《野馬》。名字來源於《莊子》的《逍遙遊》：「野馬也，塵埃也，生物之以息相吹也……」

金庸和沈寶新租下了尖沙咀彌敦道文遜大廈的一個辦公室，只有一百二十平方英尺，相當於十來平方米，僅能放下四張辦公桌。

後來有人建議改為出版報紙，天天出版，廣告收入多。兩人覺得有道理，就此改弦易轍，創辦了《明報》。

一九五九年五月二十日，《明報》正式創刊。

後來在與池田大作的對話錄中，金庸解釋了什麼是《明報》的「明」：「《明報》的『明』字，取意於『明理』、『明辨是非』、『明察秋毫』、『明鏡高懸』、『清明在躬』、『光明正大』、『明人不做暗事』等意念，香港傳媒界有各種不同的政治傾向，在政治取向上，我們既不特別親近共產黨，也不親近國民黨，而是根據事實作正確報導。根據理性作公正判斷和評論。」

《明報》發刊詞，幾乎就是金庸政治觀點的宣言書：維護「公平與善良」。權力機構與百姓民眾的對立之中，金庸果然是如他的武俠小說中表現出來的政治觀念一樣，站在百姓民眾這一邊。

儘管一九四八年他加入《大公報》時，《大公報》的創始人之一的張季鸞先生已經辭世六年，但金庸一生推崇張季鸞「不黨，不賣，不私，不言」的辦報理念。

金庸曾於一九六三年二月十日的《明窗小札》專欄上發表了《談孟徹斯特的〈衛報〉》，開篇寫道：

「《大公報》在張季鸞先生任總編輯、總主筆的時代，有『中國的孟徹斯特衛報』之稱。

因為當時大公報不注意新聞搶快，而注重社評的精闢，正和《孟徹斯特衛報》的作風相同。同時，兩家報紙都是自由主義的信奉者。」

金庸也敬佩《衛報》當年的總編輯司各特（C.P.Scott），指出《衛報》「起初只不過是一張平平無奇的地方性報紙，但自從史高特於一八七一年加入該報任總編輯後，三四十年之間，一張地方性的報紙竟成為有國際影響力的大報（大公報在天津初創時也只是普通的一家地方性報紙，至張季鸞先生主持筆政後，方始脫穎而出）」。

「《衛報》之所以成功，唯一的因素在於史高特所寫的社評。他對於每一個問題，都提出了公正合理的主張，絕對不為政治因素所左右。他認為新聞是重要的，但更重要的是對新聞的看法和解釋，他始終堅持真理，有時全國的輿論一致和他相反，但他絕對的不去迎合俗好。」

「他的社評寫得平易近人。他經常向該報的工作人員指出：『在衛報上所登載的每一句話，每一個字，都必須是普通男人和女人所能瞭解的。』他寫社評的信條是：『必須有說服力』。」

不難看到，如果說張季鸞先生對金庸的影響更多在於秉持的新聞理念和辦報的原則，那麼，《衛報》的司各特則是金庸直接仿效的榜樣，包括撰寫具體的社評和政論文章。（李以建《明窗小札一九六三》編輯手記）

《明報》出了半個月後，金庸意猶未盡。再一次在社論中表現自己的政治態度和立場：

我們重視人的尊嚴。主張每一個人應該享有他應得的權利。主張每一個人都應該過一種無所恐懼、不受欺壓與虐待的生活。

我們希望世界和平，希望國家與國家之間、人與人之間，大家親愛而和睦。

我們希望全世界經濟繁榮、貿易發展，自然也希望香港市面興旺、工商業發展、就業的人多，希望香港居民的生活條件能不斷地改善。

我們辦這張報紙的目的，是要為上述這些目標盡一點微薄的力量。如果我們報導戰爭與混亂，報導凶殺與自殺，是很遺憾的；如果我們報導和平與安定，報導喜慶與繁榮，我們是十分高興的。

我們要盡力幫助這社會公正與善良，那就是我們的立場。

從金庸的宣言中可以看出，此時金庸的政治立場已經不再是「偏左」，而是回到「中間」去了，在香港的左派與右派媒體間，選擇了「客觀中立」的立場。

《明報》創辦後，一開始並不順利。

陳魯豫曾經採訪金庸，問：「一開始辦報紙，光往裡投錢，還沒有賺錢的時候，生活特別特別緊張吧？」

金庸說那時候生活比較緊張，最慘的時候完全沒錢用，自己什麼小錢都不花了，雖然有房子住，家裡還請有工人，吃飯還是沒有問題，但是吃的不好，買菜的錢少了。

陳魯豫問：「您當時也一點都不害怕嗎，我的錢全部都投進去了，萬一沒辦好，血本無歸怎麼辦？」

金庸回答：「沒有錢就不要辦了，但是我覺得自己有信心。」有信心，這是成功者的成功的秘笈之一。

《中山大學校報》二〇〇三年十一月二十六日載文，中山大學學生採訪金庸：「您能否教幾招給我們，在日益激烈的競爭中，一張報紙怎樣才能立於不敗之地？」

金庸回答：「公信力！無論怎樣的報紙都必須具有自己的公信力，只有這張報紙說的話、報導的文章能使人信服，它才能擁有長盛不衰的魅力，比如《大公報》就從來不講假話。我看現在有些報紙以為報紙只要好看，甚至不惜製造假新聞來取悅部分讀者，單純追求短期的銷售量和轟動的效應。但是，長遠來看，這種做法實在是與拿石頭砸自己的飯碗無異。經營一份報紙，要有長遠的目光，要說真話，建立信用，不言則已，言必由衷，品牌才可以持久，才最具競爭力。一個政府，一個媒體，乃至做人，都是『無信不立』，建立起公信力後才能『長青』。辦報和做人都一樣，要講真話，要做好人，就算堅持講真話很難，但是一定不要說假話，不做壞人，不去害人。」

說真話，至誠不欺，金庸做人和辦報，都是一脈相承。

《明報月刊》總編輯兼總經理、金庸生前好友潘耀明，在《我與金庸》一文中寫到了金庸在「明報企業王國」裡辦報特色：

金庸主政明報集團時，除了開會偶然講話外，平時大都是用寫字條的方式來傳達他的指令。金庸的字條，都是淺白易懂、言簡意賅。

《明報》評核一篇副刊文章之好壞，金庸定下了「五字真言」：短、趣、近、快、圖。

短：文字應短，簡潔，不宜引經據典，不尚咬文嚼字；

趣：新奇有趣，輕鬆活潑；

近：時間之近，接近新聞。三十年前亦可用、三十年後亦可用者不歡迎。空間之近，地域上接近香港，文化上接近中國讀者；

快：金庸初提「快」字，後改用「物」字，即言之有物，講述一段故事，一件事物，令人讀之有所得。大得小得，均無不可；一無所得，未免差勁；

圖：圖片、照片、漫畫均圖也，文字生動，有戲劇舞臺感，亦廣義之圖。

金庸對文字從來都是一絲不苟的。記得我開始編《明月》時，收過他兩三次字條，大抵是他翻閱《明月》時，發現哪一篇文章有誤，諸如題目不達意，哪一頁有若干異體字，哪一處標點符號不當……

《明報》選稿的標準，以二十四個字為依據：新奇有趣首選，事實勝於雄辯，不喜長吁短嘆，自吹吹人投籃。

在金庸簡單、明確、堅定、正義的辦報理念指導下，起步維艱的報業，繼續前行。

「逃亡潮」風波，帶旺《明報》

然而，純粹的中立政治立場是絕對不可能的事，就在《明報》表明了「中間」立場不久，金庸與當初他深抱希望的共產黨意識形態徹底決裂了。

事情的起因是六十年代「逃亡潮」風波。

六十年代初，大陸在大躍進、人民公社運動和中、蘇關係破裂等事件的影響下，大陸經濟和食品陷於困境，廣東省寶安縣一帶大量民眾紛紛選擇了越過邊境，前往香港投奔親友，尋找生路。當時港英政府還在實行「即捕即遣」的政策，警察在香港邊境附近不斷抓捕越境者。然而，還是有近十萬民眾躲過香港警方追捕，進入了香港市內。

當時，香港已有三百多萬人口，城市人口密度已非常的高，加之香港的商業處於四面楚歌的困境；大量人口此時湧入，勢必直接影響到香港的就業、物價、住房、食水、醫療等種種問題，而彈丸之地的香港是完全承受不了這個壓力的。

所以，港英當局對湧進香港的合法、非法中國居民，均採取同一對策：限制、截攔、阻止他們入境。

港府每天都調動大批警察處處捉人，一車又一車地把逃港者押送回深圳。但這並沒有控制住形勢，大批大批的大陸居民們仍然波浪式地湧入香港，香港面臨著和平以來最大的危機。

「逃亡潮」震動了香港朝野以及新聞傳媒，但由於當時的政治原因，傳媒都不加評論，不作正面報導：「偏左」的政治態度在香港的新聞界中還是很盛行的。

一開始，金庸的《明報》也同樣不作評論，雖然金庸對此時宣布的政治態度是「中間」，但他畢竟還是不願公開與「左傾」的意識撕破臉。

一九六二年五月初，逃亡人數越來越多，被困在邊境的饑民也越來越多，金庸再也按捺不住了。

金庸很清楚，如果正面報導這一事實，他就會得罪許許多多「左傾」的朋友，會背上很多很多來自於左傾意識形態領域的反動的罪名，他的日子以後絕不會好過。

但是，《明報》的立場就是要維護社會的「公正與善良」，伸張正義，自己寫的那些武俠小說都是讚揚俠義精神，而在需要自己站出來反映社會真實的時候，卻為個人的危難而回避、退縮，不就成了卑鄙無恥的小人嗎？

金庸的正義感和良知受到了嚴峻的考驗。最後，他做出決定：「真實地報導這個不幸的消息，發表這成千上萬同胞的苦難，至於後果如何，全由我負責。」

金庸動了真格，徹底與「左派」決裂了。

《明報》大量報導了「逃亡潮」事件，並親自參與其中，一時轟動，震動朝野。

金庸親自寫了很多文章表明他的政治態度，支持港府的遣返政策，同情大陸同胞的遭遇。

在《巨大的痛苦和不幸》這篇社評中，金庸一針見血地指出，「逃亡潮」的發生，是「由於連續三年來大陸上的災荒，糧食發生嚴重困難」，是因為大陸當局濫批出境名額，他還批評大陸當局對「逃亡潮」採取視若無睹的態度。

而臺灣方面，則大說風涼話，說港府遣返非法入境的中國人民乃不近人道。聯合國中也有人公開攻擊港府。

金庸在《協助警方共度難關》的社評中，理直氣壯地質問他們：「其實試問臺灣和聯合國，為什麼臺灣只允許每年收容一千人（據外國通訊社消息），卻要小小的香港來者不拒？」

他還籲請市民支持港府的政策，配合警方的行動：「希望本港居民們盡力遵守法律秩序，協助警方，平心靜氣地對付目前的困難。我們心中都感到矛盾，在情感上，希望這些同胞們能平安入境，但在理智上，卻又知道彈丸之地的香港，實在無法容納成千上萬的新來者。我們即使心中有些不願意，但也不能不支持警方的行動。」

在另外一篇社論《巨大的定時炸彈》中，金庸又再次呼籲市民們：「不要阻撓警方處理這個難題，不要認為警方執行任務，是對我們中國人含有敵意。」

在這篇社評中，金庸還極力為港府和警方辯護：

「香港政府目前所採取的對策，我們可以想像得到，在決策人自己，也是相當痛苦的。至於在邊境執行這決策的軍警人員，當然也是很難受，很不愉快的。……事實上，這件事好比一個巨大的定時炸彈，警方人員正在小心翼翼全神貫注地設法移開，是否能夠安全解決，現在尚未可知。萬一處理稍有不慎，以致爆炸開來，那麼全香港兩百三十萬居民就要受到極大的災禍。我們如果單憑一時情感衝動，反面去和搬移定時炸彈的人為難，豈非危險之至？不要輕視這個危機！我們是否能夠繼續安居樂業，和這個大炸彈是否爆炸，有極大的關係。」

可以清楚地看出來，金庸此時的政治立場已經不僅僅是「中立」了，他既批評大陸，又反諷臺灣，表現的政治態度是「在野的批評家」。

從此，金庸很長的時間都保持著這樣的政治態度，他的政治熱情，通過他的《明報》社論，得以充分地發揮。

金庸與左派意識形態決裂，當然面臨了很大的壓力，但是作為補償的是，他的《明報》在這一次「決裂」中發展壯大了，「逃亡潮」帶旺了《明報》。

因《明報》在「逃亡潮」中的出色表現，《明報》的發行量從當初一萬多份發展到了四萬多份，《明報》名聲大噪，出現了第一次轉機。

後來有人不懷好意地說，金庸的《明報》沾了「反左傾意識形態」的光，也並不是完全無中生有。

這件事，可以看出金庸對突發事件的處理有著果決敢當的手段。

對抗權力，想做「人民的傳聲筒」

儘管六十年代金庸一再表明他的政治態度是堅持「獨立」、「中立」的原則。無意與任何人或任何黨派搞「對立」，但有了「逃亡潮」的先例之後，金庸事實上一直對各方面保持著「批評家」的態度。

「批評家」並不好當，金庸很清楚，政治壓力有時是難以承受的。

所以必要的大多數時候，金庸還是相當的謹慎，就事論事，避免太露鋒芒。

比如一九六二年十九月十日，蔣介石發表兩篇「雙十」文告，希望大陸軍民起來反共。並承諾「國府」必予以支持。

金庸在《明報》的社評《蔣介石的雙十文告》一文中指出：

「……從這兩個文告中可以很明顯地看出來，蔣先生沒有軍事反攻的信心，只是把希望寄託在大陸人民自發的反共行動上。在我們看來。大陸人民如果起義反共，也不至於貪圖台方一個『所光復地區軍政長官』的名字。

「但文告中有兩點很可欣賞，第一點：『我們反攻復國的信條，是不是敵人，就是同志。』第二點：『嚴禁階級歧視和尋仇報復，恢復我國忠恕仁愛的善良風俗與安寧秩序。』這兩點表現了寬厚仁愛的泱泱風度，頗具中興氣象，只不過話是這麼說，事實上不知能否做得到。」

金庸的口氣很平和，其實我們還是可以看出平和中不可掩飾的反諷意味。

但是有時候金庸口氣很嚴厲，一九六三年初，中共推行「社會主義教育運動」，消除私有制，處置一些有「資本主義思想」的人。金庸對這個「社教」運動，就大加抨擊。在《中共推行「社會主義教育運動」》這篇社評中，金庸「站在者百姓的立場」上批評中共的做法：

「……我們認為資本主義也好，社會主義也好，初級共產主義的人民公社也好，哪一種經濟制度能使大多數老百姓豐衣足食，我們就擁護那一種方法。在中共目前的經濟狀況下，第一要務是使人民有飯吃，有衣穿。中共軍隊在手，政權在握；實在不必害怕資本主義復辟異已分子造反。為了堅持某一種主義和理想，寧可犧牲經濟發展的利益，使千千萬萬百姓遭受不必要的痛苦，那是不是值得呢？」

金庸確實在實行他的武俠小說中表現的政治態度，代表百姓民眾的立場來對抗權力機構，像大俠的人格——為國為民。

金庸的政治理想是大同世界。在中國文化傳統，他推崇的是孔子「己所不欲，勿施於人」，主張中庸之道；在西方文化，他推崇的是羅素的理想主義。

《明窗小札》一九六三年三月二十七日《羅素的信仰》一文，可理解為金庸的政治主張：「本報的長期讀者們或許都會記得，幾個月前，當古巴危機十分嚴重時，本報社評曾大大讚揚英國的哲學家羅素，說他是最明智的哲人，說他是本報最佩服的當代偉人。這不僅因為他大聲疾呼的反對核子戰爭，以九十高齡，尚自為了人類前途而甘心入獄，還因為他向來主張容忍異見，主張開明，主張頭腦清醒而反對盲目崇拜。他的人生哲學是：『找尋一種方法，使得人類在社會中生活，不必竭盡所能來損害旁人。』我們辦報的哲學，主要是孔子的哲學，主張『己所不欲，勿施於人』，主張中庸之道（不偏之謂中，不易之謂庸）。這與羅素的哲學幾乎是一致的。就像孔子一樣，羅素的最終理想是大同世界。在他每一部討論政治問題和社會問題的書中，他都認為，人類的前途寄託於一個世界政府的組成。

「我們也擁護世界政府的理想。雖然目前看來似乎很困難，但我們深信，這是一條必然的途徑。當春秋戰國之時，中國就是天下，晉楚之爭、秦趙之爭，其激烈之程度，也不亞於今日美國和蘇聯的衝突。但這些國與國的界限終於泯滅了，中國大一統而成為一個國家。今日從莫斯科到華盛頓，比當年從秦國的咸陽到齊國的臨淄實在要方便得多，迅速得多。不能說世界大同的理想是不能實現的空想。」

一九六四年，金庸以報人身分訪問日本後說的一席話，更清楚地看出他決心做「人民的傳聲筒」，他說：

「在一個真正的民主社會中，政府絕不能影響報紙。報紙卻可以影響政府。政府可以上臺下臺，內閣可以改組更換，報紙的言論和立場卻必須是一貫的。報紙不誠實，讀者不看它，報紙非垮臺不可。政府不誠實，報紙不斷的攻擊它，政府也非垮臺不可。歸根結底，政府的命脈是真正操在廣大人民手裡。」

如果以更細緻成熟的政治觀念來看，金庸的這種當「人民的傳聲筒」的政治理想，還更多地是一種書生和平民的理想。

要想「政府的命脈，真正的操在人民大眾手裡」，僅僅靠金庸這一點善良的願望是遠遠不夠的。

論戰友人，「核子與褲子」之爭

一九六三年十月，中共副總理兼外交部長陳毅在北京接見日本記者團時，發表了這樣一番講話：「『帝、修、反』有原子彈、核子彈，了不起嗎？他們如此欺侮我們。他們笑我們窮，造不起。我當了褲子也要造核子彈！」

隨即，香港《明報》刊發了由金庸執筆的題為《要褲子不要核子》的社評，其中說：「中國再努力十年，也決計趕不上英國在攻打蘇伊士運河時的核子成就，請問幾枚袖珍原子彈有何用處？還是讓人民多做幾條褲子穿吧！」

《明報》的社評立即引來《文匯報》、《大公報》、《新晚報》、《商報》、《晶報》為主的香港五大左派報紙的圍攻，掀起一場論戰。

這場論戰，就是有名的「核子與褲子」之爭。

這場論戰從一九六三年十月延燒到一九六四年底，熱度持續一年多。

金庸與自己過去的東家、朋友，且在《明報》創刊之初曾予其很大幫助的《大公報》激戰，令金庸心情複雜。

當時他正在寫作《天龍八部》，在小說中，他借喬峰之口表達了自己的悲愴感受。

《天龍八部》聚賢莊一戰，喬峰說道：「在下今日在此遇見不少故人，此後是敵非友，心下不勝傷感，想跟你討幾碗酒喝。」

喬峰端起一碗酒來，說道：「這裡眾家英雄，多有喬峰往日舊交，今日既有見疑之意，咱們乾杯絕交。哪一位朋友要殺喬某的，先來對飲一碗，從此而後，往日交情一筆勾銷。我殺你不是忘恩，你殺我不算負義。天下英雄，俱為證見。」

喬峰嘆道：「咱們是多年好兄弟，想不到以後成了冤家對頭。」白世鏡眼中淚珠滾動，說道：「喬兄身世之事，在下早有所聞，當時便殺了我頭，也不能信，豈知……豈知果然如此。

若非為了家國大仇，白世鏡寧願一死，也不敢與喬兄為敵。」

蕭峰（書中這時喬峰已經恢復了蕭姓）道：「我和人鬥大都是被迫而為，不得不鬥。」說來輕描淡寫，其中卻有多少的驚心動魄，萬千危機。

這些句子，細讀起來，都是金庸在現實中的悲涼心境的感慨。

論戰最後以左派報紙的突然鳴金收兵而告結束。

後來曾任香港《文匯報》總編輯的金堯如的回憶文章，解釋了個中原因，叫停左派報紙停止圍攻《明報》的，實際上是陳毅。

陳毅說：「我同查先生的社論合起來，就全面了。」

陳毅承認，作為副總理兼外交部長，自己一年前講的「當了褲子也要造原子彈」的話，確實有點片面性和絕對化。

陳毅認為，《明報》的社評有一半是對的，但「不要核子」這句話也有片面性，也是絕對化。「我同《明報》那個查先生的社論、兩家的話合起來，就全面了。今後，我們就要努力做到既有褲子，又有核子！我說褲子，當然是個比喻，就是要做到中國人豐衣足食，手上還有個不大不小的核子彈。」

陳毅大政治家的風度和氣量，令人佩服。

驚人預測，天才政治眼光

六七十年代，金庸雖然沒有直接涉足政壇，但卻無愧於「在野政治家」的稱號。金庸的政治抱負雖然沒能實現，但通過他的《明報》社論，暢所欲言，他內心深藏的政治情結還是得以解決和釋放。

雖然在野，但金庸所表現出來的政治眼光和政治敏感，卻絕對是專業水準，以至於美國情報局都要收集《明報》社評以作為對外政策的參考。

有人說金庸寫的政治社論，其實與他的武俠小說一樣好看。

這句話雖然誇張了一點，但金庸在社評中發揮的政治見解的確是獨醒之見，常常能準確預測國際種種政治大事，所以看起來格外受人歡迎了。

自「逃亡潮」事件之後，金庸逐漸向世人表現出他的政治天才，而到了六十年代中期，大陸發生文化大革命運動，金庸的政治天才得到充分的發揮和體現。

冷夏《金庸傳》列舉金庸的天才政治眼光的案例：

一九六六年中，「文革」剛剛開始，金庸就以其獨有的新聞慧眼，認為「文革」並不是在文化方面破舊立新，而是要奪權。

一九六六年四月十九日，《明報》報導北京市委書記處書記鄧拓遭受整肅，他的《三家村札記》和《燕山夜話》受到批判。

一九六六年七月三日，《明報》報導中宣部副部長周揚被整；部長陸定一實際上已失去了原來的地位，並預測部長職務有可能由陶鑄來接掌。

一九六六年七月七日，《明報》報導陶鑄離粵滯留北京可能接替彭真、陸定一等人的職務，而陸定一被罷官已成定局。

一九六六年八月十三日，《明報》的報導指出林彪得勢令仕途不可估量。

一九六六年六月四日的社評，《明報》指出劉少奇要被「清算」。

……

以上這些消息，當時中共官方並沒有正式公佈，各官方報紙也不做報導。《明報》通過外國通訊社和傳媒的關係，取得這些內幕新聞。在香港傳媒中獨家刊載，令人關注；這些消息在《明報》登出來後不久，中共官方傳媒也相繼公開報導，《明報》的報導得到證實。

政治眼光再舉數例：

（一）金庸預測了六十年代中國第一顆原子彈操作試驗的準確時間。

（二）金庸第一個看出「文革」紅衛兵的目標是推翻劉少奇。

（三）一九六六年底，金庸推斷江青將正式參政。

（四）金庸在「文革」中林彪最得勢之時預料到了林彪最終的下場。

（五）金庸對美越戰爭形勢發展的預測基本正確。

除了以上的例子，金庸神奇預測的例子還有。

「文革」後期。鄧小平落難江西，金庸在社評中分析鄧小平很快就會重出政壇；

江青橫行霸道之時，金庸的社評罵她「不知往哪裡躲」，說毛澤東一死，她也就沒好日子過……

有人曾經問金庸，為什麼對中共政局的變化分析如此準確，金庸曾回答說，有很大原因是因為他瞭解中國歷史：

「我寫社評時，我說林彪一定垮臺，那時他是最威風的時候，我的觀點，是因為在中國歷史上，接班人基本上都沒有好結果，漢武帝手刃自己的太子，康熙皇帝這樣厲害，太子的收場也不過如是，當直接威脅到權力時，接班人都沒有好下場。」

金庸還說，他一生中受《資治通鑑》影響最大：「《資治通鑑》令我瞭解中國的歷史模式，差不多所有中國人都按這個模式。」

金庸高超的政治眼光，與其說是他的天賦，還不如說是他的深厚、廣博的學識造就的。

金庸在與池田大作的對話錄中，回憶了他在《明報》的社評中對時勢、政局走向的預測：

「其實重要的預見也並不多。我在『文革』開始不太久之後，就推斷將來毛澤東定會整肅林彪，寫了社論《自來皇帝不喜太子》；又推測在毛澤東去世後，江青很快就會被逮捕甚至被處死，文章題目為《不知往哪兒躲》，說江青目前權勢熏天，作威作福，不可一世，但毛澤東一旦逝世，江青就『不知往哪躲』了，沒有可以逃避的地方。當年中國對越南交戰，我曾預測中國佔領若干土地、對越南當局給予教訓後必定撤退，對於進軍到何地為止，何時撤兵，都有大膽預測，結果幸而言中。對於香港的前途，我比較重要的一個推測（在一九八一年二月二十六日的《明報》社評中發表），是中國當局會決定收回香港，大概會在收回的日期之前十五年左右正式宣布，同時並宣布香港現狀今後不變。事實是，中國政府的確於一九八二年宣布，定一九九七年七月一日收回香港，恰好是相隔十五年。這些我絕不敢自負，只是運氣好，恰好碰中了而已。」

金庸天才的政治頭腦、政治眼光和政治敏感，其實給他的《明報》經營事業帶來很大和意想不到的好處。

由於《明報》太出色了，對每一次重大政治事件都有獨家精闢的報導，所以《明報》的銷量急劇上升。

「逃亡潮」帶旺《明報》，而大陸的文化大革命運動，竟使《明報》的銷量穩定在十二萬份以上，《明報》的大報地位正式確定了。

一九六六年到一九六九年，金庸成功地將《明報》辦為包括雜誌、月刊、周刊、晚報的報業集團，《明報月刊》、《明報周刊》的經營都非常成功。

特別是一九六六年一月創刊的《明報月刊》，以「文化、學術、思想」為理念，面向全世界的華人學者、知識分子，為《明報》及金庸帶來了良好的國際聲譽。

一九六六年，《明報》搬到南康大廈，距離渣甸山十幾分鐘車程外的北角英皇道。一九六七年，金庸花了四十萬港幣，按揭在渣甸山買了一套三層小樓。

一九七七年，金庸和前妻朱玫離婚，渣甸山的房子給了朱玫，他又在香港另一個豪宅區太平山頂買了一套占地二千平米的大宅，據說花了一千多萬港幣。倪匡來參觀的時候，形容到

「同一層樓內也要裝電話，否則聽不到對方說話」。太平山頂的房子於一九九六年售出，當時賣到了約一點九億港幣。

一九七六年，《明報》將南康大廈整幢大樓買下，改名明報大廈。大樓共有十層，屋頂另外搭建了半露天的員工餐廳。

金庸在這裡度過了近二十五年的時光，伴隨他創作的最黃金時期，直到一九九四年金庸徹底退休了之後才搬出。

曾航《商人金庸，與他的槓桿》一文，描述了那時明報大廈的情形：

「明報大廈入口的正門只有一扇門，只能容一個人出入，兩個人都擠不下。進門僅有一個五尺見方的空間，給大家等電梯，與電梯相對有個四尺來高的櫃檯，後面坐著管收發的阿伯。老式的日本電梯每次只能載六七人。金庸每天都要跟員工共用這個電梯，下午兩三點他經常會在這裡等電梯，他會很自然地跟熟悉的人打招呼，包括櫃檯後面的阿伯。電梯來了，人們一擁而入，他也就被『包裹』在裡面。這部電梯經常要檢修，那就只能用大廈後門的運貨電梯了，雖然比較大，但裡面很髒。」

「金庸的辦公室在七樓，分為兩間，一間是書房，他看書、寫社評和批文件的地方，一間是會客室，八十年代後期新裝修之後，不大的會客室四壁油漆金碧輝煌，大紅色和金色相間，很有中國宮殿的味道，椅子是路易十八式的古典雕花描金扶手椅。」

「左派」不滿，有人要燒死金庸

金庸內心有著巨大的政治熱情，在人生道路中，幾經砥礪和歷練，政治態度和政治立場最終形成了一套穩定的金庸式書生和大俠理想相結合模式。

這種政治立場的要點正如金庸所說是要公正與善良。

然而要想做到公正與善良是談何容易，因為公正和善良往往也要打上階級的烙印。

金庸當然能認識到這一點，只不過他也沒有更好的辦法，他只能是這樣求其心安罷了。

金庸身體力行去做到「公正與善良」，而這樣去做，這樣的政治態度，卻給他惹了不少的麻煩。來自各方面的壓力且不說了，有時甚至還要危及金庸的人身安全。

大陸「文革」運動的那一段時間，金庸因為固執的政治立場，經歷了一次人生大劫。

一九六七年，大陸正處於文化大革命的高潮，香港也受到影響。發生於一九六七年夏天的暴動，正是在這種形勢之下的產物。

香港當時發生了「六七暴動」，有人稱這次暴動為「香港式的文化大革命」。它起源於當時一連串的勞資糾紛，這些勞資糾紛中，最初都是工人自發採取行動，後來「左派」工會介入其中，行動變得非常激烈了。最後發展到街頭靜坐，張貼大字報，以及每日川流不息的各行業工人慰問等行動，香港政府為此採取了強硬的鎮壓行動，出動大批警察，用武力驅散工人，並逮捕了部分工人。

港府這一激烈的鎮壓行動，更加引起了「左派」人士的不滿。「左派」人士因而組織「鬥委會」，統一領導這場運動，與港英政府對抗。他們每天都排隊到港督府抗議，張貼大字報。到了五月二十二日，警察採取了行動，在中環花園道以暴力對付示威人士，釀成流血事件。

香港社會出現了空前的混戰。對於這場暴動，金庸和「左派」一開始就站在對立面上。他反對「左派」勢力採取過激的行動，支持港府嚴厲鎮壓「暴動」。

《明報》在六月六日社評《本港「左派」擁護劉少奇》中，把矛頭直接指向「左派」：「關於香港的五月事件，現在已可以看得很清楚，那完全是本地『左派』人士所主動進行的，並非北京有命令來叫他們採取行動。」

那為什麼「左派」要採取這樣過激的行動呢？社評列舉一些實例分析說，這是因為「左派」近年來有一連串擁護、支持「劉鄧陶」的行為，而當時北京正大舉清算「劉鄧陶」，可香港「左派」對「劉鄧陶」的擁護早已發表過了，白紙黑字，如何能夠抹去？《明報》的社評這樣寫道：「唯一的方法，只有將功贖罪，即刻立一件發揚毛澤東思想的大功。那是迫不及待，只爭朝夕的急事，如果遲了一刻，大功未竟而十二金牌已到，那如何得了？」

《明報》這篇社論最後說：「對於香港『左派』報紙同業的擁護劉少奇，基本上我們是表示同情的，從一點上攻擊他們，是不公平的。……我們只希望他們自己撫心自問：為了少數人自私自利的打算，因而危及香港四百萬人的和平自由生活，妨礙到中共對香港的基本國策，損害了毛澤東思想的威望，是否應該？」

金庸對「暴動」的態度，使他與「左派」的對立更加尖銳起來，「左派」痛罵金庸為「豺狼鏞」、「漢奸」、「走狗」。

有一天，幾百名「左派」分子浩浩蕩蕩地衝到英皇大道之五六一號大廈，要砸《明報》。他們找了近半小時還是找不到《明報》編輯部，後來找到時，而警察也在此時趕到，《明報》得以免遭砸燒之災。

而另一方面，「左派」的行動進一步升級，他們「燒巴士、燒電車、殺警察、打司機、燒貝夫人健康院、炸郵政局、用定時炸彈炸大埔鄉事局。向警察投擲魚炮、爆炸水管，燒報館車輛……」，香港當時幾乎變成一個恐怖世界，人人自危，而《明報》及其員工自然首當其衝，成為「左派」分子襲擊的重點目標，人身安全受到了嚴重的威脅。

金庸後來回憶說：「有人嚷著要燒死我。」

「當時真的非常危險，是我的人生中很大的一次考驗。」

金庸面臨了巨大的威脅，這威脅幾乎要毀滅金庸的人生和事業。金庸並沒有屈服於壓力而改變自己的政治態度。《明報》的社評一而再再而三地抨擊「左派」分子的暴行。

一九六七年八月二十四日，在電臺裡報導「暴動」事實、抨擊「左派」的香港商業電臺著名播音員林彬，慘遭「左派」分子行兇暗害，被淋汽油，活活燒死，此事驚動一時。

林彬被燒死後，下一個目標可能就是金庸。但金庸仍然不畏「左派」的威脅，還要求《明報》對林彬不幸逝世表示敬悼。《明報》一連刊出〈燒不滅正義的聲音〉、〈敬悼林彬先生！〉等社評，敬悼林彬這位「大丈夫」，痛斥「左派」分子的暴行，並表明對「左派」分子決不退縮，決不妥協，鬥爭到底的決心。

金庸後來回憶說：「《明報》當時持穩健的立場，對『文革』有批判、有意見，對香港的左派造反也表示了反對的意見。於是香港的左派提出要殺死五個人，第一名叫林彬，是電臺的廣播員。左派事先打聽好了林彬上班的路線，裝成修路工人，攔住林彬的汽車，拉開車門給他澆上汽油，活活燒死。我是五個人中的第二名，另外三人，一位是立法局的議員，一個是香港政府的高級官員，還有一個是新界的群眾領袖。林彬事件發生後，香港政府採取措施保護四個人的安全，那時左派就對香港政府武鬥，並且到處放炸彈。

「《明報》報社也收到郵包炸彈，後來周恩來總理公開出來表態，才控制住了局面。這就是那場『紅色風暴』。」

炸彈送到了《明報》報館，報館報警之後，警察來處理，放在馬路上，讓軍火專家來引爆，炸彈真的就炸了。

為了保護金庸的安全，香港政府派了警察在報館和金庸家守護，在門前放個凳子，警察二十四小時都在那裡值班。

另外，警察給金庸十個假的車牌，可以套在真的車牌上面，讓金庸每天換一個套牌，用以迷惑跟蹤金庸的人。

當形勢到了最危險的時候，金庸不得不離開香港暫避海外。金庸去了瑞士，有家難歸。金庸甚至作好了關閉《明報》的打算；寧願犧牲自己最心愛的事業，也不願妥協認輸。

金庸這種寧折不撓的性格，呼應了他武俠小說中的那些大俠們理想的人格。

所以，金庸的武俠小說並不是閉門造車，無關於社會。只有具有大俠人格的作家，才能夠寫出「俠之大者」風範的武俠小說。

香港這次暴動風波，由於中國政府的出面干預，事態才平息下來。金庸也從瑞士避風頭回到了香港。

金庸終於度過了他人生中的又一個難關。

金庸訪臺

六七十年代金庸的政治態度雖然自稱是「中立」，但實際上他卻是通過《明報》積極地參與政治，他對當時兩岸的政治都持嚴厲的批評態度。

金庸後來明確說過：「從前中共和臺灣的政策都不大好，甚至不好，我就兩面都不贊成，人家說我『左右不討好』。」

金庸內心耿直倔強的一面由此可見，敢於冒天下之大不韙而四面樹敵，並不是一般人所能承受的壓力，只有像金庸這樣的「大器」之人才能面對。

然而，金庸又絕不是一個僵化固執的人，金庸能寫活「韋小寶」這樣一個典型人物，足以證明金庸對人生社會和政治更深刻的理解。

從「俠之大者」的郭靖而到金庸內心秘密欣賞的韋小寶的「非俠」，大概也只有金庸這樣內心具有千岩萬壑的大覺悟者才能一以貫之。

金庸坦言欣賞韋小寶的「講義氣」和「能適應環境」，實際上金庸也是這樣。

隨著環境的變化，金庸的政治態度時常地會作一些微妙的變化。

一九七三年春，隨著蔣介石退居二線，更加務實的蔣經國向金庸發出了採訪邀請。

一九七三年四月二十八日，金庸去臺灣作了為期十天的訪問，這是金庸首次臺灣之行，也表明了金庸政治態度上的一種圓融。

金庸去臺灣，他當然知道這件事對外將意味著什麼樣的政治意義，所以他表現得很謹慎，調子放得很低：金庸只是以《明報》普通記者的身分去臺的。

可以理解的原因，臺灣當局和金庸本人兩方面都秘而不宣促成此行的原因。

一九七三年，海峽兩岸的關係正在發生微妙的變化，而像金庸這樣在香港具有舉足輕重地位的大人物，正是兩岸政治力量的統戰對象。

對於臺灣來說，此時只要有像金庸這樣的「大人物」來臺灣走一趟，都可以獲得一些有影響的政治宣傳。

金庸如此聰明，當然不會不明白這個道理，雖然他儘量低調處理，但還是遮不住他那政治態度「中間偏右」的微妙變化。

對於大俠金庸來說，立場的調整其實並不重要，只要仍是不違背自己的良心原則，所以對於種種議論和猜測，他並不放在心上。

金庸雖然是以普通記者身分去臺灣，但此行的政治色彩，遮也遮不住。

金庸在臺灣，得以同蔣經國、嚴家淦、張寶樹等政要會面，並作長時間交談，這些足以證明此行的政治色彩。

對於這次臺灣之行，金庸在低調中表現了略偏的讚賞。

金庸回香港之後，兩個月之內推出了他的長達數萬言的訪台紀行：《在臺所見，所聞，所思》。

不言而喻，金庸的文章產生了很大的政治影響，後來因銷路太好，又專門出了單行本，後來又在《明報月刊》再次連載。

金庸明顯表露了對臺灣領導層的善意：「這次我到臺北，印象最深刻的事，不是經濟繁榮，也不是治安良好，而是臺北領導層正視現實的心理狀態，大多數設計和措施，顯然都著眼於當前的具體環境。」

後來金庸回憶說：「我也跟臺灣的領導人說過，你們不要搞獨立，沒有好處，你們一搞獨立，戰爭就來了，你們要打仗，就派你們自己的兒子去打仗，不要派別人的兒子去當炮灰。打仗對你們沒有好處。而且一打仗，上層中層的官員和企業的老闆、有錢人肯定全跑了，倒楣的是最下層的老百姓。」

金庸是一個有大俠人格的敢於忠實於良心和不作違心之論的政治家，他不計利害直抒意見。

金庸看到臺灣領導層不再唱高調，浮誇吹噓，當然會產生好感的。

金庸再一次重申了他的「公正與善良」的政治思想：

「不論三民主義、共產主義、民主自由、中華文化的傳統等等，其中可能有合理的部分，也可能有不合時宜的部分。在臺灣而言，應當採用最能為臺灣人民謀幸福的辦法，最受臺灣人民歡迎的辦法，使得最大多數臺灣人民生活得最快樂。」

「我相信中國最大多數人民所盼望的，就是這樣一個政府，希望大陸和臺灣將來終於能和平統一，組成一個獨立、民主和民族和睦政府。」

「我這一生如能親眼見到這樣一個統一的中國政府出現，實在是畢生最大願望。」

可以看出，不論金庸的政治立場和政治態度發生怎樣微妙的變化，但金庸「俠之大者，為國為民」的政治理想，為普通老百姓利益著想的善良意願，卻是一點也沒有改變。

只要對國家有利，對民族有益，對人民有福，金庸並不在乎站在哪一個立場上。

熱烈歡迎，大陸改革開放

時間在改變，風水在轉移，新中國廣闊的土地上再一次發生了翻天覆地的變化。這一場巨大的社會變革，再一次影響到了大俠金庸的政治生活和態度的改變。

六七十年代，金庸徹底與大陸的「左派」政治決裂，不惜以嚴厲的態度批評大陸的政治，「反共」立場的激烈，也是人所共知。

大陸「文革」期間，金庸給人以「反共」的印象，其實只是片面的，因為金庸對臺灣當局的政治也常作毫不留情的批評。

金庸所謂的「反共」，實際上只是反對當時大陸一系列極左路線的做法，比如；反對中共批判北大教授馬寅初，支持馬寅初的「人口論」，反對盲目的「大躍進」思想和行為，支持慘遭迫害的彭德懷，反對「文革」，反對江青和林彪，反對紅衛兵「造反」，反對江青之流干擾周恩來；批評「左」傾路線……。而在金庸反對大陸這一系列「左」的做法的同時，他卻一貫支持鄧小平「務實」的政治立場。

金庸真是「天人」，能言人所未言，見人所未見。

鄧小平七十年代被打倒，落難到江西省的那段艱難歲月，金庸時常在《明報》的社評中稱讚鄧小平，支持鄧小平，反對當時中共對他的處置，並預言鄧小平將「東山再起」。

金庸的預言實現了。「四人幫」被打倒之後，鄧小平果然「東山再起」，重新掌握了中共實權。金庸幾乎是懷著一種欣慰的心情看著大陸這一場巨大的政治變革運動出現的。

一九七七年，鄧小平眾望所歸地執掌領導權，撥亂反正，指引新中國走上正確的航程。十一屆三中全會，鄧小平推行開放改革政策，把全國的工作重點轉移到經濟建設方面來。十一屆六中全會，徹底否定「文化大革命」，重新評價毛澤東的功過是非。因此大陸出現前所未有的勃勃生機，鄧小平當之無愧地成為中國改革開放事業的「總設計師」。

金庸欣喜地看到了大陸的這場變革，他的政治態度也因此潛移默化地改變。

金庸不再激烈地「反共」了，他對中共的批評態度大大地低調處理。

《明報》開始支持鄧小平的新政策，不再像以前那樣清一色地批評中共政治，而是以大量篇幅報導中國的改革開放政策和所取得的喜人成績。

金庸的這種政治態度和立場的改變，大陸領導層當然看得很清楚，因為《明報》是香港數一數二的大報，大陸領導層和高級官員經常都要閱讀作為「參考」。

因為這種原因，金庸和新中國共產黨的關係變得緩和，進一步得到改善。

這一改善，當然要從大陸共產黨政府對金庸的邀請作為里程碑算起。金庸的「中立」政治態度，又開始稍微「偏左」了。

一九八一年二月二十六日，金庸在《明報》上發表了一篇《關於香港未來的一個建議》的社論。金庸預測，中國政府會在香港租約到期十五年左右正式啟動和英國的談判。

這一年，金庸收到了來自北京的邀請，前往大陸訪問。

一九八一年七月十六日，在國務院港澳辦公室，新華社香港分社和中旅社等機構的安排下，金庸攜帶妻子和一對子女起程回大陸訪問。

一九八一年七月十八日上午，鄧小平以中共中央副主席的身分接見了金庸，並和金庸相見甚歡，作了長談。

這次會面，《明月》發表了金庸和鄧小平談話的記錄，以及《中國之旅：查良鏞先生訪問記》。這期雜誌，一周之內連續加印了三次。

金庸是鄧小平一九八一年第一個接見的港澳人士。因為司機的問題，晚到了五分鐘，金庸遲到了，他見了鄧小平鞠了一躬。鄧小平說，今天朋友相見，把規矩先放到一邊。

金庸後來說，鄧小平見面時給他遞了一根「熊貓」牌香煙，金庸說這太客氣了，我自己拿。分手時，又將抽剩的煙都給了他，說這個煙好。「這是鄧先生的一份禮物，我收下了」。

返港後，金庸給鄧小平寄了一套明河出版社出版的《金庸小說全集》。有一次，鄧楠見到金庸，告訴他：「爸爸很喜歡看你的小說，每天晚上睡覺之前都看幾頁。」

鄧小平的護士郭勤英曾說：金庸、古龍和梁羽生的武俠小說，鄧小平都看過，看得較多的是《射鵰英雄傳》。

此外金庸又會見了多位大陸高級官員，特別是當時人大副委員長廖承志，給金庸留下了深刻的印象。

金庸三十三天的大陸之行。除了與大陸領導人共商國是，縱論新中國及香港前途等大事之外，還見了闊別多年的親戚朋友，遊覽了祖國的大好河山。

金庸回到浙江老家，去杭州見到了闊別三十年的兄弟姐妹，故鄉之行，讓金庸萬千感慨。金庸遊歷了北京、內蒙、新疆；甘肅、成都、重慶、宜昌、武漢、杭州等十三個城市，真是「漫卷詩書喜欲狂，青春作伴好還鄉」。

可以毫不誇張地說，這次金庸的大陸之行，是他人生中又一個重要的轉捩點。通過與大陸中共高級官員面對面的切身長談，金庸瞭解並理解了大陸的政治政策。他重新認識了中國共產黨和中國大陸。

鄧小平的接見，中共極高的禮遇，實地的考察和訪問，金庸關注、思考中共和大陸的政治激情，前所未有地被激發出來了。

金庸很佩服鄧小平，說，見到他，講幾句話，我就真的佩服他了。

金庸稱鄧小平是大英雄！他是寫武俠小說的，所以見到大英雄心裡就佩服。他贊成現實主義，不贊同理想主義者，說，讓理想主義者走開！（南方人物周刊採訪）

回香港之後。金庸興致勃勃地接受了《明報月刊》記者的獨家採訪，毫不掩飾自己對中共和大陸的好感和信心，以及他自己政治立場和態度的明顯調整。

金庸談自己對中共的看法說：

「……第一，我相信中國大陸上，目前沒有別的政治力量足以取代中共的領導地位。第二，我相信中國在幾十年內不可能實行西方式的民主，即使可能，也未必對國家人民有利。第三，我個人贊成中國實行開明的社會主義，總的說來，這比之香港式的完全放任和資本主義社會中的極度貧富不均，更加公平合理。不過，大陸上個人自由大大不夠。共產黨搞經濟缺乏效率，不能儘量解放人民的生產力，過去所積累的左傾思想與作風太嚴重。我個人贊成一步一步地不斷改革，不相信天翻地覆的大革命能解決問題。」

金庸的政治態度很明白了，只要對國家人民有利，共產黨他完全可以接受。

金庸當然也還是對大陸的一些情況有所保留，但總體的聲音，是支持鄧小平執政的中共大陸，他最歡迎大陸共產黨的務實：

「我發覺中共從上到下。不再浮誇吹牛，多講自己的缺點，很少講成績，這一點給我的印象最深刻。」

金庸總結他的政治態度是：

「訪問大陸回來，我心裡很樂觀，對大陸樂觀；對臺灣樂觀、對香港樂觀，也就是對整個中國樂觀。我覺得中國大陸目前發展經濟的基本政策是對的，但應當逐步讓人民有更多自由、更多機會。臺灣發展經濟的基本政策也是對的，但要努力縮小貧富之間的巨大差距。……香港最寶貴的是生活自由，法治精神以及發展經濟的效率與靈活性、廣泛的機會。最糟的是極端自由資本主義的不公道。」

比較起來，金庸內心的天平上，似乎大陸中共的分量還要重些。

金庸繼五十年代初北上求職之後，再一次表現出對共產黨中國巨大的熱望和信心。

一九八一年九月，英國女王授予金庸「英帝國官佐勳銜」（ＯＢＥ勳銜），以褒揚其對新聞事業及小說寫作的貢獻。

第二年，一九八二年，柴契爾夫人首度訪華，與金庸單獨會晤四十五分鐘。

後來金庸接受魯豫採訪時，曾回憶這次見面：

「柴契爾夫人經過香港的時候邀我到港督府見她，英國當時跟中國在交涉香港歸還的事情，她希望我支持英國人，香港不要歸還。但是我說我主張香港歸還中國，第一，本身就是中國的地方，當然應該還了；第二，你簽條約九十九年，現在到期了，你怎麼可以不守信用？她跟我沒什麼好談的，就不談了。」

重修舊好，「反共」色彩淡化

金庸是一個具有大俠人格的書生型的政治家，他並沒有什麼主義或是別出心裁的政治觀點，他的政治理想其實是很單純和樸素的，這就是無私和愛民，公正和善良。

只要能滿足他的這一政治良心，他並不在乎物質，或者說他也許在乎，那要在以取義的角度來說。

八十年代金庸的政治態度明顯轉向，寄希望於大陸的開明政治，這種坦白的立場當然可以想像招致一些人的挖苦諷刺。

因為一九七三年金庸訪問臺灣，立場上先是與臺灣親善，而八十年代的親善大陸，這兩者之間的敏感問題，最易招致諷刺。

蔣經國改良臺灣政治，不再浮誇，不再高喊「反攻大陸」之類不切實的口號，採取務實態度，金庸對此表示讚賞，本來是正常的事。

但是無論從什麼角度來看，臺灣的政治力量不能與大陸相比，特別是有關香港前途的問題，更要看大陸的態度。所以，當大陸也採取開明政治之時，像金庸這樣「為國為民」的政治家，當然對此採取歡迎和合作的態度。

在政治立場上，金庸認為只要政治在進步，對國家人民有益，就是他自我受委曲作犧牲也是在所不惜。

所以金庸說：「希望鄧小平健康長壽，希望蔣經國健康長壽！」

「凡是對我客氣的人，我都希望他們健康長壽。在中國大陸、臺灣、香港的許許多多朋友，我都衷心希望他們健康長壽。我沒有資格做鄧小平或蔣經國的朋友，不過我深信他們所實施的改革，比之以前的政策是好得多，是進步而不是倒退。就算他們對我不客氣，我還是希望他們健康長壽。」

看到這一段話，想到楊過的名言：「誰待我好，我也待他好。」

此一句話是楊過一生行事的大綱要，也是金庸一生行事的大綱要。

金庸又說：「現在我覺得雙方的政策都在進步，有人就說我『左右逢源』。其實男子漢大丈夫，既無求於人，又需要討好什麼，逢迎什麼？」

金庸此時社會地位、經濟地位、名譽聲望都已達到大人物水準，他當然不需要討好誰，迎合誰，只要他認為對國家民族人民有利的事，他就一定憑著良心去做事。

自一九八一年金庸大陸行之後，《明報》的政治態度轉變得愈來愈大。到後來，經中央高層領導拍板決定，由官方中新社負責編輯，每天向《明報》提供中國方面情況的稿。金庸對大陸中共的親善和信心是明顯的變了。

香港又傳出謠言，說金庸賺了不少錢，在香港置了不少地產，金庸改變辦報立場，討好中共，是為了自身財產利益作想。

金庸真的有點惱火了，這種以小人之心度君子之腹，手段也太低劣了。

金庸反駁對方：「那真是門縫裡瞧人，把人看扁了。如果局勢真的有變，難道『討好』一下，就能得到身家嗎？如果連這樣簡單的道理也不明白，我怎麼還有資格來評論世事時局？」

金庸承認自己的《明報》對中共大陸的態度有了很大的轉變，《明報》不再像以前那樣連篇累牘地揭露中共內幕，沒完沒了地批評中共政策了。

金庸的看法是：與其說是《明報》改變，倒不如說是中共在改變，大陸在改變，向好的方向發展。這種變化反映到《明報》上，自然是「反共」的色彩淡化了。

直接參政，有望當香港特首

《明報》政治態度轉向之後，金庸依然以他那枝社評的健筆來參與政治，抒發政治熱情。八十年代中期，大陸臺灣兩方面的政局都相對穩定，金庸的政治視點焦中到了香港的前途問題上去了。

從一九八一年金庸專注於筆論香港前途，幾乎是每隔兩三天就以一篇關於香港前途的社論面世。

一九八四年五月，金庸從他的這些談香港前途的社論中，挑選出一百多篇，彙集成《香港的前途——明報社評之一》一書出版。

金庸認為：「中國和英國方面處理這件事所有的有關人員，都已盡了很大努力，已在最大的可能範圍中尊重了香港人的基本願望。」

香港回歸祖國的問題，是因為英國新界的租約在一九九七年滿期，香港的存在和發展將受到政治環境的巨大影響。

金庸的一系列社評具有專業政治水準。後來中英雙方會議的主要內容及達成協議，都基本與金庸的分析相符合。

專家指出，金庸一系列社評的理性分析，是現實主義的觀點，這對後來英國人、香港人放下幻想，以現實的態度對待前途問題。使中英談判順利並達成協議，起到了很大的新聞導向作用。

很多人在中英達成協議之後再回過頭來看金庸的社評，無不佩服金庸分析的精闢和眼光敏銳獨到。

應該指出，對於中英雙方的政治立場，金庸以現實主義的觀點，更多地支持了中共一方的立場，支持中共的開明務實的作風。

一九八四年九月二十六日，中英雙方終於在北京草簽了關於香港前途的《聯合聲明》，宣告了香港的殖民統治行將結束，從此香港進入了回歸祖國的過渡時期。

因為金庸獨到的政治眼光和天才，金庸由此更為深入和直接地參與了關於香港前途的政治活動。

金庸從政的經歷也在八十年代後半期達到了他前所未有的一個高峰。

中共高級領導層極為欣賞金庸的政治才能，而且也看出了這一點，在香港前途的政治問題上，金庸是一個良好的合作夥伴。

在中英《聯合聲明》發表時，金庸就高度評價鄧小平提出的「一國兩制」是「天才的設想」，「一言可為天下法，一語而為百世師」。

《聯合聲明》生效之後，起草香港特別行政區基本法的工作隨即提到中共議事日程上。

一九八四年十月十九日，金庸在中南海受到時任中共中央總書記的胡耀邦接見，胡啟立、王兆國等陪同接見。

一九八五年四月十日。六屆全國人大第三次會議通過決議，決定成立基本法起草委員會、負責起草基本法。

這時，金庸被新華社香港分社社長告知，中方邀請他參加基本法的起草工作。

必須要說明的是，這件事看似平常，其實對金庸有著很大的特殊意義。

我們已經一再討論了金庸一生都存在著政治熱情，金庸不僅僅是一個文人，或是一個商人，金庸對政治有著普通人難以理解的熱情和抱負。

在這之前，金庸通過他寫政論文章，發揮和釋解他的政治情結，但這畢竟是紙上談兵，隔岸觀火，金庸是何等的不能滿足。

這一次中共的邀請，無疑給了金庸一次實實在在的施展政治、抱負的機會，金庸自然不會輕易放過。

事實上，反對金庸參與這次政治活動的壓力相當的大，這個壓力不僅來自於外部，也來自於《明報》機構的內部。

因為《基本法》起草委員會是中方成立的機構，參加草委，將會有被讀者認為金庸親共，《明報》成為左傾報紙的風險，這對於《明報》事業是不利的。

一旦讀者懷疑到《明報》立場的改變，《明報》事業必然蒙受損失。

但是金庸參政的願望太強烈了，他為了施展自己報國報民的政治抱負，毅然接受中方的委任，不顧這些風險。

為了避免誤解，金庸當然採取了一些措施，發表了一些聲明。

金庸說：

「我在香港社會中受到愛護尊敬，能有較好的物質生活，心中常有感激之情，只覺得我比別人所得為多，而回報不足。這一次有機會為香港花五年心力，真正做一件重要的事，然後退休，心中會感到安慰。

「《明報》的立場，決不因我擔任起草委員而有絲毫改變，如果中共改變目前的政策，回頭採取極左路線，《明報》一定會激烈批評反對。」

金庸終於以新聞工作者的個人身分參加了草委會。

那時，很多香港金庸的粉絲，都認為金庸應該當香港特別行政區的行政長官。

二〇一八年十月三十一日微博 Flipboard 紅壁報載文《金庸去世，一代「大俠」謝幕》寫道：「羅孚評價，『如果沒有香港，沒有金庸』。那個年代的香港，街頭巷尾的人都在談論金庸的小說，甚至『談到正事，談到政事，也往往要引用金庸武俠小說裡的人和事來教訓。彷彿那些武俠小說，都是現代社會的《資治通鑑》，而且他們談得非常正經』。香港人很奇怪，把金庸這個『造俠者』直截了當地當作『大俠』，對他崇敬有加，甚至認為他應該當香港特別行政區的行政長官。」

那時，是金庸政治聲望最高的時候，香港很多人都認為他有望當香港特首。

全力投入，任「政治體制」小組負責人

一九八五年七月一日，金庸到北京出席基本法起草委員會第一次全體會議，由此開始了他五年風風雨雨的參政風波。

對於這次參加基本法的起草工作，金庸真正可謂是盡心盡力。赴京之前，金庸就寫了數篇分量很重的政論文章，表明他的政治態度。

金庸歸納為四點意見：

實際重於理想，經濟重於政治，自由重於民主，法治重於平等。

金庸又指示《明報》印行了一本中英文對照的《中英關於香港問題的聯合聲明》以及附有聯合國頒佈的《公民權利和政治權利國際公約》與《經濟、社會、文化權利國際公約》的全文，還有與之有關的若干文件。

金庸把近百本《中英聯合聲明》書冊帶到北京分發各位草委參考。

金庸認為：

「為了體現中英聯合聲明中這一項的規定，對這兩個國際公約有詳細研究的必要，其中的根本精神和條文，應當收入基本法之中。」

金庸真是全力投入，政治熱情之高，為書生文人所罕見。

七月四日金庸在全體會議上，作了《一國兩制與自由人權》為題長篇發言，表明和闡述了自己的施政觀點。

金庸在發言中盛讚了「一國兩制」的現實意義和歷史作用，並且表明了他關於「一國兩制」在香港的試驗不容許失敗的理念，最後明確表示基本法的主體應該是維持香港人原有的「自由與人權」。

金庸的這一「政治宣言」，深得與會草委的讚許和推重。

在隨後的對起草工作的規劃和步驟、起草委員會的工作方法和在香港成立基本法諮詢委員會等問題的討論之中，金庸也是全身心投入，暢所欲言，成為發言最多的草委之一。

這次會議，是金庸第一次在正式的議政場合，表露自己的政治傾向和施政才幹。

金庸以事實證明了自己並不是一個只會空談的政治家，如果給以環境和機遇，也許他會在政治領域作出更大的成績，就像在文學和報業上作出的成績一樣。

一九八六年四月十八日至二十二日，基本法草委會第二次全體會議召開，草委會成立了「中央和香港特別行政區的關係」、「居民的基本權利和義務」、「政治體制」、「經濟」、「教育、科學、技術、文化、體育和宗教」五個專題小組。

由於金庸表現了傑出的政治施政才幹，金庸被任命為「政治體制」小組負責人。中方負責人是著名法學家、北京大學法律系主任、《中華人民共和國憲法》起草委員蕭蔚雲。

金庸這是第一次在政界擔負如此重要的責任。

金庸一心想大展身手，施展自己的政治才能。

但是金庸怎麼也沒有想到，他的這一番熱血苦心卻招致如此之大的是非風波。

這就是金庸面臨的「主流方案」風波。

主流方案，遭遇巨大非難

怎樣設計未來香港的政制模式，各方面的意見不一樣，各種提交的政制方案真可以說是花樣百出。

草委政制小組十九位成員，各人的意見都有或大或小的分歧。

金庸和蕭蔚雲是小組負責人，他們的責任就是召集、主持政制小組會議，對小組工作進行協調。這樣的組織協調，當然是吃力不討好的工作，金庸不辭勞苦，盡力為之。

當時草委各派的意見不一，派別林立，有的激進，有的保守，有的要加速香港民主政體改革過程，有的則強調維持香港政制現狀為原則，並在此基礎上循序漸進進行政制改革。

有人形容這段時間的情況，就像金庸筆下的武俠小說：群雄並起，風起雲湧。

香港社會提出的方案竟有四五十個之多，其中較為突出的有「八十五人方案」和「一百九十人方案」等。

金庸自己的觀點是要務實和保守，但是為了協調林林總總眾多的意見，金庸苦心勞力，於一九八八年初提出了一個「協調方案」，以期化解各方面的分歧。

但是卻有很多人不能理解金庸的一番苦心，連政制組的工作進度也受到了其他草委的嚴厲指責。

金庸不辭其勞，在廣泛徵求意見的基礎上，又開始構思新的「協調方案」以綜合各方意見，達成一個小組的「主流方案」。

金庸想作出個兩全其美，既讓中方滿意又能讓港人接受的方案。

金庸最後又草擬出了「新協調方案」，希望能化解各方矛盾，儘快達成政制小組的主流方案。

這個主流方案的大意是建議香港的政制過渡應實行循序漸進的民主選舉，這是金庸的一番苦心，不料這番苦心卻引來了對金庸的無窮非議。

香港的一些激進民主派激烈反對金庸，他們主張一步到位實行全民直接選舉。

反對金庸和「主流方案」的聲音鋪天蓋地地湧來，金庸幾乎被震驚了。

社會輿論普遍反對「主流方案」過於保守，而其設計者當然成了眾矢之的。

各種對金庸不利的是是非非謠言湧出。

「主流方案完全是來自中方的授意，金庸只不過是為其『包裝和經銷』……

「金庸想當政壇盟主，想做首屆行政長官或者立法會主席，或者想做將來政府的高級顧問……

「金庸是做『主流方案』包裝經銷商的韋小寶……」

金庸不得不多次通過《明報》社論向公眾作宣傳和解釋，然而這些無濟於事，反而更激起了輿論的不滿和憤怒。

「直接選舉」表面上對普遍的香港市民和一些激進民主分子存在著誘惑力，但它的實質卻是港英當局想在一九九七年之後造成一個「港人治港」的混亂局面，從而阻撓中方順利恢復行使主權。

一般的民眾當然看不出這一點。金庸是明眼人，當然明白其中要害，所以金庸參與基本法的起草工作，拿出「主流方案」時，有自己的一番苦心。

但現在人們卻在誤解金庸。

當時基本上整個香港社會的輿論都是反對金庸的——金庸長期以來樹立在民眾中的具有高度智慧和公正客觀的「智者」形象，已經開始消退了光輝。

金庸愈是苦口婆心解釋，愈是「越抹越黑」。

到了後來，香港數所大學的大學生們，竟到明報大廈遊行示威、焚燒《明報》，高呼「為公理，學生燒《明報》」的口號。

金庸的內心真是委屈極了。

但是金庸畢竟是金庸，倔強耿介，正像他在武俠小說中塑造的大俠人格：「參與江湖事，敢於挺身直言，不為壓力屈服」。

金庸撰寫了大量文章，想「平心靜氣」地平息這場無端的是非風波。

「主流方案」最後是通過了，但金庸卻是身心皆疲，有著說不出的感慨和嘆息。

金庸後來作了四首詩來紀念這段難忘的日子：

參草有感四首

南來白手少年行，立業香江樂太平。
旦夕毀譽何足道，百年成敗是非輕。

聆君國士宣精闢，策我庸駑竭愚誠。
風雨同舟當協力，敢辭犯難惜微名？

京深滇閩涉關山，句酉字斟愧拙艱。
五載商略添白髮，千里相從減朱顏。
論政對酒常憂國，語笑布棋偶偷閒。
錢費包張俱逝謝，手撫成法淚潸潸。

法無下法法治離，夕政朝令累卵蒼。
一字千金籌善法，三番四復問良規。
難言句句兼珠玉，切望條條奠固基。
叫號長街燒草案，苦心太息少人知。

急躍狂衝搶險灘，功成一蹴古來難。
任重道遠乾坤大，循序漸進天地寬。
當念萬家系苦樂，忍由百姓耐饑寒？
嘩眾取寵渾閒事，中夜撫心可自安？

第七章　情感生活

散聚離合亦復如斯

問世間，情是何物？

大人物內心情感世界的秘密，總是因為其具有的特殊意味而被人們所關注和津津樂道。這是一個普遍的情況。

然而因為各方面的原因，或是資料不足，或是為賢者諱，這種情感秘密便更加隱晦，同時也更加蒙上了神秘和動人心旌的光輝。

像金庸這樣氣象萬千的大才，他內心情感世界的秘密，就更吸引人們的好奇心了。但是遺憾的是，人們並不能知道其中詳情。

金庸內心情感世界究竟有多少秘密呢？

無庸置疑，像金庸這樣的才子，內心情感世界比一般常人要遠為豐富。

且看金庸的十五部武俠名著，篇篇都充滿了情愛的糾纏，對愛情描寫得深刻和複雜，遠超過一般的言情作家。

金庸小說言情之奇、之曲、之美、之真、之深，遠非一般「言情作家」所能比擬。

金庸是言情聖手。有人說金庸的武俠小說同樣又是「言情的聖書」。

《紅樓夢》「大旨談情」，金庸的武俠小說也是深得其中三昧。

《紅樓夢》中的談情之旨為：

厚地高天，堪嘆古今情不盡，
癡男怨女，自古風月債難償。

金庸的武俠小說，也有談情的主旋律，這就是：

問世間，情是何物，直教生死相許？天南地北雙飛客，老翅幾回寒暑。歡樂趣，別離苦，就中更有癡兒女。君應有語，渺萬里層雲，千山暮雪，隻影向誰去？

更有：

一切思愛會，無常最難久。
生世多畏懼，命危於晨露。
由愛故生憂，由愛故生怖。
若離於愛者，無憂亦無怖。

曹雪芹寫情，當然是因為自己有深刻的人生體驗，有深刻的愛情體驗。

金庸呢？

傷情之戀：我祝福她

愛情是一件奇妙而不可理喻的事，愛情的發生也常常是不可理喻，這是金庸的武俠小說中常常出現的主題。

細讀金庸的小說，經常會發現金庸重複一個主題，這就是愛的憂傷迷惘，所愛不得、愛的單相思的苦惱。

《越女劍》中，阿青對范蠡單戀。范蠡最後與情人西施雙宿雙飛，泛舟太湖之上，而越女阿青，卻只有黯然神傷飄然遠逝，從此不知所終。

《白馬嘯西風》之中，漢族少女李文秀和哈薩克族少年蘇普，本來從小青梅竹馬、兩小無猜，而蘇普年紀漸長之後，卻愛上了本族的美麗少女阿曼。李文秀苦戀著蘇普，心事茫茫，卻無法與人言說。

類似這樣的單戀的情苦，金庸寫了很多，如《射鵰英雄傳》中華箏公主之愛郭靖；《笑傲江湖》中儀琳愛令狐冲，令狐冲愛岳靈珊，岳靈珊愛林平之……；《神鵰俠侶》中程英、陸無雙、公孫綠萼、郭芙、郭襄等一眾少女愛楊過，武之通愛何沅君，李莫愁愛陸展元；《天龍八部》中阿紫愛蕭峰，游坦之愛阿紫……；《書劍恩仇錄》中余魚同愛駱冰……

太多了，舉例舉不過來，有女單戀男，也有男單戀女，總之，愛的迷惘、憂傷，金庸寫得真是入木三分，淋漓盡致。

也許這樣的單戀還不能稱之為愛情，但縱觀人世，善於鍾情的少年，善於懷春的少女，發生這樣的傷情之愛不知有多少！

這真使人迷惘而又無可奈何。

《白馬嘯西風》最後寫道：

> 可是哈千拉姆再聰明，再有學問，有一件事卻是他不能解答的，因為包羅萬象的《可蘭經》上也沒有答案：
>
> 如果你深深愛著的人，卻深深的愛上了別人，有什麼法子？

這樣的無可奈何的傷感，真是有點驚心動魄了。

金庸寫這些，僅僅是寫寫呢，還是寄託了他內心情感世界的秘密？

從作家的作品去按圖索驥追尋作者本人的故事，這是幼稚的。但是可以確認的事實是，金庸也有這樣的「愛的傷情」的迷惘時刻。

金庸有大才，多方面領域皆作出不俗的成績，他曾在電影圈內也奮鬥過一陣。

一九五七年，金庸離開《大公報》，進入長城電影製片公司，在這之前，他寫過不少的影評，還寫過電影劇本，其中好幾個劇本還被長城採用拍成電影。

金庸在電影上的成就，主要有以「林歡」為筆名的劇本：《不要離開我》、《三戀》、《小鴿子姑娘》、《有女懷春》、《午夜琴聲》等，分別由長城公司當家花旦和小生如夏夢、石慧、陳思思、傅奇等主演。

金庸在一九五八年與程步高合導了由陳思思、傅奇主演的《有女懷春》；一九五九年又和胡小峰聯合導演了由夏夢、李𪢮主演的《王老虎搶親》，這兩部電影都頗賣座，後一部電影尤其為大陸觀眾所熟悉。

且不說金庸在電影事業上的奮鬥，事實上他很快就離開了長城電影公司。知情人都知道，金庸離開電影圈，有很大的因素是因為「傷情之愛」。

原來金庸在長城公司期間，喜歡上了一位女明星，苦苦思戀，卻終未有結果。這位女明星便是當年長城「大公主」夏夢。

夏夢是大美人，港臺著名導演李翰祥說：「夏夢是中國電影有史以來最漂亮的女明星，氣質不凡，令人沉醉。」

金庸的眼光不俗，金庸「傷情之戀」也還是值得的。

夏夢當之無愧為絕代佳人，且當時名望正隆，大明星的光環眩人眼目。

金庸這時卻只是一個小小編劇，很難引起大美人夏夢的垂青。

著名專欄作家哈公曾說金庸：

「查先生是一個專於愛情的人，我跟他共事於長城電影公司時，查先生喜愛上一個美麗的女明星。那女明星是一流的大美人，而我們的查先生，那時不過是一個小編劇、小說家，當然得不到那位女星的青睞。」

倪匡也含含糊糊地說過：「好像追求夏夢。」

金庸追求夏夢的事，實有著許多的旁證。

比如金庸在《三劍客隨筆》中有一篇題為《快樂和莊嚴——法國影人談中國人》的文章，不僅談到了金庸在長城電影公司任職時的一些生活場景，還不打自招地坦白了他對夏夢別有的一種朝思暮想、魂牽夢繞的難以釋懷的特別的感覺。

文章中說，一次他和法國的電影製片人亞歷山大・慕努舒金（A. Mnaushkine）先生、法國電影協會的代表加勞（P. Caurou）先生等人等人吃飯，這是一次很愉快的談話，大家交換了意見，還談到將來合作的計畫。

有人向石慧開玩笑說：「怎麼他老是說夏夢，不說石慧呢？」大家都笑了，因為在法文中表示「動人、可愛」等意思的Charmant，聲音就像在叫「夏夢」，這位法國先生在談話中大讚中國與中國人，所以不斷聽到「夏夢、夏夢」之聲。

金庸念念不忘夏夢，所以才會不斷聽到「夏夢、夏夢」之聲。

這無疑是一種心理潛意識的外在表現。

雖然後來成大名的金庸避而不談這一段傷心事，一切的議論金庸本人未經認可，但這一段「傷情之戀」卻幾乎是鐵的事實。

有人指出，在他的小說中，不難看到夏夢的影子，像《射鵰英雄傳》裡的黃蓉，《天龍八部》裡的王語嫣，《神鵰俠侶》裡的小龍女，無論一顰一笑，都跟夏夢相似。

前面引用的《白馬嘯西風》中「如果你深深愛著的人，卻深深愛上了別人」一段話，正是一九六〇年金庸為電影創作的故事，恰是金庸發生「傷情之戀」的時間。

所以，我們是否可以猜測：金庸的這些話，確是有真實的寄託！

金庸這樣有著大俠人格的人物，當然不會在人前作兒女態，表現自己傷心的傷痛，他的憂傷已是深埋在心。

這些內心的情感經歷，金庸昇華為對人類愛情的深刻體驗和洞察，這就是金庸為什麼成為「言情聖手」的內在原因。

對於金庸和夏夢的傳言，據說夏夢回答：

「我和金庸，其實不如不說。」

夏夢的回答，其實留給人們更多的想像空間。

不能以作家的作品捕風捉影去推測作家本人的生活故事，這是一句真話。

金庸的武俠小說中，寫了許多因愛成仇、愛與仇怨，愛與迷狂的故事，但金庸本人卻從不會幹這種因愛成仇的事。

《碧血劍》中寫了女丐何紅藥；《射鵰英雄傳》寫了神算子英姑；《白馬嘯西風》寫瓦耳拉齊；《倚天屠龍記》寫殷離；《天龍八部》寫葉二娘、秦紅棉、甘寶寶、王夫人、康敏、刀白鳳……等等，這些都是因愛成仇，為愛而迷狂，多多少少地失去理性與常性的例子。

《神鵰俠侶》更是大寫「因愛成仇」的「情魔」故事，武三通、李莫愁都墮入「魔道」，大違人情，變態殺人以發洩癡戀瘋狂之憤。

武三通是名門正派的弟子，武學修為高深卻陷入情孽不能自拔。在金庸筆下，情孽並非只對邪派人起作用，由情變恨，由癡戀成瘋狂的事，同樣可以在正人君子身上發生。

而李莫愁則更是由於單戀不成，墮入變態發洩的魔道，把怨恨發洩到不相干的人身上去，手段之毒辣，實是令人髮指。

連大俠郭靖的長女郭芙，也不脫這「因愛成仇」的故事，對於楊過「二十年來，她一直不明白自己的心事，每一念及楊過，總是將他當作了對頭，實則內心深處，對他的眷念關注，固非言語所能形容。」

陳墨先生看《神鵰俠侶》，稱之為是一個「情魔的世界」，而在這一世界上，由情生魔，以及由情變魔的人事，實在也是太多了。

而金庸自己的情感生活，在洞察世事人情之中，卻是值得我們推崇的覺悟榜樣。金庸追夏夢不成，絕沒有「因愛成仇」，而是以大丈夫氣概置之一笑，此後對夏夢一直是眷念和照顧，作一個真正的朋友。

金庸創辦《明報》不久，夏夢曾有過一次長時間的國外旅遊經歷，《明報》除了報導夏夢的遊蹤之外，還開闢了一個專欄「夏夢遊記」，一連十多天刊登夏夢寫的旅遊文章。

金庸可以說夠得上氣量和大方慷慨了。

另外，一九六七年底，夏夢移民國外去了加拿大定居，這本來是一件很平常時事，《明報》卻一連兩天在頭版頭條的位置，對夏夢的去向情況詳細報導。不僅如此，金庸還專門寫了一篇社評：「祝福」夏夢這個「善女人」。

《明報》社論向來是談政治和國際大事的；金庸竟用於「祝福」夏夢，金庸的癡情和大度一至於斯！

最浪漫的事：不能講嘛

陳魯豫曾經採訪金庸，巧妙地問及金庸的情感秘史：「您年輕的時候幹過最浪漫的事是什麼？」

金庸的回答很躲閃：「最浪漫的事情不能講嘛。」可以理解，內心隱秘的情事當然不能和別人分享。

陳魯豫的追問很有技巧，繼續刺探：「有那麼浪漫嗎？您喜歡什麼樣的女孩？那個時候，長頭髮的，漂亮的？」

有那麼浪漫嗎？這是以反問肯定金庸的情感秘史中是有那麼浪漫的一段。陳魯豫試圖進一步確認那個女孩的相貌。

金庸還是回避正面的問題，不過還是透露了一點秘密：「有人追過我，但我喜歡的不喜歡我。」

年輕時哪位姑娘追過金庸呢？金庸喜歡的卻不喜歡金庸的，又是誰呢？

「是不是長頭髮不知道，總之漂亮當然很重要的。」

是不知道？還是記不起？還是不願說？總而言之，有這麼一個很漂亮的姑娘。

那是一九四六年到一九四七年金庸在杭州《東南日報》做外勤記者及英語電訊收譯員的時候，金庸說：

「在杭州的時候，我在《東南日報》，我報館有個電影院的，有很多女孩子來找我，她說目標就是我帶她去看電影不用買票，我們報館的同事帶個朋友去看戲不用買票了，那麼有些女孩子，很多女孩子找我，不知道她們是不是喜歡我，還是因為目的是看電影。」

陳魯豫繼續誘導：「都有了。」意思是那些女孩子找金庸，既有喜歡金庸的原因，也有看電影不用買票的原因。

金庸不否認：「可能都有。」

陳魯豫順著搭話：「都有，也喜歡看電影。」

金庸進行合理化思考：「完全不喜歡我大概也不會來找我。」

陳魯豫給予肯定：「對。」

陳魯豫很成功地啟發了金庸的回憶。

金庸說，《東南日報》的報館對面，是一個女子學校，金庸認識那個學校的老師，不過跟老師倒沒什麼太要好的關係。這個女子學校的那些小女孩，常常會來找金庸，金庸就會帶她們看電影。看電影出來，金庸有時候會帶她們出去玩玩，比如散步、划船。

陳魯豫繼續順著金庸的話說：「跟女學生啊，那挺浪漫的，這就屬於比較浪漫的事。」

金庸坦白了：「我平生唯一浪漫的一段時光就是在杭州《東南日報》的時候，跟那些十五六歲的小女孩一起去玩耍、散步。」

不過沒有寫過情詩。

金庸繼續說：「我年輕的時候談不上帥，馬馬虎虎。追我的女孩有是有的，但都是很普通的女孩子，我也不喜歡。我喜歡的女孩子，人家不喜歡我。我自己在二十幾歲才有初戀機會。」

二十幾歲才有初戀機會，那應該是一九四四年之後的事情。

那麼牛阿曾在《湖光農場與湘西舊情——金庸生平新考》一文中，披露的和彭家娘子曖昧的事情呢？

我們只能去猜謎了。

第一段婚姻：她對不起我

金庸在日常生活中是一「癡情種子」，但其實也只是一個方面。

我們一再討論過金庸氣象萬千的無窮可能性，所以我們對金庸，最好不要太輕易地下結論。《書劍恩仇錄》中，金庸寫到陳家洛面臨愛情和事業的嚴重衝突，陳家洛深愛喀絲麗，但乾隆皇帝居然要以喀絲麗作為他「復漢」的一個交換條件。

陳家洛最後還是以「國事為重，私情為輕」，這是愛情與事業的悲劇衝突。

看來金庸在「癡情」與「國事」的天平之上，「國事」的重量當然要大得多。

金庸自己的人生道路上也有過類似於此的故事。

金庸的私人生活十分隱秘，絕少向外人提及。他共有三次婚姻，而第一次婚姻，則是由於「事業」與「愛情」的衝突而釀成悲劇。

金庸一生結過三次婚，第一任妻子叫杜治芬，他們的愛情萌芽於一九四七年的杭州，那時年輕的金庸在《東南日報》工作，因主編幽默副刊與杜的弟弟杜治秋認識。

杜家父親在上海行醫，母親喜歡清靜，用八根金條在杭州買了所庭院大宅，平時與女兒一起住在杭州，杜治秋則跟著父親在上海上學，假期才到杭州來。

一天，金庸主持的「咪咪博士答客問」欄目上有這樣一個問題：「買鴨子時需要什麼特徵才好吃？」

「咪咪博士」回答：「頸部堅挺結實表示鮮活，羽毛豐盛濃厚，必定肥瘦均勻。」

少年杜治秋不以為然，寫了一封信去抬槓：「咪咪博士先生，你說鴨子的羽毛一定要濃密才好吃，那麼請問：南京板鴨一根毛都沒有，怎麼竟那麼好吃？」

「咪咪博士」回信：「閣下所言甚是，想來一定是個非常有趣的孩子，頗想能得見一面，親談一番。」

杜治秋回信：「天天有空，歡迎光臨。」

金庸在一個星期天下午登門拜訪，邂逅了時年十七歲的杜家小姐杜治芬。

第二天，他再度登門，送去一疊戲票，盛情邀請杜家一起去《東南日報》社樓上觀賞郭沫若編劇的《孔雀膽》。

杜治秋後來回憶：「這時，姐姐治芬很有禮貌地端上一杯濃茶，嬌小玲瓏清秀文雅的她是非常迷人的。感情上的事，往往就這麼簡單。次日，查哥哥便再次登門，送上一疊戲票，是約我們全家去《東南日報》報館樓上影劇場，觀賞郭沫若名劇《孔雀膽》。」

之後杜治秋和父親回上海去了，金庸卻成了杜家常客，與情竇初開的杜小姐雙雙墜入愛河。他們後來結婚，在香港共同生活了幾年，沒有子女。

兩人一度十分相愛，金庸那時取了一個筆名：「林歡」，據說這是合兩人名字中都有木，雙木成林，歡字寓意了兩人柔情蜜意的歡愛！

不過，也有好事者分析，「林歡」，是雙木又欠，意味著情感的虧欠。

還有人認為，金庸取筆名「林歡」，是與金庸追求夏夢有關。夏夢原名楊濛，「查」與「楊」二字的部首也恰好組成「林」，而「歡」字的意義就不言而喻了。

羅孚記得，他們那時住在灣仔，這位太太人長得挺美豔，人稱「杜四娘」。另一位老同事說，「杜治芬是杭州人，不懂粵語，在香港感到生活苦悶，加上當時查良鏞收入不多，她在吃不了苦的情況下，離開查良鏞。」

金庸的第一次婚姻是在去香港前的事，他在內地結婚，再帶太太南下。

杜治芬來自一個養尊處優的家庭，排場十分大。據說金庸因結婚操辦場面過大，而至於負了債。

金庸攜太太從內地南來香港時，最初作為報館的小職員，每月薪水兩百多元，維持基本生活是足足有餘了，但是要滿足太太的排場就未免捉襟見肘，後來金庸的月收入加上稿費每月達八百多才馬馬虎虎夠用。

可在這時，北京方面的官員邀請金庸北上去新中國外交部供職，正合金庸之意，因為金庸想一圓自己「外交官」之夢，可以報國報民，作一番大事業。

但金庸的「事業」卻遭到了太太的強烈反對，「愛情」和「事業」劇烈衝突起來了，金庸何去何從？

金庸已不肯回頭了，金庸覺得能為國家做點事遠比小家庭的幸福重要，金庸堅決要北上。把太太安頓回娘家。

因為「愛情與事業的衝突」，金庸夫妻之間關係終於惡化，夫妻反目，這造成金庸第一次婚姻的破裂。

金庸夫妻之間夫妻反目，是因為愛情與事業的衝突造成，其實這只是原因之一。而更不為人知的秘密原因，是杜冶芬另有新歡，背叛了金庸。

金庸在報紙上宣布了和妻子離婚的消息之後，離婚原因卻對外界守口如瓶，直到他七十四歲時，才說出真相。

他在七十四歲時接受採訪，回憶這段不愉快的婚姻，依然眼含淚光地說：「是她背叛了我。」

金庸說，第一任太太對不起我，我對不起第二任太太。

金庸稱，當初離婚的真正原因是妻子的婚內出軌。

網上有傳言說，當時金庸攜妻子來港，因為語言不通，加上生活水準下降，頗有不滿。不久黃永玉在港辦畫展，畫展的攝影師和金庸第一任妻子結識，逐漸走近，最後她跟他回國。

後來金庸在長城電影公司寫過一個劇本《蘭花花》其中有一幕，男主角的妻子不告而別，男主角一人悽惶的在冬天的大街上尋找妻子。

香港作家陶傑問金庸，這是不是你真人真事改編？金庸首先非常震驚陶傑看過那麼古老的電影還記得那麼清楚，但笑而不言，並未否認。

杜冶秋在《金庸在杭州的一段情》一文中寫道，金庸在香港回歸前後對記者說：

「年輕時，喜歡一個女孩子，明明知道不合適，或者沒機會，也照追可也。」

「我的第一位太太 Betrayed（背叛）我，第二位太太是我 Betrayed 她，第三位太太……」

對此，杜冶秋評價說：「我看了實在不以為然，但想一個名人說句不入耳的話，你去申辯，便成炒作！姐姐只能噤聲，我更不便開口。反正，所謂 Betrayed 的前因後果，就讓多事者去猜謎吧！我只知道，當年他們是相愛結婚，他們離婚的主要原因，恐怕還是愛尚且存在不足吧。但我要說句公平話，查哥沒有虧待過我們，但他卻未必知道我們家人為他承擔過多大的驚嚇。而今大家都是年逾耄耋之人，姐姐早過金婚之年，查哥也已兒孫滿堂，還是友情為重吧！」

金庸第一次婚姻的失敗，未免有些喪氣和情緒低落，他的內心有時也會想到愛情的虛妄和難以把握。

《天龍八部》中，金庸又竭力寫一種愛的宿命——愛情的悲劇，有時是人力所不能阻擋。

比如寫段正淳處處留情，但處處都是付出真情，而這些真情，恰恰又導致了人生的悲劇，段正淳的情人、子女以及他自己，都最後面臨悲劇的命運。

金庸內心情感生活的秘密，我們也許不能一一揭示出來，但不可否認的是，金庸在他的武俠小說中演示了他內心的部分情感生活。

第二段婚姻：我對不起她

金庸的第二任妻子叫朱玫，卻是金庸發生了婚外情背離了她。

朱玫（又名璐茜）是新聞記者出身，美麗能幹，懂英語，他們於一九五六年五月一日在香港美麗華酒店舉行婚禮，當時金庸還在《大公報》工作，並以「林歡」的筆名寫影評、電影劇本。

一九五九年他們的大兒子查傳俠出生後，正是《明報》草創之際，篳路藍縷，備嘗艱辛，朱玫與他患難與共，成為最早的、也是唯一的女記者，夜半渡口留下了他們夫妻的身影，還有一杯咖啡兩個人分享等故事。

《明報月刊》初創時期，金庸全力以赴，日夜忙個不停，那時他們家在九龍，已有二男二女，朱玫除了照顧孩子，幾乎每天從家中送飯到港島。一九六八年的《明報》編輯會議記錄中都表明，朱玫常以「查太」身分出席。《華人夜報》創刊，她擔任社長，之後還是《明報晚報》的採訪主任。

事業成功之時，由於金庸有婚外情，他們的婚姻出現了裂痕。

傳說離婚是金庸主動提出的，朱玫則提出了兩大離婚條件：一是金庸付一筆錢作為補償；二是要繼任者去紮輸卵管，才可與金庸結婚。據說金庸答應了這兩個條件。自然這些都無法得到確證，離婚則是事實。他與朱玫離婚，「得不到好朋友們的諒解。」

二〇〇三年許戈輝對話金庸，金庸坦言，對於第二次婚姻主要是因為我的道德不好，我對不起她，「當時我和朱玫都已經簽訂了離婚協議書，但是我後來後悔，我還把離婚協議書給撕掉了，但是她卻說，既然已經離婚了，那就離婚。」真正的人生並不是從一而終的，有時候愛一個人也並不是一生一世的永遠愛著他。

二〇〇六年楊瀾採訪金庸，金庸說：「我一直想接近她，想幫助她，她拒絕，她不願意見我，我通過叫兒子去照顧她，她也不願意見到，她情願獨立，她去世之後還有相當多的財產都分給了三個子女，就這樣。」

一九七六年，金庸與第二任妻子朱玫離婚。

朱玫在孤獨和貧困中度過後半生，一九九八年十一月八日，她病故於香港灣仔律敦治醫院，享年六十三歲。

替她拿死亡證的，既不是她的前夫，也不是她的兒女，竟然是醫院的員工。

在接受記者採訪時，金庸臉帶愧色地說：「我對不起朱玫……」

他對央視主持人白岩松也說：「我作為丈夫並不很成功，因為我離過婚，跟我離婚的太太有一位，我心裡感覺對不起她，她現在過世了，我很難過。」

金庸鬧婚外情的時候，倪匡想去找朱玫說情，他的邏輯是「報館老闆有兩個老婆很『平常』。」

倪匡舉例說：「像《成報》老闆有兩個老婆，《新報》老闆有兩個老婆，《明報》老闆也有兩個老婆，沒什麼關係，看開一點啦。」

朱玫聽了一言不發，轉身進了廚房，再走出來時，手中拿的是一把掃帚，倪匡嚇得落荒而逃。

事後金庸責怪倪匡多事，說：「亂講該打！」

第三段婚姻：歷盡考驗

瞭解金庸的人都認為金庸是一個「癡情種子」，《天龍八部》中段譽的形象正是金庸自己的寫照。

段譽是一個既沒有武功卻要處處打抱不平的「書呆子」，金庸對這個人物非常喜愛，花了大筆墨來刻畫這個「癡情種子」形象。

段譽在無量山中，偶然發現了一個秘密的山洞，山洞中有一尊絕色仙女的雕像，段譽對此栩栩如生的玉雕心神俱醉，後來他遇上了王語嫣，竟發現王語嫣的容貌居然與「仙女」雕像一模一樣。

從此之後，段譽唯覺天地間，僅有王語嫣一人而已。段譽身為大理國的王子，但見到了絕色美人王語嫣，靈魂馬上飛離了軀殼，黏附在王語嫣身上，再不顧什麼王子身分，只要能博王語嫣一粲，就於願足矣，再也不會顧及旁人的感受。

金庸第三任也即現任妻子林樂怡，就是金庸愛情生活中類似段譽追求王語嫣的「癡情種子」故事。

現實生活裡的金庸，癡情程度不下於段譽，他雖不是什麼王子，卻是一個有聲望的報人，加以海寧查家是名門，金庸也稱得上是名門公子了。

金庸這位名門公子、名報人，一次偶然在一家酒吧，碰到一個美麗女侍應生之後，立即「魂飛魄散」，再也沒有其他心思。

並不好酒的金庸，為了追求這位現實生活裡的「王語嫣」，風雨不改，幾乎每天摸上酒店六樓的「蜜月酒吧」喝酒。

一向無所顧忌、遺世獨立的金庸，這一次卻有點像段譽一樣惴惴不安了，所以為了壯膽，金庸每次都邀手下的職員作陪。

其中一個陪伴金庸追求「王語嫣」的職員說：「查先生很喜歡那個小姐，還出了一筆錢送她去外國讀書。」

金庸雖然一向把錢看得很淡。但是在商言商，還是從來不會亂用錢的。

金庸這時卻肯花錢資助一個萍水相逢的陌生少女到外國留學，有人說「若非襄王有夢，安易臻此。」

《天龍八部》裡的段譽，為要追求王語嫣，受盡無數委曲、白眼、冷嘲多到不能勝數，最後，皇天不負有心人，好夢得圓。

現實生活中的金庸，何嘗不是如此，他經歷了許多波折和變故，最後說服朱女士離婚，終能與「王語嫣」結合。

這是金庸一生中不多的風流韻事。

金庸第三任妻子林樂怡，洋名叫阿May，「容貌清麗脫俗」，據說她認識金庸時才十六歲，比金庸小二十九歲（也有說是比金庸小三十多歲的）。

他們相識多年才最終結合，「中間聚散聚散，歷盡考驗。」

大家暗地裡把美貌聰穎的林樂怡叫做「小龍女」。

談到「小龍女」，金庸笑著表示，太太很照顧他的生活起居，非常注意他的飲食，不准他吃這吃那，而他也能欣然接受。

除了飲食之外，他的居家都是由他太太來裝飾，美輪美奐，愛心、用心及智慧都反映在那裡。

金庸說林樂怡最喜歡他的作品是《白馬嘯西風》，「因為她覺得很傷感，女人感情都比較豐富。」

最痛心的事：長子自殺

金庸人生經歷中最為痛心的事，無疑是長子查傳俠的自殺。

一九七六年十月，金庸在美國哥倫比亞大學讀書的大兒子查傳俠自縊身亡，時年十九歲。

金庸極喜愛這個兒子。查傳俠非常聰明，在四歲時能背誦全本《三字經》，六歲能背誦《增廣賢文》，從小就學習優異，完全是靠自己的努力，考上美國哥倫比亞大學。

關於查傳俠自殺的原因有兩個版本。

一種說法是與父母離婚有關。林燕妮說：「在離婚期間，查良鏞和朱玫都經歷了人生最痛苦的時刻，那就是十八歲的愛兒在父母鬧離婚時自殺逝世。」

金庸後來承認：「我跟第二個太太離婚時，大兒子在美國念書時自殺了。現在回想，可能我的婚姻關係影響到他，對他不起的。」（許戈輝對話金庸：寫盡江湖事八十高齡笑談人生經歷）

另一種說法是，金庸對這個兒子感情很深，相反，母子的關係不太好。查傳俠先天有佛教思想。金庸卻覺得兒子是對的，人生本來就像他想的那樣，他甚至誇獎兒子深刻早慧。

查傳俠那時在美國讀大學一年級，還未選科。他有一個女朋友在三藩市，他們在電話裡吵了幾句，他就不想活了，一衝動就選擇了自殺。

後來，金庸先生回憶道：

「我記得接到大兒子在美國過身的消息後，好灰心，好難過，但那天還要繼續在報館寫報評，一面寫就一面流淚，一直都很傷心，還是要寫。」

懷著難以言說的傷痛心情，金庸硬挺著絕望，動身前往美國，將兒子的骨灰盒帶回香港安葬。幾個月後，一九七三年三月，金庸在修訂《倚天屠龍記》的後記中寫道：

事實上，這部書情感的重點不在男女之間的愛情，而是男子與男子間的情義，武當七俠兄弟般的感情，張三丰對張翠山、謝遜對張無忌父子般的摯愛。然而，張三丰見到張翠山自刎時的悲痛，謝遜聽到張無忌死訊時的傷心，書中寫得也太膚淺了，真實人生中不是這樣的。

因為那時候我還不明白。

這一段話讀來字字見血見淚，「真實人生中不是這樣的」，「因為那時候我還不明白」。一九七七年七月，金庸在《俠客行》的《後記》中寫道：

「在《俠客行》這部小說中，我所想寫的，主要是石清夫婦愛憐兒子的感情，所以石破天和石中玉相貌相似，並不是重心之所在。

「一九七五年冬天，在《明報月刊》十周年的紀念稿《明月十年共此時》中，我曾引過石清在廟中向佛像禱祝的一段話。此番重校舊稿，眼淚又滴濕了這段文字。」

金庸所說曾引過石清在廟中向佛像禱祝的一段話原文是：

「石清素知妻子向來不信神佛，卻見她走進佛殿，在一尊如來佛像之前不住磕頭。他回頭向石破天瞧了一眼，心中突然湧起感激之情：『這孩兒雖然不肖，胡作非為，其實我愛他勝過自己性命。若有人要傷害於他，我寧可性命不要，也要護他周全。今日咱們父子團聚，老天菩薩，待我石清實是恩重。』雙膝一曲，也磕下頭去。」

在金庸的這些文字中，我們都能體會到金庸喪子之後難言的隱痛。

二〇〇六年的《楊瀾訪談錄》，記載著楊瀾採訪金庸，金庸坦白吐露了那時的真實心境：「其實每個人都有一樣的痛苦，你是避免不了的。那段時間可以說是我一生精神上最痛苦的時候。但我沒有訴苦，我自己個人是很保守的，什麼感情都放在自己心裡。」

十九歲的長子的自殺，幾乎是金庸人生過不去的坎。大約過了三四年，金庸才緩過來。只有沉浸在佛經的寧靜世界中，他才能得到來自人間沒有的慰籍。

據傳早年曾有相士為金庸相面，勘破天機，說金庸命中只有一子。金庸的妻子朱玫為金庸生了兩個兒子。如今，不幸言中，金庸無話可說，只有信命。

金庸現有兩女一男，和去世的查傳俠，都是朱玫所生。

長女查傳詩（英文名Grace），曾在《明報》供職。一九八八年五月十五日，查傳詩與《明報晚報》副總編輯趙國安舉行婚禮。

次女查傳訥，一九八七年與醫生吳維昌結婚。

次子查傳倜，美食家，自號「八袋弟子」（「八袋」是指柴、米、油、鹽、醬、醋、茶、酒），擅長寫美食專欄文章。

第八章　挑戰大師

金庸是文學大師嗎？

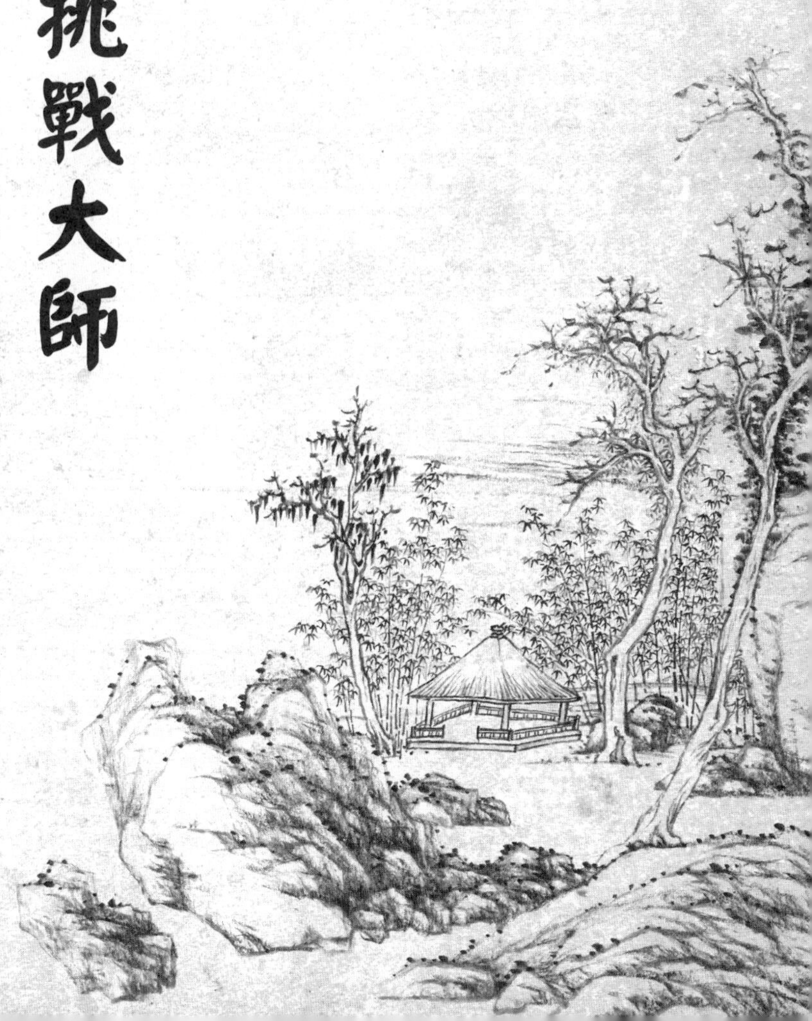

金庸之爭，一開始就已經存在

金庸是當代漢語文學史上的一個奇蹟，一個神話，所以有的研究者將金庸的各種萬千氣象的神異稱之為一種「金庸現象」。

「金庸」這兩個字也已經超越了他筆名原本的含義，金庸的傳奇，金庸的浪漫，金庸的名望，金庸的地位，金庸的財富等等，這一切都足以讓一般的文化人（當然還有普通民眾）看得頭暈目眩，眼花撩亂。

然而，光環只是光環，一切的神話只能妨礙我們對一個人真正的理解，所以從金庸的成名一開始，就有許許多多有識之士想來打破這個神話，還原出金庸本來的「廬山真面目」來。

出於各種不同的目的，不同的世界觀和方法論，不同的視野和聚焦點，這就產生了當代漢語文學史上有趣的「金庸之爭」的現象。

金庸的出現引發知識分子上上下下各界的「靈魂觸動」。不管是肯定的還是否定的，都起碼承認了這一點，就是金庸的影響力太大了。

對金庸的爭論，包括對「金庸現象」的爭論，早在六十年代初期就已經開始。

金庸的武俠小說問世之後，在華人世界引起驚人的轟動，讀者趨之若鶩，一時間洛陽紙貴。

當時由於人所共知的原因，金庸的小說當時並不能流傳至大陸，實際上是大陸當時的意識形態拒絕了金庸。

而有趣的是，與當時大陸意識形態截然對立的臺灣，同樣拒絕了金庸。

一九六九年二月中旬，臺灣臺北市警察局出動大批警察，到市區郊區所有大大小小的書店搜查武俠小說，其中包括金庸的《射鵰英雄傳》、《碧血劍》、《書劍恩仇錄》等。

臺灣當局認為這類武俠小說內容「毒素頗深」，是「統戰書本」，「影響讀者心理，危害社會安全」。

當時，《大公報》曾為金庸打抱不平，為他的武俠小說辯護。

《大公報》的文章《怪哉！蔣經國怕武俠小說》指出：

> 「……一些比較好的武俠小說中，多帶一點『愛國思想』，而這種思想便正是讀者所歡迎的，而臺灣當局認為是『毒素』了。在所有的武俠小說中，都是貪官污吏，或為非作惡，或投靠異族之輩，才會怕俠士的，而今臺灣當局竟然也怕武俠小說，不怕被人拿話柄麼？」

這幾乎可以說是最初出現的「金庸之爭」。

此後的幾十年，關於金庸的爭論從來沒有停止過。

這些爭論中，有關於金庸的政治態度的爭論，有關於金庸武俠小說的學術性質的爭論，有關於金庸個人生活態度的爭論，有關於金庸的文學排名地位的爭論等等。

關於金庸政治態度上的爭論，共有兩次高潮。

一次是一九六七年大陸正處於文化大革命運動的高潮期，香港「左派」與金庸的政治立場的爭論，當時「左派」痛罵金庸為「豺狼鏞」（查良鏞之諧音），「漢奸」，「走狗」，甚至放出風聲要置金庸於死地。

還有一次，是一九八八年底。

金庸參政，參加了香港基本法草案委員會、提出轟動一時的「主流方案」時，金庸的政治態度又一次引起巨大的爭議，風波之大，以至於香港幾十名大學生遊行示威，火燒《明報》，指責金庸「斷章取義」，「歪曲事實」。

以上的這兩次關於金庸政治態度的爭論的詳情，已在本書前面關於金庸從政生涯中有了詳細介紹，這裡就不再多說。

金庸的一生雖然是功成名就，德行完滿，但像這樣「金庸之爭」的風風雨雨，卻從來沒有停止過。

如果這些「金庸之爭」僅僅是學術上的爭論，那還情有可原，但有一些爭論卻純是人身攻擊，就不入流了。

要想真正瞭解金庸，站在一個時代的高度來認識金庸。我們很有必要來瞭解這些「金庸之爭」的詳情始末。

筆者收集了一些關於「金庸之爭」的資料，彙編在本書的這一節裡，可以讓讀者充分地瞭解這些討論，同時也進一步瞭解「金庸現象」。

梁羽生和金庸關係一直相處很好

金庸寫作武俠小說從時間上來說晚於梁羽生，但金庸後來居上，成了「新派」武林盟主，這也是不爭的事實。

一般評論家也公推梁羽生是「新派武俠」的鼻祖，但金庸卻是「新派武俠」的宗師，自然是認為金庸的成就大於梁羽生。

曹舒在《談古道今說「武俠」》一文中說：

「新武俠給人的另一感覺是作者喜歡寫歷史。梁、金的小說，其故事主體雖是向壁虛構，傳奇性極強。卻偏喜與歷史『拉關係』。大都有明確的歷史背景。

「舊派武俠作家中也有援歷史入武俠的，但作者太黏著於歷史上確有的事實，以致小說變成了真人真事的『演義』，缺少武俠需要的傳奇性，故而行之不遠。

「反觀梁、金，『實』的歷史與『虛』的豪俠故事結合到了一起，借歷史作依託又不失傳奇。《射鵰英雄傳》因為引入外敵入侵，民族劫難的歷史背景，場面更大，天地更闊，內涵更深厚了。

「『新武俠』由此一躍而跳出了舊式武俠糾纏江湖仇殺、個人恩怨的狹小格局。

「梁羽生與金庸齊名，事實上金庸與梁羽生相比，卻更要高出一頭。金庸的小說更有能力，更具創造性。

「金庸的《天龍八部》、《笑傲江湖》，『射鵰』系列諸書，情節大起大落，結構大開大合，人物大愛大憎，大生大死，端的是驚天地泣鬼神。

「以『武』論，金庸捨招式而開闢內功的神奇闊大的天地，所謂『內功勝過招式』，而他對『內功』的描繪中又滲入他對儒、釋、道各家思想的領悟，武打而又不限於武，所以他筆下的比試武功到最後竟是比試人生境界了。以『俠』論，金庸破了這類人物的理想模式，他筆下既有蕭峰那樣頂天立地的漢子，有楊過式桀驁不馴的浪子，有黃蓉那樣頑皮伶俐的少女，也有郭靖那樣智商在常人以下的『呆』俠，甚至還有韋小寶那樣的無賴，皆有凡人的性情，卻又將各種性格推向極致，所以有人說梁羽生寫的是『正俠』，金庸寫的是『邪俠』。魯迅說，自有《紅樓夢》以來，傳統的思想與寫法都打破了，我們可以說，出了金庸，武俠小說的概念和寫法全打破了。」

事實上，因為金庸小說讀者的推崇，我們更多地去注意金庸小說的優秀的一面，絕大多數關於金庸研究的書籍，也都因為作者太喜歡金庸的緣故，只是盡說好話，難得說點不同意見。

所以當有專家學者能以學術研究的態度來「批評」一下金庸小說的缺點，就顯得鳳毛麟角，格外引人注目。

梁羽生就是這樣的專家學者。以他的學問和寫作經驗來「批評」一下金庸，這當然會對讀者們有非常大的啟發和幫助。

一九六六年梁羽生化名佟碩之，寫了一篇《金庸梁羽生合論》，是一篇絕妙奇文。此事的起因，還是源於羅孚。時任《大公報》總編的羅孚，辦了一本《海光文藝》雜誌，約請梁羽生為雜誌創刊號寫稿，才有了梁羽生的這篇文章。

梁羽生本來是開新派武俠小說風氣之先，一開始並沒有太在意金庸的成績，但是當金庸後發先至，如日當中的時候，就有些坐不住了。寫這篇文章，雖然有表揚，有批評，還有自我批評，但其心態多少有些微妙。

後來倪匡因此諷刺梁羽生說：「（梁）目的是拉金庸來替自己增光，行為若此，是高是卑，自有公論。只要看是不是把梁的武俠小說和金的相提並論，就可以看出這個人對武俠小說所知的功力是否深，萬試萬靈。金庸與梁羽生不能合論，絕不能。」

倪匡此說是有失極端和偏頗的，梁羽生本來應羅孚約稿推脫不過才寫的，其實金庸已經與香港「左派」決裂，彼此之間已經是「敵我矛盾」，梁羽生把金庸和自己合論且多有對金庸的褒獎，是要得罪「左派」們的。

後來梁羽生曾經為此辯解說：「有人問你寫這個是不是要沾金庸的光，我可以肯定地回答，我寫的這篇文章不但沒有沾金庸的光，反而沾黑了，黑到了不得了。黑到這個程度，我早知道便不寫了……當時有句話，跟金庸的矛盾是什麼矛盾呢？是敵我矛盾。」

事實也是如此，當得知此文是梁羽生所作，領導對他進行了嚴厲的警告和懲戒。

金庸也為梁羽生辯解：

「有一次在美國科羅拉多大學的討論會中，許多人都指責梁羽生不該在《金庸梁羽生合論》一文中批評金庸，有人的意見十分嚴厲，認為是人格上的大缺陷。我只好站出來為梁羽生辯護，說明這篇文章是『奉命之作』，不這樣寫不行，批評的意見才平歇了下去。我知道文統兄一生遭人誤會的地方很多，他都只哈哈一笑，並不在乎，這種寬容的氣度和仁厚待人的作風，我確是遠遠不及，這是天生的好品德，勉強學習模樣也學不來的。」

梁羽生對金庸的態度，後來羅孚說過：「表面還是不錯，見面客客氣氣。在我看來，梁羽生對金庸有點不服氣，但是他也不好說出來，畢竟金庸名滿天下。他並不去跟金庸相比，但實際上又在相比。」

梁羽生和金庸的關係其實一直相處很好，金庸那麼成功，梁羽生即使當初有那麼一點點想法，最後也認了。

梁羽生晚年說過：「關於中國新武俠小說，我只不過算是個開習尚的人，真正對武俠小說作出很大奉獻的是金庸。」

梁羽生還說：「金庸寫人心的複雜，特別塑造背面人物行事的陰險毒辣，我其實是閱歷不夠，或者說難以想像。」

必須指出的是，梁羽生絕不是眼紅金庸的成就而寫匿名文章的，畢竟他也是一位大咖，沒有那麼小氣。

梁羽生只是想真實持平地談一談他的武俠小說的藝術見解而已。

二〇〇九年一月廿二日，梁羽生逝世，金庸心有戚戚，曾寫下輓聯：「同行同事同年大先輩，亦狂亦俠亦文好朋友。自愧不如者：同年弟金庸敬輓。」

武俠小說的寫作，梁羽生可以說是金庸的引路人。金庸和梁羽生曾經既是同事，又是朋友，還是同行，想當年金梁一時瑜亮。梁羽生的去世，金庸深為嘆惋。

金庸後來去辦《明報》，六十年代在政治上和《大公報》處於對立的位置，但是金庸說，《新晚報》編輯部的諸位舊友仍和他關係很好，「沒有敵對，包括羅孚兄、文統兄等人，不過平時也較少來往了。」

金庸還寫了《痛悼梁羽生兄逝世》一文：

「如果他能親眼見到這幅輓聯，相信他一定會很高興。因為他一直都耿耿於懷：『明明金庸是我後輩，但他名氣大過我，所有批評家也都認為他的作品好過我。』我和他同年，如他得知我在輓聯中自稱『自愧不如』，他一定會高興的。他嘴裡會說：『你自謙，自謙，好像下圍棋，你故意讓我，難道我不知道嗎？哈哈。』」

金庸說，他寫武俠小說，擬訂回目時，會請教梁羽生。梁羽生為人厚道，指教之時常是悄悄而言，不想旁人聽到。

有一次，梁羽生悄悄跟金庸說：「『盈盈紅燭三生約，霍霍青霜萬里行』這一聯對仗，平仄都很好。」

又有一次，他輕輕地說：「你在《三劍樓隨筆》中提到的『秦王破陣樂』，這個秦王不是指秦始皇，而是指唐太宗。」指點很輕聲，怕人聽到。

金庸說：「現在我公開寫出來，好教人知道：梁羽生指教過金庸，而且金庸欣然受教。」

金庸和梁羽生相處得一直很好。

梁羽生後來移居澳大利亞，每次回香港，金庸都做東請客。金庸去雪梨，梁羽生也會去看他。兩人每次見面，倒是武俠小說聊得少，下棋的時候多。因為金庸拜的名師多，這時金庸的棋力漸長，梁羽生已經下不過金庸了。

金庸在《痛悼梁羽生兄逝世》一文中說：「不過和文統兄相比，他已下不過我了，但每次對弈，我還是和他纏得不死不活。前幾年到雪梨他家裡，他拿了一副很破舊的棋子出來，開心地說：『這是你送給我的舊棋，一直要陪我到老殛了。』想到這句話，我心中不勝淒然，真希望能再跟他對殺一盤，讓他把我的白子吃掉八十子。」

金庸在《痛悼梁羽生兄逝世》一文中盛讚梁羽生：「天生好品德自愧不如。」

他還在澳洲，手邊沒什麼棋書，只有我從前送給他的《弈理指歸》（施定庵著）、《桃花泉弈譜》（范西屏著）等，那是清朝的舊書，中國和日本近年來的新譜他都沒有，我攞幾個新式的譜式給他看，他說：「這麼多新東西，反正我記不住，下你不過，不下了！」把棋枰一推，高高興興地收起了棋，哈哈大笑，倒了半杯酒給我喝。他不論處在什麼環境中，都是高高興興的毫不在乎。我說「自愧不如」，不是「自謙」，是真的「自愧不如」，我決不能像他那樣，即使處在最惡劣的逆境之中，仍是泰然自若，不以為奇，似乎一生以逆境為順境。對別人惡劣的批評，都是付之一笑，漫不在乎。他初寫武俠小說時，曾寫到抓起一把敵人的頭髮，把他摔了出去，可是這敵人是個和尚，和尚怎麼會有頭髮？文統兄捱了這些嚴酷的批評，只是哈哈一笑，說道：「我弄錯！」

梁羽生老家廣西梧州市蒙山縣城的梁羽生公園，是金庸題的匾額：

文統兄是廣西蒙山人，蒙山縣當地領導和人民為他建立了一個紀念公園，遠道而來要我題一個字，我趕快寫了「蒙山縣梁羽生紀念公園」的字送去，現在看到照片，知道這幅字已複製在公園的進口處，很是歡喜，希望這幅字能長久保留。他寫名著《雲海玉弓緣》第十二回的回目是：「太息知交天下少，傷心身世淚痕多。」可見他內心的傷心處還多，只因知交無多，旁人不知罷了。

梁羽生推金庸是國士，生前他曾說：「他是國士，我是隱士。」

梁羽生現身說法批評金庸

後來許多專家學者談金庸、梁羽生的藝術成就，多有引用這篇《金庸梁羽生合論》裡的觀點。

這篇文章很長，我們這裡不能一一引述，只能擇其有關「批評」金庸的主要觀點，介紹給讀者，以廣見聞。

一、梁羽生批評金庸正邪不分，涉黃。

佟碩之（即梁羽生化名）首先談了金梁二人寫武俠小說所受到的不同影響：

梁羽生的名士氣味甚濃（中國式）的，而金庸則是現代的「洋才子」。梁羽生受中國傳統文化（包括詩詞、小說、歷史等等）的影響較深，而金庸接受西方文藝（包括電影）的影響較重。

梁羽生先做自我批評：是自己寫作手法也比較平淡樸實，論到變化的曲折離奇，則是顯然較弱。

再表揚金庸：金庸的成功之處在於小說容奇多變，縱橫忽肆，不受拘束，在情節、結構、氣勢、手筆上都有過人之處。

結論：金庸小說手法更能接受外來文化藝術的影響，比梁羽生新。

然後舉例：《雪山飛狐》受日本電影《羅生門》的影響；《書劍恩仇錄》裡香香公主出現的鏡頭，使人聯想起荷馬史詩中豔后海倫在城頭出現的鏡頭。

再做批評：金庸的小說也受到了電影不良一面的影響，強調人性的邪惡陰暗面。正邪不分，是非混淆。

舉例：《倚天屠龍記》刻劃了正派人物之邪，《天龍八部》根本就很難說得出誰正誰邪，都貫穿「人不為己，天誅地滅」的思想。

再表揚金庸：情節變化多，每有奇峰突起，令人意想不到。

然後先揚後抑：為了刻意求其離奇，往往情理難通，前後不照應。如《神鵰俠侶》中小龍女之被一個道士強姦、小龍女脫衣練功；如《倚天屠龍記》中張無忌性格，前面心中充滿對仇人的怨恨，後半部又變成了寬厚仁慈；如《天龍八部》段譽的「兄妹之戀」等等。

梁羽生眼光老辣，不過有挑剔過分之嫌。

梁羽生談金庸「黃色鏡頭實不足取」，當然有點迂氣。實際上金庸的小說語言相當乾淨，而單以「黃色鏡頭」取人，那麼百分之八十的世界名著就要遭「封殺」了。

金庸的小說的確變幻萬端出人意表，梁羽生寫此文時，《天龍八部》正在連載，他當然沒有猜到段譽的「兄妹之戀」最後會難題自解，根本不存在。

梁羽生說金庸小說中「寫反面人物勝於正面人物」，其實似是而非。請問金庸小說中哪個反面人物勝於蕭峰？

梁羽生批評金庸後期「武多俠少」，「正邪不分」，似有偏見。

梁羽生甚至以契丹是侵略者的道德評判來批評《天龍八部》，這就過分了。金庸的小說想像力極為豐富，人物的身世也極複雜，個性也為豐富、深刻，妙手奇筆，匪夷所思，想像超微，洞燭人性，刻畫入木三分。

看了金庸的小說，只能嘆為觀止，實在不敢苟同梁羽生之論。

二、梁羽生批評金庸「宋代才女唱元曲」

梁羽生繼續指出金庸小說的疏漏之處：例如在《射鵰英雄傳》中出現了「宋代才女唱元曲」的妙事；書生所出的三道刁難黃蓉的試題「抄自前人舊作」。黃蓉遇到了「漁礁耕讀」裡的樵子，那樵子的「山坡羊」的曲兒，作者是張養浩；黃蓉也唱的「山坡羊」，作者是朱方壺，都是元曲。

梁羽生的批評看上去沒有問題，但還是有點認死理。實際上金庸的大才無礙之處正在於這些地方，金庸巧於利用古書材料，充實他作品的內容。不論是經史子集，以至於稗官野史，歷代笑話，金庸只要覺得可用，都可大小由心，變化運用，而且令人有化腐朽為神奇之感。雖是抄自前人舊作，但一加經手，頓時生動起來。

如書生所出的三道刁難黃蓉的試題，就是從明人馮夢龍的《古今笑》一書中化出來的。

一、辛未狀元謎

辛未會試，江陰袁舜臣作謎詩於燈上云：「六經蘊藉胸中久，一劍十年磨在手。杏花頭上一枝橫，恐洩天機莫露口。一點累累大如斗，掩卻半床無所有？完名直待掛冠歸，本來面目君知否？」唯蘇州劉綎一見能識之，乃「辛未狀元」四字。

二、仙對

江西有提學出對云：「風擺棕櫚，千手佛搖折疊扇。」諸生不能應，乃相與祈鸞仙。降書自稱李太白，對云：「霜凋荷葉，獨腳鬼戴逍遙巾。」

三、唐狀元對

唐皋以翰林使朝鮮。其主出對曰：「琴瑟琵琶，八大王一般頭面。」皋即應對曰：「魑魅魍魎，四小鬼各自心腸。」主人大駭服。

以上抄錄的一首謎待和兩副妙對，本來是零碎分散的讀來雖可一笑，但卻比較單調，但經過金庸的妙手組織後，成了三道考題，便十分有意思了。

特別是兩副妙聯，由絕頂聰明黃蓉對下聯，先後把書生和「漁樵耕讀」大大地取笑了一番，真是好看得很。

在書生出三道難題之前，黃蓉曾據《論語》「暮春者，春服既成，冠者五六人，童於六七人，浴乎沂，鳳乎舞兮，泳而歸」這段話，牽強附會地得出孔子門生七十二賢人中，成年人是三十位，少年人是四十二位。雖然是胡解經書（這一段其實也是有出處，我記得是《笑林廣記》中的段子），卻顯出她異常聰穎，機敏過人。

在解答了書生的三道難題之後。黃蓉又因書生取笑她伏在郭靖背上，有違孟子「男女授受不親」的禮教，便吟呻出一首詩來反駁孟子胡說八道。

詩曰：「乞巧何曾有二妻？鄰家焉得許多雞？當時尚有周天子，何事紛紛說魏齊？」

原來孟子曾講過兩個故事：一個故事是說齊人有一妻一妾而去乞討殘羹冷飯；另一個故事說有一個人每天要偷鄰家一隻雞。詩中的前二句說的便是這騙人的兩個故事，末二句則是說，孟子活動在戰國之時，當時周天子尚在，孟子何以不去輔佑王室，卻去向梁惠王、齊宣王求官做呢？這是大違聖賢之道的。

齊人與抓雞這二個故事，原是比喻，不值得深究；但最後，這兩句詩的指責，只怕起孟夫子於地下，亦難以自辯。

當然，也可以用孟子的民貴君輕的民本主義的主張來作為說辭，不過又是另一段文字。

黃蓉胡解經書與諷刺孟子這兩段趣事，也非金庸所創，同樣可在《古今笑》的《巧言部第二十八》和《文戲部第二十七》找到，只是看起來沒有金庸所寫的那麼有趣罷了。

類似這樣的「古為我用」的例子，在《射鵰》一書中是不少的。

如洪七公的「降龍十八掌」的招式名稱「亢龍有悔」、「飛龍在天」等，就出自《易經》；洪七公教給黃蓉的「逍遙遊」拳法，其名就出自《莊子》；瑛姑與黃蓉在黑沼茅屋中演算的一大堆數學題，就來自中國古代的算經；裘千仞在華山被幾大高手團困，脫身不得，忽然被一燈大師點化，改惡從善，用的正是佛家「放下屠刀，立地成佛」的說法；如此等等。

金庸這位新派武俠小說大家，對諸子百家、佛經道藏和詩詞曲賦都有研究，因此他筆下時時變化使用這些文化瑰寶，寫來得心應手，文采斐然。

金庸的武俠小說之所以使人百看不厭，回味無窮，除了故事情節奇詭曲折，人物性格鮮明奇特，具有很強的吸引力之外，書中經常閃耀這些文化瑰寶的光輝，這也是引人入勝的原因之一。

如此看來，「抄自前人舊作」也並不是不可以（梁羽生的武俠小說也有大段大段抄白羽作品的事例在先），關鍵是能不能活學活用，化腐朽為神奇。

三、梁羽生批評金庸向臥龍生「偷招」

武俠小說顧名思義是有武有俠，寫「俠」要寫得痛快淋漓；寫「武」當然也要寫得十分好看才行。然而如何寫「武」，卻是武俠小說家們的一個重大的技術問題。

最初的武俠小說作家們寫「武」還多是實寫、寫真實的武打擊技，但由於寫得太實了，就沒有了想像力，讓讀者讀來乾巴巴的，實在是吃力不討好。

梁羽生先生說：

「正常的武技描寫既是吃力不討好，於是近年來的『新派武俠小說』就出現了一個開倒車的現象，即由『武』而『神』，種種離奇怪誕的『武功』在小說家筆下層出不窮，即如金、梁，亦不自覺的走上這條歪路。」

梁羽生在這一點上有點過於拘謹了，武俠小說怎樣寫「武」，怎樣設計寫武打的場面，這裡完全不需要現實主義。

關於這一點，前臺灣遠流出版公司總經理詹宏志說，金庸的武俠小說書寫史，其實是一個類型歷史的建立，他所累積出的武俠類型小說的規律，是作者與讀者之間共同的「契約」。

詹宏志舉例說，《倚天屠龍記》中，趙敏生氣張無忌不瞭解她對他的情誼，啪地打了他一巴掌，「跳過兩幢房屋，一片森林後就不知蹤影」，非常盪氣迴腸。詹宏志解釋說，金庸的讀者同意，默許「跳過兩幢房屋，一片森林後不知蹤影」這樣的「江湖傳統」，並不追問這類「江湖傳統」規律在現實世界的可行性。

而這種「想當然耳」的江湖傳統，事實上是作者與讀者之間的一種「契約」關係。這種「契約」關係愈深厚，代表類型歷史的建立愈穩固，因此造成了廣大讀者的快速溝通基礎。

梁羽生在這一點上批評金庸寫武寫得太離譜，且有「偷招之嫌」：

> 離譜之處：《射鵰》之後越來越是神怪，如《天龍八部》中的六脈神劍，能用劍氣殺人，近乎放飛劍。
>
> 偷招之嫌：無崖子以頭碰頭灌頂方法將幾十年的功力輸送給虛竹，原創是臥龍生小說《玉釵盟》。

說金庸「偷招」的，還有臺灣的學者葉洪生，說金庸《笑傲江湖》裡的岳不群偽君子的形象，是偷招臥龍生《飛燕驚龍》的假好人。

在一次電視採訪中，金庸笑而否認。金庸說臥龍生等等武俠小說作家都是自己的朋友，金庸經常召集他們聚會，當然主要是金庸請客吃飯，所以這些武俠小說作家朋友都笑稱金庸是他們的「幫主」。金庸反問：「幫主怎麼好意思去偷幫會成員的武功招數呢？」

一九九八年五月十六日在美國科羅拉多大學舉辦的「金庸小說與二十世紀中國文學」國際學術研討會，金庸在關於《小說創作的幾點思考》的演講中說：

「葉洪生先生討論到我小說人物的『原型』問題，他舉了許多例子，說明某某武俠小說出版在我的作品之前，所以我小說中的某某人物是從那部小說中取材的。從古人書中取材，文學創作向來如此，歌德的《浮士德》、莎士比亞的歷史劇，故事均非獨創，如果真是這樣，倒也不必否認。葉先生說臥龍生的小說《飛燕驚龍》出版在前，所以《笑傲江湖》中的偽君子岳不群是抄自臥龍生所創造的假好人，臥龍生（本名牛鶴亭）是我相當要好的朋友，六、七十年代時我去臺灣，臺灣的武俠小說家來香港，我們經常相聚飲宴、打牌聊天，我是主要的請客者，所以他們一致稱我為『幫主』。這個幫，大概就是胡鬧幫，幫中成員主要是古龍、臥龍生、諸葛青雲、倪匡、項莊，此外尚有張徹、王羽等等。我做了幫主，總不好意思去偷幫中堂主、香主們的傳家寶了。岳不群是偽君子，他的原型相信是孔子在《論語》中所說的：『鄉愿，德之賤也』。鄉愿就是偽君子，孟子形容這種人『媚於世』、『言不顧行，行不顧言』，『同乎流俗，合乎汙世，居之似忠信，行之似廉潔，眾皆悅之，自以為是，而不可與入堯舜之道』。中國社會中任何地方、任何時代都有偽君子，不必到書中去找『原型』。」

四、梁羽生批評金庸數女追一男，大團圓結局

梁羽生還批評家金庸小說的大團圓結局，這一點倒與古龍不同，古龍倒是支持金庸的大團圓結局的。在這一點上，只能說是仁者見仁，智者見智。

梁羽生這樣評價金庸小說的結局：

「金庸的小說多是以團圓結局，只有第一部《書劍恩仇錄》是悲劇收場的，但也只能算是半個悲劇。香香公主死後，陳家洛與霍青桐祭墓立碑之後，『連騎西去』，給讀者的暗示是他們最後『終在一起』（不論是否婚嫁），而作者寫香香公主之死，就只是解決他們三角戀愛的一種手段了。另外一個較為特別的結局是《雪山飛狐》中的胡斐與苗若蘭，作者用懸疑手法讓讀者自己去安排結局。」

關於金庸小說為什麼多是大團圓結局，我們在前面談金庸小說創作經歷時已經談到過，起碼來說，這一點並不能作為小說藝術性的評價標準。

梁羽生還批評了金庸小說中一男多女的愛情結構；批評金庸小說中的愛情至上。

筆者認為，藝術形式的複雜性、深刻性、豐富性，使我們不能用簡單的以是非標準、道德評判分辨高下，梁大俠的批評，多有迂闊。

金庸對他小說中關於愛情的一男數女模式問題，自己還是引以為重的。金庸為此專門作過解釋，也可算是對梁大俠的答辯、接招。

金庸小說中的女子，的確是愛情至上，彷彿愛情便是她們全部的生活和事業的內容，生命中除了愛情就沒有了其他。愛情真正深刻和直接地影響了女人的一生的命運。

金庸解釋說他這樣寫「數女追一男」，「愛情成為女人的全部」，是因為他的小說特殊的歷史環境所致的。

在古代社會中，女子足不出戶，不參與社會，受到的教育也只是為男人作出犧牲，她們的生活範圍只是在家庭的圈子裡，自然愛情成了她們的一切。

而武俠小說中，雖然俠女們浪跡江湖，但傳統和道德背景她們還是擺不開的。文化的傳統，使金庸不知不覺地這樣寫了。中國幾千年來的文化傳統，都是「數女一男」的模式。比如中國文化大成的巨著《紅樓夢》，就是「千紅一男」。

我們當然不能以「數女追一男」的批評來否定《紅樓夢》的偉大，同樣，金庸不知不覺寫了「愛情是女子的全部」，我們也不能苛求。

金庸對梁羽生的回應

對梁羽生的一些批評意見，金庸並不服氣，不久即寫了一篇《一個「講故事人」的自白》的短文作為回應，發表在《海光文藝》一九六六年四月號上，字數不多，才二千多字。

金庸的的意見是，「武俠只是一種娛樂」，不是歷史，所以不必掉書袋扣細節，過於較真。

金庸的主要觀點簡述如下：

一、寫武俠小說，著眼點只是在供給讀者以娛樂，只不過講一些異想天開的故事，替讀者們的生活中增加一些趣味，絕不像梁羽生兄那樣具有嚴肅的目的。

二、作者不必故意將人物，故事，背景去遷就某種思想和政策。

三、藝術主要是求美，求感動人，其目的既非宣揚真理，也不是分辨是非，藝術並不是「不道德的」，而是「非道德的」。

四、我對寫作中國舊詩詞完全不會，不是如佟兄（梁羽生化名）所說「非其所長」，而是「根本不會」，對佟兄的批評全部接受。

五、宋代少女黃蓉唱元曲這段情節。我所以寫這一段，主因是在於極欣賞這幾支元曲，忍不住要想法子抄在小說裡。

六、我以為在小說戲劇中，宋代人不但可以唱元曲，而且可以唱黃梅調，時代曲。董永是東漢時人，黃梅調起於清朝末年，《天仙配》中的董永卻滿口黃梅調，那在藝術上都不成問題。

七、任何歷史小說中的人物，所用的語言必須是現代化的，司馬遷寫史記，就將《尚書》中堯舜等人古奧的對白「現代化」（漢代化）了。

八、佟兄關於段譽和蕭峰的批評，完全錯了。因為這故事的結局，與佟兄所想像的完全不同。（因為其時《天龍八部》還沒有寫完）

古龍挑剔僵化的金庸模式

梁羽生對金庸的批評態度，當然與他自己的自恃身分有關。

梁羽生是「新派武俠小說」的開山鼻祖，金庸是他的同輩，金庸還以「兄」來稱呼他，所以梁羽生談得毫無顧忌，就算挑剔一點也沒什麼不可。

古龍就不同了，古龍是後輩，所以儘管古龍對金庸也有很多挑剔，但態度上是相當恭敬的。

現代武俠小說作家中，古龍的名氣雖然很大，但他卻是一個「後起之秀」。很多成功的武俠小說名家，都是古龍的前輩，不用說金庸的輩分比古龍高了。

古龍剛剛發表《多情劍客無情劍》時，金庸的武俠小說大業幾乎已到了尾聲。在這些古龍的前輩裡，古龍當然最佩服金庸，對金庸也有一種很複雜的心態。

古龍說：

「五十年代開始後，才有個人出來『復興』了武俠小說，為武俠小說開創了一個新的局面，使得武俠小說又蓬勃發展了二十年。

「在這二十年中名家輩出，作品之豐富和寫作技巧的變化，都已到達了一個新的高峰，比起還珠樓主他們的時代，尤有過之。開創這個局面的人，就是金庸。」

古龍一般從不公開評論當代的武俠小說作家，唯獨對金庸是個例外。因為金庸的影響力和成功的輝煌太突出了，再沒有第二個人能比得上，直到古龍的出現為止。

那個時代的武俠小說，無論是誰的作品，多多少少都不可避免地要受到金庸的影響，一般的評論是公推金庸小說藝術的博大精深，如有百川歸海的容納。

古龍評金庸，都用自己的「新派武俠」的眼光去看，強調「簡潔、乾淨、生動」，其實這是他自己的藝術標準。

古龍說：

「金庸融合了各家各派之長，其中不僅是武俠小說，還融合了中國古典文學和現代西洋文學，才形成了他自己的獨特風格，簡潔、乾淨、生動。

「他的小說結構嚴密，局面雖大，但卻能首尾呼應，其中的人物更躍躍如生，呼之欲出！」

古龍看重的不是局面的龐大，而是結構的首尾呼應，因為這一點是他自己小說的要點。還有人物，這是古龍自己多次強調的，寫人物，寫人性。

金庸小說中的人物，給古龍留下最深印象的是《神鵰俠侶》中的楊過。

古龍說：

「楊過無疑是所有武俠小說中最可愛的幾個人物之一。楊過、小龍女之間的感情，也無疑可以算是武俠小說中最動人的愛情故事之一了。」

古龍稱金庸最重要之處，是由於金庸創造了這一代武俠小說的風格，幾乎很少有人能突破金庸的模式。

古龍是唯一的例外。

古龍很詳細地研究了金庸的所有作品。古龍特別研究了金庸對西方文學的吸收和模仿，因為古龍也正是這樣一個洋為中用的高手。

古龍照搬《教父》中故事寫《流星．蝴蝶．劍》，他有很多理由，其中一條就是金庸也這麼幹過，有過先例。

古龍說：

「在他初期的作品中，還是有別人的影子。在《書劍恩仇錄》中，描寫『奔雷手』文泰來逃到大俠周仲英家，藏在枯井裡，被周仲英無知的幼子，為了一架望遠鏡而出賣，周仲英知道這件事後，竟忍痛殺了他的獨生子。

「這故事，幾乎就是法國文豪梅里美最著名的一篇小說的化身，只不過將金錶改成了望遠鏡而已。

「但這絕不影響金庸先生的創造力，因為他已將這故事完全和他自己的創造聯成一體，看起來是一氣呵成的，看到《書劍恩仇錄》中的這一段故事，幾乎比看梅里美《尼爾的美神》故事集中的原著，更能令人感動。

「看到《倚天屠龍記》中寫張無忌的父母和金毛獅王在極邊冰島上的故事，我也看到了另一位偉大作家的影子——傑克．倫敦的影子。

「金毛獅王的性格，幾乎就是『海狼』。但這種模仿卻是無可非議的，因為他已將『海狼』完全吸收融化，已令人只能看見金毛獅王，看不見海狼。

「武俠小說最大的優點，就是能包羅萬象，兼收並蓄——你可以在武俠小說中寫『愛情文藝』，卻不能在『文藝』小說中寫武俠。

「每個人在寫作時，都難免會受到別人的影響，『天下文章一大抄』，這句話雖然說得有點過火，卻也並不是完全沒有道理。一個作家的創造力固然可貴，但聯想力、模仿力，也同樣重要。」

最初古龍出道江湖，完全是模仿學習金庸的寫作方式。

古龍說：

「我自己在開始寫武俠小說時，就幾乎是在拚命模仿金庸先生，寫了十年後，在寫《名劍風流》、《絕代雙驕》時，還是在模仿金庸先生。我相信武俠小說作家中，和我同樣情況的人並不少，這一點金庸先生無疑也是值得驕傲的。」

古龍只是在寫作《楚留香傳奇》和《多情劍客無情劍》之時，才徹底擺脫了這種模仿，最終走出了一條新路。

古龍明白表示：

「金庸先生所創作的武俠小說風格雖然至今還是足以吸引千千萬萬的讀者，但武俠小說已到了要求新、求變的時候。」

古龍洞察到這種金庸模式的武俠小說風格的小說已經寫得太多，讀者們也看得太多，已有膩味的感覺。

「有很多讀者看了一部書的前兩本，就可以預測到結局。最妙的是，越奇詭的故事已被寫過無數次了，易容、毒藥、詐死，最善良的女人就是魔頭——這些圈套，都已很難令讀者上鉤了。

「所以情節的詭奇變化，已不能再算是武俠小說中最大的吸引力。」

古龍提出了寫人性的衝突的觀點，因為人性的衝突才是永遠有吸引力的，武俠小說已經不應該再去寫神，寫魔頭，而應該寫人，寫活生生的人，有血有肉的人。武俠小說中人物應該有生活氣息，在藝術上是真實的人物，有人的優點，也應該有人的缺點，更應該有人的感情。

古龍雖是天縱英才，但畢竟是後輩新進，輿論上他當然不能與金庸相比。當時武俠評論界已經流傳了這樣一種說法，即是：

「金庸之後將再無武俠小說！」

這種說法是借用寫《包法利夫人》的大文豪福樓拜曾經誇過的一句海口。福樓拜的大話是：

「十九世紀後將再無小說。」

因為所有的故事情節，所有的情感變化，都已被十九世紀的那些偉大作家們寫盡了。

古龍對這種說法很生氣，他當然要駁斥這種井蛙之見。

古龍批評福樓拜的這句大話時說：

「可是他錯了。他忽略了一點，縱然是同樣的故事情節，如果從不同的角度去看，寫出來的小說就是完全不同的。人類的觀念和看法，本來就是在永遠不停地變化，並隨著時代在改變。」

古龍在隱約地批評金庸小說模式的過時老套的同時，提出了自己「求新求變」的創作觀點：

「武俠小說寫的雖然是古代的事，也未嘗不可注入作家自己的新的觀念。因為小說本來就是虛構的。寫小說不是歷史傳記，寫小說的最大目的，就是要吸引讀者，感動讀者。

「武俠小說的情節若已無法再變化，為什麼不能改變一下，寫寫人類的情感，人性的衝突，由情感的衝突，創造高潮和動作。」

古龍也是金庸的朋友，金庸對古龍讚賞有加。

金庸一九七二年寫完《鹿鼎記》封筆之後，主動向古龍約稿，將《明報》的武俠小說陣地轉交古龍。

曾經有記者問金庸：「您如何評價另一位武俠小說大師古龍？」

金庸稱古龍有俠氣。

金庸回答：「古龍也是我的好朋友。我和他都是寫武俠小說的，我沒有俠氣，但古龍有，他很會喝酒，很有俠氣。有一次，他和倪匡喝酒，旁邊有一個日本人要和他們比試，結果古龍叫人把酒倒進了面盆裡，要這樣比試。這個氣勢把日本人嚇跑了。」（宋元：《金庸談創作、修訂與出版：我在寫一些自己做不到的事》澎湃新聞）

金庸是僞君子岳不群嗎？

像梁羽生、古龍這樣的「金庸之爭」，是純學術問題之爭，見仁見智，爭論中有過分的地方，都不要緊，都會得到讀者評論家甚至金庸本人的諒解。

但有的「金庸之爭」，卻是不入流的貨色，誨辱謾罵，進行人身攻擊，實在是有些太不像話。比如輿論界有一種對金庸的批評，不是平心靜氣來談學問，而是從人格上攻擊，危言聳聽。

如果單純是罵金庸「豺狼鏞」、「漢奸」、「走狗」，這樣太露骨，太表面化，尚不至於有太壞影響。而有些恃才傲物，以罵為快的錦繡才子罵金庸才真正是有點水準，真正強詞奪理而能混淆視聽。

比如臺灣的大才子李敖，一九八一年在海峽那邊寫了一篇論「三毛式偽善」和「金庸式偽善」的奇文，造成的「不見血」的影響就很大。

文章說：

「三毛式偽善，比起另一種偽善來，還算小焉也。另一種偽善是金庸式的，金庸到臺灣來，有一天晚上到我家，一談八小時。談到他寫的武俠小說，我講胡適之說武俠小說『下流』，我有同感。我是不看武俠小說的，以我所受的理智訓練，認知訓練，文字訓練，中文訓練，無法接受這種荒謬的內容，雖然我知道你在這方面有著空前的大成績，並發了大財。」

「金庸風度極好，對我的話不以為忤，很謙虛地解釋他的觀點。他特別提到了他兒子死後，他精研佛學，他已是很虔誠的佛教徒了。我說：『佛經……大體上，無不以捨棄財產為要件，你這麼多財產在身邊，你說你是虔誠的佛教徒，你怎麼解釋你的財產呢？』」

「……金庸所謂信佛，其實是一種『選擇法』，凡是對他有利的，他就信，對他不利的，他就佯裝不見，……這種偽善，自成一家，可叫做『金庸式偽善』。」

「看了三毛的例子和金庸的例子，我不得不說：那位基督徒和這位佛教徒，其實都是偽君子。」

李敖以「六親不認，四面樹敵」著稱，罵人是他的職業。

其實筆者讀過多部李敖的作品，內心還是相當地佩服這樣的錦繡才子的，對這樣的人，實在是不好和他多說。

還是金庸先生的態度最為明智，很謙虛，對李敖的批評洗耳恭聽，有則改之，無則嘉勉。

不過，後來二〇〇九年一月九日《時代周報》採訪金庸，記者問起金庸和李敖的交往怎麼樣時，金庸的回答對李敖多有微詞：

「我跟李敖本來要好的，他請我到他家裡去。後來因為他跟胡茵夢離婚了，《明報》照實報導，他怪我為什麼不幫他，我說：我們辦報紙的人完全公平講話，絕不因為私交好就幫你。我到臺北去，他有一個房子想賣給我，我說：我在臺灣不置產業。他說這個房子半賣半送給我，我說：你再便宜我也不要。」

金庸先生沒有理會李敖對他「金庸式偽善」的批評，所以這篇文章發表十多年來也沒什麼動靜，只是到了這兩年，大陸學術界掀起金庸在文學史上排名位置的熱點新聞時，才有人又搬出了十多年前的「舊文」當作「重型炮彈」來使用，這件事稍後我們將詳細談到。

現在談金庸先生當年在港臺風靡之時，遇到一些像「金庸式偽善」的攻擊。

比李敖的罵文更進一步的，是有些弄文的文人竟然直指金庸是「偽君子」，就是他自己《笑傲江湖》小說裡寫的人物「岳不群」。

被人用自己小說中的反面人物來罵作者自己的情況，恐怕是古今中外沒有過的事情，如此之奇事，金庸竟無意得之，「不亦異乎？」

後來被大陸一家雜誌轉載的香港某奇文說：

「說查良鏞長於弄權，也是有事實可據的。誰都知道查良鏞來香港後，在《大公報》當翻譯，他的第一篇武俠小說《書劍恩仇錄》，就發表在《香港商報》（實際是發表在《新晚報》），聽說純粹是受到《新晚報》總編輯羅孚的鼓勵。」

「可以說沒有羅孚，就沒有金庸。但後來查良鏞發了財，身邊就沒有了羅孚這個朋友，羅孚後來被『調回』大陸，查良鏞跟鄧小平密切，也沒聽說過有什麼『進言開脫』之舉措。」

「在《大公報》時代，查良鏞鬱鬱不得志，於是跟朋友沈寶新合作，創辦了《明報》。」

「《明報》初辦之時有過一段艱苦的日子，幾乎捱不下去。之後發生逃亡潮等事件，銷路才見轉機。他因意識形態問題和《大公報》打筆仗，令《明報》聲譽鵲起，成為知識分子的精神食糧，所以知識分子開始認同《明報》，而查良鏞也就由『武俠小說名家金庸』，搖身一變成為著名報人查良鏞了。」

「他去北京見鄧小平後，聲譽之隆，一時無倆，連美國的報界，也知道香港有個『路易士查』。」

「然而這位著名的報界人士，在『四人幫』倒臺，鄧小平重掌政權後，有了一個一百八十度的改變。」

「為什麼查良鏞在七十年代末期開始轉變？據哈公說，那是由於鄧小平欣賞他的文才。原來鄧小平被貶下放江西時，查良鏞一時福至心靈，在社論裡表揚了鄧小平的政績和才能，鄧小平因而有知遇之念，上臺後，不忘邀請查良鏞到中南海一敘，並且還親自走到人民大會堂門外迎接他。」

「據哈公表示，那時候臺灣方面也極力爭取查良鏞，查良鏞也曾悄悄地去了臺灣一轉，謁見了蔣經國，回港後還寫了『在臺所見所聞』長文，作為回應。」

「然而臺灣與大陸，兩者相比，自然以大陸更能適合查良鏞發展他個人的政治野心，因此八十年代後期，《明報》漸漸有『中間偏左』的趨勢了。」

「那段時間《明報》只要文章裡面一有批評中共首腦的字眼，就會被刪，如果行文遣詞用字太過激烈，就會全文被抽掉。」

「查良鏞一向主張言論自由，但在《明報》寫專欄（例如哈公怪論）並無多大自由可言。這跟他的小說《笑傲江湖》裡的岳不群『說一套，做一套』毫無分別。」

「《笑傲江湖》裡的岳不群，表面是一個正派人物，貴為華山派掌門，平日行事，光明磊落，為武林所重。但骨子裡，卻是一個看風使舵的偽君子。」

「在《笑傲江湖》裡，有關岳不群的偽君子行徑，可謂是『罄竹難書』，但這並不可證明岳不群即是查良鏞。」

「岳不群是小說裡的人物，而查良鏞是二十世紀九十年代香港社會真實的人。查良鏞創造了岳不群，岳不群的身上雖可能有查大俠的影子，卻絕非查大俠，這是每個從事創作的小說家皆知的道理。」

「不過，說來有趣，一九八八年十二月中旬，發生了所謂的『主流方案』事件，搞得滿城風雨，有些論者竟把它與武林秘笈拉上關係，說查先生妄想藉起草『主流方案』來做『武林盟主』。」

「由於受到鄧小平的賞識，查良鏞被邀出任基本法草委，負責基本法的起稿工作，這是劃時代的任務，查良鏞自然全力以赴，憑他對國際法的知識，可謂是得心應手。」

「就在宦途上大有發展之際（當時他的頭銜是基本法草委會政制小組負責人），『主流方案』推出受到輿論猛烈的抨擊，大失民心，那可是查先生意料不及的了。」

「從那時起，查先生便萌生了『急流勇退』的念頭。」

這樣的「金庸之爭」就有點令人瞠目結舌了，這又比李敖式的罵文「精進」了一層，更是玩語言概念於股掌之間，隨心所欲，翻雲覆雨。

首先，關於羅孚一說完全是憑空杜撰之事，以莫須有的罪名加之於金庸，明眼人一看便知；

第二，談金庸經商成功，成為報業鉅子，用的言語別有用心，暗示金庸「因意識形態」得到好處，也完全是暗箭中傷的小人作風；

第三，金庸八十年代「中間偏左」，受鄧小平賞識，也是故意把事情說得「失之毫釐，差之千里」。

金庸從小有政治抱負和理想，雖然對中國政治多次失望，但一直是明心見性，憑著內心的良知追求真理。

金庸的眼光在經濟和政治上都極為敏銳，他寫的《明報》社論，多次預測國內國際大事，無不中的。

金庸對鄧小平的讚賞，當初完全是政治眼光和良知，他對大陸開放改革的支持，也是合乎他一貫的原則的。

最後這篇文中直接把金庸比附為「岳不群」，則更是造謠中傷的罵街行徑，不值一駁了。

這篇文章，其實絲毫不能抹殺金庸先生一絲一毫的光輝，最多不過給人們上一次課，當一回「反面教材」，最後被人唾棄。

金庸的武俠小說終於解禁

五十年代至七十年代金庸的武俠小說雖然風靡華人世界，但「凡有華人的地方，就一定有金庸的武俠小說」這一句話，其實並不很準確。

前文所講到，由於種種人所周知的原因，金庸的武俠小說在這一段時期，不約而同地被大陸和臺灣兩地禁止和查封。

這對於金庸及其廣大的讀者來說，都是一件非常遺憾的事。

好在事過境遷，情況發生了變化，「是金子總會發光的」這句老話，又一次得到驗證。八十年代左右，大陸及臺灣兩地，幾乎是不約而同地給金庸的小說解了禁。

大陸八十年代初期，隨著中共十一屆三中全會的召開，大陸出版界打破了長期禁錮武俠小說的規定，被允許出版舊武俠小說與新派武俠小說。最先獲得在內地翻印的武俠小說是梁羽生的作品，接著，金庸的小說也大量得到了翻印。

大陸讀者對金庸先生的認識，應從一九八〇年當時十分熱門的廣州《武林》雜誌得到金庸的授權，連載《射鵰英雄傳》才開始的。

較早較完備的本子是一九八五年四月天津百花文藝出版社印行的二卷本《書劍恩仇錄》，此後各出版社便滾雪球似地越印越多，發行量近億冊。

不過，除了百花文藝出版社印行的二卷本《書劍恩仇錄》是經過金庸的授權，其他的都是盜版（彼時大陸剛剛改革開放，版權意識還沒有很好形成）。

《書劍恩仇錄》首批印刷就印了五十萬冊，定價為四元。在當時普通人月工資還都在數十元的情況下，四元的定價也屬不菲。

書發行相當好，五十萬冊毛收入就達到了五十萬元，需要正式支付給金庸的版稅是五萬元。金庸將《書劍恩仇錄》的版稅送給百花文藝出版社的員工們做福利。最後幾次聯繫溝通，版稅處理的結果是一分為三：一萬元給了天津電影製片廠；二萬元給了北京圍棋協會；二萬元還留在百花文藝出版社，留給所有員工當福利。

一九八〇年，兩萬元是一筆鉅款，百花文藝出版社的員工當時有一百多人，最後每人做了一套西服。

在臺灣，金庸作品一直列在臺灣「新聞局」的禁書目錄上，經過臺灣遠景出版事業公司負責人沈登恩的多方交涉，臺灣當局才在一九七九年九月初同意出版和報紙連載。

金庸先生作品進入臺灣，一樣是由盜版作「開路先鋒」的，直到遠景出版社出版了金庸正式授權的《金庸作品集》。遠景出版社的社長是年輕有為的出版人沈登恩，更早的時候，極具眼光的沈登恩便取得了金庸先生武俠小說的臺灣版權。

沈登恩「深信這套武俠小說的出版，將開拓中國小說的新境界，為出版界樹立一塊新的里程碑」。

事實上，金庸作品的正式出版，的確成為臺灣文壇的一大盛事。

沈登恩取得金庸作品在臺發行的授權，在臺灣引起了轟動，臺灣兩大報系《聯合報》和《中國時報》隨即展開連載金庸小說並吸引讀者的爭奪戰。

一九七九年九月六日，《聯合報》總編輯張作錦與沈登恩及金庸協商連載作品事宜，次日，《連城訣》率先在《聯合報》刊出，該報為此配發文章：《武壇奇人金庸》。

當天上午十時，《中國時報》副刊的負責人高信疆便找到沈登恩，要求連載金庸作品，說如不這樣，則一定會被老闆炒魷魚。

十一月，《中國時報》在《人間副刊》闢出十八欄篇幅的長文《結客四方知己遍——倚天屠龍記金庸》，並正式連載《倚天屠龍記》。

對作品進入臺灣書市，金庸本人是極為高興的，並有著旁人難以想像的巨大的期望。在金庸致沈登恩的信中，這種期望流露得一覽無餘，信中說：

「臺灣讀書風氣盛，文化水準很高，任何作者都希望他的作品能接觸文化水準很高的作者群，受到欣賞，受到高層次的反映，希望有更多的人瞭解到，我的小說並非是打打殺殺而已。」

金庸作品進入臺灣市場，麻煩最大的，要數他的代表作之一的《射鵰英雄傳》了。這部作品曾經遭到更名出版的厄運，原因既簡單又滑稽：有鼓吹毛澤東的傾向。因為毛澤東的名篇《沁園春·雪》中有「一代天驕，成吉思汗，只識彎弓射大鵰」一句。

金庸的《天龍八部》被列為禁書，據說原因是一句對白，「王語嫣見兩個人在打架，就隨口說：這是江南蔣家的名招過往雲煙啊！」被政府認為是「指桑罵槐」。

臺灣作家農婦還曾為此從中斡旋，作家黃忠慎也替金庸不平，他氣急敗壞地指出，整部《射鵰英雄傳》中的人物，除黃藥師的外號中有一個「東」字外，其餘再也看不出與毛澤東有任何關係。

馮其庸的《讀金庸》代表大陸知識界正式接受金庸

金庸的武俠小說雖然在八十年代初便風靡了大陸，但真正被大陸文壇的高層人士接受，應是由馮其庸先生撰文《讀金庸》作為標誌開始的。

由此之後，文壇的有識之士，知名學者，紛紛開始公開發表意見，接受了金庸藝術上的成就。

一九九四年大陸文壇出現的文學大師排名之爭，將金庸在文學大師中排名第四，其推崇金庸文學藝術成就的熱情到了無以復加的地步，馮其庸先生的《讀金庸》一文，其實正是大陸「金學」研究的濫觴。

一九八一年秋，馮其庸應美國史坦福大學之邀，赴美講學，住PALO ALTO。房主陳治利先生和他的夫人王肖梅女士，都是金庸迷，家中藏有金庸的小說，馮其庸先生因此開始讀金庸的小說，從此一發不可收拾。

馮其庸曾談到讀金庸小說時說，只要一開卷，就無法釋手，經常是上午上完了課，下午就開始讀金庸的小說，往往到晚飯時，匆匆吃完，然後繼續讀，通宵達旦，直到第二天早晨吃早飯時，才不得已暫停。如果早飯後無事，則稍稍閉目偃臥一回，又繼續讀下去，直到終卷為止。

馮其庸回憶說第一部讀的是《碧血劍》，讀了一個通宵，第二天白天，稍稍處理了一些事情，就將此書讀完了。

以後每部書的開讀，大抵都是如此。雖然書的卷數有多有少，讀的時間也不完全相同，但通宵不寐地讀金庸的小說，成了馮其庸先生一個很大的樂趣。

後來馮其庸到耶魯大學，遇到了余英時先生，暢談的內容，就有很多是關於金庸的小說。而馮其庸在史坦福大學圖書館，也遇見過不少金庸迷，他們有的竟然能背誦金庸的小說的詩句，有的還模仿著小說裡的人物的語氣而寫歌詞。

馮其庸講述過，他後來碰到許多香港的朋友，談到金庸先生的小說席捲歐美的情況，用中國過去的老典故「洛陽紙貴」來形容這種盛況是一點也不過分的。

馮其庸在美國，把陳先生所藏有的金庸小說統統讀完，大約已占金庸小說的三分之二，才不得不暫時停止。但是，隔了一段時間，就覺得當初讀得太快，來不及品味，所以又回頭來重讀了幾部。

原先在一九八〇年，馮其庸到美國參加國際《紅樓夢》研討會時路過香港，金庸曾經贈送過一套《天龍八部》，只是馮其庸當時並未展讀，不久就再赴美國講學，所以馮其庸自己只有一套《天龍八部》。

馮其庸於一九八二年回國後，一因事忙，二因無書，反而無緣再讀金庸的武俠小說，深為憾事。

而前歲，馮其庸復得一套金庸先生惠寄的《鹿鼎記》一部，可以說是驚喜若狂，於是又很快的讀完。《鹿鼎記》一書馮先生在美時已讀過一遍，此時重讀，猶如見了過去的老朋友，頗有別來無恙之感。從此，馮其庸讀金庸武俠小說的癮頭又被引起，一發不可復止。

幸得馮其庸的朋友馬力先生知道馮先生的嗜好，於是就為馮其庸收集金庸的作品，馮其庸得以重溫在加州時臥讀金庸小說通宵不寐之樂。馮其庸這時對金庸先生的作品雖未全部讀完，而且也不及在加州讀的多，但亦過半了。

有的人曾問馮其庸，為何對金庸的武俠小說如此之迷？

馮其庸很簡單地答覆：

「那就是一個字，好，或者說，它對我有強烈的吸引力。」

後來有人請馮其庸談談金庸小說的印象，馮其庸先生這樣說：

「要我說說讀後的印象，當然是可以的。因為印象有深有淺，它不能算作學問，就是說錯了也無關緊要。

「我認為：第一，金庸小說所包含的歷史的、社會的內容的深度和廣度，在當代的俠義小說作家中，是極為突出，極為罕見的。……

「第二，金庸小說所涉及的思想，可以說是諸子百家，九流三教，幾乎包羅一切，而在文學方面，則詩、詞、歌、賦、對聯、謎語、小曲應有盡有，而且都十分妥貼得體，毫無勉強做作或捉襟見肘之感，相反卻使人感到遊刃有餘，長才未盡。……

「第三，從藝術上來看，金庸所創造的一些人物就其主要者來說，並不乏有肉有血的成功的形象。例如蕭峰、陳家洛、文泰來、霍青桐、郭靖、黃蓉等藝術形象，都是令人難忘的，具有很強的感人力量的，有誰讀過這幾部小說而不被這些藝術形象感動的？……

「第四，我特別感到印象深刻的是金庸小說的文學性，它與一般舊式的和時行的俠義小說有顯著的不同，它不僅是小說的語言雅潔，文學性高，行文流暢婉轉；也不僅是有詩有詞，而且都不是湊數之作，而是相當令人耐讀的，更很需要的是作品中時時展現出一種詩的境界，一種特別美好的境界。……

「第五，金庸小說情節的柳暗花明，絕處逢生，或天外奇峰飛來，這種令人拍案叫絕的地方，往往隨處可見，在未往下讀時，已覺山窮水盡，既往下讀後，又覺路轉峰迴，情隨景移，合情合理。……」

有些人對馮其庸說：「金庸的小說，好則好矣，只是太奇太怪，荒誕不經。」

對此，馮其庸先生說：

「當然，我並不是說，金庸小說裡所描寫的，都是現實的，可能的，而不是超現實的想像的虛幻的。我當然不是這個意思。我只是說，他的小說，從情節的發展來講，雖然奇峰突起，意外之至，但卻又使你感到來去有自，合情合理，並非信筆亂寫，因之他能令人身入其境而忘記其奇。……」

馮其庸以上的幾種觀點，絕不是普通的隨便說說而已，而是認認真真做的學問。

馮其庸這樣謹慎的說評，也許只是想少惹麻煩，怕激怒拒絕金庸的人。

馮其庸在談了以上的幾種觀點後，還談了談他讀金庸武俠小說的一些體會，馮其庸這樣說：

「前些時候，看到一篇文章，提出要研究金庸的小說，而且他稱關於研究金庸小說的學問，叫作『金』學。我想這位朋友的見解，是有道理的，不應該僅僅把它作為談資。」

世紀末文壇最大風波：文學大師金庸能排第四嗎？

自從漢語文壇上有了金庸這個響亮的名字以來，關於金庸的爭論時斷時續，但從沒有停止過。

隨著金大俠淡出江湖，金盆洗手，人們本來以為這樣的爭論該是告一個段落的時候了。然而出人意料的是，在金庸先生七十歲之時，中國大陸文壇學術界掀起了一場轟動一時的「金庸排名之爭」，學術界批評界的名家紛紛「你方唱罷我登場」，眾說紛紜，莫衷一是。這樣的事，金庸沒有想到吧！真所謂是「樹欲靜而風不止」了。

《今日名流》雜誌記者曾楚風詳細報導了此事的前因後果：

一九九四年，金庸七十年，他無巧不巧地兩次成為中國大陸文化界談論的焦點：先是被北京幾位青年學者推舉坐上了「二十世紀中國文學大師」的第四把交椅，多年來他在中國平民、讀書界、知識界的特殊地位猝不及防地得到了某種確認，隨後而來的批評乃至攻擊沸沸揚揚；另就是不久他被北京大學正式聘任為名譽教授，校方為他舉行了例行的儀式，沒料到學生、教師乃至校外讀者澎湃的熱情又同樣召來沸沸揚揚的議論，批評乃至攻擊。

愛憎的分明，價值觀的對立，言語的衝突，備受各界關注。

事情起源於一次普通的文化採訪。

一九九四年夏天，北京城天氣酷熱。北京師範大學幾位研究中國二十世紀文學的青年教師一邊與炎熱鬥爭，一邊加強了《二十世紀中國文學大師文庫》的編選點評工作。

這套書是一年前這些青年教師與海南出版社商議出版的一套文選，共分小說、詩歌、散文、戲劇四大部，每部又分為上下冊，共二百四十萬字。

近年來，跨世紀、新世紀是熱門話題，這也難怪，世紀之交，百年一遇，激發著人們的雄心壯志與神聖使命感。

在學術界，早幾年就有一股為二十世紀劃句號的熱乎勁，表現之一是不少研究人員有志於改寫歷史，出版界則熱衷於冠以「二十世紀」或「跨世紀」的大型叢書。

手腳麻利的，書早已面市，已把餘下的幾年忽略不計了。所以北師大這幾位趕浪潮的嫌疑不十分突出，但的確是有點整頓河山，是非功過重評的野心。

這幾位青年學者是：小說卷主編王一川，現任北師大中文系教授，他是四川大學的本科生、北京大學的碩士、北師大的博士、英國牛津大學的博士後，研究方向是二十世紀中國文學和美學。詩歌卷主編張同道，散文卷主編尹鴻、張法，戲劇卷主編丁濤，也都是近些年畢業的碩士、博士，分別在北師大、中國人民大學和中央戲劇學院任教，各有專門的研究方向。

他們都畢業於名校，師從於名師，多年專門學習、研究，有很多心得。他們雖然也曾有大量論文、專著加以探討，但畢竟與民眾有些距離。如果有一種方式能更簡捷地表達自己的新思想，並影響他人，那最好莫過於編文選，直截了當地告訴讀者，誰的作品是最好的，為什麼。

正如王一川在該書總序中所闡述的：

「這種的排列畢竟有其誘惑力，因為它簡捷、清晰而嚴格，利於一目了然地澄清以往的迷霧。」

當然，他們對這種方式的弊病也是心知肚明的：

「本世紀出現過並且正在出版的許多的小說家，其中稱得上大師的人何止一二？而我們又只能排出為數過於有限的十個左右『一流大師』，這無疑令人遺憾又讓人為難。」

他們設計的大師順序排名如下：

小說卷——魯迅、沈從文、巴金、金庸、老舍、郁達夫、王蒙、張愛玲、賈平凹；

詩歌卷——穆旦、北島、馮至、徐志摩、戴望舒、艾青、聞一多、郭沫若、紀弦、舒婷、海子、何其芳；

散文卷——魯迅、梁實秋、周作人、朱自清、郁達夫、賈平凹、毛澤東、三毛、豐子愷、許地山、李殲、余秋雨、王蒙；

戲劇卷——曹禺、田漢、夏衍、郭沫若、老舍、姚一葦、楊利民、李龍雲。

正在此時，《中國青年報》有人來訪。編輯人員在接受採訪時，對大師座次的新排法有所強調。

於是，在一九九四年八月廿五日的《中國青年報》上，發表了題為《二十世紀中國文學大師文庫出些新奇？金庸可能當大師？》一文。果然這篇短文迅速被各報刊廣泛轉載，其反響之強烈令人有些始料不及。

中國現在最重要的兩份讀書報刊，一分老牌的《讀書》雜誌議論說「國內文學界感到愕然，產生頗多爭議」，另一份是新出版的《中華讀書報》，稱此次評選「顛覆教科書，震驚文壇，金庸列二十世紀文學殿之四，茅盾被排出大師之門，尤令文壇慨然」。

二十世紀末關於金庸最大的一次爭論由此開始，這種爭論的問題之嚴重，場面之大，影響之廣，是絕對前所未有的。

這種爭論真正觸及了文化的靈魂，上升到了世界觀和方法論問題的高度。

下面我們就擇其要者，介紹爭議始末。因篇幅關係，以下引文均是要點的編輯，不是原文。

一九九四年十月一日《作家報》寧文先生撰文《〈二十世紀文學大師文庫〉重排名次》時說：

傳統的現代作家排名順序是魯迅、郭沫若、茅盾、巴金、老舍、曹禺，而那將出版的一套四卷兩百五十萬字的《二十世紀中國文學大師文庫》卻打破傳統的排名順序，武俠小說作家金庸名列魯迅、沈從文、巴金之後，位居第四，金庸之後則排有老舍、郁達夫、王蒙，而久享盛名的茅盾卻未能入選此文庫。

對此套文庫對中國現代作家的重新排名，江蘇文學界人士紛紛提出了不同意見。

中國現代文學研究會副會長，中國茅盾學會會長，南京大學中文教授葉子銘認為，編大型文庫，必須本著歷史負責的態度，更應強調科學性。文庫不提茅盾的名字，我個人認為是荒唐的。至於金庸的入選，我沒有異議，金庸在武俠小說作家中品位較高，但其排名應放在恰當的位置。

江蘇當代文學研究會會長，文學評論家陳遼說：「大師文庫」去掉茅盾是很不恰當的，把金庸排在第四位很不合適。

著名作家葉兆言則認為，編文庫當然不能照搬前人成果，關鍵要看有沒有獨特眼光。但對金庸的排名第四及茅盾的落選，不願發表看法，但談了對沈從文入選的看法是：沈從文不是某些研究者現在才發現的，他的作品三十年代就很紅，這是歷史存在，現在的重新評價只是還歷史以本來面目。

一九九四年十一月廿六日《文藝報》上發表了彭荊風的《排排坐吃果果》一文，文中說：

茅盾先生的作品比之那些榮列金榜的人，有哪些不純？這些對茅盾先生都不瞭解的人，也來重論大師，能有幾分可信度？

沈從文先生是位謙遜勤奮的作家，從來不願在文壇爭高低，對於這樣一位留下了許多好作品，淡泊名利的文學大師，某些人不是認真研究他的文學創作得失，而是在他生前死後，任意把他排前排後的耍弄，真是太罪過了！

一九九四年十二月二日《南方周末》刊登了鄢烈山的一篇《拒絕金庸》，文中說：

> 我的理智和學養頑固地拒斥金庸**（以及梁羽生古龍之輩）**，一向無惑又慚。我固執地認為，武俠先天就是一種頭足倒置的怪物。
>
> 從歷史認知的角度講，武俠對於中國社會的發展無足輕重。
>
> 從價值取向的角度講，無論把武俠的武德描繪得多麼超凡入聖，總改變不了他們「以武犯禁」的反社會本質。
>
> 從文化娛樂的角度講，同樣是消遣性的東西，武俠小說比起《福爾摩斯探索集》等偵探小說來，也要低一個檔次。
>
> 令我尷尬的是，我一向崇敬的北大卻崇拜金庸！

一九九四年十二月十日《文匯讀書周報》上發表了一篇李慶西的文章《作家的排座次》，文中說：

這份排行榜的主事人顯然是要摒棄文學史上某些傳統價值標準，代之以全新的眼光。於是，也就顧不得茅盾的聲望，毅然將之撇除。缺了茅盾倒也罷了，可是有一點讓人覺得蹊蹺：這麼排下來的標準是什麼，好像找不出一個道理。

以上的各篇奇文皆有很大的反響，其中最為引起廣大「金迷」讀者憤怒的，是鄢烈山先生的《拒絕金庸》一文。

《今日名流》一九九五年二月號頭版頭條來了一篇《且慢拒絕金庸》，專門對鄢烈山的《拒絕金庸》奮起還擊，以示嚴重。

這篇童志剛先生撰寫的文章，非常過癮，大大地為廣大憤怒的「金迷」們出了口氣，文章說：

以烈山先生一貫的為文方式和立場來看，他要「拒絕」並不奇怪，奇怪的是他既不讀武俠更不看金庸，因而不過是一個根本不知道「梨子的滋味」的典型的門外漢，卻憑著什麼理論，根據何種感覺來大談拒絕的呢？

仔細翻看該文，烈山先生拒絕的其實是一種小說類型，即與政治小說、言情小說、偵探小說等並列的武俠小說，於是先入為主，「金庸梁羽生古龍之輩」遭到拒絕的命運便是天生無解的了。

北京大學的嚴家炎教授有一說法：「你還可以拒絕吃飯嘛」。你聽人說武俠小說是鴉片，也就盲目地認為金庸是毒品，若果真如此，那麼金庸流行了四十年，影響所及，讀者何止數億，這個世界豈不早已是國將不國人將不人了？

烈山先生用「俠以武犯禁」來否定武俠小說及金庸，至少犯了這樣一個錯誤：即斷章取義和是非不分。

籠而統之地拒絕武俠和金庸是很危險的，金庸先生以十五部武俠巨著，婁十萬字的史學研究成果和兩千篇「明報社論」而名世，顯然不是說一句拒絕就真能拒絕的，也不是靠了「拒絕」這二字箴言就能解決的。

今天的世界最不相信的就是「拒絕」二字，不僅因為「拒絕」二字充滿了陳舊的腐敗味，多少年來害人不淺，而且因為理解、溝通、對話比拒絕更為力度，也更有益處。至於說最少也有本科文憑（**解放前畢業於上海東吳大學法學院**）而且主辦《明報》四十載成就碩然的金庸老先生當北大教授夠不夠格，人家瞭解的總比你這拒絕的更有發言權吧！

《今日名流》記者曾楚風先生專文介紹「金庸之爭」，立場堅定地站在廣大「金迷」讀者們這一邊，對那些「討伐」金庸的奇文作了剖析和批評。

曾楚風報導了「金庸之爭」的前因後果，文中說：

> 翻閱絕大部分討論（應稱討伐）文章，發現此次批評頗為輕慢。其特色為，抓住一兩句話，不計首尾，前後關聯及作者本意便大肆攻擊，其中更是毫無真誠和求實的精神，最後發展為簡單的斥罵：你們有什麼資格來評大師？一定是些「假冒偽劣」「炒熱自己的伎倆」！甚而大罵「選學妖孽」。這話真是殺人不見血了。
>
> 實際上有很大一部分人持此態度：一方面私下裡承認金庸是一位優秀的具有廣泛影響力和深刻震撼力的小說家，卻又不肯為他公開作一點辯護。
>
> 王一川們沉住氣不吭聲，這場爭鳴終於黯淡下去。也許是金庸本人的謙遜使人折服吧，這類文字漸漸消沉。十月末金庸在北大對學生演講時說：「那是萬萬不能的！」這謙遜終於使討伐者獲得某種安慰，也使擁護者更敬重這位老人。
>
> 金庸之爭或許到此已經完結，或許還將爆出新的論戰，但不管怎樣，它都可能成為中國當今不太景氣的文壇上的一次值得紀念和回味的事件。

金庸文學大師排名之爭至此是暫時告了一個段落，罵者由他罵，讚者由他讚，實際上這些都並不重要，都於金庸本身沒有絲毫影響。

而這樣的「罵」和「還擊」，大概很長的一個時期內都不會停止。總會有一些不甘寂寞的人出於種種不同的目的，要跳出來「罵一罵」，往平靜的池水中丟上幾枚石子，濺起幾朵虛幻的浪與沫。

當然，有人要「罵」，就一定會有人來還擊，因為永遠的「金迷」們隨時都準備著，嚴陣以待，「人若犯我，我必犯人」。

見怪不怪，其怪自敗，也許這就是關於「金庸之爭」最明智的態度吧！

王朔罵金庸，金庸八風不動

一九九九年十一月一號《中國青年報》以醒目的標題發表了《王朔：我看金庸》一文，一石激起千層浪，文壇再次轟動，引發媒體網路熱議。

王朔的文章，洋洋灑灑，長篇大論，三千來字，以下摘錄其主要的觀點：

金庸的東西我原來沒看過，……港臺作家的東西都是不入流的，他們的作品只有兩大宗：言情和武俠，一個濫情幼稚，一個胡編亂造。那時我看人是有個尺子的，誰讀瓊瑤金庸誰就叫沒品位，一概看不起。

金庸可不一樣，讀的人越來越多，評價越來越多，有好事者還拉下茅盾添上他，把他列為七大師之一……。

第一次讀金庸的書，書名字還真給忘了，很厚的一本書讀了一天實在讀不下去，……只留下一個印象，情節重複，行文囉嗦，永遠是見面就打架，一句話能說清楚的偏不說清楚，而且誰也幹不掉誰，一到要出人命的時候，就從天下掉下來一個擋橫兒的，全部人物都有一些胡亂的深仇大恨，整個故事情節就靠這個推動著。

再讀金庸就是《天龍八部》電視劇播得昏天黑地的時候。……準備認真學習一下，別老讓人說沒看過人家東西就亂說話。

這套書是七本，捏著鼻子看完了第一本，第二本怎麼努也看不動了，一道菜的好壞不必全吃完才能說吧？我得說這金庸師傅做的飯，以我的口味論都算是沒熟，而且選料不新鮮，什麼什麼都透著一股子擱壞了哈喇味兒。

就《天龍八部》說，老金從語言到立意基本沒脫舊白話小說的俗套。老金大約也是無奈，無論是浙江話還是廣東話都入不了文字，只好使死文字做文章，這就限制了他的語言資源，說是白話文，其實等同於文言文。

金庸筆下的俠與其說是武術家不如說是罪犯，每一門派即為一夥匪幫。他們為私人恩怨互相仇殺倒也罷了，最不能忍受的是給他們暴行戴上大帽子，好像私刑殺人這種事也有正義非正義之分……

我認為金庸很不高明地虛構了一群中國人的形象，這群人通過他的電影電視劇的廣泛播映，於某種程度上代替了中國人的真實形象，給了世界一個很大的誤會……

中國小說的通俗部確實太不發達，除了老金的武俠，其他懸疑、科幻、恐怖、言情都不值一提。通俗小說還應該說是小說家族的主食，饅頭米飯那一類，頓頓得吃。金庸可算是「金饅頭」了，一蒸一屜，十四屜，飯量再大也能混個飽。

這些年來，四大天王，成龍電影，瓊瑤電視劇和金庸小說，可說是四大俗。

王朔的文字張力很強，敢於撒潑也善於撒潑，但咱們不在一個頻道上，所以不想在這裡多說。

我們還是直接看金庸的回覆吧（一九九九年十一月五日發表在《文匯報》上），金庸的文章不長，題目是《不虞之譽和求全之毀》所以照錄於下：

《文匯報》編輯部：

接奉傳真來函以及貴報近日所刊有關稿件，承關注，及感，茲奉專文請指教：

一、王朔先生發表在《中國青年報》上《我看金庸》一文，是對我小說的第一篇猛烈攻擊。我第一個反應是佛家的教導：必須「八風不動」，佛家的所謂「八風」，指利、衰、毀、譽、稱、譏、苦、樂，四順四逆一共八件事，順利成功是利，失敗是衰，別人背後誹謗是毀、背後讚美是譽，當面讚美是稱，當面詈罵攻擊是識，痛苦是苦，快樂是樂。佛家教導說，應當修養到遇八風中任何一風時情緒都不為所動，這是很高的修養，我當然做不到。隨即想到孟子的兩句話：「有不虞之譽，有求全之毀。」「人之易其言也，無責耳矣。」（有時會得到意料不到的讚揚，有時會遭到過於苛求的詆毀。那是人生中的常事，不足為奇。「人們隨隨便便，那是他的品格、個性，不必重視，不值得去責備他。」這是俞曲園的解釋，近代人認為解得勝過朱熹。）我寫小說之後，有過不虞之譽，例如北師大王一川教授他們編《二十世紀小說選》，把我名列第四，那是我萬萬不敢當的。又如嚴家炎教授在北京大學中文系開講《金庸小說研究》，以及美國科羅拉多大學舉行《金庸小說與二十世紀中國文學》的國際會議，都令我感到汗顏。王朔先生的批評，或許要求得太多了些，是我能力所做不到的，限於才力，那是無可奈何的了。

二、「四大俗」之稱，聞之深自慚愧。香港歌星四大天王、成龍先生、瓊瑤女士，我都認識，不意居然與之並列。不稱之為「四大寇」或「四大毒」，王朔先生已是筆下留情。

三、我與王朔先生從未見過面，將來如到北京耽一段時間，希望能通過朋友介紹而和他相識。幾年前在北京大學作一次學術演講（講中國文學）時，有一位同學提問：「金庸先生，你對王朔小說的評價怎樣？」我回答說：「王朔的小說我看過的不多，我覺得他行文和小說中的對話風趣幽默，反映了一部分大都市中青年的心理和苦悶。」我的評價是正面的。

四、王朔先生說他買了一部七冊的《天龍八部》，只看了一冊就看不下去了。香港版、臺灣版和內地三聯書店版的《天龍八部》都只有五冊本一種，不知他買的七冊本是什麼地方出版的。

我很感謝許多讀者對我小說的喜愛與熱情。他們已經待我太好了，也就是說，上天已經待我太好了。既享受了這麼多幸福，偶然給人罵幾句，命中該有，不會不開心的。

金庸一九九九．十一．四

金庸在文章中陳述了他的文學地位得到認可的三件事：王一川主編《二十世紀小說選》把金庸名列第四；嚴家炎教授在北京大學中文系開講《金庸小說研究》；美國科羅拉多大學舉行《金庸小說與二十世紀中國文學》的國際會議（一九九八年五月）。

事實勝於雄辯，沒有什麼好說的。

金庸還寫了一篇《浙江港臺的作家》發表在《明報月刊》反駁王朔，金庸列舉了能寫出好文章的近代浙江學人之外，又舉白話文寫得好的浙江人，計有魯迅周作人兄弟、蔡元培、郁達夫、茅盾、俞平伯、徐志摩、夏衍，以及祖籍浙江嘉興的巴金等。

「金王論戰」的熱度，持續了一個多月。

中國青年報最後是以一幅王朔丟盔棄甲，被千軍萬馬金迷追打的漫畫作為結束的。

第九章　功成身退

七十老翁想回家

心底無私天地寬，金庸想以隱退畫出圓滿人生

金庸的神奇在於金庸無窮的可能性，他既是一個名作家，又是一個政治家，一個成功的企業家，他還是一個書生，一個隱士。現在，金庸的內心又有一個聲音響起了：

「歸去吧，歸去。」

這是金庸一生的另一個情結：隱退情結。這個情結更早的時候就已經在困擾金庸了。

一九七二年金庸封筆，不再寫武俠小說，已經初具了金庸要隱退的規模。

金庸一步步地隱退，現在，當他負責的「主流方案」告了一個段落，他已為基本法的起草盡了一份心意之後，金庸想要隱退了。

一九八九年金庸宣布辭去草委職務，真是讓人大吃了一驚。

對金庸懷著敵意的人不解地問：「查良鏞炮製主流方案，不就是想當行政長官嗎？怎麼在這個時候就不幹了？」

是啊，金庸當初投入極大的熱誠和精力參政，一度被視為未來特區首任行政長官熱門人選之一，此時他退出的目的是什麼？

心底無私天地寬，金庸以實際行動證明，自己參政不是為了一己私利，而只是想為國為民盡一分心力。

金庸絕不戀官位名利，他欣賞的是范蠡和張良，轟轟烈烈幹一番事業後，飄然遠去。

我們在討論金庸十五部武俠小說之時，已經看到，金庸的武俠小說中，英雄大俠都是這樣，隱歸是最後之途。比如《笑傲江湖》，甚至被有些評論家稱之為一本「隱士之書」。

此時，基本法草案已經被人大常委會通過，金庸親手設計的「主流方案」將成為未來特區的政制藍圖，金庸這番參政的目的總算達到，總算不枉此行。

金庸為自己選擇了最佳隱退的時機。

但是話說回來，金庸的隱退，又何嘗不是對於政治的厭倦和失望心理。

「叫號長街燒草案，苦心太息少人知。」

金庸的這種灰心，是情理中的事。

自己的苦心不能被廣大的民眾體諒，還再談什麼「為國為民」？

從一九七二年的武俠小說寫作的金盆洗手，到一九八九年的草委辭職，金庸想要一退到底。

一九八九年五月二十日，在《明報》創刊三十周年的慶祝茶會上，金庸宣布，自六月一日起，他將辭去《明報》社長的職務，只擔任明報集團有限公司董事長。

金庸說：「我年事已高，今年已六十五歲了，已超過香港一般退休年齡十年，不勝劇繁，退休之念久已存之，希望逐步提升本公司年輕一輩接班，從家長式的管理改為制度化的管理。」

卸任《明報》社長一職，是金庸隱退的一個實質性行動。

不久，金庸又向外界宣布，他將有意出售《明報》股份。

《明報》是金庸一手創辦，是他畢生的事業和榮譽。猶如要把親自哺育長大的孩子送人，金庸的心情非常人所能體會。

金庸曾說：「《明報》是我畢生的事業與名譽，是我對社會、對朋友、對同事的責任。」

金庸解釋他賣掉《明報》的原因：

一是自己年事已高，要為報紙趁早作個安排。「趁我頭腦還很清楚的時候，做個長期的籌畫，要使報紙、周刊和月刊的生命比我個人的生命長得多。」

二是應著名的牛津大學的邀請去做教授級的「訪問院士」並講學。一九九〇年底牛津大學的聖安東尼學院接納金庸為訪問學者，這使他非常高興，他曾說自己少年時就夢想去牛津大學讀書，這次去講學，算圓一個夢。

三是為《明報》引起資金和活力。

四是追求「無官一身輕」。

金庸說：「我的權力欲很淡泊，我覺得『且自逍遙無人管』是人生的一大樂事。我最佩服的便是范蠡和張良，功成身退飄然而去，我所寫武俠小說中的男主角陳家洛、袁承志、楊過、張無忌、令狐沖、韋小寶，都是大吵大鬧一番後悄然歸隱。」（一九九三年金庸辭去明報掌門人時接受採訪）

「過去也有人問過我最想當中國歷史上的哪兩個人？我說我想當范蠡和張良這兩個聰明人，他們建立了很大的功業，但後來成功後功成身退，也不貪，也沒做什麼大官，逍遙自在，這種人很難得的」（《金庸散文集》《歷史人物與武俠人物》）

一九九〇年，《明報》的發展迎來了一個新的高潮，一年的時間，飆升到十八萬份。

一九九一年十二月三十一日，金庸與香港智才集團董事會聯合宣布智才收購《明報》的計畫初步實現。

金庸對《明報》的買主做了精心的挑選。他說：「我不想收購《明報》的機構純粹從生意出發，而不是對新聞事業有一種獻身精神和責任感。」

隱退之前，先要對《明報》負責。

金庸選好了接班人，退休的部署算是基本完成了，從此他可以「且自逍遙無人管」了。

一九九三年春，金庸前往愛丁堡大學作關於小說的演講。

一九九三年三月十八日，赴北京訪問。三月十九日上午，參觀秀水街、亞運村。當天下午，在中南海受到江澤民接見，丁關根、魯平、周南等陪同接見。當晚，丁關根在釣魚臺國賓館宴請金庸，聶衛平作陪。

一九九三年四月一日，金庸一退到底，宣布辭去明報董事局主席之職，改任名譽主席，從此他不再擁有帶給了他光榮與夢想的《明報》。

一九九三年四月二日，金庸在《明報》發表《第三個和第四個理想》一文，明確表示自一九九四年起正式「退休」。

一九九四年二月底，金庸連《明報》的名譽主席一職也不當了，把明報大廈中自己辦公室內的東西搬了一空，真正「一刀兩斷」。

退休後的金庸，想要過另一種平平淡淡、自由自在、無牽無掛的生活。

或是攜愛妻去世界各地遊山玩水，或是訪問講學，或是閒居家中，看書、研佛、下棋、聽音樂，神仙一樣逍遙的日子也不過如此。

所識非人，第四個理想受到打擊

金庸在一九九三年辭去明報掌門人職務時，曾談到他一生中有「四個理想」。

第一理想，青少年時期努力學習，得到相當的知識和技能。

第二理想，進入社會後，辛勤發奮，做幾件對對自己、對別人、對社會有利的事。

第三理想，衰老時不必再工作，能有適當的物質條件，有健康、平靜、愉快的心情和餘暇來安度晚年。

第四理想，創辦的明報能對社會有益，希望它今後能夠長期存在，繼續對大眾做貢獻。

前面三個理想當然沒有問題，關鍵是第四個理想，在緊接著的一九九四年，讓金庸受到了難以接受的打擊，有人說為此金庸氣出病來。

一九九五年三月，七十一歲的金庸患上了嚴重的心臟病，在醫院做了心臟搭橋手術，經過八九個小時。出院後，他決定徹底改變原來的生活方式。

事情的起因是從金庸選定明報接班人開始。

當金庸有意退出《明報》之時，據說當時有十多個財團想收購《明報》，包括：

收購專家梁伯韜與出版奇人鄭經翰合組的收購拍檔、英國報業大亨麥士維、香港首席財閥李嘉誠、香港首席洋行怡和以及澳籍傳媒大王、《南華早報》大股東梅鐸，另還有日本德間書局老闆及其顧問于品海……

讓所有人意想不到的是，金庸選定的接班人是于品海。

于品海生於一九五九年，香港人，一九七七年畢業於加拿大沙省大學政治系。一九八五年，于品海以二十萬港元為資本，說服朋友投資八十萬港元，創辦智才顧問管理公司。據說智才公司最初只是一家「皮包公司」，沒有自己的寫字樓，老闆兼職員只于品海一人。但是于品海善用連環收購的手段發展自身，兩年後，智才上市，市值已達六億港元。

一九九二年于品海從金庸的手中收購了《明報》。

其實，此時的于品海並沒有收購《明報》的資金實力，完全是金庸看好他，幫助他。

據說，于品海在金庸身上下了很多水磨工夫，花了多年時間，想方設法接近金庸與金庸套近乎。據說他還與金庸建立了義父義子的特殊關係。他花時間陪金庸看戲、食大閘蟹，大談辦報理想，令金庸老人家十分開心。

金庸喜歡于品海，還有一個更深層次的原因，傳聞于品海長得像他死去的長子查傳俠，且與查傳俠同年。

長子查傳俠十九歲時自殺身亡，是金庸一生最大的隱痛和無法彌補的遺憾。

也許金庸是真的移情於于品海，否則真的很難理解，他自己一生的心血，竟然託付給這麼一個沒有根基的年輕人。

當記者問及此事，金庸坦然回答：「理性上我沒這樣想，但他跟我大兒子同年，都屬猴，相貌也的確有點像，潛意識上不知不覺有親近的感覺，可能有。」

金庸說可能有，那麼就可能是真有。

金庸說：「過去大約十年中，我熱衷尋求一個聰明能幹、熱心新聞事業、誠懇努力的年輕人，可以將《明報》交托給他。如果不是我運氣好，不會遇到于品海先生這樣似乎度身訂做的、比我所想像、所要求更加精彩的人才。」

金庸對于品海，毫不吝惜其褒獎之詞。

于品海憑藉著金庸的《明報》名利雙收，不僅他在香港成為了家喻戶曉的名人，個人的帳面財富更是隨著《明報》股價的走高而暴漲至十三億港元。

然而，眼見他起高樓，眼見他樓塌了。誰也沒有想到，于品海接手《明報》不到兩年時間，就栽了筋斗。

一九九四年十月十日，香港《經濟日報》披露，于品海在加拿大留學期間，曾觸犯偷竊、冒簽支票、非法使用他人信用卡、私藏槍支等七項控罪，被判入獄兩年。醜聞一出，《明報》受到負面影響衝擊，股價急跌，于品海不得不先後辭去了報業公會、明報企業的主席職位。

面對這一驚天挫折，于品海已經沉不住氣，心態失衡，隨即出現了一連串的投資失誤。

一九九五年十月，于品海將《明報》的股權出售給了馬來西亞從事木材生意的富豪張曉卿。張曉卿持有明報集團百分之四十六的控股權，於十月二十日出任明報企業董事局主席。明報轉入「張曉卿時代」。

雖然傳聞金庸是被氣出了病，但金庸後來接受採訪還是說：

「不是他故意來對我反悔，或者故意欺騙我，不是的，因為他自己做生意沒成功，所以他沒有力量完成這個合約，我可以原諒的。」

《明報月刊》總編輯兼總經理、金庸生前好友潘耀明，在《我與金庸》一文中寫到：

「查先生在香港一九九七年回歸前賣了明報集團。從經濟利益而言，查先生是一個大贏家，但其真正得失若何，相信只有他最清楚。套羅孚先生的話，《明報》是查先生畢生的事業。查先生沒能實現他最終的理想——找到一個如他所言的為他『真正度身訂造的接班人』，相信是極大的遺憾。」

晚年的金庸，已經不再看《明報》。因為那已經不是他心中所想像的《明報》。人生沒有完滿，受到打擊的金庸的第四個理想，終成泡影夢幻。

行所願行，止所願止

金庸在接受記者採訪時，曾經說過他是一九九四年一月一日正式退休（見後文），但他辭去明報董事局主席之職其實是一九九三年四月一日。

一九九四年二月底，金庸辭去《明報》的名譽主席一職。

金庸這是一退到底了，他此前發表了短文《第三個和第四個理想》，宣布他正式徹底退休：

每個人的理想各有不同。對於我，第一個理想是，少年和青年時期努力學習。得到相當知識和技能。第二個理想是，進入社會後辛勤發奮，做幾件對自己、對別人、對社會都有利的事。第三個理想是，衰老時不必再工作。能有適當的物質條件，健康、平靜、愉快的心情和餘暇來安度晚年，逍遙自在。第四個理想是，我創辦了《明報》，確信這事業對社會有益，希望它今後能長期存在，繼續發展，對大眾做出貢獻。

這一段話很重要，可以說是金庸退休時的圓滿自足心理。功成身退，金庸退休後豈止有適當的物質條件，他的財富的豐裕豈止是一般普通人能夠想像。所以，有健康、平靜、愉快的心情和餘暇來安度晚年，逍遙自在，都是完全可以實現的目標。

不過，退休後不必再工作，雖然可以，但是不必。以金庸一貫的積極人生態度，他是不會就此躺平，無所事事。

所以，金庸晚年的最後歲月，依然是精彩紛呈，甚至更有疊出的奇招，看花了人們的眼睛。

一九九四年，加拿大移民局的官員主動與金庸聯繫，表示願為他辦理移居加拿大的手續。金庸婉言謝絕道：「我是中國人，我要留在香港，為香港和中國人民做事。」

一九九四年金庸正式退休，但他並沒有做一個徹底的隱士。

行所願行，止所願止，這才是真正大智慧的徹悟精神。

退出《明報》，這一年，金庸已是無牽無掛。

在此之前，雖然金庸在一九九二年十二月曾經有過短暫的重遊故地之行（一九九二年十二月金庸曾經出席嘉興高專「金庸圖書館」奠基儀式，出席嘉興一中九十周年校慶，參觀母校袁花鎮中心小學），但由於那時世事糾纏，肩負責任，畢竟不能隨心。

現在，金庸「無官一身輕」，興之所至，又一次回到了故鄉。

「如果一個人離開家很久，在外邊住的時間一長，對故鄉懷念的感覺就越深……總想老了，再回到這個地方來住」，金庸曾經這樣說。

此時的心境，是平淡和恬適的，心中的激情已經減弱和降低。但金庸仁慈、寬厚的博大憐憫之心卻更純粹，表現得更淋漓盡致。

慈善的舉動，捐贈，其實早已超越了通常的那種程序化意義，而金庸對後輩的諄諄教導和期望，更顯出一種化境。

這一年的故鄉之行，金庸參觀了當代大文豪茅盾先生的故居，並題寫了懷著真誠敬意的對聯：「一代文豪寫子夜，萬千青年誦春蠶。」

一九九四年金庸再次榮歸故鄉，近鄉情怯，七十老翁，他只是想回家。

一九九四年四月三日至四日，旅港著名人士，當代著名學者，作家金庸先生，滿面春風，再次踏上夢裡依依的故土。

這位七十多歲的老人，以穩健的步履和敏捷的思路給故里各界人士和親戚朋友帶去歡聲和笑語。

同時，金庸先生也以他正直而豁達的人生態度給年輕朋友以深深的啟迪。

從一九五五年到一九七二年結束，金庸先生花了十七年的時間，一共寫了十五部長短篇——以《書劍恩仇錄》開始，到《鹿鼎記》結束。

金庸先生把十五部小說中的十四部書名的第一個字，做了一副對聯：

飛雪連天射白鹿，
笑書神俠倚碧鴛。

其排列為：《飛狐外傳》、《雪山飛狐》、《連城訣》、《天龍八部》、《射鵰英雄傳》、《白馬嘯西風》、《鹿鼎記》；《笑傲江湖》、《書劍恩仇錄》、《神鵰俠侶》、《俠客行》、《倚天屠龍記》、《碧血劍》、《鴛鴦刀》。還有一部短篇小說名為《越女劍》。

金庸先生坐在沙發裡，回憶他的武俠小說創作理念和風格上的一些變化。

第一個變化是形成了民族融合的歷史觀：

整個哲學思想系統和創作技巧在這十幾年中是有變化的，自己總覺得還是有些進步啦。

以前故事線索比較單純，或者作品的思想比較單純，到後來就比較複雜了。明顯的一點是最初幾部小說寫漢人與少數民族的鬥爭，我總是站在漢人的立場上寫的，但後期我的歷史觀念有些改變了，也感覺到中華民族應該包括所有漢族、滿族和其他少數民族，大家都是一起的。

那麼到了後期看我的小說，就不是比較偏向的民族主義觀點，而是中國民族的大民族的觀點了。

第二個變化是理解了人性的複雜多變。

金庸前面的幾部小說，對好人壞人分得比較清楚，到後來對人性的瞭解更為深刻，所以好人壞人不是那樣分得清楚。

很明顯的，好人性格上有壞的一面，壞人性格中也有好的部分，這樣可能才符合真正的人性。

金庸說：

我的小說，不能說哪一部比較滿意，哪一部不滿意，寫的時候都是全力以赴，而且對這些主要的人物，寫的時候都發生了感情，而且感情是充分投入的……

金庸先生對自己作品的分析，可以說是很符合實際。

感我桑梓，賜以嘉名

一九九四年四月三日下午，當嘉興市金庸圖書館落成典禮在嘉興高等專科學校剛一結束，年逾七十的金庸先生漫步走入圖書館的藏書樓，頗有耐心地看起那裡的藏書來。之後，金庸展紙磨墨，凝神片刻，揮筆寫下「感我桑梓，賜以嘉名，願盡菲薄，助振斯文」十六個古樸蒼勁的大字。

何謂「賜以嘉名」？

在剛剛結束的金庸圖書館落成典禮上，嘉興市人大常委會主任許國楨授予查良鏞先生為嘉興市榮譽市民。緊接著，嘉興市市長杜雲昌錦上添花，聘請查良鏞先生為嘉興市政府高級顧問。

次日，金庸來到日漸繁華的江南水鄉——桐鄉烏鎮，參觀了茅盾故居。

當金庸看完了當代文豪的生平之後，好心的講解員請金庸先生在茅盾書房裡留下墨寶，金庸微笑地說：

「在大文豪家裡是不能留墨寶的。」

然而金庸還是在茅盾故居留下一句頗有吟味的詩句，讓人不易忘懷：

「一代文豪寫子夜，萬千青年誦春蠶。」

對於記者丁憶來說，在這短短的兩天裡，金庸給他留下的最深刻的印象，莫過於金庸先生兩次與學生們的對話。

一次是四月三日下午，金庸與部分嘉興高等專科學校師生們見面，另有一次就是四月四日下午，金庸與嘉興一中全體師生們見面。

在年齡上整整相隔半個世紀之久的兩代人，在一個特定的時間裡進行暢情對話，這對雙方來說都是難以忘懷的。

金庸對嘉興一中的一千多位小師弟、小師妹說：

我回到母校來，真是非常非常高興。這次萬省長邀我來觀光，到嘉興是必定的節目，當時時間安排很緊湊，沒有安排到嘉興一中來的節目，我說其他節目可以取消，到嘉興一中來這個節目不能取消。

我上次一九九二年十二月來到嘉興一中，突然之間多了一千多位小師弟、小師妹，這收穫可就大了，這一年多來，你們對我這樣好，我怎麼辦，總要回報一下才好。在我的小說裡，大師兄對小師弟、小師妹是很愛護的，他們如果有什麼困難，大師兄一定會冒著生命危險去救他們的。

我不敢這樣承諾大家，事實上為一千多人去冒「生命危險」大概做不到，但我心裡真的很喜歡你們，很愛護你們，希望常常做個好朋友。

我到這兒來，心裡感到很溫暖，很興奮，這裡是其他任何地方都及不上的。

金庸的談話真正說得上是語重心長，感人肺腑。回到了故鄉，回到故鄉的母校，看到又一代的新人正在茁壯成長，金庸此時真的是有些激動。

他對這些小師弟小師妹懷著真摯的愛意，他願意回報他們，為他們做些事，他的談話體現出金庸大俠的古道熱腸。

重然諾，一諾千金，所以承諾絕不可以當著兒戲和說了不負責任。

金庸嘴上說不敢承諾「冒生命危險」，是因為金庸真正動了感情，對故鄉的這些學子充滿愛意，所以從人格上尊重他們，絕不會像有些誇誇其談的人，說了一大堆好聽話卻根本做不到。

其實不費勁的好話誰不會說呢？說不費勁的好話不是難事，難的卻是有誠意的推心置腹。

金庸的職業觀：做自己喜歡的事

如果說，金庸與嘉興一中的學生們的談話是濃濃鄉情，情真意切的話，那麼，他與嘉興高等專科學校學生們的談話可謂是哲理雋永，耐人回味。

作為高等專科學校的學生們最關心的不外乎畢業之後的選擇，和走上社會後的為人處世。

在金庸看來，全世界任何事情如果做得好，都是好的，沒有說哪一個職業不好，問題是你做得好或者不好。

現在社會上職業很多，到底應該選哪一種呢？

金庸大師站在人生旅途的高處，對嘉興高等專科學校的學生們娓娓道來：

不要說這個工作將來出路廣，那個工作賺錢多；這個工作升級容易，那個工作將來可能有發展餘地。這些都不是考慮的條件。

如果你選擇的事情，為了出路好一點，賺錢多一點，地位高一點，可是你根本就不喜歡，覺得很沒意思，很痛苦，這樣你每天還沒去上班，你就會覺得痛苦，心裡不願意去。

可是如果你選擇了一個自己喜歡的職業的話，你每天上班就是一種享受。那麼，你的工作跟娛樂，跟快樂，跟幸福完全結合在一起的。

這樣做人是很開心的，很幸福的，而且對社會，對國家都會有貢獻的。

人生活在世界上，為人處世，一舉一動無不表現出自己的人生哲學和生存觀念，而金庸先生以正直而豁達的人生眼光一言蔽之，溫良謙恭讓（溫良恭儉讓）。

這位抗戰期間，曾在中央政治學校研讀國際法的高材生認為：

「我們民族傳統和道德觀念中間有很多好的傳統，溫良謙恭讓就是其中的一部分。對人溫和一點，客氣一點，就會保持一個和諧的社會關係。」

金庸勉勵同學們說：

說勉勵，對小朋友當然要努力讀書，做個好人啦，不要做壞事啦，我覺得最基本的講，人生有許多事情是求不到的，做不到的，也不可能你想要什麼就能達到什麼目的。當然你可以有個努力目標。

金庸寫了十五部武俠小說後，一九七二年閉門封刀，不寫武俠小說了，此後，他用了十年的時間，修改完善他的作品。

退休後的金庸，有了更多的時間去研究佛學。

為什麼金庸要研究佛學？因為人生中有太多的「苦」。金庸說：

大家都知道，一個人生下來，世界上有痛苦，你的年紀總是會老的，這是自然規律，人還要生病，這也是很難避免的，最後人還會死的。

所謂生老病死其實佛學講的有「七苦」，不單單是生老病死這「四苦」。

還有三個苦，一個叫冤家會（怨憎會），就是你的冤家對頭，很不想見到他的時候，他偏偏會見到你，這是很痛苦的。

還有一個叫愛別離，你所愛的人，你想跟他（她）永遠在一起，但你說永遠不分離，老實講是講講罷了，最後總是要分離的，所以這個愛別離，也是個人生很難避免的事。

最後一個苦叫做求不得。求不得包括所有一切痛苦，就說你想要得到的東西得不到，得到後人的本性又要想得另外一樣東西啦。所以，總有求不得的情況。

那麼，怎麼樣來減除這個人生的必定痛苦？

我覺得有些事情看開去，不要去求了。你覺得自己的能力怎麼樣，自己的環境怎麼樣，你的要求，你的目標定得合理否，也不是說不想追求美好的目標，但是要追求一個比較合理的目標，事實上可能的目標。

我跟這些年輕朋友講這個問題，講這些話，就是說年輕時候志向遠大、抱負很高，都是很好的事，但實際上世界上的事情不可能一切都永遠那麼美好，永遠那麼完美的。

只要你做事情覺得良心過得去，對得起人家，對得起社會，對得起你所愛的人。

金庸事業上獲得很大的成功，但金庸的人生並不是萬事如意，他的心中有許多難以言說的生命隱痛。

當問及金庸大師退休的近況時，金庸說：

一九九四年一月一日我正式退休啦，不再擔任報紙董事長的工作了。

退休之後，我想多點時間去旅行。

現在我在英國牛津大學有點工作做，每年要去講幾堂課。下半年要到北大講幾堂課，因為我是北大的名譽教授。

至於創作，武俠小說肯定不寫了，但如果今年有靈感，也可能寫些其他形式的小說。做一些學術研究，寫一些學術性的文章。

下圍棋是金庸難得的休息和放鬆

金庸很喜歡下圍棋，這是他少有的有點奢侈的業餘愛好，因為下圍棋太費時間。不過，退休了，金庸可以有大把時間下圍棋了。

下圍棋是金庸難得的休息和放鬆。

有一個時期，他的太平山山頂的花園式華屋是不輕易接待一般客人的，但一九八七年卻招待圍棋國手陳祖德、羅建文兩位內地棋手到他家來養病，在他那裡住了幾個月之久。

陳祖德、羅建文每天兩人各教金庸一盤棋，都是從讓八子開始。從讓八子，以後讓七子、六子、五子，金庸由此進步起來。

陳祖德離港回滬，那時開始金庸可以讓四子與陳祖德對局了。

金庸圍棋拜聶衛平為老師。

聶衛平的回憶錄中寫道：

「我們第一次見面是一九八三年。我正在廣州參加圍棋比賽，廣東省外辦（外事辦公室）的人就告訴我，金庸托他們問，想要拜我為師學圍棋。我專門趕到從化縣和他見面。」

「他一見到我就說要拜師，一開始還要磕頭。他比我大廿八歲，我說那哪兒行啊，磕頭還得了啊？然後他就改成鞠大躬，行禮之後，我們就算是師徒了。他一直對圍棋感興趣，不光拜我，他還拜了很多老師。後來他是香港圍棋協會會長，我們之間來往的就比較多了。」

「每次見面他都叫我師傅，叫我愛人師母，他說武林中很講輩分的。我呢，一直叫他查先生。」

一九九三年三月十九日晚上，丁關根在釣魚臺國賓館宴請金庸，特地約了金庸圍棋老師聶衛平。

宴會的氣氛很輕鬆，聶衛平老師談到在金庸家吃螃蟹打破紀錄，談到臺灣的沈君山先生，談到陳祖德、羅建文兩位圍棋國手。

丁關根問聶衛平：「你有幾個圍棋弟子？」

聶衛平回答：「最好的弟子是馬曉春，但真正拜過師的只有查先生一位。」

丁關根問：「你怎麼叫徒弟為查先生？」

聶衛平回答：「我崇拜查先生的小說，他年紀又比我大得多，我們是兩頭大。」

丁關根問：「查先生的圍棋在香港是不是最好的？」

聶衛平考慮半晌，才說：「在香港知名人士中第一。」

眾人大笑。金庸還是有自知之明，他知道，即使在香港知名人士之中，他的圍棋也絕非第一。

金庸拜了很多圍棋高手為師，除了聶衛平，還有吳清源、王立誠、林海峰。他曾經開玩笑說：「木谷的弟子段數加起來最多，我這個弟子的老師段數加起來最多。」

因為木谷實的弟子趙治勳、石田芳夫、武宮正樹、加滕正夫等都已是名人、本因坊，個個九段；金庸在香港、日本，見到圍棋高手就拜師，眾師父的段數加起來自然就多了。

金庸說自己起初只是和人對弈，弈理完全不懂，直到一眾師父時時教導棋理，懂得多了，定式、手筋等也記了不少，水準自然提高了些。

「其實我的棋還是臭棋，和高手對弈，自己擺上四個黑子再說（請對方讓四子）。」

金庸還是香港的圍棋組織負責人。

北京的聶衛平和臺灣的沈君山，都在他家裡進行過棋藝的切磋。

金庸曾經說，在當代，他最佩服的兩個人，一個是鄧小平，一個是吳清源。

吳清源是不世出的圍棋天才，金庸說：

「吳先生有一段時候，所謂日本最高的高手，全部被他打敗，發揚我們中國的圍棋的精神，像獨孤九劍這樣，（他的棋）沒定式的，（招式）隨時可以變化的，絕對創新，變化無窮，所以對方也招架不了，好像風清揚這樣的。」

提起圍棋，金庸對「圍棋有五得：得好友，得人和，得教訓，得心悟，得天壽。」之說，頗為欣賞。

金庸曾經在《三劍樓隨筆》中有一篇談論圍棋的文章說：「圍棋是比象棋複雜得多的智力遊戲。象棋三十二子愈下愈少，圍棋三百六十一格卻是愈下愈多，到中盤時頭緒紛繁，牽一髮而動全身，四面八方，幾百隻棋子每一隻都有關連，複雜之極，也真是有趣之極。在我所認識的人中，凡是學會圍棋而下了一兩年之後，幾乎沒有一個不是廢寢忘食地喜愛。古人稱它為『木野狐』，因為棋盤木製，它就像是一隻狐狸精那麼纏人。我在《碧血劍》那部武俠小說中寫木桑道人沉迷著棋，千方百計找尋奕友，在生活中確是有這種人的。」

千方百計找尋奕友，金庸從少年到晚年，都是這樣。

學者余英時也是金庸棋友。金庸說余英時的棋藝比他好一點。

余英時的太太自稱為「圍棋寡婦」，因為余先生老是下棋，沒有時間陪她。

金庸曾經和余英時下過一盤棋，余英時開局沒有注意，不小心讓金庸占了上風，沒有辦法轉，結果這盤棋余英時輸了。不過金庸還是承認，余英時的棋比自己好。

余英時以前與沈君山還參加過新英格蘭的圍棋賽，可見他們棋力不俗。

金庸說：「我們幾個人中，沈君山的棋最好，沈君山讓我三子，讓余先生兩子，我跟余先生還不及沈君山。牟宗三先生就比我們兩個差一點，他的棋癮很大，我請他星期天來下棋，他一定來的。」

金庸晚年沒有戒煙，但是戒煙的次數極多。

他說：「抽煙抽慣的人，要戒很難。鄧小平當年見我，也談到這個問題：『我年紀大了，人家勸我戒煙，我不能戒，戒了反而身體不好。』」（李懷宇採訪）

金庸不嗜酒，號稱「從未醉過」，喝得少，當然不會醉。

丈夫擁書萬卷，何假南面北城

除了圍棋，退休後金庸大部分時間，當然是看書。

他還在學電腦，學外國語文、學法文、學日語。金庸覺得能夠繼續學習，是最快樂的事。

金庸的女兒說，金庸在洗手間裡，甚至放了一套《資治通鑑》，閱讀間更是放了一本本有關國家大事的時政雜誌……

晚年的金庸依然好學不倦。《明報月刊》總編輯兼總經理、金庸生前好友潘耀明，在《我與金庸》一文中寫到：

「金庸的博識，與他喜歡閱讀有關。陪金庸出遊，他每到機場，往往趁餘暇的時間，要我陪他去逛機場書店。一九九五年初春，他接受日本創價大學頒授榮譽博士頭銜，來回程經東京機場，他都乘空尋隙去逛書店。他除了精通英文外，還諳懂日文、法文，他在機場書店一站就大半句鐘，揀到一本好書，如狩獵者獵到獵物，喜上眉梢。」

潘耀明在《我與金庸》一文中寫到：

「金庸除了辦公室書多，他在山邊的複式寓所，上層近三百平方米，其三幅牆都做了書架，觸目是琳琅滿目的書海，置身其間，大有『丈夫擁書萬卷，何假南面北城』之豪情勝慨！」

金庸的成功是多方面的，這與他的博覽群書、淵博的學問、廣闊的襟懷和獨特的眼光等諸因素都有關係。

位於香港北角嘉華國際中心金庸的豪華大辦公室，退休後，金庸經常在這裡接受媒體記者的採訪。

從記者的描述，我們可以看到金庸辦公室內的情況。

一副金庸先生手書的對聯：「飛雪連天射白鹿，笑書神俠倚碧鴛」，張貼在他辦公室的玻璃門口。

辦公室更像一個偌大的書房，估量有近二百平方，兩邊是從牆腳到天花板、排列整齊的十六個書櫃。

窗臺擺了一溜七八個獎座，除了當代文豪獎、千禧人物獎等，較多的就是最受中學生喜愛的作家和作品獎，幾乎每年的都有。

與報業有關的獎項，有一個二〇〇〇年香港報業工會頒發的最佳新聞獎。

靠近沙發的整整一個書架都裝滿了他自己半生所著的武俠小說，各種版本、各種出版社，簡體、繁體、外文，橫排、豎排、連環畫，適合各個年齡層次、消費層次的讀者……

大幅的落地玻璃窗外，維多利亞港的一色的海天美景，盡收眼底。

金庸孜孜不倦，潛心鑽研，活到老、學到老的品行，再次印證了他自己常說的那句話：「一個人的努力比天賦更重要。」

回想五十年代，金庸租人家的房子，住在太平山腳，後來發展到自置產業，住在太平山頂而處於巔峰。

一山的上下，折射出金庸的志向、胸懷和人生奮鬥的軌跡，同時也反映了一個時代的變遷。

金體書法，自成招法

金庸的書法是自成一體，獨門秘技。他曾經有一幅書法寫的是「臨淵羨魚，不如退而結網」，在網上一次義拍（捐助印尼海嘯）拍到二萬八千元的高價。

陳魯豫採訪金庸，看到金庸辦公室裡掛著的金庸自己寫的「飛雪連天射白鹿，笑書神俠倚碧鴛」條幅，問起金庸的書法，金庸以其一貫的謙虛說：「寫得不好。」

陳魯豫驚訝說：「這還寫得不好？」

金庸微笑說：「是寫得不好。啟功先生說，要我不要去臨帖了。」

金庸的回答，按照現在的網路用語，就是相當的凡爾賽，是在變著法子誇自己。

李懷宇《金庸的晚年心史》一文，記載了啟功對金庸書法評價的事情：

「對書畫，他時有出人意料的品評，偶爾在家也提筆揮毫，又提起啟功先生：『啟功來香港見我，我寫幾個字請啟功先生教教我，他唯一教的就是：『你絕不可以臨碑帖，你的字有自己的風格，一學碑帖，自己的風格完全沒有了。不學碑，不學帖，你的字將來有希望。』我說：『啟功先生，你這句話是鼓勵我。』他說：『不是鼓勵，你的字是有自己的風格，任何碑帖不可碰。』我說：『我碑帖沒有學，但書法極糟。』」

金庸的武俠小說中，多處有與書法相關的描寫，更是創造了以書法入武功的絕招。

《射鵰英雄傳》中，一陽書指是朱子柳絕頂聰明的創造，他將一陽指的點穴手法，和書法藝術融合起來，創造了一種書卷意味十足的霸道武功。這一武功，銀鉤鐵劃，勁峭凌厲，充滿了威武雄健的陽剛之氣。

以書法為武功，當數《倚天屠龍記》中，張三丰所創的這一路「武林至尊，寶刀屠龍」境界最高。

俞岱岩為奸人所傷，骨骸寸斷，嚴重殘疾，張三丰目睹這一悲劇之後，既傷心而又憤怒，這種抑鬱的情緒，在內心激蕩，使他一時興起，書空咄咄，憑空摹寫起王羲之「喪亂帖」來。

《笑傲江湖》中，禿筆翁為令狐冲從頭仔細解說。如他使用一套《裴將軍詩》筆法時，告訴令狐冲此是從顏真卿所書詩帖中變化出來的，一共二十三字：「裴將軍！大君制六合，猛將清九垓。戰馬若龍虎，騰陵何壯哉！」這套書法每字三招至十六招不等。

金庸為人謙遜隨和，凡有人向他求墨寶，他幾乎是來者不拒。

很多人都持有金庸的墨寶，但大多沒有金庸的印鑑，顯然是這些人起意相求，事先準備好紙筆，金庸臨時書寫，身上沒有帶印章。

有人評價金庸的書法：長槍大戟，大開大合！果敢俐落，筆筆灑脫。我也覺得金庸的書法有武俠豪邁之氣，筆勢硬朗，如刀劍進擊，自有一種招法套路。

金庸的生死觀：生有何懼，死有何憾？

一九九五年三月，金庸在家中突發心臟病，病情極為嚴重，不容樂觀。院方作了很大努力，經過八個小時的手術，成功地為金庸進行了「小球彈性通塞手術」，挽救了金庸的生命。

生死線上掙扎了一回，奈何橋上走過了一遭，金庸的內心有沒有什麼更深刻的思考和覺悟？金庸的生死觀是什麼？

《鳳凰周刊》就此事採訪了金庸。

記者問：「聽說您前些日子心臟做了一個大手術。做手術時您很風趣地說，您不是怕死也不是求生，對生死觀，我覺得您有一套獨特的看法。」

金庸回答：「我覺得人是有一個命運。你怕死，要死的話還是要死。你不怕它，也未必就死了。不如就不要怕了。要看得透徹一點，反正人總是要一死，早死幾十年，遲死幾十年這樣的分別。不如瀟瀟灑灑過一生。」（《金庸：不能退出的江湖》《鳳凰周刊》小青訪問）

網傳金庸曾向媒體談及自己對死亡的看法。

有人問：「您學識淵博名利雙收，在社會上又備受敬重，那麼，現在的您內心還有恐懼嗎？如果有，那是什麼？」

他說：「大恐懼沒有，小恐懼就是怕讀者不喜歡我吧。另外，也怕親人的死亡，怕朋友的死亡，但對自己的死亡並不恐懼。」

對自己的死亡並不恐懼，金庸並不是虛言。

金庸曾經給《明報》的員工講過，早在抗日戰爭期間，金庸少年時遷徙流亡的路上，日本鬼子的炸彈就在他身邊爆炸，炸出一個很大的彈坑。

廣州數字圖書館《名人與讀書》欄目《金庸：一生樂趣在讀書》一文中寫道：

「經過抗戰，很多時候趴在地下，旁邊的炸彈、機關槍在掃來掃去的。在流浪的時候只能夠穿草鞋，很冷很冷的，也沒有飯吃，艱難困苦都經過了。我覺得現在回想這些困苦的鍛煉挺好的，我不怕死的。比如上神州五號，我太太就問我你

怎麼樣，我說我喜歡上去。對生死問題看得很清楚，我在經過這些困難的時候，都不會害怕的。」（文／巴丹）

經歷了親臨其境的生死場景，金庸早已覺悟。

如《西藏生死書》中密勒日巴尊者所言：「我的哲學，是生死無悔。」

一九六七年，文革期間，金庸受到香港「左派」的死亡威脅，就在眼前，金庸沒有怕。

金庸說過，辦《明報》是拚了性命做事，「我當時是拚著性命來辦的，準備給打死的，結果沒有打死，還好。」（李懷宇採訪）

金庸說最後沒有死，那是運氣好。

金庸說，辦報是真正拚了性命來辦的，寫小說是玩玩。

金庸在浙江大學做人文學院院長，其中有一個系是傳播系，金庸在這個系做講座的時候，有些學就問：你在香港辦《明報》很出名，辦得很成功，而且人家要殺掉你，你也不怕，我們現在學傳播媒介，應該取什麼態度？

金庸對學生講：你們要做好人，不要做壞人，這是唯一的標準，不能像我在香港那樣寫文章，我在香港是拚了命來做的，是準備把性命犧牲，把報館也準備讓他們鏟掉了。你們現在不能犧牲性命，犧牲報紙事業，你的報紙事業還沒有犧牲，人已經先被炒了魷魚。（李懷宇採訪）

生有何懼，死有和憾？

只要做好自己正確的選擇，努力前行，人生自然就會不悔。

我想，這就是金庸的生死觀。

皈依心路，金庸與池田大作對話

池田大作是日本著名的佛教思想家、哲學家、作家、桂冠詩人、世界文化名人。

自一九九五年十一月十六日始，池田大作與金庸兩人前後四次在香港、東京等地會見。

池田大作與金庸的相遇，始於一九九五年十一月十六日。兩人前後四次在香港、東京等地會見，其間仍然不斷書信往來，不間斷交流。一九九八年，兩人對話錄《探求一個燦爛的世紀——金庸與池田大作對話錄》出版。

金庸與池田大作的對話，被稱中國文化與日本文化兩位優秀代表的世紀性對話。

金庸說：「對話是即興進行的，有時是在餐席之上，有時是在茶話之際，有時正在欣賞山水之秀、庭園之美。」圍繞香港回歸、言論自由、佛學哲理、文學等諸多問題進行了認真討論。

金庸第一次詳盡地披露了自己的身世，作為政治家的金庸參加起草《香港基本法》的前前後後，作為報人的金庸暢談辦《明報》的各種奇聞趣事，並多次準確預測了包括內地在內的世界風雲的變化；作為小說家的金庸，他指點中外名著，並將自己的武俠小說與《基度山恩仇記》、《三劍客》、《悲慘世界》、《三國演義》、《水滸傳》進行了對比。

下面節選金庸談他晚年皈依佛教的文字，我們可以看到大俠開悟的心路歷程：

我之皈依佛教，並非接受了哪一位佛教高僧或居士的教導，也非是一種神秘經驗，而的確是非常痛苦和艱難的歷程。

一九七六年十月，我十九歲的長子傳俠在美國哥倫比亞大學自殺喪命。這對我如同晴天霹靂，我當時傷心得幾乎也想跟著自殺。當時有一個強烈的疑問：「為什麼要自殺？為什麼忽然厭棄了生命？」我想到陰間和傳俠會面，要他向我解釋這個疑問。

此後一年中，我閱讀無數書籍，探究「生與死」奧秘，詳詳細細地研究了一本英國出版的《對死亡的關懷》，其中有湯恩比博士的一篇討論死亡的長文，這篇長文有不少精湛的見解，但不能解答我心中「人之生死」的大疑問。這個疑問，當然只有到宗教中去求解答。我從高中時期曾從頭至尾精讀過基督教的新舊約全書。這時回憶書中要義，反覆思考，肯定基督教的教義不合我的想法。後來我忽然領悟到亡靈是不滅的，於是去佛教書籍中尋求答案。

中國的佛經卷幅浩繁，有數萬卷之多。我起初只讀了幾本簡單的入門書，當時覺得其中迷信與虛幻的成分太重，不符合我對真實世界的認識論，但還是勉強讀下去。後來讀到《雜阿含經》幾個月廢寢忘食，苦苦研讀，潛心思索，忽然之間有了會心：「真理是在這裡了！一定是這樣！」

不過中文佛經的文字太過艱深，在古文的翻譯中，有時一兩個字有完全歧異的含義，實在無法瞭解。於是我向倫敦的巴厘文學會訂購了全套《原始佛經》英文譯本。所謂「原始佛經」，是指佛學研究者認為是最早期，最接近釋迦牟尼所說的佛法的記錄，因為是從印度南部錫蘭等國家傳出去的，所以也稱為「南傳佛經」。

英文佛經的文句容易閱讀得多，南傳佛經內容簡明平實，和我們所看待的人生十分接近，像我這種知識分子容易瞭解、接受，由此而產生了信仰。我相信佛陀（**印度語文中原文意思為「覺者」**）的的確確是覺悟了生的真實道理，他將這道理即「佛法」傳給世人。

我經過長期的思索，考察，質疑，繼續研學等等過程之後，終於誠心誠意，全心全意的接受了，佛法解決了我心中的大疑問，我內心充滿喜悅，歡喜不盡。「原來如此，終於明白了！」

從痛苦到歡喜，大約一年半的時光。隨後再研讀各種大乘佛經，例如《維摩詰經》，《楞嚴經》，《般若經》，等等。疑問又產生了，這些佛經的內容與「南傳佛經」是很不同的，充滿了難以置信的神奇，不可思議的敘述，我很難接受和信服。但我堅持讀下去，直至讀到《妙法蓮華經》，經過長期思考之後，終於豁然了悟！原來大乘經典主要都是用巧妙的方法來宣揚佛法，解釋佛法，使得智力較低，悟性較差的人能夠瞭解與接受，《法華經》中，佛陀用火宅，牛車，大雨等等多種淺近的比喻來向世人解釋佛法。

我也是瞭解了「妙法」兩字之旨後，才喜歡上了大乘佛經，這個從大痛苦到大歡喜的過程大概是兩年，對於我從小就聽祖母頌念《般若波羅密多心經》，《金剛經》和《妙法蓮華經》，但要到整整六十年之後，才通過痛苦的探索和追尋，進入佛法的境界！

金庸的兒子自殺的事件給金大俠以難以估量的消極刺激。所以金庸信了佛。

金庸先生還說，中國佛教的各宗派中，心靈上他最接近「般若宗」。

金庸想減輕他人生中的非常痛苦，他並不是單局限在自我，而是以大慈大悲之心來化解個人的冤孽。

第十章　老有所為

花間補讀未完書

牛津訪學，略有遺憾

金庸香港家裡的客廳，掛著一副從浙江海寧老家帶出來的對聯：「竹裡坐消無事福，花間補讀未完書」，據說是出自他先祖查昇的手筆。此幅對聯，一是寄託了金庸深重內襯的家族歷史淵源和文化情懷，另一則是寓含了金庸晚年中國傳統文人式的心態和生活態度。

金庸退休後的最後歲月，大體可以從這裡去體會其行事做派。

金庸雖然以其巍如豐碑的十五部武俠小說巨著得其大名，偉其事功，但是我們在前面已經分析過，金庸內心最深處，其實……有些心虛。

一方面是傳統文化精英意識的偏執，看不起武俠小說，視其為不入流，俗文化，不登大雅之堂，雖然文化界已經有強烈的呼聲力挺金庸應該以其武俠小說榮登文學大師之位，但是金庸自己當然不能坦然面承。

另一方面是金庸自身學歷上確實存在短板。金庸在一九四四年考入重慶中央政治大學外交系，但是卻只讀了一年多就因故退學。雖然在金庸的武俠小說和政論寫作都呈現出極高的人文知識的水準，甚至有著名學者余英時盛讚表示「對金庸深厚的文史造詣更為欣賞」，但是畢竟不是科班正道出身，所以不少所謂學院派教授之流，是會發自內心表現出鄙夷不屑的傲慢態度的。

民間一句話說是，越是缺什麼就越想補什麼。我們知道金庸是一個有著雙重性格而又能完滿加以協調統一的奇才，所以他既是對此可以超然處之，表現出超越豁達的隱士之道，又會在細節行事之時力求彌補缺憾以得盡善盡美。

現在金庸功成身退淡出江湖，過上了從心所欲的自在生活，如果說已經完滿的人生還想要錦上添花，看花、品茶、讀書、訪學，自然就是最為正常不過的選擇了。

其實早在一九九四年金庸宣布正式退休之前，一九九二年金庸牛津大學訪學之行，金庸晚年「補讀未完書」之行事，就已經見其端緒。

牛津大學位於英國牛津，是一所公立研究型大學，被譽為「金三角名校」、「G5超級精英大學」，是英語世界中最古老的大學，金庸早就是心嚮往之。

金庸少年時就夢想去牛津大學讀書，早在一九四二年年輕求學之時，他就曾準備編譯《牛津袖珍字典》。雖然這次的編譯工作因戰亂半途而廢，但在編譯的準備工作中，金庸還是獲益甚多。

一九九〇年，金庸的文名事功早已具備國際影響力，所以牛津大學邀請他去做教授級的「訪問院士」並講學。

一九九一年十月三十日和十二月五日，牛津大學的聖安東學院和現代中國研究所通過投票接納金庸做訪問學者，當時金庸正忙著交接《明報》企業的事務，沒有即時對外公佈。

得知牛津大學講學邀請這一消息，金庸當然非常高興，他曾說自己這次去講學，算是圓一個夢。

後來在面對記者的採訪，金庸坦白說：

「事先我擔心不被牛津大學選上，選上之後覺得很光榮。我在中學就夢想能到牛津或劍橋去讀書，這個夢想不能實現，常常覺得乃終生遺憾。現在能以相當於教授的資格去講學、研究，高興得很，覺得這個機會不能放棄。如果可能的話，後年我還想到劍橋做些研究。學術上要真的做出點成績出來才行。」

這段話裡透露了金庸的兩個內心秘密：

一是他極為看重「教授的資格」，「高興得很」，他後來去北大當名譽教授，浙大當文學院長等等行事，於此都有合理預期；

二是他有劍橋情結，「想到劍橋做些研究」，為他後來劍橋讀博之行埋下伏筆。

一九九二年二月，已經卸任《明報》社長一職並且促使香港智才集團收購《明報》計畫初步實現，金庸已經脫離了與《明報》相關的具體事務性工作，攜帶夫人林樂怡遠赴英國牛津大學，正式開始做牛津大學的訪問學者。不過，在英國期間，金庸還是會通過電話傳真等方式之道協助新任《明報》掌門人于品海的報業工作。

從此，金庸從寫武俠小說和政論文章轉而開始了他晚年的研學生涯，從通俗的社會大眾文化而步入高雅的學院學術文化殿堂。

金庸懷著滿滿的興奮來到牛津大學。

從喧囂的香港來到牛津大學，就好像陡然從鬧市走到幽靜的深谷，濃厚的學術氣氛使金庸猶如在精神上獲得了一次新生。

可金庸畢竟是金庸，他可能還不知道學校圖書館裡的「金庸小說」不知已被多少學生借閱過，只看看「借書日期」、「還書日期」欄內密密麻麻的戳印，就知道金庸想真正安安靜靜看書治學的理想，恐怕很難完美實現。

果然，金庸剛到牛津大學，就有很多慕名而來的崇拜者求他簽名，也有不少人來和他切磋「武藝」。

本來是想逃避香港喧囂的世俗煩擾，來到風景優美而寧靜的牛津校園，過一番別樣的世外桃源般的讀書生活，不過金庸還是略微失望，現實與想像畢竟還是有那麼一段距離。

金庸在牛津的日子並不平靜，他還是沒有想到，這裡依然有著數量驚人的他的武俠小說讀者粉絲，慕名而來一睹真顏的崇拜者紛至遝來，或是找他簽名，或是找他切磋「武功」，或是乾脆就是來湊熱鬧，一時金庸應接不暇。

金庸長居香港，自然是對英國有著天然的親近感，據說他歷來喜歡英國而不喜歡美國。

牛津大學邀請金庸前來講學，除了金庸以武俠小說聞名，對歷史、哲學等方面都有深入的研究這樣的學術背景，當然還因為金庸是個頗有影響力的政治人物，他曾經任香港「政治體制」小組負責人，有望當首屆特區行政長官，與當時的香港總督彭定康也有過激烈筆戰。

在牛津大學，金庸讀書做學術研究的時間並不很多，更多的精力還是要準備應付一些大學和機構的講學工作。

金庸的講座內容，除了涉及中國歷史和文學，更是要講香港回歸前後的命運問題。

其最著名的演講，題為《香港和中國：一九九七年及其後五年》。

在講座中，金庸從香港的歷史和現狀，從中英關係、從香港和中國內地的關係，分析和展望香港的未來和前途。對中國內地改革開放給古老的中華大地帶來的生機和活力，金庸給予了充分的肯定。

金庸在牛津大學做訪問學者，時間不過短短的半年。雖然這半年時間是金庸長期繁重工作以來，第一次拋開《明報》瑣屑事務，難得的一次度假似的遊學，難得心情放鬆和休息，但是他還是略有所憾，因為他並沒有如當初所願的那樣「學術上要真的做出點成績出來」。

後來金庸回到香港後，記者採訪金庸在英國的感受時，問：「你這半年還有什麼抱負，希望在餘生中達到？」

金庸有些灰心，略有不甘地回答說：「我在牛津時，是希望能夠做些學術工作，但我的個性不適合，學術的基礎也不好，現在才開始，已經做不成世界一流的學者了。我還是比較適宜做創作的工作，我沒有積極的抱負，但求平平淡淡，生活自由自在就最好。」

金庸認為他的前半生把時間都花在辦報和寫小說上了，所以沒有好好做學問。他曾談到：「別人精通希臘文、拉丁文，德文又好，法文又好，談到法國時就背一段法文出來，真是不同的，我拍馬都追不上了。」說到這裡，他又不無幽默地加上一句：「不過沒關係，我背一段《論語》、《孟子》、《史記》，他們就不會。」

在牛津大學，學術研究沒有很好完成的遺憾，金庸當然要在後來彌補的。

一九九二年的這一年，金庸獲得了加拿大卑詩省省立大學名譽博士榮銜。

這一年，金庸還接受法國政府頒發的「法國榮譽軍團騎士勳章」，法國駐香港總領事在授勳儀式時，將他與法國大仲馬並列。

北大之行，受聘名譽教授

金庸牛津大學訪學歸來後，一九九四年夏天，金庸被北大正式聘任為名譽教授，校方並為他舉行了隆重的慶祝儀式。這就是金庸神秘的、讓人議論紛紛的北大之行。

北大學子與金庸有緣。

金庸的名字已經深入到了人民的內心，真正受到了人民的愛戴，如果說真的有「人民的作家」這樣的說法，金庸無疑是最具資格的了。

金庸是一個我們熟悉得已經不能再熟悉的名字，是一位深受讀者喜愛的作家。如果以作品的發行量之大和讀者面之廣而論，近十幾年來中國大陸簡直是無人可比，金庸的作品是一個文化奇蹟。

他從一九五五年至一九七二年止，在辦報之餘，寫作了十五部中長篇武俠小說，創造出一系列栩栩如生的人物形象。給千千萬萬個上自「科學家、工程師、大學教授、政治家乃至一些領袖人物」，下至「市民、青年學生和有點文化的農民」都留下了終生難忘的記憶。

也許北大教授何勞川先生的一席話是我所見到過的最具詩意的描述了。

他說：「家父（何茲全教授）從北大畢業廿八年後，我畢業於北大，再廿八年後，我女兒畢業於北大，我們祖孫三代都是金庸小說的熱心讀者。為此，我們常常心懷感激。」

北大在中國大陸學院中所享的聲譽和地位是不用言說的。

中國新文化運動以來大半個世紀，北大一直在文化和學術界中起著領袖和先鋒的作用。現在連北大的教授都心懷感謝地真正接受了金庸，理解了金庸，崇拜了金庸，沒有比這樣活生生的例子更能說明問題的了。

而在北大，熱愛金庸的文化人並不只是上面提到的何芳川教授一人。

金庸與北大有緣，從學生到講師、教授、兩院院士，都有著大量的「金迷」，似乎北京大學與金庸特別有緣，這就造就了金大俠進入北大的這一場盛大的功德之事。

從金庸的武俠流入大陸之始，他們就開始閱讀，而且歷久不衰，其勁勢其癡迷如有人喜歡《紅樓夢》一樣。

很多人熟悉書中細節，分析人物關係、武功源流，頗像紅學研究者那麼仔細、認真、執著。有位熱愛金庸的書迷的執著讓人感動，使人難忘。他在一張自製的北京交通圖上標出藏有金庸好版本的各處租書鋪，旁注：建議補入北京市旅遊圖。

北大的師生，或愛金庸才華茂盛、情感深沉、文辭美麗，或羨慕他把學問變成消遣，把知識變成遊戲，把哲學還原成生活，把傳道這種極沉重的負擔變成一種輕鬆的事情。

而金庸本人又是熱愛中國文化的，對北大文、史、哲等學術研究的傳統和風氣一向是心嚮往之，所以，彼此欽慕，多年至今，終於有了一個結果。

金庸進入北大，是由法律系著名教授蕭蔚雲先生介紹。他們是多年好友，曾經是香港基本法起草委員會的同事。

但據說蕭蔚雲先生本人不讀金氏武俠，金庸曾要贈他一套全集，他卻以不便攜帶謝絕，回校後，令金庸迷們深為惋惜。

金庸與北大有緣。當年金庸先生高考時，第一志願填報就是西南聯大，當時的西南聯大是由北大、清華、南開三所大學合併而成。雖然金庸被錄取了，但因為當時戰亂擔憂路途遙遠和學費等阻礙因素，金庸並沒有如願就讀西南聯大。

一九九四年十月底，北大為金庸舉行了名譽教授的授聘儀式。

這次儀式後來被幾家報紙在不顯著的版面卻以熱烈的筆調報導過。《中國青年報》記者晉永權在一版發了照片並配以文字說：「……數百名沒有拿到入場券的學生抱著一絲僥倖守候在辦公樓前，一部分老師也只能望樓興嘆。」

實際上這點文字是不足以表達北大的興奮之情的。

金庸要來北大，事先沒有公開張貼通知，消息卻不脛而走，上上下下都很激動。真正的金庸迷自不待言，連半迷或偽冒的迷也情不自禁。

多年來隔著萬水千山、刀光劍影、風花雪月，親近過他的感情和性靈，終能見一次面，交談一回，也是長久的期待吧。

為了一睹他的風采，想盡方法弄票，弄到票又趕緊去弄書，指望著能簽個名。

有人開玩笑說，這一握手，一簽名，假冒偽劣也都成了欽定正宗了。正本的「三聯版」近五百元一套，一般人買不起，大多只好買了盜版書。

好在金庸是個極可愛，極寬厚的人，他回答「如何看翻版這一問題」時，說：「老實說我也不是不生氣的，雖說是翻版，也是說有更多的讀者看到了我的小說，我也是很高興的。」

那天他簽了大約兩千左右的名字，大半都是盜版書。這也可以說是藝海奇觀吧。

在北大電化教學報告廳，金庸一露面，大家禁不住全體起立，熱烈鼓掌，經久不息。這一掌聲一定感動了他，他一定也從這掌聲中聽到了愛、感激和理解。多少人一生都盼望著有這樣的情感的交融啊！他的激動也是發自內心的。

有人問他這次來京，感受最深的是什麼？他說；「這個大家應該猜得到的，看到這麼多同學的熱烈歡迎，我非常高興。也很感激，我這一生都不會忘記。」

金庸又隨口吟出：「班門弄斧，蘭亭揮毫，草堂賦詩，北大講學」的句子，博得滿堂喝彩。一位歷史系的博士說：「他真把我鎮住了。談學問，他有真知灼見；談人生、他宅心仁厚而重情講義。未見他時，我折服於他的小說；見到他後，我折服於他的人格。」

在授聘儀式上，北大中文系教授嚴家炎做了一個小型報告《一場靜悄悄的文學革命》，這篇講演後來登在香港《大公報》上，又被國內《參考消息》轉載。

嚴先生是我國最負盛名的現當代文學博士導師之一，不善言辭，表情平淡，學養甚佳，很受尊重。他八十年代初讀到金庸作品，後來在國外多地輾轉講學時瞭解到金庸小說在華人圈中的巨大影響。

那年在三藩市「中國文化中心」講學時，主人力求要講講金庸，於是嚴家炎便談了金庸小說的藝術性，進行了專業性的探討。

後來，趁在香港講學的機會，嚴家炎和金庸會了面，金庸先生贈送了一套極精美的港版《金庸全集》給他，令他愛不釋手。

談到大陸知識分子對金庸小說的喜愛，嚴先生作如是觀：大陸知識界一方面是佩服金庸的才華，金庸豐富的想像力，文筆也美，讀起來是一種享受；一方面是喜歡金庸的為人。金庸先生為人木訥，不善清談，卻又有很多人生體驗，個人修養又好，嚴謹不恃才傲物。

總的說來，金庸小說是書生看世界，傳統文化人的是非觀及喜怒哀樂，容易引起共鳴。

金庸在北大臨湖軒還和部分教授開了個座談會，到會的有文、史、哲的名教授，如樓宇烈、張傳望、嚴家炎、陳平原，也有理工科的代表，著名的兩院院士王選先生。

會上大家彼此說了一些傾慕的話，陳平原和嚴家炎還各問了幾個有趣的問題。

嚴家炎問：「查先生對郭靖這個人是怎樣的看法？有的人很喜歡他，有的人覺得他太假。」

金庸回答說：「我是想塑造一個中國北方忠厚樸實的，勤奮而且具有偉大同情心的，但絕不是笨的人物，當然不能寫得太好，寫得太好就會給人假的感覺，我力圖給讀者一個真實的人物形象，肯定有人會不喜歡他的，比如南方人就可能嫌他太木訥了。」

由此想到黃蓉的俏美機靈，有人便問過他是否喜歡寫一個聰明美麗的女子與一個忠厚老實的男子結合。

金庸說：「倒不一定都是，我的小說也有聰明機智的男子與善良但並不太美貌的女子結合的例子。即使是兩個都很忠厚老實也沒有問題，怕就怕兩個人都很聰明。」

陳平原問：「以後清閒下來，會不會考慮重出山門，寫一些小說呢？」

金庸回答：「我也想過再寫小說，以中國的文體寫一寫中國的傳統文化和傳統思想，不一定就是武俠小說。」

金庸曾表示想嘗試寫寫歷史小說，寫寫秦皇漢武、唐宗宋祖這類歷史人物。然而，一直到金庸去世，金庸都沒有完成寫作歷史小說的心願。

金庸曾經想出資辦一本歷史文化類雜誌，在這本雜誌上連載他打算寫的一部歷史小說，就像以前連載他的武俠小說一樣。

令人遺憾的上，因為身體的原因，金庸沒有能夠將這個想法付諸現實。

就在北大之行的第二年，金庸因嚴重的心臟病住進香港養和醫院。

一九九五年三月廿二日傍晚，金庸突然心痛大作昏倒在浴室地上。他的妻子林樂怡正代他做東在宴請友人，兩小時後回到家裡，幸虧沒有耽誤！

金庸在醫院進行了八個小時的心臟搭橋手術，手術不太成功，淤血進入腦部，金庸甚至一度喪失了語言能力。

明報出版社、明窗出版社及《明報月刊》總編輯兼總經理潘耀明回憶說：「講不出話來，對他打擊蠻大的。後來他們通過找的三個香港最有名的腦科專家會診，清理了，元氣大傷。」

金庸術後休息了大半年，所幸回復得不錯。

但是新雜誌連載歷史小說的出版計畫就此擱置。

潘耀明說：

「寫歷史小說是要很大精力的，他從醫院出來之後，就沒法寫了。」

「他寫不出歷史小說，辦不了這本新雜誌，然後就去浙江大學人文學院做院長了，有這本雜誌的話，我覺得他不會去。」

以武俠小說創作聞名於世的香港作家金庸先生。於一九九四年被北京大學授予名譽教授稱號，並應邀訪問了這所中國的最高學府。

金庸先生的來到，使寧靜的燕園驟然之間出現了一股洶湧而來的「金庸熱潮」。

金庸在北京只待了三天，住在王府飯店，深居簡出。不接受任何採訪。

也許是天性使然。也許是報人出身的緣故，深諳傳媒方面的影響，所以不願拋頭露面饒舌。

可金庸卻破例接受了一份小小的內部發行的報紙——北大校刊的採訪，熱情地回答了有關武俠小說以及其他諸如愛情等方面的問題。

十月廿七日這一天，千餘名大學生擁擠在辦公樓禮堂，以極大的興趣聆聽金庸先生的演講，並就武俠小說創作等問題與之對話。

出任浙大人文學院院長

金庸宣布正式全面退休的一九九四年，也是他在大陸的文學聲望漸臻頂峰的一年。

一九九四年一月一日至十日，應浙江省省長萬學遠邀請，由新華社香港分社副社長張浚生夫婦陪同，金庸回到了浙江。

一月，前往雪梨參加「作家節」，與梁羽生再次見面。四月，應浙江省省長萬學遠邀請，回家鄉訪問。

四月三日，金庸回到故鄉訪問，受到熱烈而隆重的歡迎。其捐資的嘉興高等專科學校「金庸圖書館」落成。

四月五日，參觀海寧高級中學並題詞。

五月，北京三聯書店出版三十六冊《金庸作品集》。

八月，《二十世紀中國文學大師文庫》出版，將金庸排在魯迅，沈從文，巴金之後，列本世紀中國小說家第四位，「大師之爭」，引發世紀末文壇最大風波。

十月，北大之行，被北京大學聘請為名譽教授。

十月廿七日，在北大舉行演講，並就「武俠小說創作」等問題與北大學生交流。香港中文大學出版金庸武俠小說第一部英譯本《Fox Volant of the Snowy Mountain》（雪山飛狐）。

這一年，金庸還獲選英國牛津大學兩所學院之榮譽院士。

繼金庸被北京大學聘請為名譽教授之後，浙江大學、東北師範大學、吉林大學、南開大學、中山大學、華僑大學、四川大學、華東師範大學、蘇州大學等眾多知名大學，後來都先後聘請金庸為名譽教授。

一九九九年，金庸受聘成為浙江大學人文學院首任院長。這說明了正統學院精英層面的知識分子階層，正式接受認可金庸的學術地位，不再是將金庸單純看著是一位成功的武俠小說作家。

事情還是要回到一九九四年。

正是這一年，浙江大學校長路甬祥先生，邀請金庸先生夫婦訪問浙江大學，並表達了聘他為浙大名譽教授的願望。金庸先生欣然應允。

浙江是金庸的故鄉，金庸與浙大的緣分，也不是一天兩天。

後來金庸回憶說，他與浙江大學的淵源可追溯到竺可楨當浙大校長的時代。

浙江大學創立於一八九七年，前身為求是書院，一九二八年，定名國立浙江大學。抗戰期間，浙大舉校西遷，在貴州遵義、湄潭等地辦學七年，抗戰勝利後於一九四六年秋回遷杭州。

一九四七年，金庸在杭州東南日報做記者，有一次去他去採訪竺可楨校長，他與竺可楨校長相談甚歡，兩人坐下來喝茶聊天，採訪持續了一個多小時。竺可楨校長對金庸多有褒獎，他鼓勵金庸可以去做學問，說金庸有這方面的能力，金庸謙遜說可以試試。

那年浙大招研究生，金庸報考浙大外國文學碩士學位，雖然金庸考上了，但是讀研究生必須交一大筆學費。

金庸先生向竺校長提出，自己很想進浙大讀外國文學碩士學位，但因為家境困難，還不能放棄記者的職業，脫產到浙大深造，為此深感遺憾。

竺可楨校長對金庸先生說，像金庸先生當時的水準，應該可以錄取。但是按浙大當時的規矩，讀研究生必須交一大筆學費。

金庸回憶說：「而我的經濟問題卻實在不行，家境不大好。竺先生跟我說，你能考到這個成績，說明你很有才氣。你暫時不能入學念書，就先工作，什麼時候攢到錢，給我打個電話，我就收你念書。竺校長對我說，念書不一定要在學校念，你自己有這樣的程度，我看你自修也完全可以。竺校長的話，使我明白很多道理，我很感激他。」

「我想一面讀書一面工作，寫信給竺，問他可否通融。竺說不行，這是校規，不能為你一個人破壞，但你可以自學成材，只要你努力，多讀書，過二十年回頭看看，說不定就很有學問了。」

雖然金庸沒有如願就讀浙江大學，但竺校長的話溫暖貼心，金庸說自己明白了很多道理，「我很感激他」。

一九九四年三月，金庸受聘杭州大學名譽教授。

一九九五年初春，金庸受日本創價大學頒授榮譽博士頭銜。

一九九五年三月，金庸受聘浙江大學名譽教授。

這一年，第一部關於金庸的傳記《文壇俠聖——金庸傳》出版發行。該傳記後來受到金庸的批評和抵制。

一九九六年十一月，金庸被正式聘為浙大名譽教授，對此，他十分高興。

一九九七年四月四日，金庸向浙大捐贈一百萬港幣成立了「浙江大學金庸人文基金研究會」，用以資助貧困學生。當年因為經濟拮据，金庸無法如願進入浙江大學就讀的遺憾，現在金庸希望通過幫助貧困學生來彌補。

一九九八年五月中旬，美國科羅拉多大學東亞語言文學系和中國現代文化研究所召開「金庸小說與二十世紀中國文學」國際學術討論會。

一九九八年九月，出席新組建的浙江大學成立大會。

一九九八年十一月上旬，參加由漢學研究中心、中國時報人間副刊、遠流出版公司在臺北舉辦「金庸小說國際學術研討會」。

這一年，日本《潮》出版社、香港明河社、北京大學出版社、臺北遠流出版公司分別出版金庸與日本創價學會會長池田大作對話錄《探求一個燦爛的世紀》一書。

這一年，金庸還獲得香港市政局頒授「文學創作終身成就獎」；獲得香港（及海外）文學藝術協會頒授「當代文豪金龍獎」。

金庸應聘出任浙大人文學院院長，還緣於他與當時的浙大黨委書記張浚生的私人情誼。

張浚生早就是金庸武俠小說的書迷。一九八五年夏，張浚生由杭州市委借調到新華社香港分社工作，時任分社宣傳部副部長。因工作的關係，張浚生抵港後一個月便和分社秘書長兼宣傳部長楊奇，一起去拜訪時任香港《明報》社長的金庸。

張浚生受到金庸的熱情接待。讓他記憶最為深刻而覺得很有意思的是，金庸「當時用來招待我的不是一杯清茶，而是在一寬口大肚的玻璃杯裡倒上一小杯白蘭地」。

因為武俠情緣，再加之張浚生來自金庸的家鄉浙江，此後兩人過從甚密。張浚生披露一九九一年金庸寫給他的一封信中說：「你我相交多年，時復結伴同遊，情好彌篤。平日交談，於天下大事，國家政局，以及文藝書法，港事發展，事事捉機，可云知己。」並要張在信函中以兄弟相稱。

一九九八年九月十五日，經國家批准，同根同源的四所高校：浙江大學、杭州大學、浙江醫科大學、浙江農業大學，聯合組建成新浙江大學。張浚生調回浙江，擔任四校合併後的新浙大黨委書記，金庸先生和夫人應邀前來參加成立慶典。

張浚生得知金庸有擬到北大或浙大作學問的意願，當即和潘雲鶴校長等商議，想要聘請金庸為新組建的浙大人文學院院長。

商定之後，張浚生即寫信並和金庸通話約談。金庸經過短暫考慮後表示願意接受聘請。隨後潘雲鶴校長接連給金庸先生寫了幾封信，先是邀請金庸去浙江大學講課，後來寫信表示要聘金庸當新浙大名譽教授，再到後來就正式向金庸發出邀請，讓金庸出任浙江大學人文學院院長。

金庸回給潘校長的信中說，非常感謝浙大聘他為名譽教授。自己很想做兩件事：一件是用英文寫一部中國通史；另外想編一本中國白話小說叢書。從做學問的角度講，國內有兩所大學比較理想，一所是北大，一所是浙大。「如果要我自己選擇的話，我更傾向於到浙大，因為浙江是我的故鄉。」

（二〇〇四年四月六日，金庸浙江大學的演講又提到他要用白話文、小說體來寫一部《中國通史》，站在人民的立場上來陳述歷史事件和歷史人物，以民族融合史觀詮釋中華五千年的文明史。）

一九九九年春節前夕，潘雲鶴校長親赴香港，向金庸先生遞交了兩份聘書，一份是聘他為浙大的教授（此前為名譽教授），一份是聘他出任浙江大學人文學院院長。

一九九九年三月，金庸出任浙大人文學院院長，在當時被譽為「文壇大師與名校學府的天作之合」，是金庸在大陸學術界獲得的最高認可。

除了當初金庸退休時所說的第三第四個理想之外，現在金庸有了他人生的「第五個理想」——研究學問，靜靜地讀書，金庸認為浙大是他實現這個理想最合適的地方。

一九九九年十二月，浙大人文學院印發了一本學院簡介，篇首是金庸先生的《院長獻詞》。

金庸《院長獻詞》中說：

「我們中國人研究學習人文學科，其實大可直接承接中國古代哲人以人為本的『人本主義』，而不必從西方的人文主義學起。」

「我們教學的目的著眼於人，重視人的實際生活。文學與藝術是求充實人的精神生活，豐富人的藝術生命；哲學與歷史是求瞭解人的生命本質與價值，瞭解人與社會的過去，瞻望將來，瞭解奮鬥的目標與方向；新聞學與社會學是瞭解中外社會的情況及發展；國際文化是瞭解世界各國、各民族的局勢與關係，從文化的角度謀求國際交流，尋求和平共處之道，尋求共同發展。希望各系互相配合，依循先哲『修身、齊家、治國、平天下』從自身擴向全世界的道路，探討人生的各種問題。我們認為，人文學科的研習，除了尋求知識之外，更大的目標是尋求智慧，以智慧來控制及運用知識。鄧小平理論教導我們要『建設有中國特色的社會主義』，我們希望，浙大人文學科的研習，既以建設幸福的社會主義為目標，同時也不忘『中國特色』。」

二〇〇〇年三月，金庸被聘為浙江大學博士生導師。

二〇〇〇年七月，金庸獲得大紫荊勳章（大紫荊勳章是香港特別行政區授勳及嘉獎制度下的最高榮譽，表揚畢生為香港社會作出重大貢獻的傑出人士）。

二〇〇〇年九月十日，金庸在杭州主持第一屆網路「西湖論劍」。

二〇〇〇年九月廿三日，金庸在湖南嶽麓書院發表《中國歷史大勢》演講。

二〇〇〇年十月，浙江大學向中國科學院北京天體物理中心覆函，同意以金庸先生名字命名小行星。

二〇〇〇年九月十日，金庸在杭州主持第一屆網路「西湖論劍」。

二〇〇〇年九月廿三日，金庸在湖南嶽麓書院發表《中國歷史大勢》演講。

二〇〇〇年十二月，金庸獲頒香港公開大學榮譽文學博士學位。

二〇〇一年七月金庸參加在浙江大學舉行金庸小行星命名典禮。

典禮上，金庸說：「本人沒有半點功勞，當之有愧。給我頒發證書的陳建生院士告訴我，他們天文臺同事有時候在研究天象時，恰遇烏雲遮日，觀測不到星星，就坐下來聊我的小說，他們中有我的鐵杆武俠迷，這就是為什麼會以我名字命名這顆小行星的內幕消息。」

二〇〇一年四月，金庸獲得臺灣新竹清華大學頒贈榮譽講座教授證書。

二〇〇一年五月廿六日，金庸獲得天津南開大學頒授榮譽教授。

這一年，金庸獲得第九屆「全球中華文化藝術薪傳獎」之終身奉獻獎。

二〇〇二年五月，金庸獲得上海華東師範大學頒授榮譽教授。

這一年，金庸得到「諾貝爾文學獎」提名，金庸對此並無興趣。

二〇〇三年，先後接受中央電視臺《新聞夜話》、《新聞會客廳》欄目專訪。

二〇〇三年九月，赴長沙衡陽參加「五嶽聯盟大會」，並主講《遊俠的遊歷與俠氣》。

二〇〇三年十月八日，參加陝西電視臺節目在華山北峰舉行的「華山論劍」。

當月，前往杭州為「金庸茶館」剪綵。

二〇〇四年，金庸首次入川參加「人文四川名家論壇」活動並遊覽省內各大景區。

二〇〇四年十月十三日，金庸獲得法國最高榮譽的「藝術文學高級騎士勳章」，以表彰他在香港和內地推動法國藝術和文化發展的卓越貢獻。

二〇〇四年十二月上旬公佈的第三屆「全國國民閱讀與購買傾向抽樣調查」結果中，金庸第一次成為北京讀書人「心目中的最愛」，而前兩屆北京讀書人「心目中的最愛」則是一代文學大師老舍。

二〇〇五年三月，《天龍八部》入選中國大陸語文教材。

二〇〇五年四月上旬，獲劍橋大學教授會全票通過授予榮譽文學博士的提名推薦。

二〇〇五年六月十一日，赴英國領取榮譽文學博士學位，由劍橋大學校監菲力普親王親自頒授。

二〇〇五年五月廿一日中央電視臺《面對面》採訪金庸，金庸回憶當時接受聘任時他的想法：「我們人文學院有七個系，有中文、歷史、哲學，中國哲學、外國哲學這些我懂得，我可以給學生講課，教新聞也可以，我辦過報紙，新聞意識我也懂得，還有國際關係，還有社會學，我也研究國際法，所以也懂得。七個系（之中）六個系我全部懂，我可以教，所以這個人文學院院長我有資格做。」

金庸成為浙江大學人文學院院長，這是金庸晚年人生的又一個標誌性的大事件。本來似乎已經退隱的他，再次華麗轉身，帶著新的炫目的光環出現在公眾視線，也成為後來爭議頻出的起因。

辭職風波，博導資格被質疑

收穫了眾多榮譽成為媒體聚焦的高光，金庸卻在此時被爆出浙大辭職事件。

二〇〇四年十二月廿一日，有媒體報導，著名作家金庸提出辭去浙大人文學院院長、博士生導師職務一事，已經得到浙江大學校方的證實。

又是一石激起千層浪，上世紀末就已經開始了的金庸「大師之爭」，餘波再起，且推上一個新的高潮。

圍攻金庸的言論一時甚囂塵上，傳聞與事實雲遮霧繞，真假難辨。

二〇〇五年一月九日，「金庸筆下龍泉寶劍」展覽揭幕儀式正式開始。金庸將龍泉市鑄劍大師精心打造的三十一把刀劍轉贈送給了浙江大學博物館。這三十一把刀劍名均取自金庸小說，其中廿四把劍，七把刀。

在浙江大學龍泉寶劍展覽現場，有關「金庸辭職」的話題，自然成為記者和學生們採訪追問的重點。

二〇〇五年一月十日搜狐娛樂新聞報導，「金庸浙大辭職南大文學院長：當副教授都不夠」，標題足夠吸引眼球。

然而金庸明確表示，辭職意願是有，但尚未形成事實。

金庸坦言，早些時候他就已經以口頭和書面的形式表達了自己的辭職意願，但是並非坊間所言的被「辭職被證實」，因為浙江大學校長潘雲鶴所代表的校方至今尚未同意。

金庸說，他之所以提出辭呈，主要是考慮到幾方面的因素。

一是讓賢，「我希望讓年輕人擔重任」，浙江大學有很多年輕有為的人才，「我要給他們讓出位置，我年事已高，精力有限，我雖然是人文學院的院長，但很多事情，都是一些副院長替我做的！」

二是為學，「想給自己多一些時間」來做學問。金庸目前還擔任著英國牛津大學中國學術研究所的高級研究員，到浙大擔任人文學院的院長之前，他每年都要用不少時間去牛津大學講學和做學術研究，而在擔任浙大人文學院院長之後的五年半時間中，他去英國的時間已減少很多，金庸希望自己二〇〇五年去英國的時間能多一些。

關於辭職被證實的話題，金庸說，「浙江大學很熱情，他們極力挽留我，關於我的辭職，現在還沒有被批准，浙江大學領導的意思是等到下一次換屆的時候，再研究這個問題，看來我要等到浙大換屆選舉了！」

雖然金庸辭職風波在公眾媒體引發眾多不和諧的聲音甚至是圍攻金庸的言論，但是浙江大學校方還是站出來力挺金庸，盛讚其工作並表示再三挽留的誠意。

校方表示了以下意思：金庸擔任浙江大學人文學院院長以來，為浙江大學做了許多工作，其中包括招考博士生，多次到浙大給學生講學，引進了多位世界著名的教授、學者到浙大講學。由於金庸的加盟，提升了浙江大學在海內外的知名度。金庸在浙大的講學也是很受師生歡迎的。因此，在金庸提出請辭的要求後，浙大多次表示了挽留之意。浙大還在做金庸的工作，極力希望他能留下來。

當年引進金庸進入浙大的主要當事人，浙江大學原黨委書記張浚生，也在校方的授意下，於公私兩方面的考慮挽留金庸，但金庸表示此時張浚生已退居二線，大家共同進退，所以他應該退了。

金庸去意已決，兩年後，再次向浙大校方請辭，緣由以年事已高及擬前往劍橋大學進修研究，學校再三懇留之後，最終接受他的辭呈，並邀請其擔任浙大人文學院名譽院長。

二〇〇七年五月，金庸取得劍橋大學歷史碩士學位，親赴劍橋領取學位證書。

二〇〇七年五月十九日，金庸前往臺灣參加臺灣政治大學八十周年校慶，獲頒名譽文學博士。

二〇〇七年八月，《飛狐外傳》取代魯迅《阿Q正傳》，入選北京九個區縣的高中語文教材，引發「金庸是否取代魯迅」的議論。

二〇〇七年九月，金庸獲蘇州大學頒授名譽博士學位，被蘇州評彈學校任命為名譽教授。

二〇〇七年十一月，金庸應邀於香港中文大學（中大）主持講座，題目為《中國歷史的大勢》，並出任港中大文學院榮譽教授。

二〇〇七年十一月廿五日，浙江大學舉行儀式，聘請金庸擔任人文學院名譽院長，金庸也正式卸去擔任了八年之久的浙大人文學院院長一職。

金庸浙大辭職風波，到此暫告一個段落。

金庸辭去浙大人文學院院長一事，明面上是以上公佈於官方的原因，而溯源事情發生的始末，則令人有許多感慨唏噓的不平意緒。

一九九九年三月金庸出任浙大人文學院院長之後，落實學術身分為正式教授，但是要想帶博士上課，還需要一個博導的資格認證。

按照大學管理正常的制度和管道，金庸是拿不到博導資格的。

因為，國家教育部學術委員會對博導資格有明確的三點規定，一是當過教授，二是之前必須完整培養過一個碩士生，三是在國內高校指導過博士生工作。

復旦大學歷史系教授葛劍雄指出，金庸顯然是在這些方面不符合規定的。

特殊情況當然可以特殊辦理，浙江大學還是用了走捷徑和通融的辦法，以非常方式讓金庸過了關。

浙大歷史系退休教授何忠禮稱：「金庸對歷史學基本不懂，讓他帶博士完全是誤導學生。」

何忠禮透露了金庸通過博導資格審查的內情，正常的博士生導師資格評定，需要三本學說專著和若干篇在核心期刊雜誌上發表的論文厚厚的一疊材料，金庸卻什麼支撐材料都沒有，只是「一張空白表格上面寫著查良鏞三個字」。何忠禮認為這太水太假了，所以他和其他老師都拒絕進行這樣的評議，表示「由上級領導決定」。

當然，結果大家都知道，上級領導批准了金庸的博導資格。

「金庸卻什麼支撐材料都沒有」這句話是絕對錯了，與事實不符合，其實金庸還是準備了厚厚一疊的簡歷和著作目錄明細的支撐材料。

二〇〇〇年，金庸正式得到浙大的博導資格認證，受聘為浙大人文學院博士生導師。

金庸的博導資格由此廣為被人詬病和質疑。

真是這樣嗎？

其實，特事特辦，並非浙江大學獨有。讀者只要去看看後來金庸去英國劍橋大學讀博的資格審查過程和金庸提供的支撐材料，就可以明白，人家劍橋大學，也不是鐵板一個非要按制度的條條框框來辦事，人家也是通融得很！這一段我們下文再來說。

筆者是比較認同浙江大學傳媒與國際文化學院博士生導師徐岱教授的觀點，他說並不是浙大歷史系的教授都同意「金庸對歷史學基本不懂，讓他帶博士完全是誤導學生」這樣偏激的觀點，浙大歷史系也有很多更有名的、學問做得很好的教授對金庸非常佩服。

徐岱了引用亞里斯多德的名言「詩比歷史更真實」來告訴記者：「真正寫出了不起文學的

人都是精通文史哲，並且洞明世事的」。「要評價金庸的歷史功底，一般教授的挑戰是毫無意義的」。

徐岱回憶，金庸在浙大任教期間其實是非常受師生們的歡迎的：「在浙大、在先生的老家海寧、在國內的其他一些演講場合，聽眾那山呼海嘯的場面，令人動容。」「在南開大學，著名數學家陳省身先生見到金庸，開口就說：我是您的崇拜者。」

浙江大學歷史學系沈堅教授，一九九九年在浙江大學人文學院與金庸共事，他《憶金庸先生二三事》一文中，說對金庸的學問非常佩服：

金庸先生受聘浙大之時，我還在法國留學。一九九九年十月我回到國內，四校合併後的浙江大學人文學院已經建立，我擔任黨委副書記一職。此年十月下旬金秋時分，金庸先生來到杭州與我們領導班子成員見面，這是我第一次見到金庸先生，他待人和藹，平易近人，平時不苟言笑，但笑起來卻又顯露出一點天真。當他瞭解到我的專業方向是法國史以後，我們的話題就多了起來。我們尊稱他為查先生，而他自己非常欣賞我們稱他為「大師兄」或「幫主」。

其時，國內輿論對於金庸先生出任浙江大學人文學院院長多有微詞，主要出於對金庸先生學術背景的質疑。而經過與金庸先生的接觸，我馬上為金庸先生的學識所折服，他與我聊法國史之事，脫口就是法語，比如「羅伯斯比爾」，他就用法語發音「Robespierre」。談到法國歷史上經濟的發展，他希望我注意法國宗教戰爭後「胡格諾派」（**他照例用法語發音 huguenots**）受迫害的情況，因為法國許多手工業者是胡格諾派的信徒，該派受迫害後，許多手工業者流亡國外。

論及法國歷史的盛衰，他特別認為法國歷史上「路易十四四出戰爭、拿破崙征戰不休，久戰之下大傷國力，似覺見好不收、勞民傷財，或為屈服於英國原因之一」（**引文摘處金庸先生的信**），可見查先生對法國史瞭解的程度。金庸先生在擔任人文學院院長期間，還邀請了原聯合國秘書長、牛津大學聖安東尼學院院長高定爵士，來浙江大學為師生做關於國際關係問題講座，金庸先生親自做口譯，不僅英語水準極好，也表現出對國際問題的熟稔。

後來，我轉任人文學院副院長，分管研究生工作，恰逢金庸先生招收歷史學和文學的博士生，他通過傳真安排了考題。我記得歷史方面的題目是關於中國古代主要的創造發明如何傳播到西方，這是一個可以根據水準深入發揮的題目（可淺可深）；文學方面的題目要求比較唐代傳奇小說與魏晉志怪筆記作品的不同，並作出詳細分析。也反映出先生文史方面的才識。這是一位睿智博學的專家和學者，出任浙江大學人文學院的院長應該是浙江大學的榮幸。

金庸浙大辭職消息傳出之後，持負面意見反應最激烈的，當數南京大學文學院院長董健教授，他接受記者採訪時，長出了一口氣：「一場錯位終於結束了！」他承認金庸是一個非常好的武俠小說家（**其實說這沒有意義**），但他認為金庸自從到浙江大學任職之後，並沒有寫出學術研究論文，也沒有在核心刊物上發表過文章。

董健教授的這一批評真的還不太好反駁，因為金庸是個不走尋常路的大俠，金庸大概不太懂國內大學的那些所謂科研成果的硬性考核指標要求，他不知道在那些學院派的正統教授那裡，你一百本書都不如一篇核心期刊的論文重要。

金庸後來要去劍橋大學讀博，發表國際學術論文，可能是被這些批評氣壞了，所以一定要賭這口氣。

董健教授對金庸的批評，在筆者看來不夠善意，意氣用事居多。

此前他就在媒體上對金庸的「院長」頭銜提出過質疑，媒體當時以「南大文學院院長炮轟浙大文學院」為題進行了報導，轟動一時。金庸辭職消息傳來後，他說他在上海遇到了浙大一位老師對說：「你的炮轟起到了效果，金庸終於被轟下臺了！」言外甚有得意之態。

董健表示，他也很喜歡金庸的武俠小說（其實還是那句話，說這沒有意義，不重要），「但他只是一個武俠小說家，他的學問，當院長根本不合適。」

董健說，二〇〇〇年金庸到南大給學生們作了題為《南京的歷史政治》的講演。演講中出現的歷史政治方面的錯誤引起了學生們哄笑，場面很是尷尬。「當時，一位歷史系的教授對我講，金庸在南大歷史系當個副教授都不夠！」

寫過《現代學林點將錄》的學者胡文輝，對此評論說：「眼見有些學院中人質疑他的學識，內心頗覺不平，他們哪裡配！」此話乾脆，擲地有聲！

二〇〇五年一月十日搜狐娛樂新聞報導了金庸對董健言論的回應，金庸神情激動，顯然是受到不小的刺激。金庸用了少有的激烈言辭，說董健在撒謊，在說假話。

金庸說：「我聽說了這個評論，但是我想說的是，仁者見仁、智者見智，我們浙大人不會胡亂攻擊評價別人的！南京大學的那位先生在撒謊，當初我到南京大學講學的時候，不是我一個人，當時現場是什麼反應有人為我作證，董健說假話！」

在另一次萬潤龍採訪金庸，金庸也對董健的言論再次反駁：

「我從來不去評說別人，對別人對我的評說我也不作評說。我是浙江大學的人文學院院長，更不會去評說南京大學人文學院的院長。那次我去南大講課，是南大誠懇邀請，我也願意與南大的學生交流，才欣然前往。我在南京大學講學的水準怎樣，南京大學的學生聽了我的課是如何的反應，學生們會有評說。浙江大學人文學院徐岱副院長、毛丹教授是一起陪我去南大的，他們是在場的見證人。聽說毛教授已經就董院長的說法寫了一篇文章，你們可以去問問當時在場的師生。」

「我還記得一個細節，那天演講結束後，這位董院長給我說了許多好話，學校還一定讓我在南大校園裡種了一株『金庸樹』。我一生最願意做的事就是向人求教，如果我在南大演講中有講錯的地方，我很樂意有人向我指出來。但四年多來沒有人向我作過提示指正。董院長在文章中說我有錯誤『百出』，最好能說得明確一些，讓我知道這『百出』的錯誤錯在何處。否則，我無法理解他為什麼要說這樣的話。」

對於指責金庸學問不夠格，金庸並不服氣，金庸說：「人文學院裡只有社會學系我不是很懂，其他的包括國際關係，我都有研究。」

隨後他又表示：「當初招小朱（二弟子）的時候，她表示願意研究曾子，後來，她說要研究五行，我就直接告訴她，五行我是外行，她可以聽別的教授的課，不懂就是不懂嘛！」

質疑金庸的學術水準還有一例，是上文《外灘畫報》那篇《金庸浙大辭職調查》，提到了金庸講座犯錯。浙江大學人文學院歷史系二〇〇三級博士生陳新（化名）稱，去聽金庸講座的聽眾非常多，但是他發現，「聽著聽著就不對了。」陳新舉了一個例子，據史料記載，官員與皇帝坐著議事這一制度是在宋代取消的，可金庸卻說宋代官員和皇帝議事時是坐著的，「作為一個古代史的博導，具備這樣的常識是起碼的。」

金庸這個講座的具體情況和語境，筆者不清楚，但是據筆者所知，北宋最初的時候，是有皇帝與大臣坐而論道的情況。

我以為就算是金庸講座真的出現一些具體知識點上的錯誤，也不能就此否認了金庸的大學問。

君不見，大陸一些著名學者甚至是百家講壇的學者，也經常會被聽眾發現破綻。學無達詁，人無完人，我們還是應該寬容一些，少一點敖惰之意，多一點敬畏之心。

反轉課堂，誰說講得不好？

金庸適合教書育人嗎？

對於金庸在浙江大學授課的質疑，金庸自己寫了一篇短文，《我在浙大教什麼》，現身說法。

金庸在浙大，除了往大講堂講課外，還利用和學生們作小型的茶會座談的方式，進行生動有趣的課外。

這不很符合現在大學裡提倡的開放課堂、反轉課堂之類新型教學理念嗎？

現在大學裡提倡啟發式，互動式課堂，不提倡傳統的滿堂灌的講課。

這一天的茶會座談，金庸開始提問：「你們知道謝安和謝玄嗎？」

幾乎所有學生都舉手，異口同聲地說：「淝水之戰。」

金庸：「謝安是了不起的政治家，他侄子謝玄是能幹的軍事家。但我們今天不是講政治、軍事或戰爭，而是講文學。」

一個女學生舉手說：「未若柳絮因風起。」

金庸說：「對的，謝安的侄女謝道蘊是很高明的文學家。有一天大雪，謝安身邊圍了很多子侄，他指著漫天飄飄而下的大雪，問道：『這像什麼？』謝安的一個侄兒謝朗說：『散鹽空中差可擬。』謝道蘊接著說：『未若柳絮因風起。』大家都讚揚謝道蘊說得好。試想一想，在空中散鹽，雖然有點像下大雪，但平白無端的，什麼人會去空中散鹽？那時候沒有飛機，要在空中散鹽也無可能。而且鹽粒沉重，在空中一散開便即落地，不像柳絮那樣在空中飄飄蕩蕩的很有詩意。」

從謝安和謝玄到謝道蘊，話題自然巧妙延伸。

一個學生問：「這跟謝玄有什麼關係？」

金庸說：「《世說新語》中另外有個故事：謝安有一次和眾子侄聚會談天，談到了《詩經》，謝安問：『你們以為《詩經》中哪一句最好？』謝玄說：『昔我往矣，楊柳依依；今我來思，雨雪霏霏。』謝安說：『我最喜歡「訏謨定命，遠猷辰告」這一句，含有高雅而深遠的意義。』謝安引的這兩句詩，意思是說：朝廷中籌畫方針政策，定下了確定的施政方向，深思熟慮而規劃長期路線，但要時時刻刻使得眾所周知。謝安是宰相，朝廷大計對他特別有吸引力。但就文學性來說，謝玄引的這四句就感人得多了。東晉之後的許多詩人，在談到這件事時，都贊成謝玄的選擇。」

金庸的厚重深涵的國學功底就此展現了出來，將學問從粗淺表面深化到精密內部。

「訏謨定命，遠猷辰告」，出自詩經．大雅．蕩之什的《抑》一詩。

訏是宏大，謨是謀略，定命是確定政令，遠是遠大，猷是謀劃，辰是按時，告是告知。

全句直譯就是：宏偉謀略，審定政令，遠大策劃，時時宣告於眾。

為什麼後人在談到這件事時，都贊成謝玄的選擇？

金庸在暗示，個人的抒情，其境界，是比不上為國為民的政治抒情。

金庸是授課，與他的儒家浪漫主義一以貫之。

一個學生說：「謝玄是很會打仗的大將，哪知道他的文學修養也這樣好。」

金庸說：「『楊柳依依』這四句詩，本來是說軍人長期出征而後歸家的感想。你們試想，一個軍人當年離家出征，春風駘蕩，新婚妻子依依惜別；打仗多年之後回家，風雪滿途，他不知道妻子還在嗎，是在家苦苦等候呢，還是另外嫁了人。二次大戰後，法國文學中也有類似的作品，進步詩人艾呂霞有一首詩，抒寫法國一個從戰場回來的老兵回歸家鄉，經過故鄉舊路，『近鄉情更怯』，心中波濤起伏，詩歌感人之極，可見永恆的情感不因時間、地域而有分別。好的文學作品，就有這種感人的魅力。」

後來金庸有與同學們談到了其他的古詩文。

有個學生問：「查教授，四書五經之中，你最喜歡哪一段？」

金庸說：「《禮運．大同篇》『大道之行也，天下為公』那一段，提出了長期的歷史發展方向，自然是最為重要的；至於講到個人修養，我最喜歡《論語》開端孔子所說的第三句話：『人不知而不慍，不亦君子乎？』」

學生們有點茫然不解。

金庸繼續講解：「孔子在別的地方說：『己所不欲，勿施於人』、『己欲立而立人，己欲達而達人』等等，當然有更加積極的意義。但你們想：『人家不瞭解我，我不會不高興，這豈不是挺有君子風度嗎？』當真是豁達瀟灑，雍容自若，謙謙君子，濕潤如玉。我所理解而仰慕的君子，大概就是這樣的了。可惜在我所寫的十幾部小說中，還沒能夠創造這樣一個人物。張無忌與殷譽有一點點接近，然而還差得遠。雖然真實，格調就不高，張無忌野而無文，略帶霸氣；段譽文質彬彬，但時有小丑味，格調不夠純而高雅。」

這篇文章，敘述了他一次授課的片段，讀來覺得很精彩。

金庸善於循循誘導，深入淺出，課講得很好啊！

媒體訛傳，一三尷尬事

金庸動了辭職的念頭，其來有自。

據北京晚報報導，二〇〇四年十一月廿一日，在正式公佈這一意願之前大約一個月，金庸在深圳接受採訪時說：「我在浙江大學人文學院收了幾個博士生，不夠好，我現在也不教了，還把院長的官辭了。我這個人當官，不行。拜師，我很願意；讓我教別人，我就不願意，也教不來。」

金庸的這一段談話，被媒體挑了漏洞，說金庸自相矛盾。

二〇〇五年一月五日上海《外灘畫報》載文《金庸浙大辭職調查：博導資格曾遭歷史系抵制》中寫道，從二〇〇一年開始，金庸連續兩年未招博士生，直到二〇〇三年秋季，才招到首批三名博士生。此前，二〇〇三年十月，金庸在故鄉嘉興還對當地媒體表示：「他們（金庸招的博士生）都是高材生，非常優秀。」可事隔一年，在「華山論劍」時金庸的評價就變成了「不夠好」，同時金庸的弟子們也反映金庸不會「教書」。

這豈不是要讓金庸尷尬？豈不是要讓人們認為金庸說話不負責任？

其實，我們知道，金庸的口才和表達能力確實是不太好，面對公眾和媒體記者的談話，確實有詞不達意的時候，不過這也不能讓別人隨意去曲解誤會。

我們來仔細分析金庸的話：「我在浙江大學人文學院收了幾個博士生，不夠好」，主語是

「我」，是金庸自己，這句話按照語法正常的邏輯分析，明明應該是金庸字謙，說自己不夠好，意思是說自己教幾個博士生教得不夠好，這怎麼就被媒體理解成金庸評價自己的學生「不夠好」了呢？

這一誤解一時讓輿論譁然，所以二〇〇五年一月十日搜狐娛樂新聞報導，記者採訪金庸，就上海《外灘畫報》載文內容求解，金庸當然甚感委屈，直接否認，告訴記者：「我從來沒有說過我的弟子不好，是媒體訛傳了這個消息。」

他又說，當初在「華山論劍」的時候，有記者問他關於弟子的情況，「都很好，我當時是這麼回答的，但後來又有記者問了一句：二〇〇一年到二〇〇三年為什麼只招收了三名弟子。我的回答是，因為他們成績不理想，不符合我的要求！結果就有媒體把這兩個問題縮減成一個事情！變成了：我的弟子成績不好，不符合我的要求！」

金庸的辯解是記者斷章取義，他的原意是指除了自己所招的三名弟子之外，是其他的應招學生「成績不理想」，「不夠好」，不是說自己的弟子不好。

二〇〇一年，金庸開始招收歷史系古代史專業的隋唐史、中西交通史方向的博士生，後來又增加了中文系古典文學專業的「歷史和文學」方向（和在浙大做兼職教授的北大中文系教授陳平原合招的一個博士點）。

二〇〇〇年，金庸被浙大聘為博導，可是直到二〇〇三年他才招到三名博士，這又被媒體諷刺他當了兩年的光桿博導，前兩年沒一個學生選他當導師，金庸沒招到學生。

沒一個學生選他當導師，這樣的說法真的是過分了，說出來都沒有人相信。以金庸這樣的潑天大名，怎麼可能沒一個學生選他當導師！說個不好聽的話，金庸選了的學生，那是老師在成就你們，是老師賞飯吃！

事實上金庸的這三個學生，恐怕依靠老師的名聲，這輩子都有得混。

金庸直到二〇〇三年才招了三名博士，當然是慎之又慎的原因，此前準備工作沒有做好，也是寧缺毋濫。

在浙大做兼職教授的北大中文系教授陳平原先生說：「金庸先生不熟悉大學情況，對招收博士生提出不切實際的高標準，且定位不是很準確」，這應該是金庸前兩年沒有招到博士生的原因之一。

二〇〇一年，金庸開始招收歷史系古代史專業的隋唐史、中西交通史方向的博士生，陳平原先生在一次學術會議上提出，與其讓金庸在歷史系招收隋唐史或中西交通史方向的博士生，不如在中文系招收「歷史和文學」方向的博士生。浙大從善如流，與金庸先生一番協商後，又增加了中文系古典文學專業的「歷史和文學」方向，和陳平原先生合帶博士生。

金庸的第一個學生叫盧敦基。盧敦基可以說是帶藝投師，拜到金庸門下之時，已經有了教授的資質，且兼任浙江社科院研究所所長。據說他的學術能力完全可以當博導，完全是慕名而來，想要親近大師「芳澤」。

金庸的第二名學生叫王劍，是個女生，顧名而知，此女有俠女氣質，崇拜金庸，稱讚金庸「是一位絕對的大師」。不過也許她只能算半個金庸弟子，因為據說她居然從未見過金庸本人（此條消息不一定可靠，按照萬潤龍《我與金庸先生的交往》譯文的記載，「華山論劍」的壓軸戲是金庸先生新收的兩名博士生盧敦基、王劍拜見導師，應該是見過）。她入學不滿一年，就被學校通知換博導，因為金庸辭職不幹了。王劍博士畢業後，後來做了某刊物的主編。

金庸的第三名學生也是個女生，叫朱曉征。朱曉征本科北大，碩士清華，考浙大時筆試成績非常優秀。朱曉征是個才女，所以不免有些自負和強勢。金庸本來是答應朱曉征指導她做曾子方面的研究，但朱曉征入學後又改想研究五行與陰陽。金庸直接告訴她，五行自己是外行，她可以聽別的教授的課，金庸無奈之下還是同意了她的請求。

三個弟子中，朱曉征明顯最為反叛，她說金庸除了帶學生參加類似「華山論劍」之類的論壇活動之外，幾乎不給學生上課，沒有給予實質性的指導，她開始質疑金庸的教育方式。

二〇〇四年底二〇〇五年處金庸辭職風波引發眾多媒體的爭議和圍攻之時，金庸的三名弟子並沒有站出來力挺自己的老師。

朱曉征倒是向記者承認，她以為金庸之所以辭去浙大文學院院長之職，直接與她的反抗和質疑有關。所以她表示後悔，希望得到金庸的諒解。

王劍回答記者說：「謝謝你的關心，但是我不能接受你的採訪。」

而盧敦基則是回避記者採訪，據說在《成都商報》一篇題為《金庸「弟子」朱曉征直言：辭職是我質疑和反抗他》的文章中，記者詢問盧敦基這一年從導師那裡學到什麼東西時，他笑笑回答：「不好說，呵呵，不好說。」如果這是真的，這樣的回答未免有點誅心。

總而論之，金庸大師不管怎樣說，似乎不太善於教導弟子。

金庸辭職之事原因，還有一種說法是，當年浙大要求每位博士生在通過博士學位答辯之前，必須在一級刊物上發表一篇學術論文及在A類刊物上發表一篇學術論文。歷史系的學生要在《歷史研究》、《世界歷史》等浙大指定的一級刊物上發表一篇學術論文；中文系的學生要在《文學遺產》、《文學評論》、《學術月刊》、《社會科學戰線》等浙大指定的一級刊物上發表一篇學術論文。如果博士生們不能在一級刊物上發表一篇論文，就算在A類刊物上發表一百篇論文，出了一百本專著，也是拿不到學位的。

金庸自己都沒有在一級刊物上發表一篇論文，遑論他的學生？這樣學生面臨拿不到學位的問題，金庸是無計可施，只有選擇急流勇退。

陳平原先生後來說：「以我教書幾十年的經驗，指導博士生的第一要訣，就是願意為他／她們花時間。再偉大的導師，也沒有本事三言兩語就讓懵懂的學生長成參天大樹——除非那人是天才，或已經是成熟學者。」此話應該是公平之論。

因爲人還在江湖，所以身不由己

金庸退休時說他的第三個理想是，衰老時不必再工作，安度晚年，逍遙自在。

但事實上呢？可以說是金庸退而不休。

從一九九四年開始，金庸就頻繁在香港、大陸、英國等地來回奔波遊歷、參觀、訪學、接受採訪，出席各種社會活動。

如公眾熟知的事件有：西湖造屋、嶽麓書院演講、五嶽聯盟、華山論劍、碑林談藝、陽朔下棋、金庸茶館開張、與池田大作對話、加入中國作協、賦名小行星、作品入選中小學課本、一元版權風波、泉廈文化之旅、「名家看四川」金庸入川……

下面我們擇其要者略為述之。

西湖造屋

金庸一直有隱退江湖落葉歸根的想法，所以當八十年代大陸對金庸表現了極大的善意之時，金庸就萌生了在退休之後回到故鄉杭州在西湖邊上結廬的念頭。

一九九二年底金庸回到杭州，當他的這個願望被杭州政府知道後，杭州市政府立即表示，願意在西湖邊上給金庸特批一塊土地，為他建造一處庭院式住宅，今後金庸回杭州就住在這裡，金庸過世後住宅就獻給杭州。

西湖邊上本來是不允許修建私人住宅的，這對金庸是破例。金庸欣然接受了杭州政府的善意，興致盎然地做起了西湖造屋的夢，以滿足他對故鄉的依戀思念之情。

不過，金庸堅持由自己出錢，委託杭州市有關部門負責設計建造。開始是一千四百萬元預算，後來突破了預算，大約花了一千六百多萬元。

一九九六年十一月四日，占地四點五畝的「雲松書舍」竣工。

浪潮新聞顧問萬潤龍回憶說：

「雲松書舍一九九四年十月奠基，一九九六年秋落成，汪道涵、萬學遠（時任浙江省長）、張浚生（時任新華社香港分社副社長）、鍾伯熙（杭州市老市長）、王永明（時任杭州市長）等出席落成典禮。典禮結束後，金庸先生陪同來賓參觀雲松書舍，大家對這座坐落在西湖九里雲松的新人文景觀讚不絕口。」

然而，精心修建的西湖湖景庭院，金庸只住了一次。那是後來二〇〇二年五月的事。金庸參觀了他的新居，立時改變了主意，當天就向杭州市的領導提出提前捐贈的請求。「這已經不是普通的民居，規格太高，造得像行宮了。我如果住進來，一定會折壽的。」金庸先生告訴萬潤龍，「這個地方我不敢住」。

金庸確實不敢住，因為媒體已經傳出批評的聲音。寫過《拒絕金庸》一文的鄢烈山，再次發言質疑：

「中國的俠義傳統原本是崇尚天馬行空、獨來獨往，既不投第豪門，也不結交官府……金庸標榜淡泊，以佛教徒自居……假如他真的接受了西湖邊的法外施惠，怕應羞見富春江上垂釣的嚴子陵和西湖孤山梅妻鶴子的林逋先生？」

捐贈雲松書舍後，金庸重新在杭州九溪玫瑰園買了一套別墅，房子六百平方米，還有個一千六百平方米的大花園，離錢塘江和五雲山很近。

但這套別墅至今沒有裝修。

再後來，金庸又在湖濱路旁的元華公寓購買了一套房子，用作臨時居住。

加入中國作協

二〇〇九年六月廿五日中國作家協會公佈了二〇〇九年新會員名單，查良鏞（金庸）的名字位列其中。

八十五歲高齡的金庸的加入中國作協，再次引起公眾關注。

華商晨報報導，中國作協已經二十年沒有發展過港澳地區的作協會員，對此，中國作協新聞發言人、書記處書記陳崎嶸在答記者問時表示，吸收港澳地區作家加入中國作協有利於中華文學事業的發展，現在條件具備，時機成熟。

陳崎嶸說：「上世紀七〇年代末到八十年代中期，中國作協曾吸收了廿五名港澳作家入會，後來因故暫停。我們在吸收港澳作家入會時，嚴格遵循『一國兩制』的方針和香港、澳門《基本法》的有關規定，參照內地作家入會的標準和程序辦理。我們非常歡迎金庸等七位港澳作家成為中國作協新會員，加強作家之間的文學交流與合作，共創中華文學的輝煌。」

據介紹，金庸加入中國作協的介紹人是作家鄧友梅和陳祖芬。

如何看待金庸加入中國作協一事，媒體存在兩種不同的聲音。

著名作家海岩表示這是一個挺好的事，「金庸作為一類小說的代表典範，確實是有巨大地位的，作協承認這樣一個文學現實，價值觀變得多元化，是個很好的事情。」

香港知名文化評論人馬家輝先生則表示：「金庸加入中國作協，可以看做是武俠小說被制度承認的漫長過程的其中一步。」

把金庸加入中國作協看著是主流文化對武俠小說的認可，也說明金庸的文學地位在強化。但是網路上也存在爭議，有些人認為金庸加入作協更像是一場作秀，更有甚者有人撰文說金庸是在博眼球，不過是馬三立的「逗你玩」而已。

筆者認為，應該在更高的層次上看待這件事。

金庸加入中國作協，其實是中國作協亮出的應該具有的廣闊視野的包容姿態。香港都回歸了，金庸為什麼不能加入中國作協？

金庸已經如此成功了，他還需要作秀？還需要「逗你玩」？與你一般見識？

金庸加入中國作協不久，二〇〇九年九月十日，中國作協主席團成員全票贊成通過金庸擔任中國作協第七屆全國委員會名譽副主席。

香港《明報》總編、金庸的助手潘耀明對於此事評價說：「以金庸在香港的文學地位以及在中國讀者中的影響力，出任榮譽副主席是完全可以的，來的晚還不如來的早。」

金庸華山論劍

二〇〇三年九月，金庸赴長沙衡陽參加「五嶽聯盟大會」，並主講《遊俠的遊歷與俠氣》。

二〇〇三年十月，陝西衛視舉辦「金庸華山論劍」大型活動。

活動包括三部分：

華山論劍——金庸登臨華山北峰，在峰頂與嘉賓暢談江湖風雲；

碑林談藝——金庸在西安碑林博物館與嘉賓探討他的作品藝術和人生感悟；

法門說禪——金庸前往法門寺，拜謁佛門聖寶舍利子，並與嘉賓研討佛學。

金庸的行程為：

十月六日抵達西安參觀陝西歷史博物館；

七日抵達華陰市，八日「華山論劍」；

九日參觀法門寺「法門說禪」；

十日參觀碑林「碑林談藝」；

十一日離陝。

二〇〇三年十月八日，陝西衛視、陝西一套現場直播「華山論劍」。為保證活動的順利進行，當地政府出動大量警力，與當日早六時到下午二時，華山實行封山。此舉引發一些非議。

華山封山八小時，據說門票損失四百餘萬元。

整個活動中，幾乎無一例外，嘉賓們對金庸進行了極高層度的褒揚。賈平凹忍不住高讚金庸不愧為一代文豪，稱值得自己學習。魏明倫稱金庸的武俠小說達到前所未有的高度，寫到了極致，成就最高當屬《鹿鼎記》，堪稱前無古人後無來者。

有人在網上發言：「心目中的金庸應當是隱者，不想卻愈來愈有嘩眾取寵之意」。「金庸這個一代宗師這次是被人耍了，名聲給糟蹋了，搞了一場活生生的鬧劇！」

聯想到此次活動的時間點，正是金庸劇在如火如荼地拍攝，有人認為金庸這是在找熱點進行宣傳。

金庸來參加活動之前，曾明確提出條件：遠離商業，遠離娛樂……

金庸說：「我希望不要搞新聞炒作，新聞是神聖的。事實必須真實，言論可以自由。『華山論劍』不是武功上的比試，不比勝負，不論高低，更不是商業炒作。它是文化人的對話，是友好的學術探討，希望各位大家對我的小說多多批評指教。」

金庸還是想得簡單了，這次華山論劍的活動，還是背離了金庸的初衷，媒體網路對此多有微詞。

其實，金庸是被人們又「消費」了一次，被娛樂，被搞笑。

一元版權

一九九九年，金庸對外宣稱：「如果央視可以按照拍四大名著的態度來拍攝我的作品，那我願意將我的版權一塊錢賣給中央電視臺。」

得知這一消息，著名導演張紀中，便以中央電視臺電視劇製作中心的名義給金庸寫了封信，表示自己可以按照金庸的意願以高品質拍攝金庸的小說。

金庸也是說到做到，以一塊錢的價格將《笑傲江湖》的版權轉給了張紀中。

據說張紀中真的在銀行找到了一張編號為「52888」的一塊錢（以說是一枚鑲了寶石的一元

硬幣），封裝在了有機玻璃之中，並用雲紋的畫框裝裱了起來，送給了金庸。

張紀中最初看中的小說是《神鵰俠侶》。但是聽了金庸的意見，最後選擇了不需要很多特技場景的《笑傲江湖》。

金庸的小說被改編成影視作品，不計其數，但金庸自己滿意的影視作品卻是極少，絕大多數他都很不滿意。

金庸曾經接受採訪說：「基本原則，如果他不太改動原著的話，我喜歡，滿意的。就是他不太好，我也原諒，但有些編導喜歡把我的小說大改特改，我就不太滿意了，作品根本跟我原著無關。」

他還說過：「你自己生出來的孩子會允許別人去打去罵嗎？如果你真的覺得我寫的不好，可以自己重新寫一個。」

所以，當張紀中表示會在尊重原作的基礎上進行改編，金庸就相信了。

張紀中拍的是電視劇《笑傲江湖》，得到央視的大力支持，撥出了四千萬元，作為拍攝經費。拿到版權之後，改定劇本，張紀中經過篩選，最終找到李亞鵬演令狐沖，許晴演女主角任盈盈，角色敲定之後，很快開始拍攝，並在二〇〇一年上線。

《笑傲江湖》電視劇一經播出，收視率極好，但金庸卻不是很滿意。

據說金庸當面把張紀中罵哭。

金庸曾在接受《時代周報》採訪時說：「我跟他說你有些拍得不好，當面罵得他哭了（笑）。我太太就講，你為什麼罵人家，朋友嘛，他很努力拍，拍得不好有什麼辦法。我說：『他不改好了。』」

張紀中對原著的改編，依然不符合金庸的預期，但生米已經煮成熟飯，金庸也拿他沒有辦法。

二〇〇一年張紀中版《笑傲江湖》成為大陸首部金庸武俠劇（編按：一九九四年《書劍恩仇錄》黃海冰版的才是第一部）。後來，張紀中還拍攝了多部金庸武俠劇，被公認為華人世界中拍攝金庸劇最多的一位導演。

而正是在一部部電視劇的合作過程中，張紀中最後成為了金庸的好友。

後來張紀中拍《射鵰英雄傳》，版權轉讓費是八十萬。因為中央電視臺打了九折，八九七十二萬。因為這次沒有亂改，金庸再拿十萬塊錢，獎勵編導。

金庸極為痛恨影視亂改他的武俠小說。

他講一個故事：臺灣有一個製片人，打電話過來找金庸先生，秘書說查先生不在。金庸說不對，你說查先生在的，查先生不聽你電話。對方很驚奇，為什麼不聽？金庸說我知道你想買我的版權，不賣！把小說破壞得這樣厲害，以後見面不見，朋友沒得做！

金庸認為亂改他的小說是看我不起，是侮辱我。如果大陸的人這樣，我也不當他朋友。

金庸茶館開張

杭州「金庸茶館」的開張，與浪潮新聞顧問萬潤龍先生有直接關係。

據萬潤龍回憶，他曾經向金庸建議，可以由他牽頭組建一家公司，用以傳播和研究金庸的作品，包括組織書友會，舉辦研討會等，還可以開一家金庸茶館，辦一本金庸學的雜誌，創立一個傳播金庸學的網站。

金庸對萬潤龍的建議很感興趣。金庸說，臺灣有一家報紙開設了「金庸茶館」的專欄，專門發表與金庸及金庸作品相關的話題，蠻有味道。如果能夠開一家金庸茶館，讓喜歡我作品的小師弟小師妹們時常到茶館來喝杯茶，聊聊天，與我交流交流，倒是一樁好事。

在文新集團（文匯新民聯合報業集團）領導和報社領導的支持下，萬潤龍做了一份方案，通過傳真發給了金庸先生。這份方案的要點如下：由金庸先生、文匯報、吉利集團、杭州文新公司四家共同組建以金庸先生命名的公司，註冊資金三百萬元，公司組建後在杭州開辦一家金庸茶館，創辦一本《金庸茶館》雜誌，設立一個「金庸茶館」的官方網站。

金庸同意方案的基本內容，否定了「金庸會」、「金庸學研究會」、「金庸讀書會」等名稱。金庸先生說，就叫金庸書友會吧，以書會友，以書交友，以書悅友。

金庸同意在杭州開一家金庸茶館，他表示會為茶館題名。「茶館不要以盈利為主，我的小師弟小師妹們進來喝茶，可以不收他們的茶錢。」

金庸同意辦一本《金庸茶館》雜誌，「除了選大家的評論文章，也要選年輕人的文章。我很樂意與小師弟小師妹交流，尤其喜歡他們對我小說提出的批評。」金庸答應會給《金庸茶館》創刊號寫開篇語。

創刊號上，金庸寫道：

自從我寫了武俠小說之後，遇到的朋友，不論是舊朋友還是新識的，總是和我談陳家洛、蕭峰、阿朱、小龍女，我不大接口，旁邊就有人接上去，談論不休。有人還興猶未盡，約了下次再談。

如果有個茶館，茶客們逢到了，沏一杯茶，談談袁承志、青青、阿九，倒也有點味道。因此，臺灣的朋友們組織了一個「金學研究會」，要出版「金學研究」刊物。我就說我寫的小說內容淺薄，平日消遣倒也不妨，茶餘酒後，也不妨作為談資。「金學」兩字，愧不敢當。有讀者說，有人研究錢鍾書先生，稱為「錢學」，金錢，金錢，金還在錢上，「金學」有何不可？我說，和錢先生相比，我學問太淺，天差地別，不可相提並論。但臺灣還是有一批金庸小說愛好者，他們自稱拜「金」主義者、「紙醉金迷者」，還組織了一個「拜金」團，到香港來拜訪我，釋稱：「拜金者，拜訪金庸也。」拜訪某人，當然可以。

上海文匯新民聯合報業集團的主持人趙先生、胡先生，文匯報前總編輯石先生，浙江站站長萬先生為人厚道熱心，都是我的讀者兼朋友。承他們好意，發起組織「金庸書友會」，要開一家茶館，供書友們談天說地。我欣然同意，但堅決拒絕用「金學研究」之類名稱，因我學問膚淺，作品膚淺，不敢當「金學」之稱。「金庸茶館」則小至九歲，老至八九十歲，大家都可來泡一杯龍井，指出金庸小說中的錯誤，我和各位書友談天說地，高興之極。既交朋友，又遣雅興，豈不快哉！「金庸茶館」期刊，亦以此為宗旨，只談小說人物故事，不涉時人時事，豈不快哉！

二〇〇三年，經金庸先生同意，杭州市金庸書友會創辦。不久，楊公堤的北首開了一家富有金庸特色的金庸茶館。茶館開張那天，金庸夫婦在王國平書記的陪同下成為茶館的第一批客人。

金庸茶館如此正式開張。

二〇〇三年七月廿五日，金庸在杭州為《金庸茶館》創刊而舉辦的演講會，門票標價一八八元人民幣，但是據說黃牛價十元即可買到。

金庸先向現場觀眾表示感謝：「天氣那麼熱，你們還要趕來，對不住大家！」那天的最高氣溫超過四十度，是杭州多年未遇的高溫。

演講的效果不理想。

萬潤龍《我與金庸先生的交往》一文記載：

金庸先生說話的語速很快，加上獨有的江浙口音，開講大約十來分鐘後，台下就有了竊竊私語的聲音。這時，有觀眾通過工作人員遞上紙條，希望直接與金庸先生對話。我把紙條遞給金庸先生，金庸先生讀了紙條上的內容，「有聽眾希望早點對話，我贊同。」

二〇〇五年一月九日，中國新聞周刊專訪金庸《我沒有忘記外面的世界》文章，記者問：「以你已有的成就，可以做完全的隱士，為什麼現在還是願意頻繁出席各種活動？」

金庸說：「一個人退隱的話，很寂寞的。我就只是在家裡，一個人看看書。到這兒來訪問，參加一些這樣的活動，和他們聊聊天，也可以聽到一些社會上的聲音，如果發覺這個人可以做朋友，給他留點好印象也很好啊。」

記者繼續提出尖銳的問題：「你晚年經常出席各種地方政府舉辦的活動，有評論說是『翩然一隻雲間鶴，飛來盡去宰相衙』。」

金庸有些尷尬：「呵呵，說我和高層的人還是有很多交往，是吧？這句詩吟得很好。還有句話是說，隱士你隱在哪裡？終南山。為什麼隱在終南山？因為終南山離長安近，說明你心不忘朝，還是跟大官交往。其實，他們邀請我來參加活動，吃飯，我不只為參加，看看這些人也是好的。我不是隱士，也沒有忘記外面世界。」

金庸的回答，讓人看了覺得有點淒涼。

站在太高的高處，沒有同聲相應，沒有同氣相求，所以大俠是寂寞的。

又有人問金庸：「您都八十歲了，還這麼飛來飛去，是覺得自己不夠有名，還是覺得錢不夠多？」

金庸的回答是：「人在江湖，身不由己。」

說好的江湖退隱呢？

因為人還在江湖，所以身不由己。盛名之下，謗必隨之。

金庸這樣的退而不休，常常會成為有些人批評金庸的口實。其實，求全責備，大可不必。

對於網路媒體關於金庸不甘寂寞炒作自己的批評，金庸回應說：「我參加的所有活動都是不收一毛錢的。我是不需要為自己做宣傳的，我的小說已經賣出去了，幹嘛還需要推銷？」

其實是這樣，金庸已經成功如神話，還需要為自己做宣傳嗎？

蘇東坡有一句詩：「得意尤堪誇世俗」。

金庸開掛的人生如此成功，確實是有可以隨心所欲的資本，他確實是可以任性。

但是金庸的隨心所欲，並沒有過分，沒有逾距。

無可無不可，不期然而然。

金庸的身上，有一種儒家的浪漫主義。

今是昨非，儒者以一事不知爲恥

二〇〇三年七月，西子湖畔金庸「茶館」開張，金庸接受了央視《新聞夜話》記者的專訪，令人意想不到的是，金庸居然說他現在很後悔。

金庸說，他人生最大的缺憾是學問不夠。

晚年的金庸回想一生，如果可以重新來過，最好小說也不寫，從大學開始就專門研究歷史，研究外國文學，那麼到現在，大概跟其他大學教授的學問差不多了。

金庸覺得自己花很多時間去辦報紙，很多時間去寫小說，耽誤了做學問。

在牛津大學、劍橋大學，金庸和那些大學教授交談，覺得自己差得遠。

在浙大，也覺得差得遠，自己很慚愧。

自己花這麼多時間去做一些現在看來沒有用的事情，這個處理得不好。

記者問：「您現在覺得您最缺的是學問？」

金庸回答：「欠缺學問。」

金庸表示後悔應該多點時間來做學問，不應該花很多時間去做一些對人家有益對自己沒益的事情。

「寫小說娛樂人家，自己沒什麼好處的，辦報紙給人家看，自己沒什麼好處的，做學問，自己得益的。」

金庸說不是謙虛：「因為我覺得學問不夠好。我現在開始學著寫點兒文章，覺得這個也不懂，那個也不懂，這個文字也不懂，那個文字也不懂。那麼早一點兒，三十年前我學這個東西那就好了。」

「現在在寫書，寫歷史書，寫文學書，寫作的時候覺得，這方面我不懂，如果到原文裡面去查一查多好，可惜現在學來不及了，已經後悔，當時去辦報紙，去寫小說有什麼意思？把這個時間拿去學德文、學日文、學希臘文、學拉丁文不是好得多嗎？」

記者問：「學問對於現在的您來說，有多重要？」

金庸回答：「我好奇心很重，我覺得學問不夠，也是自己生活中、人生中的一個缺陷。」

如此成功，如此開掛，如此神奇的人生，金庸居然覺得後悔。

有人會認為矯情。

我不這樣看。

每個人有每個人的活法。

覺今是而昨非。五十而知四十九之非。這個可以有。

儒者以一事不知為恥。

這就是我說的金庸的儒家浪漫主義。

世紀新修版，畫蛇添足？

就在一九九九年金庸任職浙江大學人文學院院長的同時，金庸已經暗地裡另出奇招，大約在這一年，金庸開始了第三次全面修改他的十五部武俠小說。

金庸的十五部武俠小說有三個版本。

一是連載版，這是金庸上個世紀五十年代開始到七十年代初，在報刊雜誌上連載的武俠小說。這個版本可以說是金庸武俠小說的初稿。因為連載的原因，雖然胸中有一個大概的提綱，但還是寫到哪裡算哪裡，自然會有粗疏之處。

二是三聯版（編按：臺灣稱修訂版），這是金庸封筆之後，花了約十年時間，認真重新審查修改了報刊雜誌上連載的十五部武俠小說，刪減了不合理的情節故事和無關緊要的人物，語言錘煉更為雅致。包括遠景出版社的白皮本，遠流出版社的黃皮本和花皮本，大陸三聯出版社的三聯版。不過，大陸三聯出版社的三聯版，公認最為經典和有影響力。

三是新修版，或叫世紀新修版，這就是金庸在一九九九年開始歷時約七年在二〇〇七年全部完成，分別授權大陸廣州出版社、臺灣遠流出版社、香港明河社出版發行。

新修版完全顛覆了讀者們的集體記憶，三觀被毀。雖然網路和媒體上有一些金庸的「死忠粉」和研究者力挺，寫了一些為其洗白的文字甚至書籍，但平心而論，普遍的讀者和金庸的研究者都拒絕新修版。

筆者從九十年代中期開始著書研究金庸，發表數百萬字論述，亦可謂是資深「金粉」，但是對金庸的新修版，甚是不喜。

當金庸第三次全面修訂作品的消息傳來，引起了讀者強烈反響，雖然有支持金庸的聲音，但反對的聲音更為強烈。據說有讀者就寄給了金庸抗議信，表達不滿，希望作品維持原狀。

據說金庸曾經戲言，廣州出版「如果有六萬人上街反對，我就不改了」。

新修版首次亮相是二〇〇三年《書劍恩仇錄》和《射鵰英雄傳》兩部。最讓讀者難以接受也想不明白的是，對妻子馮氏專情癡心的黃藥師，居然在新修版中，暗戀女弟子梅超風，還把歐陽修「恁時相見早留心，何況到如今」（當然是否是歐陽修所作還有爭議。）暗戀小羅莉的豔詞拿來淺吟低唱。

二〇〇四年金庸受邀去湖南衛視接收專訪，于丹問他，新修版裡增加那部分存在爭議的黃藥師梅超風的往事，金庸反問：「誰說黃藥師不能愛上梅超風？」看來金庸完全沒有認識到自己的問題。

不過，有一件事有點八卦。萬潤龍在採訪金庸時，金庸居然希望《文匯報》幫他澄清一件事：「有人在網上說，我修改《射鵰英雄傳》時把黃藥師和梅超風兩個人物改成曖昧關係，是因為我招收了女博士生的緣故，這完全是無稽之談。我一九九八年已經修改好《射鵰英雄傳》，我擔任浙江大學人文學院院長是浙江大學等四校合併之後的事，那已經是在一九九九年之後。」

繼而二〇〇五年，金庸推出《天龍八部》的新修版，改動幅度之大，再次讓讀者大跌眼鏡。童話裡的結局都是騙人的，段譽居然和王語嫣拜拜了，王語嫣回到了慕容復的身邊，與阿碧一起陪伴著發瘋的慕容復。香港早前媒體報導金庸讓段譽取了八個老婆，分別是木婉清、鍾靈、夢姑的侍婢曉蕾和梅蘭竹菊。段譽成了「段小寶」，比韋小寶還厲害。大概後來金庸自己也覺得過了，所以七校定稿，改為段譽只娶了木婉清、鍾靈、曉蕾三人，而梅蘭竹菊則是被段譽嫁去四大家族做政治聯姻了。

筆者很認同原臺灣師範大學國文系教授林保淳博士的觀點，金庸是否有權力來破壞這些老讀者的認知？「在這點上面我不是很認同，以一個讀者的立場來講，我仍然喜歡原來我所熟悉的那個世界、那一個空間、那裡面的人物。」「我們在讀他的小說時，是將生命的熱情、理想、

願望都投注到他所構造的空間當中了，現在這個空間改了，我們找不到原來的東西，是很殘忍的。」（二〇〇八年九月廿七日中新網）

新修版的各種奇葩改動不一而足，這裡不做過多闡述，只是再舉一例。

《倚天屠龍記》三聯版結尾：

忽聽得窗外有人格格輕笑，說道：「無忌哥哥，你可也曾答允了我做一件事啊。」正是周芷若的聲音。張無忌凝神寫信，竟不知她何時來到窗外。窗子緩緩推開，周芷若一張俏臉似笑非笑的現在燭光之下。張無忌驚道：「你……你又要叫我做甚麼了？」

周芷若微笑道：「這時候我還想不到。哪一日你要和趙家妹子拜堂成親，只怕我便想到了。」

張無忌回頭向趙敏瞧了一眼，又回頭向周芷若瞧了一眼，霎時之間百感交集，也不知是喜是憂，手一顫，一枝筆掉在桌上。

《倚天屠龍記》新修版結尾：

忽聽得窗外有人咯咯輕笑，說道：「無忌哥哥，你可也曾答允了我做一件事啊。」正是周芷若的聲音。

窗子緩緩推開，周芷若一張俏臉似笑非笑地現在燭光之下。張無忌驚道：「你……你又要叫我做什麼了？」周芷若微笑道：「你要知道就出來，我說給你聽。」張無忌回頭向趙敏瞧了一眼，又回頭向周芷若瞧了一眼，霎時之間百感交集，也不知是喜是憂，手一顫，一枝筆掉在桌上。

趙敏輕推張無忌，道：「你且出去，聽她說要你做什麼？」張無忌躍出窗子，見周芷若緩緩走遠，便走快幾步，和她並肩而行。周芷若問道：「你明天送趙姑娘去蒙古，她從此不來中土，你呢？」張無忌道：「我多半也從此不回來了。你要我做一件事，是什麼？」

周芷若緩緩地道：「一報還一報！那日在濠州，趙敏不讓你跟我成親。此後你到蒙古，儘管你日日夜夜都和趙敏在一起，卻不能拜堂成親。」張無忌一驚，問道：「那為什麼？」周芷若道：「這不違背俠義之道吧？」

張無忌道：「不拜堂成親，自然不違背俠義之道。我跟你本來有婚姻之約，後來可也沒拜堂成親。好！我答允你。到了蒙古之後，我不和趙敏拜堂成親，但我們卻要一樣做夫妻、一樣生娃娃！」周芷若微笑道：「那就好。」

張無忌奇道：「你這樣跟我們為難，有什麼用意？」周芷若嫣然一笑，說道：「你們儘管做夫妻、生娃娃，過得十年八年，你心裡就只會想著我，就只不捨得我，這就夠了。」說著身形晃動，飄然遠去，沒入黑暗之中。

張無忌心中一陣惘然，心想今後只要天天和趙敏形影不離，一樣做夫妻、生娃娃，不拜堂成親，那也沒什麼。「為什麼過得十年八年，我心裡就只想著芷若，就只不捨得芷若？」又想：「她其實並沒跟宋青書成親，和我又曾有婚姻之約。她做了不少對不起我的事，此刻想來，也並沒真的對我壞。有些事情，她是受了師父逼迫，不得不做。她雖盜了屠龍刀和倚天劍，但現下屠龍刀復歸我手，表妹殷離也沒死……

「愛我極深、很想嫁我的，除了芷若，自然還有敏妹，還有蛛兒，還有小昭……」

張無忌天性只記得別人對他的好處，而且越想越好，自然而然原諒了別人的過失，別人所以對他不起，往往也是為了愛他，想到後來，把別人的缺點過失都想成了好處，即使心頭還留下一些小小渣滓，也會想：「誰沒過錯呢？我自己還不是曾經對不起人家？小昭待我真好，她已得回了乾坤大挪移心法，這個聖處女教主不做也不打緊。蛛兒不練千蛛萬毒手了，說不定有一天又來找回我這個大張無忌，我答允過娶她為妻的……」

這四個姑娘，個個對他曾銘心刻骨地相愛，他只記得別人的好處，別人的缺點過失他全都忘記了。於是，每個人都是很好很好的……

對比一下，三聯版結尾回味不絕，餘音繞梁，給讀者留下豐富的想像空間。而新修版結尾，實在不是好的文法，實在是畫蛇添足，弄巧成拙。

新修版的結尾，驚得我差點要手一顫，將一枝筆掉在桌上……

據說，金庸在新修版中，本來要給韋小寶安排一個打回原點的結局，財終喪盡、窮困潦倒、妻離子散，落了個一片白茫茫大地真乾淨。

二〇〇七年，金庸在北京大學時說：

「韋小寶這個人物，其實我是受魯迅先生的《阿Q正傳》的啟發。在書的後記中，我也寫到了年輕人切不可學韋小寶。我想把小說的結尾修改了，讓他在一次賭博中把全部家產賠光，幾個太太也走了一大半。但有讀者就給我寫信，說文學是要講究完整性的，這樣一改，就不完整了，雖然有了教育意義，卻沒有了文學意義。於是我也只能作罷。」

還好，最後金庸收手，保留原來三聯版的結局。

金庸是放了韋小寶一馬，也是放了讀者一馬。

三聯版和新修版究竟哪個好？市場是最有說服力的。

二〇〇八年八月廿九日中國網報導：「新修版金庸全集情節大變，未獲讀者認可反響平平」。文章說，金庸的新修版全套武俠小說面市已有近兩個月，多少市場依然滯銷。記者從新華書店瞭解到，自上市以來，該套書至今一直銷售平平，北京圖書大廈目前銷售不到十套，該套書一共十二本，三十六冊；而在中關村圖書大廈，目前銷售只有區區兩百本；在上周剛剛結束的上海書展上，新版金庸全集甚至打對折銷售都賣不動。

對於新修版，讀者用腳來投了票。

二〇〇八年九月十六日《青年報》有一篇題為：「封筆三十六年金庸書籍依然領跑武俠專家解釋原因」，文中說到：

《金庸作品集》（新修版）是今年五月正式成套發行的，此前，這套書裡一些作品已開始陸續發行。二千六百四十八套是什麼概念呢？新華傳媒相關人士告訴記者，這套集子共包含十二部作品三十六冊書，如果論冊來算，就是九萬五千三百二十八冊，而這僅僅是上海一地的銷售數字。相比之下「新武俠」的銷量卻一般在五萬冊之下艱難地徘徊。

這是在高級黑嗎？上海那麼大的國際都市的銷售才二千六百四十八套？君不見，此時三聯版的二手書最高過萬早都炒到了天價？

金庸為何要花七年時間來對自己已經久享盛譽的作品全面修改呢？且修改的幅度並不比上次差多少。

而且一九九九年他剛好接受浙江大學人文學院院長之職，他老人家時間精力忙得過來嗎？筆者細想起來，以為金庸世紀新修版修改的原因大約就是這麼兩條：

一是保護版權利益最大化之促成；

二是作品經典化完美化之野心。

我們先來說版權問題。

金庸與三聯書店版權簽約是在一九九三年三月，合同期是八年，到二〇〇一年終止。

合同期滿，雙方合作宣告結束。

三聯方面當然是積極爭取，不想放棄，但是直到最後依然無法達成共識。

金庸對公眾的解釋是，「以後中國內地的版本由廣州出版社出版，主因是地區鄰近，業務上便於溝通合作」。

地區鄰近，便於溝通合作，顯然是一個並不高明的托詞。

可以想見的是，金庸早已有了要拋棄三聯版另出新修版的想法。

此前，一九九八年五月十六日，在美國科羅拉多大學舉辦的「金庸小說與二十世紀中國文學」國際學術研討會，金庸在演講中就披露了他已經在開始進行新修版的修改工作，修改的順序還是按照當初，從《書劍恩仇錄》、《碧血劍》開始。

這說明早在三聯書店版權到期三年多前，金庸就鐵了心要做新修版。

三聯版在大陸熱賣數年，市場已經到了一個飽和期，可以預見，如果二〇〇一年三聯版繼續發行，效益有限。

但是如果再次修訂作品，推出新修版，無論如何市場都不會比發行原版差。用網上有些難聽的話來說，是可以再割一次韭菜。

余傑在《金庸的偽善和妥協》中說：

「金庸的『第一身分』，與其說是才華橫溢、國學淵博的文人，不如說更是成功的商人。無論是寫作武俠小說，還是創辦《明報》等媒體；無論是出任香港特別行政區基本法的起草人，還是擔任北大的名譽教授和浙江大學文學院的院長，金庸一切行為都是從商人的準則出發，謀求自己的最大利益。……最近，金庸與三聯出版社的合作終至『緣盡』。據三聯出版社的編輯透露，當原有協定需要續簽時，金庸突然提出要大幅提高版稅、每年必須達到一定印數等諸多要求。這些要求超過了三聯出版社的承受力。雙方幾經磋商依然沒有達成共識，只好終止協議，數年的合作終於走到了盡頭。儘管三聯出版社對於在大陸推廣金庸小說做出了巨大的努力，但金庸卻翻臉無情，讓編輯們感到寒心。」（余傑《金庸的偽善和妥協》）

余傑所說金庸與三聯出版社談判細節是否如此先不去說它，但是說「金庸一切行為都是從商人的準則出發，謀求自己的最大利益」，這句罵人的話，也太無腦了吧？

傅國湧《金庸傳》中說：「直到晚年金庸依然精明，他與北京三聯書店合作十年以後提出的三個續約條件，無非為了一個『錢』字。」

說的好像是事實，但是語氣有些譏諷，也似乎不必。

毋庸為尊者諱，金庸本來就有商業頭腦，說他一點沒有經濟利益上的考慮，是不近情理的。

而且在與三聯書店中斷合作之前，一九九九年金庸評點本版權官司之爭，金庸對版權被侵，甚感痛心。此事我們下文再說。

這也是金庸鐵了心要推出新修版的一個意外因素。

網上還有一個說法，說金庸是因為廣州出版社擔心三聯版影響太深，要求金庸進行重新修改：「二〇〇一年底，金庸與廣州出版社談妥了協議。據《中華讀書報》披露，金庸此次修訂的背景正是因為他得到百分之十八的高額版稅，而廣州出版社又擔心三聯版影響太深、太廣，惟恐推出新版後受到市場、讀者的冷落，所以索性要求金庸修改原著，否則將擱置出版計畫。」（中國新聞網《金庸小說三十年：從「開禁」到暢銷到大眾文化》二〇〇八年十月十日。來源：《小康》雜誌）

這個說法經不起推敲，金庸與廣州出版社簽署合約是二〇〇一年的事，而前面說過，一九九八年金庸在美國科羅拉多大學的演講中，就披露他已經開始在做新修版工作。

我們再來說金庸作品經典化完美化之野心。

金庸雖然自己謙虛低調，多次在不同的場合聲稱自己只是一個普通的作家，普通的武俠小說作者。但是此時金庸的文學聲望已經是高歌猛進，甚至席捲全球。「金庸小說與二十世紀中國文學」國際學術研討會，更是將金庸文學地位大師經典化的進程推向一個高潮。

金庸有沒有配合這些外界的呼聲的內心衝動？當然有！

這又可分為兩個層面：

一是根據自己晚年悟道的心境，修改作品使之更加文學藝術化，符合文以載道的文學傳統，符合普世價值，深挖原來作品的人物思想內涵，呈現更為豐富的藝術氣質。

這個是金庸自己的一廂情願，結果不理想，往往弄巧成拙。

二是對原作品查漏補缺，彌補當時寫作考慮不周的明顯錯誤，消除硬傷。如《射鵰英雄傳》改正了全書情節年代上的錯誤，解決「黃蓉年紀比郭靖大」的問題等。新修版參考了許多金庸研究學者和網路上金迷的意見。《金庸茶館》上金迷的意見金庸採用頗多。

這個可以有，但是不必有。

林保淳先生說得很中肯：「作品不可能十全十美，留一點遺憾在人間，給後人去討論，這是文學的樂趣，不要連這點樂趣都把讀者剝奪掉了。《水滸傳》沒有問題嗎？把缺憾放諸天地，讓它自然而然存在那裡，不也是一種美感嗎？」

《易經》說：大衍之數五十，其用四十有九。留一不用！

《列子》說：天地無全功，聖人無全能，萬物無全用。

想起讀過的一句古詩：古來儒士多遺憾，為此文章竟陸沉。

世紀新修版風波尚未結束，又起新的波瀾。

二〇〇八年九月廿七日中新網援引香港文匯報消息：本月十六日金庸先生在出席「二〇〇八浙江海寧金庸小說國際學術研討會」的開幕式上表示，他決定對《金庸全集》進行第四次修改，希望能聽到來自各方的批評、指教，好讓自己「虛心受教」。但是不少研究者表示反對。

有沒有完？金庸居然還要改？

此時金庸已經是八十四歲的高齡，還能有足夠的體力和精力折騰嗎？

二〇〇九年一月九日時代周報記者採訪金庸：

時代周報：聽說你現在還在改自己的小說，是真的嗎？

金庸：現在不改了，已經改了三次了，第三次已經改完了。《碧血劍》、《天龍八部》、《雪山飛狐》改得多。我第三次修改，陳墨提了很多意見，很多意見我都接受，主要意見是《俠客行》、《飛狐外傳》、《雪山飛狐》。

時代周報：還會再改小說嗎？

金庸：第四次將來再過十年再改吧。

自此，讀者們暫時鬆了一口氣，心放到肚子裡了。金庸的四次修改計畫，最終是泡湯了。

版權官司，評點本小學生也會寫？

一九九九年三月三十一日，金庸在中央電視臺「晚間新聞報導」接受採訪時，披露了他對《評點本金庸武俠小說全集》侵權的不滿。

金庸說，今天有人找我簽名，我一看是盜版書，不簽。評點集其實是一種聰明的盜版方式。隨便找幾個人說這段好，這段不好，就是小學生也會寫的。

金庸表面的平和語氣陳述背後，其實言辭是相當尖銳，毫不客氣，指責評點者是小學生水準，《評點本金庸武俠小說全集》版權糾紛的戰火隨即點燃。

四月五日，《人民日報》華東新聞發表了《面對盜版：「金大俠」拍案而起》。文中談到《評點本金庸武俠全集》時，金庸說，編者事先確曾找他接洽過，他想名家評點也不失為一件雅事，便好意地予以首肯。但看到校樣時大吃一驚，怎麼根本就是小說全文，每頁僅加上幾句眉批。頭兩頁的眉批還認真一些，後面的就簡直是潦草無聊。金庸當即表示完全有悖初衷，堅決不同意出版。

不久，金庸與明河版權代理（香港）有限公司聯名遞交了訴狀，將北京的文化藝術出版社、雲南人民出版社和上海的中國科技圖書公司告上法庭，訴請判令被告停止印刷、出版、發行和銷售侵權製品，銷毀其直接用於從事侵權行為的所有工具和物品；消除影響，在國家級出版物上向兩原告賠禮道歉；賠償經濟損失十九萬元。

二〇〇〇年一月十二日，該侵害著作權糾紛案，在上海市第二中級人民法院開庭審理。作為回應，一九九九年十一月八日文化藝術出版社向北京市二中院起訴，狀告金庸「侵犯名譽權」。

原告認為，文化藝術出版社曾得到金庸的版權代理公司——明河版權代理（香港）有限公司的授權，在中國內地出版《評點本金庸武俠全集》，金庸先生的十五部武俠小說入集。雙方簽了出版合同。評點人也經過金庸的篩選。原告的訴訟要求之一是賠償人民幣兩百萬元。

此後，中國社會科學院研究員王春瑜、劉國輝、林冠夫、白維國等五位評點人，以侵犯名譽權向上海市第二中級人民法院提起訴訟。

原告稱，金庸將評點人與小偷、強盜並列等言詞，純屬詆毀，是對每個評點人的攻擊和傷害，因此要求法庭判令被告「立即停止侵權行為；在《人民日報》和《北京青年報》上刊登聲明，向原告公開賠禮道歉；賠償經濟損失費人民幣五十萬元」。

當初《評點本金庸武俠全集》的評點作者共有十三人，幾位未參與這起訴訟的評點人均稱，不願介入此事。

金庸評點本版權糾紛，一時又飽吸眼球，引起公眾關注，眾說紛紜。

浪潮新聞二〇一八年十一月六日，萬潤龍在回憶和金庸交往的文章中說：

「金庸先生給我的信明確表示：文化藝術出版社出版的《評點本金庸武俠全集》侵犯了他的智慧財產權。他當初之所以簽約，是因為最初提出評點建議的是自己尊敬的幾位學者。但在與出版社簽合同時，金庸先生強調過，出書前要讓金庸本人過目。出版社卻沒有做到這一點。而且，後來給書作評點的作者也並不全是自己尊敬認同的學者。金庸先生在隨後給我的電話中說，『他們中有大學生、研究生及社會人員，有些我根本不認識，甚至名字也沒有聽到過。』『出版社沒有在出版前讓我本人看過樣書，就匆匆交付印刷。我是書出版後才看到全部評點。有的段落後面僅三個字「此處好」，這樣的評點誰不會？』金庸先生向我強調，他打官司主要是對出版社的做法，與馮其庸先生毫無關係。馮先生當初的創意，與出版社後來的違約，並無因果關係。」

《評點本金庸武俠全集》最初是馮其庸等金庸研究專家的策劃，金庸在大陸的被褒獎，當初馮其庸、嚴家炎等是首功，所以這幾場官司多又尷尬之處。

據說金庸把參加點評的人全都得罪了，包括馮其庸先生都氣壞了。

有記者採訪馮其庸，他說：「對於『小學生』之類的話根本用不著辯解，也沒有意思，難道我還用證明我是不是小學生水準嗎？」這個回答有點像賭氣。

二〇〇〇年十二月十日北京青年報記者，就這一系列連環訴訟，採訪了金庸。

採訪中，大概是考慮到照顧金學大佬的情緒，金庸首先將馮其庸、嚴家炎、陳墨三人撇清，因為十三名評點者中正是有此三人。金庸當然不能一棍子全部打下去，不能說他們也是小學生水準：

> 「有幾位評點人確是花了心血，認真其事地『評』與『點』，而且他們有才有識、有學問，懂文學、懂小說，指出了原作的優點與缺點，我閱讀的時候心中感謝，當時對他們的指教就心悅誠服，這主要是指馮其庸、嚴家炎、陳墨三位先生的評點，他們的評點，我認為是『批評』與『指點』。」

金庸還承認，正是因為認為馮其庸、嚴家炎、陳墨三位不致做出「侵權行為」，他才樂於正式給予許可。

對於「聰明的盜版」的說法，金庸另有解釋，盜版與評點者無關，「盜版者」是指出版方借用評點的名目巧妙盜取自己的版權，「複製」金庸的小說，賺取利潤據為己有。「小偷、盜竊」，不是指評點者。

對當初自己批評評點者的寫法「連小學生也會寫」，金庸進一步釐清範圍，他說這不是指所有的十三位評點者全部，而是其中「有一部分極佳，有一部分極差」：

「我個人認為，有些評點的態度很輕率，隨手寫幾句『此段好』就此敷衍了事。有一本書其中的一頁，只寫『妙！妙！妙！』，接連三個『妙』字，就算評點了。我說『連小學生也會寫』，只是指這類評點而言，當然不是指所有的人。」

金庸說，評點本版權官司提出訴訟，是他「被動的自衛」。

這場官司最後還是以雙方握手言和而告終。

萬潤龍回憶後來談及這場官司的和解，金庸笑著說：「文化部的領導，江蘇省委的領導都出面做工作了，這個面子我應該給。」

領導的面子是要給的，況且金庸才在浙江大學擔任人文學院院長時間不長，還要在江湖混，只能息事寧人。

二〇〇一年二月十六日，在南京市東郊賓館，江蘇省委副書記主持了和解儀式。

調解書這樣寫著：

文化藝術出版社與香港明河版權代理公司於一九九六年十二月廿三日定約出版《評點本金庸武俠全集》，為期四年。因向第三者轉讓授權問題，引起司法糾紛。經友好人士多次善意調解，文化藝術出版社與香港明河版權代理公司及金庸先生本著理清和解決問題、消除誤解、實事求是、克己敬人的原則，坦誠協商，同意達成和解條款。文化藝術出版社就自己的一些失誤向金庸鄭重道歉，作適當自我批評。金庸表示諒解，願意接受道歉。雙方承諾此後不再根據同樣事實及理由向對方再度提出司法訴訟或要求。雙方並誠意承諾，此後不向外界發表針對對方的法律性不友善言論，至於文藝理論、文學批評、歷史討論等則不在此限。據此，香港明河版權代理公司及金庸撤銷在上海第一、第二中級人民法院針對文化藝術出版社的起訴；文化藝術出版社向北京第二中級人民法院撤銷對金庸的訴訟。

江湖的是是非非，難以分辨，官司雖然結束，但是金庸當初的怒氣和不平，是有目共睹的。話說回來，自己的作品版權被侵犯，哪位作家不心痛？即使只是在某種巧妙程度上，也是會不甘心的。

作家對版權的維護，將心比心是無可厚非的事情。

金庸小說在世界範圍內傳播，擁有數億甚至數十億讀者，同時其衍生和輻射的商業市場無比巨大，事實上明裡暗裡一直存在數不清各種形式的侵犯其版權的行為。

八十年代初，金庸的武俠小說通過大量的盜版書（包括報刊雜誌的盜版）風靡大陸，在一九九四年金庸正式授權三聯版之前，只有百花文藝出版社出版的《書劍恩仇錄》是唯一得到金庸授權的正版書。

那個時候金庸想不想打擊盜版？當然想！不過時代特殊情況，沒有條件去打擊罷了。

一九九四年三聯版面市之後，金庸小說的盜版情況好了很多，那時大陸的法制意識大有增強，版權保護工作做得不錯，明面上不再有出版社敢於公開盜版了，當然私下裡不法書商的盜版現象依然屢禁不絕。

二〇〇一年《評點本金庸武俠全集》版權糾紛官司風暴平息之後，金庸對版權維護的意識更有加強。

金庸版權維權之路，在二〇一三年推向高峰。

二〇一三年以前，金庸正版授權的國內遊戲開發商只有完美世界和暢遊公司兩家。完美世界和暢遊順理成章成為了金庸打擊手遊侵權的兩大助力。

這一年，金庸聯合完美世界和暢遊兩家公司，半年內成功讓一百款侵權手遊下架，從此國內手遊野蠻侵權金庸版權之亂象大為改觀。

此後，二〇一五年金庸訴網路作家江南侵權案，被稱之為「中國同人作品第一案」。此案是勝訴，首次釐清了一直處於版權灰暗地帶的同人作品的法律界限。

這也是金庸生前的最後的一場官司。

二〇一五年，金庸因為同人小說《此間的少年》，起訴其作者、暢銷書作家江南（楊治）及三家出版公司，以「侵犯著作權及不正當行為」為由，要求被告停止發行並銷毀小說，公開致歉並賠償經濟損失一百多萬元。

同人小說（FANFICTION），簡單說來就是改寫的小說，指的是利用原有的漫畫、動畫、小說、影視作品中的人物角色、故事情節或背景設定等元素進行的二次創作小說。

此前，大陸著作權法並沒有明確規定同人小說的版權歸屬問題。但在日本，原作者擁有與第二次作品作者（即同人小說的作者）相同的權利。

同人小說是互聯網發展的伴生產物。互聯網的發展為網路作家提供了大規模的創作和傳播的土壤，在各類網路小說興起的同時，「同人小說」這一網路小說類型也大量出現，其作者搭原著的順風車，利用原著的影響力吸引讀者，某種程度上也加深和拓寬原著的藝術內涵，有助於延長原著的生命力。

如果原著不存在版權問題，同人小說作家二次創作當然沒有問題。比如網上很多對《西遊記》、《三國演義》、《水滸傳》進行的二次創作，得到大量的讀者支持。但是，如果原著版權受到保護呢？

小說《此間的少年》，是以宋代嘉佑年間為時間背景，以「北大」為原型塑造了一個「汴京大學」的古代校園故事，其內出現了許多金庸武俠世界中，諸如：郭靖、黃蓉、喬峰、段譽、令狐沖等人物。

金庸方面的律師認為，江南未經原告許可，在《此間的少年》中大量使用原告作品的獨創性元素並出版發行，嚴重侵害了原告的著作權。同時，被告借助原告作品的知名度吸引讀者、謀取競爭優勢，獲利巨大，違背了誠實信用原則，構成不正當競爭。

此前，金庸並不知道《此間的少年》一直在蹭金庸小說的熱度。被金庸起訴，是江南自己撞了上去。

《此間的少年》在網路上很火，所以，二〇一五年，華策影視準備投拍《此間的少年》的電視劇，給金庸工作室發去一封徵求許可的信函，金庸才知究裡。

對於同人小說侵權這一現象，其實金庸早已注意到，並在二〇〇五年曾在採訪中表達不滿：「文學一定要原創，有些線民拿我小說的人物去發展自己的小說，是完全不可以的。你是小孩子，我不來理你，要真理你的話，你已經犯法了。在香港用我小說人物的名字是要付錢的。」

二〇一八年八月十六日，歷時兩年的金庸訴江南案終於作出一審判決，法院判定此案被訴行為不構成著作權侵權，但構成不正當競爭，金庸因此獲賠一百六十八萬元經濟損失，並全額獲賠二十萬元維權合理費用。

手遊維權，「同人」維權，國內版權保護業界認為，金庸推動了中國版權事業的極大發展。

劍橋讀博，花香書香繾綣

金庸要到劍橋大學讀博，立時引爆輿論熱議。

二〇〇七年六月十七日上午，北大國學研究院成立十五周年慶典現場，金庸接受數家媒體記者的採訪，談到他申請讀劍橋博士。

記者問：你已經功成名就，很多學校也授予你名譽博士學位，為何自己要去讀博士？

金庸回答：「劍橋給我一個名譽博士，說這個比教授地位還高，我申請自己讀，他們不接受，說這就相當於六年級去申請讀一年級，後來我跟校長談，他說一定要讀，需要正規手續。這個就很麻煩，從小學、中學到大學，拿了幾個A，幾個B，都要出示證書給學校，還要考英文寫作。一關關過去，過了三個多月，後來他們同意了。我在劍橋，不是為了學位，那邊跟北大差不多，老師很好，學生也很好，對自己的學問挺有長進。」

已故國學大師陳寅恪的一句話：「不求學位，只求學問」，成了金庸劍橋讀博明面上的正當訴求。

金庸雖然得到了很多的「榮譽教授」、「榮譽院長」、「榮譽博士」等頭銜，但他內心並不踏實，特別是浙大文學院長辭職風波翻出來的無數指責他學問不夠格的負面言論，多少給金庸留下了心理陰影。

荊欣雨《查良鏞的遺憾》一文說：

「查良鏞對做學者的執念，或許與他的武俠小說屢遭批評有關。胡適曾在一九五九年臺北一次主題為『新聞記者的修養』演講中說，『現在有許多報刊都刊武俠小說，許多人也看武俠小說，其實武俠小說實在是最下流的。偵探小說是提倡科學精神的，沒有一篇偵探小說，不是用一種科學的方法去求證一件事實的真相的。』查良鏞隨即在《明報》發表社評《最下流之胡適之》，此後一生未提過胡適。狂人李敖也曾嘲笑金庸武俠品格低下，並抨擊其做人『偽善』。王朔則說過金庸小說十分媚俗，『讀了一天實在讀不下去……情節重複，行文囉嗦。』」

對金庸一直存在的批評和質疑，其實金庸還是有意氣不平的時候。

或是療傷或是彌補缺憾，金庸選擇了遠走高飛。

金庸說：「我姓查，筆名金庸，要把握住這個『查』字，多用功讀書，化去這個『庸』字。王朔先生說我是『四大俗』之一，我寫通俗小說，『俗』是免不了的。可有人批評我學問不好，我就相當重視了。人家說的是事實，惟一補救的辦法是令自己的學問好一點。」

正正當當地證明自己，打那些圍攻他的人的臉，應該說是金庸去劍橋大學讀博的第一原因。

香港作家陶傑說得更為直接：「他有一個心結，早年寫武俠小說，被許多學者看不起。六〇年代，伯克萊比較文學教授陳世驤作為一個學者，寫信說喜歡看《天龍八部》，後來書再版的時候，他（特意）把信附在書後面，那是一個情結。」

「他去帶博士生吃了虧以後，（心想）『死活都要在劍橋念個博士回來，給你們這幫王八蛋看，你說我不懂。』這是一口氣，這也是他看不開的地方。」

當初陳世驤對金庸的認可，金庸非常在意，一九七八年十月修撰完成《天龍八部》，金庸寫下了《後記》，感謝陳世驤的讚許：

「我和陳先生只見過兩次面，夠不上說有深厚交情。他曾寫過兩封信給我，對《天龍八部》寫了很多令我真正感到慚愧的話。以他的學問修養和學術地位，這樣的稱譽實在是太過分了。或許是出於他對中國傳統形式小說的偏愛，或許由於我們對人世的看法有某種共同之處，但他所作的評價，無論如何是超過了我所應得的。我的感激和喜悅，除了得到這樣一位著名文學批評家的認可、因之增加了信心之外，更因為他指出，武俠小說並不純粹是娛樂性的無聊作品，其中也可以抒寫世間的悲歡，能表達較深的人生境界。」

劍橋授予金庸名譽博士，是在二〇〇五年的事。劍橋大學校長理查女士閱讀了英譯本《鹿鼎記》後被圈粉，大為讚嘆，時任名譽文學博士學位推薦委員會主席的她，隨即向劍橋大學教授會推薦，提議授予金庸榮譽文學博士稱號。

據說當時劍橋大學有人反對此項提議，理由是他「曾支持中國在一九九七年收回香港，違反了英國的利益」。但是理查女士等金庸的忠粉堅持意見，且多方設詞辯護，稱劍橋不能反對金庸的合理的愛國行為，劍大注重學術獨立、自由，文學博士是學術性的，不是政治性的。

最終，這項提議在教授會上全票通過。

二〇〇五年六月廿二日，金庸飛往英國，在劍橋大學參加莊嚴肅穆的授職典禮。頒獎詞中贊禮教授在介紹金庸時，用拉丁語引用了金庸《參草有感》詩中的兩句：「旦夕毀譽何足道，百年成敗事非輕」。聯想到不久前在國內的不平遭遇，金庸深為感慰。

金庸獲得劍橋榮譽文學博士稱號之後，隨即向理查女士表達了要到到劍橋大學讀博，以正規的方式完成博士課程。理查女士非常驚訝，她說：「查先生，榮譽博士是劍橋最高級的學位，排名一般在教授和院士之上，地位甚至比校長還高，您完全沒有必要大費周章。」

這就是金庸說的「相當於六年級去申請讀一年級」的意思。

金庸堅持自己的請求，理查女士深感麻煩，因為劍橋的門檻很高，每年只有不到一千個學位，申請人卻通常有數萬人。要想取得劍橋的讀博資格，是一件很不容易的事情。

一番商議之後，劍橋大學還是最終同意了金庸的請求，為金庸開了方便之門。

特殊事情還是需要特殊辦理，辦理劍橋大學入學的手續，一路綠燈，化繁為簡。

不過，正常程序還是要走的。

首先，金庸要交出出生證明。這個真的沒有，金庸出生在上世紀二十年代，怎麼可能有？怎麼解決？其實不難，金庸花錢在香港某律師行辦宣誓書公證自己的出生年月日和籍貫即可。

其次，金庸要交出初小、高小、初中、高中會考及大學的成績單，還有大學畢業證書等。「拿了幾個A，幾個B，都要出示證書」。這個還是沒有，解決的辦法是金庸提供多種榮譽博士、榮譽教授等證書，並寫一份情況說明就可以。

再次，劍大要求，所讀專業如需使用特殊外語，必須有合格人士證明該學生能讀寫該種外語。這個也有人幫忙，牛津大學聖安東尼學院院長高亭爵士、劍大大衛教授將證明信件直接寄往劍大研究生入學評審委員會就行了。

又次，英語能力證明，正常其他的學生是必須提交英國的雅思或美國的托福考試的成績，當然不能給金庸出難題，讓八十一歲金大俠去參加雅思托福考試，確是勉為其難。劍大給出了一個通融的辦法，金庸交了一篇他在牛津大學出版社出版的講香港回歸問題的英文文章，就算過關。審查的教授們的結論是，文章不算好，英語老式了一點，但夠用了。

最後，財產證明要確保申請人的經濟能力可以使他完成學業。這個更是不可能難住金庸，誰不知道他是億萬富豪？金庸請香港銀行家李國寶進行擔保，又提供了一張足夠一年用度的英鎊現金支票作為證明，順利過關。

前後時間用了大約三個月，金庸辦理完畢所有的劍橋入學手續。

二○○五年六月廿二日，金庸註冊成為劍橋的學生。

二○○五年十月一日，金庸開始了他在劍橋大學聖約翰學院的讀博生活。

劍橋大學誕生於一二○九年，其實是由牛津大學分離而來。當時因為牛津教師們與當地居民發生衝突，一部分教師逃離牛津，來到了這片由劍河（RiverCam）穿過的平坦地區定居，創建了劍橋大學，劍橋大學也就成了英語世界中第二古老的大學。

牛津（Oxford）的名字是意譯，劍橋（Cam-bridge）的名字是音譯與意譯的合成。Cam 在閩粵方言中音如「劍」。而 Cam 在普通話中發音更像「康」，劍橋又叫康橋，詩人徐志摩著名的《再別康橋》一詩，其實就是再別劍橋。

金庸明明早就是牛津大學的訪問學者，為何他讀博卻是選擇了劍橋而不是牛津？

說起金庸劍橋讀博的另外一個原由，其實就是和徐志摩有關。

徐志摩是金庸的表哥，當年徐志摩在劍橋做「特別生」遊學的時候，金庸只有八歲。金庸的父母常拿表哥作為榜樣激勵小金庸的。那時小金庸就對父親說：「我長大後也要去劍橋讀書！」

二○○七年，金庸在央視訪談節目《藝術人生》時，曾披露：「小的時候，受他（徐志摩）

的影響是有的，表哥在劍橋大學念書，爸爸說大了以後，你也去念。」

去劍橋讀書，這是金庸兒時的夢想。現在，是八十一歲的金庸圓夢的時候。

再順便說一句，金庸的武俠小說中，喜歡醜化「表哥」，基本上出現「表哥」人物，都是不太靠譜的。如《天龍八部》裡的慕容復，《連城訣》裡的汪嘯風，《倚天屠龍記》裡的衛璧。可以想見的是，長大後的金庸對徐志摩的濫情是頗有微詞的。（編按：《天龍八部》四大惡人之一的雲中鶴也是徐志摩的筆名）

金庸在劍橋大學讀博的導師是著名漢學家、唐史專家麥大維（David McMullen）教授。麥大維是中國通，說一口流利的普通話，精通中國的歷史、文學和古漢語。

金庸讀博確定的研究選題，也費了一番周折。

金庸最初選定幾個方向有「匈奴和匈牙利的關係」、「雲南大理國的歷史」等等，都被導師否決了，麥大維為金庸量身訂做，讓他去研究唐代歷史，認為比較適合金庸，容易出成果。

二〇〇七年六月十七日金庸介紹採訪說：「本來想研究匈奴和匈牙利的關係，因為我認為匈牙利國是匈奴人建的，結果被教授否決了，說你匈牙利話不懂，怎麼研究。後來我又想研究雲南大理國的歷史，老師說已經有個法國人和德國人研究得很好，還要懂藏文、蒙古文，所以又被否決了。後來提到唐史方面，老師說，英國、法國都沒寫過，可以。在外國做研究，一定是一個新的題目，不然不會被接受。」

按照導師給金庸制定的學習規劃，金庸先要在劍橋大學聖約翰學院完成碩士論文並取得碩士學位，然後再攻讀博士學位。金庸將要進修世界史、中國唐代史、考古學等學科。

麥大維比金庸小十五歲，雖然是他金庸的博士導師，但他極為尊敬金庸。「其實，金庸也是我的老師」，麥大維說自己與金庸的關係是亦師亦友。

他回憶說，金庸在劍橋時和普通學生一樣，每週參加研究生讀書會，「有次我們討論到一個中國古墓穴的題辭，來自北京大學及歐洲的學者都不明白，金庸就向我們解釋內容，他的古文修養真是一流」。

八十一歲的金庸在耄耋之年，背起書包上學堂了。

金庸在全球多處置有房產，包括澳洲和巴黎等，在劍橋大學附近也有寓所。雖然與金庸在香港的豪宅相比，這裡的住房就只能說是簡陋。

不過金庸毫不在意，他說既然是求學讀書，就應該有個學生讀書的樣子，那能夠去太注意享受。

一開始金庸夫婦都沒有請保姆，一日三餐都是夫人打理。夫人林樂怡開玩笑說，這裡沒傭人，連倒垃圾都要查大俠親自出馬！

不過後來金庸為了減輕夫人的負擔，還是請了一位義大利廚師來做飯，有意思的是，這位義大利廚師做的是義大利式的「中國菜」。

金庸說起在英國的日常生活：「在劍橋，我們請了一個義大利人幫我們做中飯，晚上我太太做菜，她是香港人。平時上學就是打的過去。早飯我從來不吃，幾十年辦報習慣了。在大公報工作時，每天工作到凌晨四點鐘，從來不吃早飯。我以前在杭州報館做工，以前中國辦報紙都（工作得）很晚，留下來的習慣就是睡得晚，起身晚。起來就是十二點了，起來就吃中飯了。」（外灘畫報採訪）

在劍橋第一學期，金庸的課並不多，每週只有兩次課。一次是去學校上課，一次是老師來金庸住處，一次學習兩個鐘頭。金庸說自己從不缺課。

與金庸同班讀書的同學之中，中國學生很多，有北京大學畢業的，有南開大學畢業的。也有些韓國學生和英國學生，這些同學都是二十歲到三十多歲之間的年紀，金庸在班上當然顯得很另類。不過，金庸和年輕同學們相處得很好，同學們都很尊敬他。

金庸上課很認真，對於老師交代的作業，他都一絲不苟地完成。

在班上金庸還會成為老師的助手。當同學們特別是外國的同學對老師講授的中國古文材料不太懂的時候，老師就會讓他們去請教金庸。老師對同學們說：「他（金庸）可以當你們的半個老師。」每到這樣的時候，金庸就會認真為同學們講解，很是有大師兄的範。

劍橋大學的學校比牛津略少，但總體占地要更大。教學樓之間，往往相距很遠，所以自行車成為了老師和同學們的代步工具。

第一次走進劍橋大學的校園，讓金庸很是有些吃驚。每到課間之時，看著人潮湧動車流不息的場面，恍惚還以為是城市裡的上下班高峰期。

金庸也是不服老，也找了一輛自行車，身上斜背著書包，加入了車流之中。

畢竟是年歲不饒人，金庸小心翼翼地騎車穿行在校園中，遇到車流擁擠的時候，就顯得有點吃力。

為了安全考慮，金庸最後還是放棄了騎自行車，改為自己開汽車去上學。金庸汽車後來也沒有開多久，因為據說他有點路癡，經常找不到正確的路線，東繞西繞，差點就要耽誤上課。

所以金庸最後還是都是乘計程車代步。不過，金庸說，坐的士就很貴，差不多一百塊錢港幣一次，夫人林樂怡陪他去。金庸上學路上，經常會被他的粉絲認出，粉絲們就會上前尊敬地打招呼，希望能簽名、合影。金庸都會微笑著拒絕：「現在是上學時間，我的身分是學生。不過，在散步或者喝咖啡的時候，可以給你們簽名。」

金庸在劍橋大學真正讀書差不多兩年。博士論文本來規定要到劍橋去完成，一方面考慮到金庸年紀大了，另外一方面照顧金庸是地位比校長還要高的榮譽文學博士，教授委員會決定，金庸可以不在劍橋做研究。要研究中國歷史，在香港也可以，在北京也可以，在西安也可以。

金庸在讀博期間，還心心念念想著將來要寫中國通史，但是他覺得越來越難了。「當時年紀輕，還不知道這樣難，覺得照以前錢穆或者范文瀾的中國通史改一下就可以了，現在我覺得他們很多都寫錯了，其實中國通史不應該照朝代來寫，應從最早的舊石器時代、新石器時代一路發展下來，你到西安看看、到杭州看看哪一代的文化，不應該照朝代來寫，而是照文化來寫。中國通史是很複雜的。」（李懷宇採訪）

二〇〇六年十二月，金庸完成劍橋大學碩士論文《初唐皇位繼承制度》。

二〇〇七年五月，金庸如期獲得哲學碩士學位，繼續攻讀博士學位。

二〇〇八年十月，金庸分別獲遼寧師範大學和吉林大學名譽教授。

二〇〇九年三月廿八日，金庸在北京大學出席「世界因你而美麗——二〇〇八影響世界華人盛典」，並獲終身成就獎。

二〇一〇年四月廿四日，金庸獲「二〇一〇大本鐘獎個人獎之終生成就獎」。

二〇一〇年四月廿七日，金庸獲「二〇〇九香港藝術發展獎」的「終身成就獎」。

二〇一〇年九月，金庸順利完成博士論文答辯，以《唐代盛世繼承皇位制度》的博士論文，獲得劍橋大學哲學博士學位。

二〇一〇年九月，金庸被舉薦為聖約翰學院榮譽院士。

劍橋為金庸頒發博士學位證書，由劍橋聖約翰院長和論文導師親赴香港為其主持頒授儀式。特事特辦，劍橋大學對於金庸幾乎是遷就，可以看出他們對金庸是如何的重視。

為了肯定金庸先生在文學、文化方面的突出貢獻，二〇一二年七月四日，金庸先生的對聯石在劍橋大學聖約翰學院落成。

對聯是金庸創作的「花香書香纏綣學院道，槳聲歌聲宛轉嘆息橋」，落款為：學生金庸。

八十六歲高齡的金庸，終於心想事成，如願成為劍橋博士，再次證明了自己依然可以創造奇蹟。

學成歸來，榮譽何止滿身。

二〇一一年七月十三日，金庸獲得澳門大學頒授的榮譽文學博士學位，以表彰其在文化領域創造的傑出成績和對社會做出的卓越貢獻。

二〇一一年十二月十九日，金庸被臺灣國立清華大學授予名譽博士學位院士。

二〇一三年金庸九十壽誕，張紀中、周星馳、馬雲等發來賀詞。周星馳賀詞是：「懲惡揚善，維護世界和平，祝查大俠生日快樂！」張紀中題寫「壽」字。馬雲祝詞為：「俠義正能量」。

二〇一六年十二月十六日，金庸獲得《中華之光——傳播中華文化年度人物》榮譽。

二〇一七年三月一日，「金庸館」正式在香港文化博物館成立並對外開放。

北大讀博，未竟全功

「活到老，學到老」，晚年的金庸好學不倦，樂以忘憂，不知老之將至。

二〇〇七年，金庸獲得英國劍橋大學碩士學位後，在參加北大國學研究院成立十五周年座談會上，金庸就對北大校方表達了想要到北大國學研究院求學的願望。

二〇〇八年，時任北大校長的許智宏曾透露，金庸準備在讀完劍橋博士後，再接著念北大國學研究院的博士。

金庸本來是要求想到北大讀本科生，開玩笑，這有點異想天開了，許智宏當然不能答應。好說歹說，金庸才同意還是讀博。

二〇〇九年九月，就在金庸將要取得劍橋大學博士學位前夕，金庸通過必要考核手續，成為北大國學研究院博士研究生，主修中國古代歷史文化等系列內容。

金庸這是要往「雙博士」的路上走啊！金庸真的有點心大。

北大國學研究院博士研究生學制四年，修滿學分並且論文答辯獲得通過後，可授予相應博士學位。

二〇〇九年九月，金庸還在劍橋寫論文，顯然分不開身，沒有辦法入學北大。

所以後來媒體就有報導，金庸入學第一天就「翹課」。與金庸的同年級北大中文系博士生稱，班主任點名，點到查良鏞（金庸），沒有人報到。同學們說，他們在校園裡也從未見過金庸。

北大中文系原系主任陳平原教授後來接受記者採訪時談到，金庸先生這幾年確實在北大攻讀博士學位，導師是中央文史館館長、北大國學研究院院長、北大中文系教授袁行霈。「他（金庸）應該不用到學校上課。」

二〇一三年六月，按照學制四年，金庸是應該畢業了。就在此時，網上居然出現了一張金庸獲得北大博士文憑的照片，一時輿論再次譁然，「金庸是否拿到北大博士文憑」成熱議話題。

帖子上傳的金庸「北大博士畢業證」，顯示內容為「查良鏞，一九二四年生，於二〇〇九年九月至二〇一三年七月在中國語言文學系中國古代文學專業學習，修完博士研究生培養計畫規定的全部課程，成績合格，通過畢業論文答辯。」證書落款處有北大校長王恩哥的簽名，時間是二〇一三年七月。

「金庸先生的博士畢業證書是我蓋的章！」「給金庸先生蓋章，手斷也值了！」在人人網上，一位自稱北大學生的網友發帖。

二〇一三年六月六日下午，北大新聞中心官方微博發佈說明，稱網上所傳金庸畢業證是學校部門照博士生入學年月，依慣例預先準備，不可視為正式文書。因金庸年事已高，身體趨弱，導致他未能按計劃完成學業，今年將無法拿到博士文憑。同時表示，金庸以八十五歲高齡開始攻讀北大博士學位，體現了他對學術的熱情，對年輕人也是激勵。

以下是記者採訪北大負責人實錄：

記者：網上緣何會出現金庸北大博士文憑？

負責人：學校管理部門一般在學生畢業前先將文憑準備好，但「做準備」不代表向學生「頒發」，文憑往往在七月學生畢業時頒發。金庸的文憑可能是學校有關部門在做文憑頒發前的準備工作。

記者：這意味著金庸今年能拿到文憑？

負責人：學校頒發文憑嚴格遵照各個環節要求，比如學生學分和論文答辯通過情況，金庸因未能執行學習計畫，今年肯定拿不到文憑。

記者：金庸不用整天在學校全日制上課？

負責人：學校注重對博士研究生等群體個性化培養，培養方式多種多樣。

記者：金庸是否推遲畢業？

負責人：這要根據他個人的身體情況和學習意願。

網上傳出的文憑是真的，但是金庸沒有拿到。金庸北大讀博，未盡全功。

哲人仙逝，俠骨留香

二〇一八年十月三十日，金庸在香港養和醫院去世，享年九十四歲。

金庸生前好友香港作家陶傑透露，金庸晚年罹患肝癌，同時與癌症和阿爾茲海默病艱難鬥爭。

陶傑說，他走的時候，在默默聆聽著一位親友（外孫女）的視頻電話對他說話，聽著聽著，他含笑而逝。

金庸的家人表示，老人家走得很安詳。

噩耗傳來，全世界的金迷們都以不同的方式舉行弔唁活動，寄託哀思。

二〇一八年十一月十二日，金庸葬禮在香港舉行。遵照金庸生前遺願，葬禮從簡。

香港殯儀館設立靈堂內，擺滿了黨和國家相關領導人、中央駐港相關單位、海內外各界名人獻上的花圈。

「這些白雲，聚了又散，散了又聚，人生離合，亦復如斯。」來自《神鵰俠侶》中的一段話，成為了家人們為金庸製作的紀念冊的開篇詞。

十一月十三日，金庸出殯，遺體前往大嶼山寶蓮寺進行火化。祭壇掛著弔唁金庸的輓聯：「身如芭蕉心如蓮花哲人遠去，百節疏通萬竅玲瓏天筆回歸」。此聯化於《東坡志林》：「耳如芭蕉，心如蓮花，百節疏通，萬竅玲瓏。來時一，去時八萬四千」之句，據說是饒宗頤移用於評論金庸。

二〇一〇年金庸獲得劍橋大學哲學博士學位，居然是劍橋聖約翰院長和論文導師親赴香港為其頒授，雖說是對金庸的特別尊敬，但可以推想，與金庸自身身體原因不能親自去劍橋大學參加典禮有關。

金庸獲得劍橋大學哲學博士學位之後，逐漸退出公眾的視線。從那時起，對金庸身體健康狀況的擔憂和猜測，在網路上多有出現。

二〇一〇年六月和十二月，網路上兩次傳出金庸「去世」的消息，都引起了軒然大波。網友們震驚之餘瘋狂轉發，折射出人們對金庸的關心情切。

金庸的秘書吳玉芬小姐出面闢謠，說金庸身體狀況很好，精力充沛，心情非常愉快，一如既往，每天看書學習，每年又有計劃地到他出任名譽教授的大學講課及學術交流，從而儘量減少「曝光」。

金庸逝世的消息後來多次被誤傳，有人問金庸先生難道不生氣嗎？金庸回覆道：「上天待我已經太好了，享受了這麼多幸福，偶爾給人罵幾句，命中該有，也不會不開心的。」

金庸在七十一歲時曾經患上嚴重的心臟病，做了心臟搭橋手術。從此他非常注意健康養身。金庸養身的秘方就是生活要有規律，現在他每天「黎明即起」，在跑步機上邊走邊看晨早新聞，鍛煉身體十五到二十分鐘，然後用早餐；上午看報、讀書；中午不休息，看看電視；下午有時到寫字樓辦公室會客，不去的話，就留在家中書房裡看書，再就是查資料、做功課。「學習最樂」，他樂此不疲，不知老之將至。

記者採訪金庸的學生盧敦基，盧敦基說，老師從二〇一〇年初開始就基本不出香港，他的身體狀況已經不怎麼允許他坐飛機了。老人家有自己的難處，老師現在只想過普通老人過的、頤養天年的生活。

二〇一三年七月十九日華西都市報記者採訪金庸好友、香港著名作家倪匡，倪匡談到金庸近況時說：「聽力有點問題，他又不肯戴助聽器。不過我們還會一起出去吃飯，他飯量比我好。」

二〇一三年七月三十日華西都市報記者採訪金庸先生的兒子查傳倜，按照民間傳統，今年應該為他慶九十大壽。「金庸先生目前身體情況怎麼樣？他今年九十歲大壽，在香港做慶壽宴沒有？」

查傳倜說：「父親在個人生活方面向來很低調。父親今年是九十歲大壽，沒有舉行賀壽儀式，也沒有擺慶壽宴。只是前不久，家裡人搞了一個小聚會，算是給父親過了九十歲生日。父親目前身體挺好的，但他畢竟九十高齡，出去走動的時間很少，在家裡基本上也不寫東西了。平常在香港家裡每天就是看看書、寫寫字，生活得很快樂。」

當華西都市報記者邀請金庸「再到四川觀光旅遊」時，查傳倜笑著說：「謝謝邀請！但父親畢竟九十高齡，出門也不像他九年前去四川方便了。再去四川觀光恐怕有點不可能了。」

二〇一四年三月一日華西都市報報導，香港作家李純恩近日在個人微博上曬出一張金庸先生在香港某餐廳用餐的近照。

據說這是一個慶祝金庸九十歲大壽的飯局，蔡瀾、倪匡、李純恩、陶傑等香港文藝圈名人都有出席。照片中可看到，年近九十歲的金庸先生看上去氣色頗佳，一位年輕美女還近前用手機與金庸先生拍照合影。

網友們看到金庸近照，一邊紛紛送上祝福，一邊迅速整理出這位美女的身分。她叫盛朗熙，廿四歲，上海姑娘，是陶傑新作《愛尋迷》的女主角，長得很像韓星李英愛。

據說之前盛朗熙已跟金庸見過面，近日有內地公司看中盛朗熙，有意開拍金庸的《天龍八部》或《神鵰俠侶》找她扮演王語嫣或小龍女，席間提起，金庸即笑說：「如果真是她（盛朗熙）拍，我就要做導演，因為我覺得她同女主角的氣質真的好像。」（二〇一四年三月五日，來源：海峽都市報）

金庸此話真假不得而知，因為感覺頗有炒作之嫌。

二〇一六年三月二十日中國青年網載文《金庸九十二歲低調辦壽宴》報導：金庸老師在香港

一間酒店餐廳中舉行九十二歲生日壽宴。金庸老師共筵開兩席壽宴，僅請來了包括陶傑，張寶華、劉天蘭，內地製作人張紀中，以及兩年前被受邀出席九十歲生日壽宴的盛朗熙。

據《明報月刊》總編輯、總經理潘耀明先生向封面新聞記者獨家透露金庸先生九十二歲前，身體還很好。到了九十二歲後，因身體原因，金庸先生手腳不方便，慢慢的，身體就不好了。後來他幾乎不公開露面，在香港家裡休息。但他思想敏捷，關心香港發展。

二〇一七年金庸的兒子查傳倜透露了父親的近況。他說：「父親近年主要是在家休養，他的身體健康狀況不錯，平常也有坐著看電視，只是老人家現在臥床休息的時候比較多。現在他像小朋友一樣，平常我們去看他，更多的是眼神交流，也會握握他的手，跟他說說話。他能認得出我們，會點點頭，但反應不會太大。」

二〇一八年三月十日金庸九十四歲生日，都市快報記者採訪了和金庸有著二十多年交情的浙江大學文科教授徐岱，徐岱談到金庸的身體和近況：「精神狀態相當不錯，依然看書看雜誌」。

徐岱近十年來，基本每年都會去香港探望金庸先生，和金庸先生聊聊天。

在徐岱看來，金庸的健康狀況還是非常不錯的：「我很負責任地講，以一個九十四歲老人的身體來看，他的精神狀態是相當不錯了。」徐岱回憶，那次他去金庸家中看他，金庸非常開心，「有人講他現在說的話越來越少，但我觀察，他對熟悉的、有過交情的人，還是很願意多聊聊的。我那次去，他還是聊了很多。」

二〇一八年十一月八日新民周刊載文《金庸：大師遠去，斯文不再》，導演張紀中披露了金庸最後幾年的身體情況：

「查先生晚年很可憐，因為身體不好，一直在家裡待著，家裡雇了醫護人員照顧他，平時就躺在床上，寂寞又孤獨。」

「在這二十年裡，我和查先生的聯繫應該是最多的，和他的關係，也算比較親密的。因為合作的原因，我們每隔一段時間，就會見一次面。從金庸先生的角度來說，他也是把我當朋友，不管是工作合作時，討論劇本、演員，還是日常生活，待人接物，私下裡對待我，既熱情又客氣。」

「老先生長期患糖尿病，病情其實蠻嚴重的，另外，他七十歲的時候做了心臟搭橋，加上人年紀大了，腦萎縮，記憶也慢慢健忘，一些人和事情，慢慢就忘記了。開始還能夠坐輪椅，後來就只能躺著了，日子過得非常辛苦。」

「金先生的病情比較麻煩，一直在反覆。他每次吃飯之前，都是一大把藥要吃的。後來吃藥效果不大，就開始打針。可以說，金庸患糖尿病這麼多年，而且還能夠保持這麼好，完全是太太林樂怡照顧得好。這幾年，金庸先生飲食起居，穿衣服，包括吃東西，都靠太太照顧。」

二〇一八年十一月二日百度娛樂熱點報導，據金庸的堂侄孫查雪梅（原名查良華，查雪梅是金庸為其取名）揭秘金庸的最後四年，「老先生去世前近四年經常需要插管，其實痛苦得很，走了也是種解脫了。這四年他也不認識人，不過見了人臉上都掛著笑。」

江湖還在，傳說還在。物是人非，曲終人散。

一九九三年，金庸談到香港回歸時，曾說：「我相信我不會再有廿五年的壽命。」這是一語成讖嗎？難道冥冥中自有定數？

白岩松曾問過金庸：「在你心裡是不是一個快樂的人呢？」

金庸回答說：「是的，我基本很快樂的，很樂觀的，覺得人生對我而言雖然有很多困難，很多挫折，但是大致上是快樂的。」

曾經有人問金庸：「人生應如何度過？」答曰：「大鬧一場，悄然離去。」

「這裡躺著一個人，在二十世紀、二十一世紀，他寫過幾十部武俠小說，這些小說為幾億人喜歡。」

這是金庸曾自擬的墓誌銘。

浩浩陰陽移，年歲如朝露。

魏文帝曹丕說：「年壽有時而盡，榮樂止乎其身，二者必至之常期，未若文章之無窮。」信斯言也！

哲人雖逝，文章風流還在，縱死俠骨留香。

結語

百年一金庸，金庸說不完

金庸的人生無疑是成功的人生，他在諸多領域做出了優秀的成就。

金庸不僅是一個武俠小說作家，他同時又是一個企業家，一個政治家，一個政論家，一個書生，一個大俠，一個隱士，他曾經還是一個編劇和導演。

但是，我認為蓋棺論定，在金庸所有的身分中，最重要的身分是一個武俠小說作家。武俠小說才是金庸安身立命的所在。沒有金庸最初在武俠小說上的成功，後來的其他領域的成功，也就無從談起。

金庸自己也這樣認為：「我真正覺得有點成就的是寫小說。說做生意，香港有很多很成功很賺錢的生意人；說辦報，全世界有很多很好的很受歡迎的報紙。《明報》辦得好也是因為有自由的環境配合。小說不同，一百年之後或者還有人看呢。希望以後別人怎樣評價我？我想，如果後人說我是這個時期『一個很受歡迎的中國小說家』，我已經心滿意足了。」

金庸最大的價值和貢獻，就是將人們原來普遍認為是通俗文學的武俠小說，提升到了文學經典的高度。

對武俠小說存在偏見的人並不是沒有，但即使這樣的人也不可能否認和抹殺武俠小說的獨特的魅力和它對我們當今這個資訊時代強大的征服力和感染力。

中國文化史上有一個可鄙的傳統，便是對異端文學，非主流文學的剿滅和莫明其妙的輕賤，通俗文學素來列入不入流之品。這種陋習差點埋沒像《水滸傳》和《紅樓夢》這樣的偉大作品的光輝。

武俠小說歷來在正統文學的王國中被視作為賤民的等級，毫無地位可言。甚至民國時期的武俠小說名家大都恥於談及自己的成績，他們幾乎都覺得自己是誤入歧途，墮入了像娼妓一樣的卑賤的職業行當。

那時武俠名家宮白羽把自己為生計撰寫武俠小說當作終生恥辱，還珠樓主也公開檢討自己的「著書只為稻粱謀」，鄭證因在談及自己的作品時居然宣稱「我寫的這個不叫玩藝兒」，王度盧更認為自己「難登大雅之堂」。

連這些為武俠小說的發展作出了卓越貢獻的優秀作家都這麼自輕自賤，更惶論正統文學界的口誅筆伐了，這樣太多的例子也毋須一一去列舉。

只是到了金庸天才的努力才改變了這樣的一個可悲的現實。

金庸把武俠小說的真正藝術價值和思想價值披露給人們看了。

一個時代有一個時代的文學，武俠小說在我們這個時代逐漸開始成了一門學問。

明朝的大思想家李卓吾說：

「詩何必古選，言何必先秦？降而為六朝，變而為近體，又變而為傳奇，變而為院本，為雜劇，為《西廂記》，為《水滸傳》，為今之舉子業……」

將這句話繼續說下去，就是為我們現在的武俠小說這一新的文體。

民國時期武俠小說發展到四十年代末，已經是強弩之末，勢必需要一種更美的形式和特質給舊派小說注入生命力。梁羽生適逢其時，以個人稟賦特異的才能拯救了舊派武俠小說。

緊隨著梁羽生的成功，金庸不甘寂寞，卻又後來居上，以他的雄才大略和磅礴氣概將舊派武俠小說改良和發展到了不可逾越的高峰，金庸寫出了《書劍恩仇錄》、《射鵰英雄傳》等無與倫比的巨著。

金庸出手不凡，佳構泉湧，一部《射鵰英雄傳》奠定了他不可動搖的武林盟主和大宗師的地位。

金庸已經成為了整個舊派武俠小說的代言人和無法逾高峰，由於金庸擁有了一種溫柔、敦厚、博大細緻、精力充沛、沉著穩健、高屋建瓴的無限智慧，金庸統治了當時武俠小說的王國，無人敢攖其鋒。

金庸浩大全面精確的結構，細緻格物的描寫，縱橫充溢的想像，學貫古今的厚實，無疑征服和傾倒了無數英豪。

武俠小說這一特殊的文體在當今社會的發展，壯大和成熟，是我們文化中的一個奇蹟，也是一個異數。當今社會有華人的地方就會有武俠小說，再沒有另一種文體比武俠小說的生命力更巨大、頑強和生機勃勃的了。

百年一金庸，金庸說不完。

附錄一

武俠之詩十題

覃賢茂

一 遺恨

恨是可能，但是不可能有什麼所謂的遺恨
遺留的往往可以忽略，只是有時你不願意忽略
或許，留下的記憶，有應該的神異
你依賴它，去抗拒，另一種不可能的無法抗拒

沒有辦法從幫助中，原諒幫助的無益
就像愛情，沒有辦法，選擇有關於愛情的比喻
如果需要幫助，那麼，只有抗拒幫助
才能可能接近，你無邊的，關於現實的野心

在哪裡？當你在定義某種經驗的絕望之時
會忽略絕望的：「止戈為武，助人為俠」
莫名的言辭，如春日的陽光，洞徹天地的秘密
此時的講述，都是悲傷的，如和風吹過的無力

二 從前

——從前，你能不能出現在從前的前面？
那時，流光徘徊，被映照的刀色的美，慷慨
即是是流淚的光景，也安排了許多應有的歡樂
而餘下的悲哀，你會說，也只是餘下而已

不可能在流淚時看清楚，你流淚的樣子
請問，這問題，和此時的發問，有什麼關係？
所以的問題，也許就是和流淚有關
那時的青春，走在路上，那時所有的一切都是青春
——從前，我知道你早已經走在了我們的前面

細細地看，心情上所有的傷口，都是繁花
為何還要去追趕？回憶，請慢一點
你在天上，而我們，依然還在遺恨的凡間

三　所愛

為何會羞於談及你的所愛？愛的遙遠
是否難當愁思，甚於煙霧纏繞的指間？
分寸的距離，有某種形而上的猶豫
還沒有仔細地辨認，你的絕望已如萬箭穿心

愛著那些花朵，其實是愛著那些愛著花朵的心情
所有的救贖，只是想拯救自己
是的，一切的言辭，安排得如此合理
在虛構的想像中，你找到了更為完美的真

為何？那讓你的武器呈現出來吧！在人生
都像是風，在書頁中，一次又一次地翻過

不過，你的胸懷為何不能長久地打開？
落葉無情，愛，高於從前的倒映江面的山頂

四 無情

——無的空白，被填充得太多太多
——情又何限，人生愁恨，你不免
那麼把所有的疑問都歸結到難測的天意
這是，你在表達上，可能到達的無力的極致

有多少的恨，才能安排得妥貼？
有多少的愛，才能長逝入君懷？
而你卻是如此的現實！直到
需要虛妄，才能滿足有關於現實的想像

無情為何卻要有恨？迷惑在言辭中
被破空的劍氣，引領到超越的空間
知道怎樣才能理解這所愛嗎？

塵世中的放棄，終會讓虛無，變成飛翔！

五 有情

這是你的所有，這也是你所有的重負
而你的言語卻是如此輕盈，可以飛
在飛的下面，其實是你的承擔的不堪
飛吧，我理解，飛是逃離的另一種方式

所有的飛的內部，是不能放棄的執著
所有的飛，都是對於不能飛翔的致敬
深藏在傷口裡面的刀光啊，有什麼不能說的決絕？
情是俗世抑止的不安，情何以堪？

但是只能在有中體悟無，在假中體悟真
我體會的是許多年前的那一個愛花的早晨
一切的閃電，暴雨，或者是虛無的寧靜
無情，會惹有情惱，有情，終被無情笑

六 回望

或者，那時的回憶，是不能夠被講述的
緊握的鋒刃，如此敏感，但不是痛
痛是對往事的回護，是清晰的模糊
讓那些已經不願意記起的情緒，依然深陷其中

一枝筆的折斷，這才是才子的噩夢
那時，裂痕遍佈，萬里都是絕望的蒼茫
落下的白雪，紛紛如斷腸的白刃
雲中的殺氣，有一種詩意般自戀的語氣

或者，這就是所有想像不到的虛弱無力
反覆遮蔽，反反覆覆，有人在起舞弄倩影
那時就知道，不要去愛慕燕子呢喃的飛
這是誤會，因為，那是不可能留住的美

七月圓

能不能更具體一點，回憶中那恍惚的
明亮的眉眼，細緻，如閃動的絲絲的綢緞
你想醉，你的歡喜如同逃離
但永遠都沒有再如那時如此的接近

踏花的春馬，她的快速中有得意的遲疑
還能回去嗎？那些銀色滌蕩俠意的水波
照耀著潮汐毫無說服力的此起彼落
在秋天，所有的美滿，都可能是語言的冒險

最美好的故事，都是光陰的虛擲
你看，你看吧，江山不過是雕欄玉砌
春風和秋月，交換彼此，蝴蝶
在花朵之間的追逐，就算她們都是無意

八　流星

沉湎於午夜略泛微光的心情的平靜，有時候
深邃的黑色，就這樣被憐惜地放棄
我知道你在等待，而我已經不再願意等待
即使一切茫然的燦爛，會如期到來

柔軟的面罩，讓你湧起一種撫摸的渴望
「規則在語言中制定禁忌，歷史也如此」
「而背叛呢？背叛是另一種致敬的方式」
回憶中你的輪廓分明，略似永恆

我捨不得此時的對於月色貪戀的執著
我知道到來的宿命一定終究會如期到來
我的眼淚，刻意避開了古典的浪漫
剎那，我把心心念念，託付給夜空的光影點點

九 蝴蝶

有時候，明月共，有時候，鴻雁飛
有時候，雪夜裡的流星，讓我迷惑
歲月是如此的蒼白，你有一種衝動
讓驕傲的意志，忘記應該忘記的一切

而那種讓人心碎的美，是在什麼時候蘇醒的？
你過多地迷戀色彩的變幻，只是
夢中的翩躚，早已在從前，變成了恨
想起從前，那些花朵，往往都是在春曉時凋殘

有時候，只有飛翔時停滯的回憶，最能催淚
有時候，夜晚的雄心，因此毫無意義
看到了那時間的局限了嗎？剎那
你不會告訴我，這一刻竟然是如此的清晰

十 兩忘

那時的心情是不可能被遺忘的，但這只是一個設定
遺忘那時，可不可以？遺忘那時的心，願不願意？
超越的愁恨，讓平和成為關照內心的可能
「飛翔是相對的，即使是流星，也會歸結為寂靜」

但那些呼喊不甘平庸的聲音呢？忘記吧
「將飛翔的翅膀折疊，收藏到類似於眼淚的琥珀的標本」
當你夢想入道的時候，夢想成為一切
回望你的所愛，你的愛不會被人所知

那麼恨，是如此重要！恨啊，不能說那就是宿命！
你可以離去，但是你遺留的故事
已經被講述得毫無意義！我不問，問也無益
「不能被駕馭的預言，虔誠的占筮，也是無益！」

附錄二

覃賢茂作品目錄

覃賢茂，男，作家，詩人，學者，曾用筆名：閑夢、閑夢樓主、秦文。四川省作家協會會員，眉山市文藝評論家協會副主席，現任教於四川大學錦江學院文學傳媒學院。

一九六四年出生於成都市近郊小鎮。一九八一年就讀於四川大學物理系固體物理專業。一九八五年在南京某電子工廠工作，二〇〇九年起任教於四川大學錦江學院文學傳媒學院至今。

大學期間有興趣於東方神秘文化的研究，並投身於後現代詩歌運動，一九八五年在四川大學校刊《錦水》發表爭鳴長詩《尷尬》，一九八七年詩作《回答》收錄於《中國當代校園詩人詩選》（北京師範大學五四文學社），後收錄於《江蘇百年詩選》（二〇一七年）。一九八六年以南京「東方人詩派」（筆名：閑夢）參加由《詩歌報》、《深圳青年報》聯合舉辦的「現代主義詩歌流派大展」。詩作及詩評散見於《星星詩刊》《詩歌月刊》《詩選刊》《揚子江詩刊》等報刊雜誌。出版專著《易經說什麼》等二十餘種。

完成並已經發表的專著主要有：

東方神秘主義研究專著《易經說什麼》、《明明白白學易經：周易解謎》（繁體版）、《黃帝內經與運氣推算》（分別有簡體版和繁體版）、《實用運氣的推算》、《聞香識人》（繁體版），《算出你的好運道：六十甲子運氣推算詳解》、長篇武俠小說《海棠夫人》（上中下），人物傳記《古龍傳》、《金庸智慧》、《梁鳳儀傳》、《李敖傳奇》、《金聖嘆評傳》、《柏楊傳奇》、《瓊瑤傳奇》，武俠小說研究專著《評傳古龍：這麼精彩的一個人》、《武學古龍：古龍武學與武藝地圖》、《經典古龍：古龍十大經典排行點評》，《金庸武俠小說鑒賞寶典》，《金庸人物排行榜》，《金庸武學地圖》，言情小說研究專著《瓊瑤愛情世界》，長篇小說《黑路》，長篇電影小說《芳香之旅》，長篇動漫小說《中華小子》、《變形金剛之星際神話》，長篇紀實小說《雪山並蒂蓮》等。

主要作品編年目錄：

序號	著作名稱	出版社	出版時間
1	《黃帝內經與運氣推算》	北京友誼出版公司	一九九三
2	《實用運氣的推算》	北京科技出版社	一九九四
3	《海棠夫人》（上中下）（武俠小說）（署名閑夢樓主）	花山文藝出版社	一九九四
4	《古龍傳》	四川人民出版社	一九九五
5	《金庸智慧》	四川人民出版社	一九九六
6	《梁鳳儀傳》	四川人民出版社	一九九七
7	《李敖傳奇》（署名秦文）	四川人民出版社	一九九七
8	《柏楊傳奇》	四川人民出版社	一九九八
9	《金聖嘆評傳》	四川人民出版社	一九九八

12	《瓊瑤傳奇》	四川人民出版社	一九九九
11	《金庸武俠小說鑒賞寶典》	四川人民出版社	二〇〇一
12	《黑路》（長篇小說）	北京電影出版社	二〇〇二
13	《金庸武學地圖》	農村讀物出版社	二〇〇四
14	《金庸人物排行榜》	農村讀物出版社	二〇〇五
15	《聞香識人》	橫飛堂出版社	二〇〇五
16	《黃帝內經與運氣推算》	橫飛堂出版社	二〇〇六
17	《芳香之旅》（電影小說）	中國友誼出版公司	二〇〇六
18	《中華小子》（上下）（動漫小說）	江蘇少兒出版社	二〇〇八
19	《變形金剛之星際神話》（動漫小說）	江蘇少兒出版社	二〇〇九
20	《瓊瑤愛情世界》	江蘇文藝出版社	二〇一〇
21	《易經說什麼》	江西科技出版社	二〇一三
22	《雪山並蒂蓮》（長篇紀實小說）	四川教育出版社	二〇一四
23	《明明白白學易經：周易解謎》	風雲時代出版公司	二〇一六
24	《評傳古龍：這麼精彩的一個人》	風雲時代出版公司	二〇一八
25	《武學古龍：古龍武學與武藝地圖》	風雲時代出版公司	二〇一八
26	《經典古龍：古龍十大經典排行點評》	風雲時代出版公司	二〇一八
27	《算出你的好運道：六十甲子運氣推算詳解》	風雲時代出版公司	二〇二一
28	《金庸傳奇：深刻的浪漫主義》	風雲時代出版公司	二〇二四
29	《金庸人物：生動的眾生情愁》	風雲時代出版公司	二〇二四
30	《金庸武學：博雅的武學地圖》	風雲時代出版公司	二〇二四

金庸傳奇：深刻的浪漫主義

作者：覃賢茂
發行人：陳曉林
出版所：風雲時代出版股份有限公司
地址：10576台北市民生東路五段178號7樓之3
電話：(02) 2756-0949
傳真：(02) 2765-3799
執行主編：朱墨菲
校對：許德成
美術設計：吳宗潔
業務總監：張瑋鳳

版權授權：覃賢茂
出版日期：2024年7月
ISBN：978-626-7464-03-8

風雲書網：http://www.eastbooks.com.tw
官方部落格：http://eastbooks.pixnet.net/blog
Facebook：http://www.facebook.com/h7560949
E-mail：h7560949@ms15.hinet.net
劃撥帳號：12043291
戶名：風雲時代出版股份有限公司

風雲發行所：33373桃園市龜山區公西村2鄰復興街304巷96號
電話：(03) 318-1378
傳真：(03) 318-1378
法律顧問：永然法律事務所 李永然律師
北辰著作權事務所 蕭雄淋律師

行政院新聞局局版台業字第3595號 營利事業統一編號22759935

定價：580元

國家圖書館出版品預行編目資料

金庸百年-精萃三書 / 覃賢茂著. -- 初版. -- 臺北市：
風雲時代出版股份有限公司, 2024.05 冊； 公分

ISBN 978-626-7464-03-8(第1冊：平裝). --
ISBN 978-626-7464-04-5(第2冊：平裝). --
ISBN 978-626-7464-05-2(第3冊：平裝). --
ISBN 978-626-7464-06-9(全套：平裝)

1.CST: 金庸 2.CST: 傳記

782.886 113003805